金融学译丛
FINANCE

金融风险管理（第二版）

Elements of Financial Risk Management (Second Edition)

彼得·F·克里斯托弗森
Peter F. Christoffersen
／著

金永红　章　琦　罗　丹　／译

中国人民大学出版社
·北　京·

出版说明

作为世界经济的重要组成部分，金融在经济发展中扮演着越来越重要的角色。为了加速中国金融市场与国际金融市场的顺利接轨，帮助中国金融界相关人士更好、更快地了解西方金融学的最新动态，寻求建立并完善中国金融体系的新思路，促进具有中国特色的现代金融体系的建立，中国人民大学出版社精心策划了这套“金融学译丛”，该套译丛旨在把西方，尤其是美国等金融体系相对完善的国家最权威、最具代表性的金融学著作，被实践证明最有效的金融理论和实用操作方法介绍给中国的广大读者。

该套丛书主要包括以下三个方面：

（1）理论方法。重在介绍金融学的基础知识和基本理论，帮助读者更好地认识和了解金融业，奠定从事深层次学习、研究等的基础。

（2）实务案例。突出金融理论在实践中的应用，重在通过实务案例以及案例讲解等，帮助广大读者将金融学理论的学习与金融学方法的应用结合起来，更加全面地掌握现代金融知识，学会在实际决策中应用具体理论，培养宏观分析和进行实务操作的能力。

（3）学术前沿。重在反映金融学科的最新发展方向，便于广大金融领域的研究人员在系统掌握金融学基础理论的同时，了解金融学科的学术前沿问题和发展现状，帮助中国金融学界更好地认清世界金融的发展趋势和发展前景。

我们衷心地希望这套译丛的推出能够如我们所愿，为中国的金融体系建设和改革贡献一份力量。

中国人民大学出版社

2004 年 8 月

前　言

适用的读者

本书适用于对金融风险管理感兴趣的以下三类读者：第一，财经专业的硕士研究生和博士生；第二，财经方向的市场从业者；第三，经济、工程、金融以及其他量化技术专业的高年级本科生。

如果作为四年制本科生的金融选修课程和MBA的金融风险管理选修课程，可以应用较少的技术分析；而如果是作为博士生（PhD）的期权和风险管理课程或者是为市场实务人员设计的关于市场风险的技术培训课程，则应该选用更多技术分析方面的讲述。

为了得到更理想的学习效果，读者应该至少学习过一些关于投资方面的课程，包括期权课程、统计学课程以及线性代数方面的课程。

本书所涉及软件的使用

每一章节后面都附有大量相关实证练习题，而数据资料可以通过本书附带的网络链接取得。

网站还包含带有所有练习答案的Excel文件。事实上，在本书主要章节中讨论的每一项技术都是在Excel中使用真实的资产回报数据来演示的。网站上的材料也是本书的重要组成部分。

任何旨在提升本书质量的建议都是非常受欢迎的。请将这些建议发送到下列邮箱：peter. christoffersen@rotman. utoronto. ca。欢迎所有采用本书作为课程教材的导师们给我发送 E-mail，我会给你们提供关于本书中所用材料的 PowerPoint 演示文稿。

第二版中的新内容

本书是第二版，增加了五个新的章节。所增加的章节如下：

第 2 章：针对 2007—2009 年的金融危机和 1987 年的股市崩盘，提出了一个静态和动态风险管理措施的比较。

第 3 章：简单回顾了概率论与数理统计的基本知识，针对计量经济学的时间序列问题进行了简单介绍。

第 5 章：基于日内数据，研究了每日波动模型。

第 8 章：介绍了包括 copula 模型的非正态多元模型。

第 12 章：简要介绍了信用风险管理的关键思想。

本书结构

本书这个新版本分为四个部分：

第一部分：相关背景材料，包括经验事实（第 1 章）、标准风险度量（第 2 章）和基本统计方法（第 3 章）。

第二部分：包含动态波动性（第 4 章）、日内数据（第 5 章）和对回报的非正态冲击（第 6 章）的单变量风险模型。

第三部分：给出一个包括动态条件相关性（第 7 章）、copulas（第 8 章）和使用蒙特卡洛方法的模型仿真（第 9 章）的多变量风险建模的框架。

第四部分：讨论了期权定价（第 10 章）、期权风险管理（第 11 章）、信用风险管理（第 12 章）以及后验测试和压力测试（第 13 章）。

目 录

第一部分 背景

第二部分　一元风险模型

第三部分　多元风险模型

第四部分 风险管理的进一步讨论

第一部分 背 景

第 1 章　风险管理和金融收益

1　本章概要

本章首先列出了这本书的学习目标。其次提出了公司把风险管理放在首位的原因。为了回答这个问题，我们讨论了在标准投资理论和风险管理领域的兴起这两者之间所存在的明显矛盾，并给出了经理人关注风险管理的理论原因。同时我们也讨论了实证证据的有效性和目前风险管理的实践对于企业与金融部门的影响。再次，对于企业所面临的潜在危险进行了分类，简要地讨论了暴露各种风险的有利条件。在风险分类讨论之后，我们定义了资产收益，并列出了可以用 S&P500 指数描述的收益特征数据列表。接着，我们引入了风险值这一概念。最后我们列出了该书其余部分的概述。

2　学习目标

本书目的在于为风险经理人提供实用手册，以及为学生提供教科书。它在风险测量方面和风险建模上提出了较为复杂的方法。其次，本书旨在记录风险资产收益的关键性质，然后建立一个容易处理的统计模型来体现这些性质。更为具体地，本书是为了帮助读者做到：

（1）熟悉一系列企业所面临的风险，学习如何评估和处理这些风险。我们的讨论将主要关注各个方面的市场风险。

（2）熟悉投机性资产收益的显著特性。

（3）使用在现实生活中容易掌握的先进的风险测量和风险管理工具。

(4) 批判性地评价商业化的风险管理系统，并有助于构建特制系统。

(5) 使用风险管理中的衍生品。

(6) 懂得目前学术和专业文献中的风险管理工具。

3 风险管理及其企业

在讨论企业所面临的一系列风险及分析用于测量和处理这些风险所使用的先进工具之前，我们最好首先了解一下关于金融风险管理的基本问题。

3.1 公司为什么需要管理风险?

如果单纯地从学术的角度考虑，企业对风险管理有兴趣似乎没道理。传统资产组合理论告诉我们，投资者能通过多样化他们的持有物使之包含很多不同的资产来减轻持有特定资产的风险。因为特定资产风险能通过这种方式来避免，因此在市场上，暴露风险不会得到回报。相反，投资者需要同时结合无风险资产和市场投资组合这两者，而准确的组合要依赖于投资者对于风险的偏好。在这个基本背景中，公司不应该在风险管理上浪费资源，因为投资者并不在乎特定公司风险。

根据著名的莫迪格利安尼-米勒定理，我们同样能够知道公司的价值是独立于它的风险结构的。公司仅仅应该最大化它们的期望利润，而忽略所包含的风险。证券持有者能够通过适当的资产组合分配实现风险转移。但是，莫迪格利安尼-米勒定理所需要的严格条件，在现实生活中常常是难以满足的。在现实中，资本市场并不完美，例如，税金和金融危机的成本，都会导致该理论不适用，从而出现风险管理。因此，公司背景中的很多纪实，都为需要高度关注所面临的风险给予了很多正当理由。

破产成本：众所周知，破产的直接成本和间接成本都是非常巨大的。如果投资者将未来破产看作一个大概率事件，那么公司重组或关闭的成本将会减少目前公司的价值。因此，风险管理能够通过减少违约的可能性来增加公司的价值。

税金：风险管理能够通过减少收益的波动性来帮助减少税金。很多税收系统都有内置的税金等级列表和包含过去损失的税收利益分类。因此，在其他情况都不变时，降低未来税前收入的波动性，将会减少未来税金支付的净现值，从而增加公司的价值。

资本结构和资本成本：公司违约的主要原因是无力偿还债务。在其他情况相同的条件下，公司的负债—股权比率越高，公司的风险就越大。因此，风险管理可以看作是尽可能使公司能够拥有较高的负债—股权比率。如果债务融资导致的净税收较小，那么风险管理是非常有好处的。适当的风险管理还能通过债务融资给公司带来进一步的拓展。

补偿方案：由于存在公司重要人员的间接性投资，一个公司的管理水平或者其他的关键员工经常会面临较大且无法覆盖的风险。因此一个公司风险越高，那么它现有的员工或者将来的员工留在或者加入公司将会要求更高的补偿。因此合理的风险管理能够帮助减小保留和招聘员工的成本。

3.2 风险管理的实证证据

不久前，沃顿商学院的研究者们调查了 2 000 家公司的风险管理，包括衍生品的使用。在调查的 2 000 家公司中，有 400 家公司给予了回应。调查发现，公司使用一系列的方法和理由来使用衍生品。同时，并不是所有受到管理的风险都能完全消除。大约一半的回应者说，它们利用衍生品作为风险管理的工具。三分之一的衍生品使用者能采用积极的态度来反映它们的市场观点，因此它们可能使用衍生品来增加风险而不是降低风险。

当然，不仅仅衍生品被用来管理有风险的现金流，一些公司也依靠老技术管理，比如货物的实物存储（即库存量）、现金储备、经营多样化。

并不是所有的公司都会选择风险管理，并且各个公司风险管理的方法也是不同的。这也部分反映了各公司风险管理目标的差异性。比如，一些公司使用现金流的波动性，然而另一些公司使用公司价值的变化作为利润的风险管理对象。同样，调查也发现大型公司在管理风险时比小型公司更加积极，让人惊讶的是，小型公司通常被认为更加具有风险。这是由于小型公司可能在进入衍生品市场上受到限制，而且可能缺少风险管理技能的员工。

3.3 风险管理能否提高公司业绩?

对于这个问题，几乎所有答案都是肯定的。从黄金行业的风险管理分析中可以看出，在风险管理之后股票价格对于黄金价格的变动变得不那么敏感。同样，在天然气行业，较好的风险管理能够减少股票价格的波动。有研究表明，大量公司的风险管理能够减小利率和汇率的波动。

虽然对于风险管理能够降低波动这一点并不奇怪——事实上相反的发现才会令人震惊——一个更加重要的问题是：风险管理能否提高公司的绩效？答案依然是肯定的。

研究人员发现，波动性较小的现金流能够降低资本成本和增加投资。同时也发现，当投资组合的其他方面都一致时，使用风险管理的投资组合公司要胜过不使用的公司。同样也有研究表明，使用外汇衍生品的公司要比不使用的公司有更高的市场价值。

迄今为止的案例都非常乐观地描述了风险管理为企业部门所带来的福利。但是，风险管理系统的实例，在美国最大的一些商业银行并没有那么让人愉快。几个最近的研究案例发现，虽然平均风险预测常常是过度保守，但是，在某些特定的时刻，一些意识到的损失就已经远远超出了预测到的风险。更重要的是，过度的损失常常会持续几天。因此，回顾先前的风险预测和先前的损失意识，我们就能够根据过度损失的今天预测到一个过度消耗的明天。这一系列依据揭开了目前金融部门在风险管理上存在的潜在漏洞，同时这也激发了新工具的开发和实施，例如本书中所列举的。

4 简单的风险分类法

我们已经提到过公司所面临的很多风险，但是目前我们还没有很精确地了解它们的定义。下面将给出这些定义。

市场风险（market risk）：市场价格波动给金融投资组合带来的风险，例如股票价格、外汇汇率、利率以及商品价格等元素的变化所造成的风险。

金融公司会承担很多市场风险，因此也会获得利润（或损失）。它们会尽量选择它们偏好的风险类型。例如，一个期权交易部门会面临很多波动性的改变，但是不会直接受到股票市场的影响。期权交易者会尽力平衡风险。他们的专业技能主要为波动性方面的，而不是市场导向方面，因此他们只承担他们最了解的风险，即波动性风险。因此，金融公司会积极地管理市场风险。另一方面，非金融公司（例如芯片制造业公司）可能会决定它们所面临的核心业务风险全部为它们所想要接触的，因此它们就能缓解或者完全消除市场风险。

流动性风险（liquidity risk）：在市场进行交易时，市场的低流动性所引起的一种特定风险，这种风险体现为较低的交易量和较大的买卖价差。在这样的情况下，想要销售资产，可能会把价格压得更低，并且资产可能会以低于它们基本价值的价格销售，或在比预期更长的一段时间内以低价销售。

一般而言，对于流动性风险的关注很少，但是2008年秋季的一个事件极大地增大了人们对于流动性风险的关注。住宅危机转为一个金融行业危机，金融行业危机又迅速转为股票市场危机。低风险的国债大大降低了高风险证券的市场流动性。2008—2009年的危机由于银行之间、企业部门之间的资金撤离而恶化。筹资风险经常被认为是流动性风险的一种。

操作风险（operational risk）：在经营公司时由于物理灾难、技术失败，或者人为错误而导致的风险，包括欺诈、管理失误、流程错误。

操作风险在任何公司都能被减缓或者完全消除。因为遭受这种风险几乎得不到回报（例如，由于粗心而导致的短期成本节约），操作风险在资产市场通常是非常难以避免的。尽管某些特定的产品，如天气衍生品和灾难债券在一些特定的情形下能够提供一些对冲。相反，操作风险通常通过使用自保或者第三方保险来管理。

信用风险（credit risk）：在约定日期，对手不愿意履行部分或者全部义务所导致的风险。因此，信用风险不仅包括对手完全或不完全地违背其应履行的义务，而且包括没有在约定的时间内支付。

一般来说，商业银行的性质就是通过它们的贷款组合而承担大量的信用风险。现在，银行花费大量努力来处理它们所面临的信用风险。非银行金融公司或者非金融企业则力求完全消除信用风险，因为这不属于它们的核心业务。但是在金融市场，很多类型的信用风险并不容易避免，公司常常被迫承担它们不想承担的信用风险。

商业风险（business risk）：由于商业计划条目的改变而破坏商业计划的可执行性的风险，包括可量化的风险，例如商业周期和需求方程风险，以及不能量化的风险，例如竞争行为或者技术的改变。商业风险有时简单地定义为公司核心业务中不能缺少的一个部分，因此必须承担。

这里定义的各种风险含有明显的主观色彩，不同风险之间的界限常常是模糊的。

5 资产收益的定义

虽然任何一种前面所述的风险对于公司来说都很重要，但本书主要关注各个方面的市场风险。因为市场风险主要是由资产价格波动或者相应的资产收益引起的，我们首先定义收益，然后给出关于典型资产收益特点的一个概述。因为收益相比价格有更好的统计特征，风险模型主要关注描绘收益的动态波动而不是价格。

我们首先通过资产的收盘价格来定义日收益率：

$$r_{t+1} = (S_{t+1} - S_t)/S_t = S_{t+1}/S_t - 1$$

相反，一个资产的日连续复合或者对数收益被定义为：

$$R_{t+1} = \ln(S_{t+1}) - \ln(S_t)$$

式中，ln(*) 为自然对数。这两个收益通常非常类似，可以看作来自

$$R_{t+1} = \ln(S_{t+1}) - \ln(S_t) = \ln(S_{t+1}/S_t) = \ln(1 + r_{t+1}) \approx r_{t+1}$$

这里的近似是由于当 x 接近于 1 时，$\ln(x) \approx x - 1$ 。

以上两个关于收益的定义都传达了相同的信息，但是每个定义都有其各自的优点和缺点。对于简单收益率的定义，优点是一个资产组合的收益率就是收益率的资产组合。其中 N_i 是资产 i 所拥有的单位总量（例如股票），$V_{PF,t}$ 是在 t 时刻所拥有的资产组合的值，所以，

$$V_{PF,t} = \sum_{i=1}^{n} N_i S_{i,t}$$

然后，资产组合的收益率为

$$r_{PF,t+1} = \frac{V_{PF,t+1} - V_{PF,t}}{V_{PF,t}} = \frac{\sum_{i=1}^{n} N_i S_{i,t+1} - \sum_{i=1}^{n} N_i S_{i,t}}{\sum_{i=1}^{n} N_i S_{i,t}} = \sum_{i=1}^{n} w_i r_{i,t+1}$$

式中，$w_i = N_i S_{i,t}/V_{PF,t}$ 为资产 i 所拥有的资产组合比重。这种关系对于对数收益是不成立的，因为总和的对数并不是对数的总和。

很多资产都有一个零价格的下限。在风险模型中，对数收益对于保持这种下界非常有利。因为明天任意大的负对数收益在明天收盘时仍然意味着一个正价格。当使用对数收益时，明天的价格就为：

$$S_{t+1} = \exp(R_{t+1}) S_t$$

式中，exp(·) 为指数函数。因为 exp(·) 函数是以零为下限的，当在风险模型中使用对数收益时，我们不需要担心在收益分布上强加一个下限。

如果我们仍然使用收益率的定义，明天的收盘价格为

$$S_{t+1} = (1 + r_{t+1}) S_t$$

因此 S_{t+1} 在风险模型中可能为负，除非我们假设明天收益的分布 r_{t+1} 以 -1 为下界。

对数收益的另一个优点是，使我们能够非常方便地计算 K 天跨度的复合利率，也就是每天利率的总和。

$$R_{t+1:t+K} = \ln(S_{t+K}) - \ln(S_t) = \sum_{k=1}^{K} \ln(S_{t+k}) - \ln(S_{t+k-1}) = \sum_{k=1}^{K} R_{t+k}$$

当我们构建不同到期日的利率和期权价格的期限结构模型时，这种关系就显得非常重要。当使用收益率时，K 天跨度的复合收益会涉及产品的日收益（而不是总和），这反过来也增加了有时间跨度的风险模型的复杂度。

除非特别说明，本书所使用的收益均为对数收益。

6 资产收益的典型事例

我们现在考虑以下所列的典型事例——或者趋势，其适用于大多数金融资产收益。所列的每个事例都将在本书中详细地展开。所使用的统计概念将在第 3 章中进一步解释。我们将会使用 S&P500 指数上的从 2001 年 1 月 1 日到 2010 年 12 月 31 日的日收益来解释每个特性。

日收益之间没有自相关性。即我们可以表示为：

$$Corr(R_{t+1}, R_{t+1-\tau}) \approx 0, \tau = 1,2,3,\cdots,100$$

换句话说，就是收益几乎不可能从它们的过去来预测未来。图 1.1 为 S&P500 指数的日收益和滞后 1～100 天的收益之间的相关性图。我们将把它作为收益的条件均值大致不变的依据。

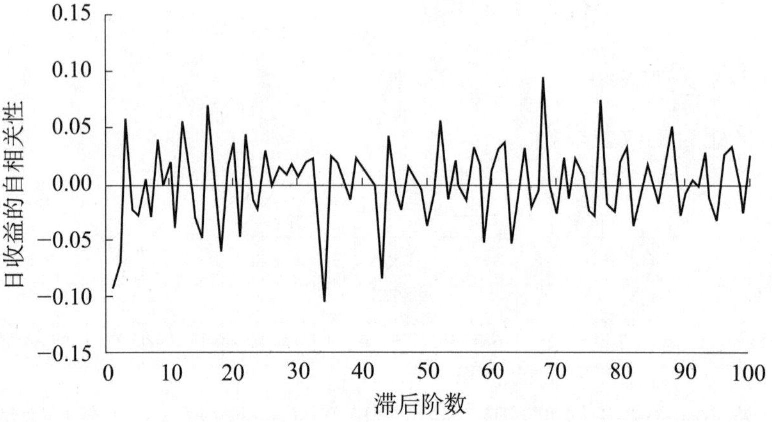

图 1.1　2001 年 1 月 1 日—2010 年 12 月 31 日 S&P500 的日收益的自相关图

注：使用从 2001 年 1 月 1 日到 2010 年 12 月 31 日的 S&P500 指数的日收益来揭示日收益之间的自相关性。在横坐标上的滞后阶数表示的是该收益和滞后收益之间的时间差，而纵坐标则表示对应的自相关系数。

日收益的无条件分布不遵循正态分布。图 1.2 为 S&P500 指数的日收益数据直方图和正态分布图的对比图。在零附近，我们可以看到，直方图要比正态分布图的峰更高。这表明日收益在零值附近的正值要多于正态分布，而负值要少于正态分布。虽然在分析极端情况时直方图并不是一个理想的图形工具，但极端收益在日收益分布中要比正态分布更加常见。因此我们说日收益的分布是有胖尾现象的。胖尾意味着比所建议的正态分布有更大可能遭受损失（或者获得利润）。在风险管理中，我们应该合理地利用这些胖尾。

股票市场具有很大的偶然性，较大的下滑并不一定会有同样大的上升。因此，收益分布是不对称的或者是向负值方面倾斜的。但一些市场，例如外汇市场，很少表现出这种倾斜。

收益的标准差在较短的时间跨度上（例如一天）完全主导了平均收益。因此从统计的角度看，这不可能拒绝平均收益为零。我们的 S&P500 指数的均值为 0.005 6%，日标准差为 1.377 1%。

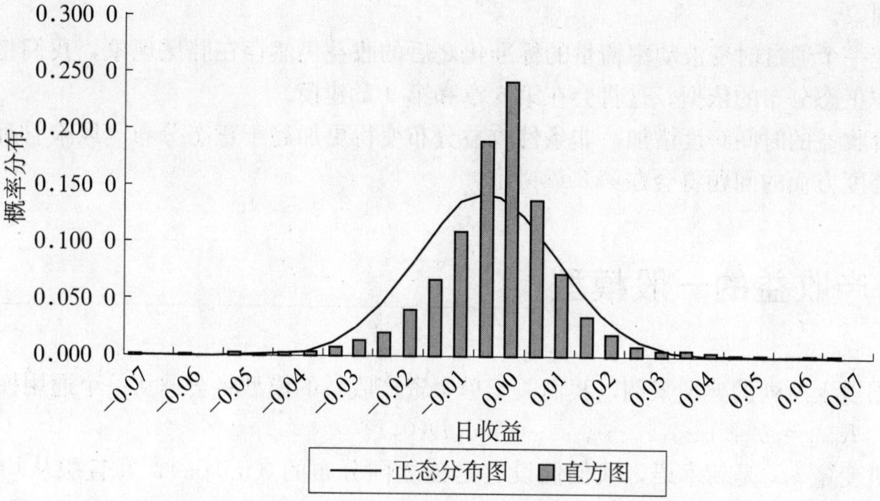

图 1.2　从 2001 年 1 月 1 日到 2010 年 12 月 31 日 S&P500 指数的日收益直方图和正态分布图对比图

注：直方图为从 2001 年 1 月 1 日到 2010 年 12 月 31 日 S&P500 指数的日收益。而实线为与直方图拥有相同标准差和相同均值的收益的正态分布图。

例如所测量的方差通过收益的平方来表示，方差之间具有正相关性。这一关系在短时间跨度上特别明显，例如一天或者一周的时间跨度。图 1.3 表示的是 S&P500 指数数据平方收益的自相关性，即：

$$Corr(R_{t+1}^2,\ R_{t+1-\tau}^2)>0,\ \text{对于较小的}\ \tau$$

我们将在本书的第 4 章和第 5 章描述如上表示方差的模型。

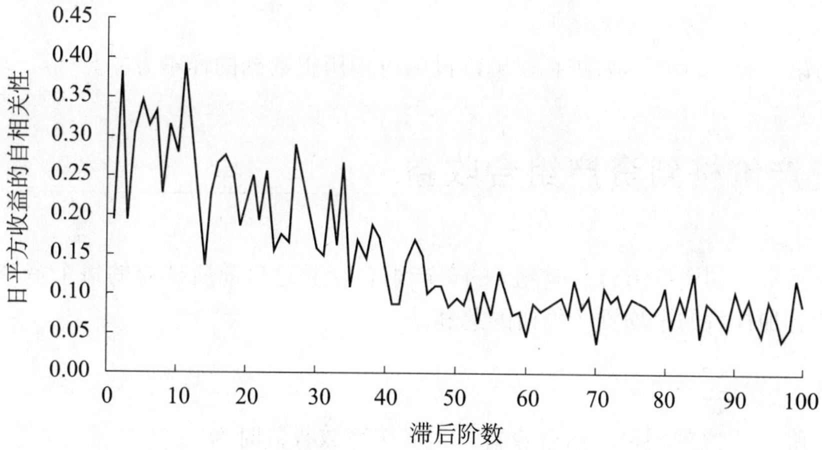

图 1.3　从 2001 年 1 月 1 日到 2010 年 12 月 31 日 S&P500 指数的日平方收益的自相关性

注：使用 2001 年 1 月 1 日到 2010 年 12 月 31 日 S&P500 指数的日平方收益，该图表示了日平方收益的自相关图。在横坐标上的滞后阶数表示的是该收益和滞后收益之间的时间差，而纵坐标则表示对应的自相关系数。

股票和股票指数显示了方差和收益之间的负相关性。这也被称为杠杆效应。因为只要债务不变，股票价格的降低将会增加公司的杠杆。杠杆的增加可能解释了与价格下降相联系的方差的增加。我们将在第 4 章和第 5 章来具体建模分析杠杆效应。

资产之间的相关性似乎是随着时间的变化而变化的。更为重要的是，在剧烈波动的市场上，尤其是市场崩溃时，资产之间的相关性似乎有所增加。我们将在本书第 7 章建模分析这个现象。

即使一个通过时变波动率衡量的标准化之后的收益仍然存在胖尾现象。我们将把它作为条件非正态分布的依据，这将会在第 6 章和第 9 章建模。

随着收益的时间跨度增加，非条件收益分布变得更加趋于正态分布。风险管理中，涉及时间跨度方面的问题将会在第 8 章讨论。

7 资产收益的一般模型

根据以上所列的典型案例，我们关于单个资产收益的模型将会遵从一个通用模型。

$$R_{t+1}=\mu_{t+1}+\sigma_{t+1}z_{t+1}, z_{t+1}\sim \text{i. i. d.} D(0,1)$$

随机变量 z_{t+1}是新术语，我们假设它是独立同分布的（i. i. d.），并且服从均值为 0，方差为 1 的 $D(0, 1)$。因此，收益的条件均值 $E_t[R_{t+1}]$ 为 μ_{t+1}，条件方差 $E_t[R_{t+1}-\mu_{t+1}]^2$ 为 σ_{t+1}^2。

在书中，我们将会假设收益的条件均值简单为零，正如我们之前所提到的各类典型案例，对于日常数据，这是一个非常合理的假设。在更长的时间跨度上，风险管理人员可能想要对于条件均值和条件方差做一个估计模型。但是，稳健的条件均值关系很难找到，假设一个零均值收益，对于风险管理人员来说可能确实是一个最谨慎的选择。

第 4 章和第 5 章主要用于对 σ_{t+1}建模。现在，我们可以简单地依赖 J. P. 摩根的 RiskMetrics 模型来估计动态的波动性。在该模型中，明天即时间 $t+1$ 的波动性，是在时刻 t 结束时计算的，使用以下简单的更新原则：

$$\sigma_{t+1}^2=0.94\sigma_t^2+0.06R_t^2$$

样本的第一天，$t=0$，波动性 σ_0^2 可以设为可用历史数据的样本方差。

8 从资产价格到资产组合收益

考虑 n 项资产的资产组合。时刻 t 的资产组合，通过目前所拥有的每个资产的数目作为权重，计算加权后的平均资产价格的总和。

$$V_{PF,t}=\sum_{i=1}^{n}N_iS_{i,t}$$

时间 t 和 $t+1$ 之间的资产组合收益，当使用算数收益时为

$$r_{PF,t+1}=V_{PF,t+1}/V_{PF,t}-1$$

当使用对数收益时为

$$R_{PF,t+1}=\ln(V_{PF,t+1})-\ln(V_{PF,t})$$

注意我们假定资产组合每天的价值包括现金的应计股利和其他资产分布。

在定义资产组合收益之后，我们开始介绍一种最常使用的资产组合风险测量方法，叫做 VaR。

9 *VaR* 的风险度量介绍

VaR 是一种简单的风险测量，它回答了以下问题：在接下来的 K 个交易日中，有 $p\times100\%$的可能，损失会大于 *VaR*。*VaR* 通常是被定义为美元的，计为 $\$VaR$，因此 $\$VaR$ 损失被间接地从遭受更大损失的概率中定义，即

$$\Pr(\$Loss > \$VaR) = p$$

通过定义可知，在 $(1-p)100\%$的概率下，$\$Loss$ 将比 *VaR* 要小。

本书为对数收益建立了模型，所以我们将会使用基于对数收益的 *VaR*，被定义为：

$$\Pr(-R_{PF} > VaR) = p \Leftrightarrow \Pr(R_{PF} < -VaR) = p$$

因此，$-VaR$ 被定义为我们将会有 p 的可能性得到比此还小的对数收益。也就是，我们将会有 $(1-p)\times100\%$的可能性得到比 $-VaR$ 还高的收益。这就是本书所使用的 *VaR* 的定义。当把 *VaR* 作为收益术语时，对于其大小的衡量就变得更加简单了。知道资产组合的 $\$VaR$ 为\$500 000 并没有太大的意义，除非我们知道资产组合的数值。而知道 *VaR* 的收益为 15%，能表达更多的相关信息。本章的附录表明，两个 *VaR* 通过下式相关：

$$\$VaR = V_{PF}(1-\exp(-VaR))$$

如果我们首先考虑一个非常简单的例子，即我们的资产组合由单个证券所组成，例如 S&P 指数基金，那么我们将使用 RiskMetrics 模型来提供资产组合的 *VaR*。用 VaR_{t+1}^{p} 表示在随后一天概率为 $p\times100\%$的 *VaR* 收益，并且假设其服从均值为零、标准差为 $\sigma_{PF,t+1}$ 的正态分布。那么

$$\Pr(R_{PF,t+1} < -VaR_{t+1}^{p}) = p \Leftrightarrow$$

$$\Pr(R_{PF,t+1}/\sigma_{PF,t+1} < -VaR_{t+1}^{p}/\sigma_{PF,t+1}) = p \Leftrightarrow$$

$$\Pr(z_{t+1} < -VaR_{t+1}^{p}/\sigma_{PF,t+1}) = p \Leftrightarrow$$

$$\Phi(-VaR_{t+1}^{p}/\sigma_{PF,t+1}) = p$$

式中，$\Phi(*)$ 为标准正态分布的累积密度函数。

$\Phi(z)$ 计算小于数值 z 的概率，$\Phi_p^{-1}=\Phi^{-1}(p)$ 用于计算累积概率为 $p\times100\%$时所对应的临界值。对上式两边赋予 $\Phi^{-1}(*)$，得到以下 *VaR*：

$$-VaR_{t+1}^{p}/\sigma_{PF,t+1} = \Phi^{-1}(p) \Leftrightarrow$$

$$VaR_{t+1}^{p} = -\sigma_{PF,t+1} = \Phi^{-1}(p)$$

如果对 p 赋值为 $p=0.01$，那么我们可以得到 $\Phi_p^{-1}=\Phi_{0.01}^{-1}\approx-2.33$。如果我们假设所预测的明天收益的标准差为 2.5% ，那么我们可以得到

$$VaR_{t+1}^{p} = -\sigma_{PF,t+1}\Phi_p^{-1} = (-0.025)\times(-2.33) = 0.058\ 25$$

由于当 $p<0.5$ 时，Φ_p^{-1} 总是负值，*VaR* 前的负号保证了 *VaR* 为正值。因此上式可解释为：该 *VaR* 表示有 1%的可能性，我们今天将会损失 5.825%的资产组合值。如果今天的资产组合为\$2 百万，那么 $\$VaR$ 可以简单地表示为

$$\$VaR = V_{PF}(1-\exp(-VaR)) = 2\ 000\ 000\times(1-\exp(-0.058\ 25)) = \$113\ 172$$

图 1.4 所表示的 *VaR* 是服从正态分布的。我们假设 $K=1$ 和 $p=0.01$，上图表明了 *VaR* 的概率分布函数，下图表明了 *VaR* 的概率累积分布函数。因为我们假设收益分布的均值为零，因此 *VaR* 计算很方便。我们所要做的就只是波动性的预测。

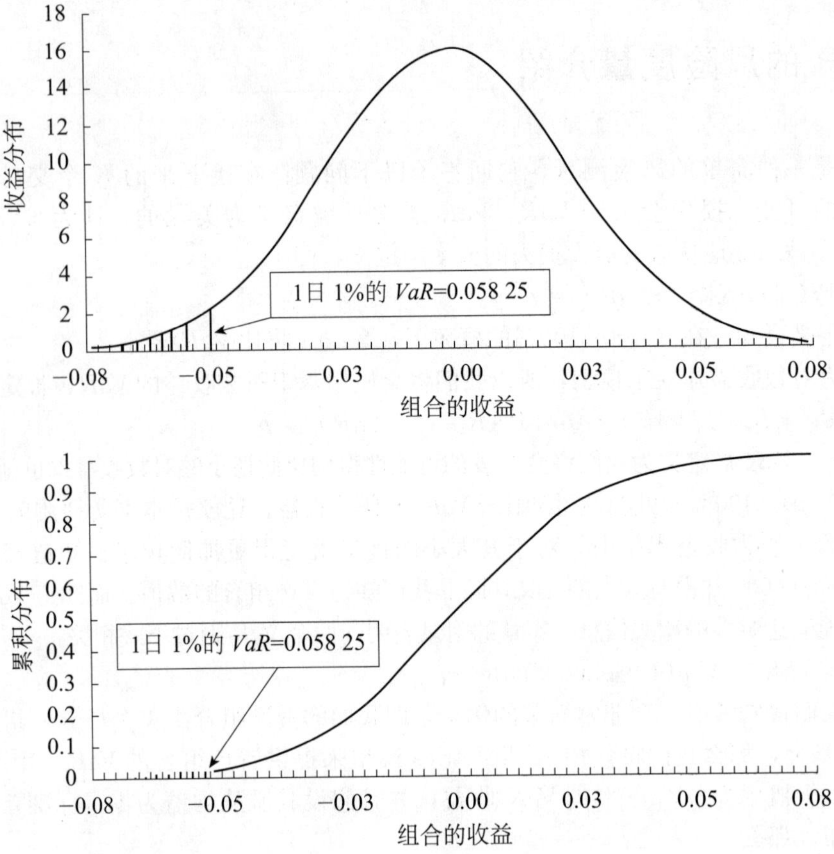

图 1.4　从服从正态分布的收益概率分布（上图）和累积收益分布（下图）所得到的风险值

注：上图为均值为零、标准差为 2.5%的正态分布的概率密度分布。在横坐标处标明了时间跨度为一天、概率为 1%的 *VaR* 值。下图显示的是服从相同分布的累积密度函数。

VaR 无疑已经成为了行业风险计算的基准。这是因为它能显示很多风险方面的重要信息，比如，以 p 的概率事情将会变得多糟糕。并且，它很容易表达和理解。

VaR 确实也有一些缺点。最大的不足是一些巨大的损失被忽略了。*VaR* 只告诉我们，有 1%的可能，我们将会得到低于已知的 *VaR* 的收益，但是，它没有表明，在这个 1%的可能中将会发生什么。并且，*VaR* 假设资产组合在将来的 K 天中是不变的，但是这个条件在很多情况下是不现实的，例如当 K 大于一天或者一周时。最后，对于 p 和 K 的选择也不清楚。接下来，我们将会讨论其他的一些风险衡量方法来改善 *VaR* 的缺点。

另一个简单的例子，考虑一个由微软（MS）的 40 股股票以及通用电气（GE）的 50 股股票所组成的资产组合。计算这两个股票资产组合的 *VaR* 的一种简单方法是收集 MS 和 GE 的历史股票价格数据，通过下式构建历史资产组合的伪收益：

$$\begin{aligned} R_{PF,t+1} &= \ln(V_{PF,t+1}) - \ln(V_{PF,t}) \\ &= \ln(40S_{MS,t+1} + 50S_{GE,t+1}) - \ln(40S_{MS,t} + 50S_{GE,t}) \end{aligned}$$

其中股票价格包括应计股息以及其他分配。通过使用 RiskMetrics 的方法来构建过去资产组合的伪收益时间序列，能够帮助我们得到一个资产组合的波动性序列。其中，

$$\sigma^2_{PF,t+1} = 0.94\sigma^2_{PF,t} + 0.06R^2_{PF,t}$$

我们现在可以直接为资产组合收益 $R_{PF,t+1}$ 的波动性建模，记为 $\sigma_{PF,t+1}$，然后计算资产

组合的 VaR，如下式：

$$VaR_{t+1}^{p}=-\sigma_{PF,t+1}\Phi_{p}^{-1}$$

其中我们假设资产组合收益是正态分布的。图 1.5 显示了 VaR 随时间的变化过程。可以看出 VaR 在一段相当长的时间内可以相对较低，但是当市场的波动性很高的时候，又会急剧升高，例如，在 2002 年夏季企业违约，包括世通的破产，以及 2008 年秋季的金融危机。

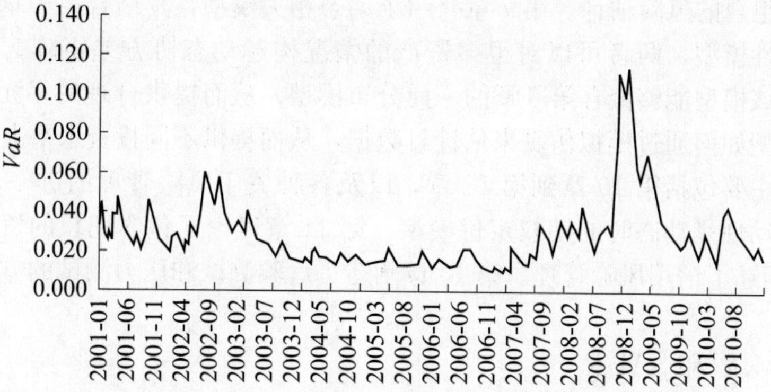

图 1.5　对 2001 年 1 月 1 日到 2010 年 12 月 31 日的 S&P500 指数，使用 RiskMetrics 模型得到的跨度为一天、概率为 1%的 *VaR*

注：上图为跨度为一天、概率为 1%的 VaR 在 2001—2010 年期间的时间变化图。VaR 的值是通过收益均值为零、方差由 RiskMetrics 得到，并且收益服从正态分布计算得到的。

以上 VaR 集的计算方法是直接依赖于资产组合的头寸（40 只股票和 50 只股票），这将会要求我们在资产组合改变或者考虑变化时重新计算波动性，同时也要研究改变资产组合的分配对于 VaR 的影响。虽然资产组合收益集的建模对于消极资产组合风险评估可能是适合的，但是对于积极的风险管理可能是不适合的。我们需要考虑个体资产收益或者风险因子之间的依赖性，从而建模做敏感性分析并评估多样化的好处。在本书的第二部分，我们将会考虑一元资产组合层面的风险模型，在第三部分，则考虑多元，或者基本资产层面的模型。

当计算 VaR 时，我们做了简化，使得其与实际有差异，因此增加了对于正态性的假设。在第二部分第 6 章（一元非正态分布）和第三部分第 9 章（多元非正态分布）中，我们将讨论处理非正态分布日收益的重要方法。

10　本书概览

本书被分为四部分，由 13 章组成。

第一部分，第 1 章至第 3 章，包括各种风险管理方面的背景材料。第 1 章讨论了风险管理的动机，列举了风险模型所捕获的重要典型事例。第 2 章介绍了对于 VaR 的历史模拟方法以及讨论了再评估风险时，应该不限于只使用历史模拟方法的原因。第 2 章也对 VaR 和预期短期风险评估两者进行了比较。第 3 章主要论述了金融风险管理上关于概率和统计的基本概念。对于统计背景比较强的读者，可以略过此章。

本书的第二部分，包括第 4 章到第 6 章，阐述了资产组合层面上风险管理的框架。在第二部分所使用的模型都是一元模型。它们可以被用于单个资产或者资产组合集的收益。第 4 章阐述了使用每日数据来估计和预测随时间变化的日收益方差的主要方法。第 5 章使用一天的收益数据来建模和预测日方差。第 6 章介绍了对于资产收益的胖尾特征建模的方法，这种特性是波动性模型和正态分布所没有的。

第三部分主要包括第 7 章到第 9 章，包含了多元风险模型，能聚集资产风险模型来提供合理的资产组合的风险估计。第 7 章介绍了动态相关模型，其结合第 4 章和第 5 章所提到的动态波动性模型，两者可以对很多资产的情况构建动态协方差矩阵。第 9 章介绍了 copula 模型，该模型能够聚合第 6 章的一元分布模型，从而提供合理的多元分布。第 8 章指出了许多模型如何通过模拟仿真来估计日数据，从而提供不同投资水平上的风险估计。

第四部分主要包括第 10 章到第 13 章，以及各种关于风险管理的进一步话题。第 10 章构建了当波动性是动态时的期权定价模型。第 11 章讨论了包含期权的资产组合风险管理。第 12 章阐述了信用风险管理。第 13 章阐述了后验测试和压力测试的方法。

附录：收益 VaR 和 $\$VaR$

该附录揭示了对数收益 VaR 和 $\$VaR$ 之间的关系。首先资产组合的未来预计值为 $V_{PF}\exp(R_{PF})$，其中 V_{PF} 为当前资产组合的市场值，R_{PF} 为资产组合的对数收益。损失值 $\$Loss$ 是资产组合值的简单负变化，因此资产组合对数收益 R_{PF} 和 $\$Loss$ 之间的关系为

$$\$Loss = V_{PF}(1-\exp(R_{PF}))$$

把以上关系式代入 $\$VaR$ 的定义式中，可以得到

$$\Pr(V_{PF}(1-\exp(R_{PF})) > \$Var) = p$$

解 R_{PF}，得到

$$\Pr(1-\exp(R_{PF}) > \$VaR/V_{PF}) = p \Leftrightarrow$$

$$\Pr(R_{PF} < \ln(1-\$VaR/V)) = p$$

以上式子给出了两个 VaR 的关系式：

$$VaR = -\ln(1-\$VaR/V)$$

或者

$$\$VaR = V_{PF}(1-\exp(-VaR))$$

更多资料

Stulz (1996) 和 Damodaran (2007) 在理论和实证上关于企业风险管理做了较全面的研究综述。

对于行业风险管理有效性的一系列实证材料，可以参见 Allayannis and Weston (2003)，Cornaggia (2010)，MacKay and Moeller (2007)，Minton and Schrand (1999)，Purnanandam (2008)，Rountree et al. (2008)，Smithson (1999) 和 Tufano (1998)。

Berkowitz 和 O'Brien (2002)，Perignon 和 Smith (2010a，2010b)，Perignon 等 (2008) 记录了大型商业银行风险管理系统的绩效，Dunbar (1999) 表明在 1998 年秋季的动乱之后，人们对于风险管理的关注增强了。

对于本书所使用的主要风险类型的定义，可以在 www.erisk.com 和 JPMorgan/Risk Magazine (2001) 找到。

资产收益的典型事例由 Cont (2001) 提供。风险值模型的调查可参见 Andersen et al. (2006)，Basle

Committee for Banking Supervision (2011), Christoffersen (2009), Duffie and Pan (1997), Kuester et al. (2006) 和 Marshall and Siegel (1997)。

常用的网站包括 www. gloriamundi. org, www. risk. net, www. defaultrisk. com, andwww. bis. org 以及 www. christoffersen. com.

参考文献

Allayannis, G., Weston, J., 2003. Earnings Volatility, Cash-Flow Volatility and Firm Value. Manuscript, University of Virginia, Charlottesville, VA and Rice University, Houston, TX.

Andersen, T. G., Bollerslev, T., Christoffersen, P. F., Diebold, F. X., 2006. Practical Volatility and Correlation Modeling for Financial Market Risk Management. In: Carey, M., Stulz, R. (Eds.), The NBER Volume on Risks of Financial Institutions, University of Chicago Press, Chicago, IL.

Basle Committee for Banking Supervision, 2011. Messages from the Academic Literature on Risk Measurement for the Trading Book. Basel Committee on Banking Supervision, Working Paper, Basel, Switzerland.

Berkowitz, J., O'Brien, J., 2002. How accurate are Value-at-Risk models at commercial banks? J. Finance 57, 1093-1112.

Christoffersen, P. F., 2009. Value-at-Risk models. In: Andersen, T. G., Davis, R. A., Kreiss, J.-P., Mikosch, T. (Eds.), Handbook of Financial Time Series, Springer Verlag, Düsseldorf, Germany.

Cont, R., 2001. Empirical properties of asset returns: Stylized facts and statistical issues. Quant. Finance 1, 223-236.

Cornaggia, J., 2010. Does Risk Management Matter? Manuscript, Indiana University, Bloomington, IN.

Damodaran, A., 2007. Strategic Risk Taking: A Framework for Risk Management. Wharton School Publishing, Pearson Education, Inc. Publishing as Prentice Hall, Upper Saddle River, NY.

Duffie, D., Pan, J., 1997. An overview of Value-at-Risk. J. Derivatives 4, 7-49.

Dunbar, N., 1999. The new emperors of Wall Street. Risk 26-33.

JPMorgan/Risk Magazine, 2001. Guide to Risk Management: A Glossary of Terms. RiskWaters Group, London.

Kuester, K., Mittnik, S., Paolella, M. S., 2006. Value-at-Risk prediction: A comparison of alternative strategies. J. Financial Econom. 4, 53-89.

MacKay, P., Moeller, S. B., 2007. The value of corporate risk management. J. Finance 62, 1379-1419.

Marshall, C., Siegel, M., 1997. Value-at-Risk: Implementing a risk measurement standard. J. Derivatives 4, 91-111.

Minton, B., Schrand, C., 1999. The impact of cash flow volatility on discretionary investment and the costs of debt and equity financing. J. Financial Econom. 54, 423-460.

Perignon, C., Deng, Z., Wang, Z., 2008. Do banks overstate their Value-at-Risk? J. Bank. Finance 32, 783-794.

Perignon, C., Smith, D., 2010a. The level and quality of Value-at-Risk disclosure by commercial banks. J. Bank. Finance 34, 362-377.

Perignon, C., Smith, D., 2010b. Diversification and Value-at-Risk. J. Bank. Finance 34, 55-66.

Purnanandam, A., 2008. Financial distress and corporate risk management: Theory and evidence. J. Financial Econom. 87, 706-739.

Rountree, B., Weston, J. P., Allayannis, G., 2008. Do investors value smooth performance? J. Financial Econom. 90, 237-251.

Smithson, C., 1999. Does risk management work? Risk 44-45.

Stulz, R., 1996. Rethinking risk management. J. Appl. Corp. Finance 9, 8-24.

Tufano, P., 1998. The determinants of stock price exposure: Financial engineering and the gold mining industry. J. Finance 53, 1015-1052.

练习

打开网站上第 1 章的数据文件 Chapter1Data. xlsx（Excel 提示：通过数据分析工具加载）。

1. 由于假期，因此所观察到的数据是不完整的，所以先从 S&P500 的价格中剔除那些重复前一天价格的数据。通过 $R_{t+1}=\ln(S_{t+1})-\ln(S_t)$ 计算日对数收益，其中 S_{t+1} 表示第 $t+1$ 天的收盘价格；S_t 表示第 t 天的收盘价格。ln(*) 表示自然对数。画出收盘价格和收益的事件变化图。

2. 计算均值、标准差、偏差、收益峰态。绘制收益的直方图和正态分布的对比图。（Excel 提示：你可以使用数据分析中的直方图工具，或者使用均值、标准差、偏差、库尔特函数以及数组频率函数、正态分布函数。注意库尔特尖峰。）

3. 计算前 100 个滞后自相关系数。画出自相关系数和滞后阶数之间的关系图。（Excel 提示：使用 Correl 函数。）将你的结果和图 1.1 做比较。

4. 计算平方收益的前 100 个滞后自相关系数。再次绘制自相关系数和滞后阶数之间的关系图。将你的结果和图 1.3 做比较。

5. 设 σ_0^2（即：第一次观察的方差）和收益的整个序列的方差相同（通过标准差的平方可以发现该规律），然后计算 $\sigma_{t+1}^2=0.94\sigma_t^2+0.06R_t^2$，$t=2, 3, 4, \cdots, T$（最后一次观察），绘制标准差序列随时间的变化。（即绘制 σ_t。）

6. 计算标准化收益 $z_t=R_t/\sigma_t$，以及其均值、标准差、偏度标准收益的峰度。和练习 2 中所得的结果做比较。

7. 计算时间间隔为 0 天、5 天、10 天、15 天的非重复对数日收益。计算均值、标准差、偏度以及它们的峰度。随着时间间隔的增加，收益是否变得越来越符合正态分布？

8. 通过方差序列 σ_{t+1}^2 以及对于波动 z_{t+1}，计算每天的 1 天 1%VaR。

这些练习的答案可以在所对应的网站的 Chapter1result. xlsx 这个文件夹中找到。

更多信息可以参考相应的网站：

http://www.elsevierdirect.com/companions/9780123744487

第 2 章 历史模拟、风险值和期望损失

1 本章概要

本章包含两个主要内容。第一，介绍了计算 *VaR* 最常用的方法——仿真模拟，并且讨论了这种方法的优缺点。其次，讨论了 *VaR* 风险评估本身的优缺点，并考虑了期望损失（*ES*）。

本章结构如下：

⊙ 我们介绍了历史模拟方法（HS）并讨论了其优点和缺点，尤其是缺点。

⊙ 我们考虑了 HS 的扩展模型——常常被称为权重化的历史模拟（WHS）。并且针对 1987 年的崩盘，我们比较了 HS 和 WHS 这两种方法。

⊙ 接下来，我们研究了在 2008—2009 年金融危机期间，HS 和 RiskMetrics 的表现。

⊙ 我们仿真人工收益数据，并且在这个数据上评估 HS*VaR*。

⊙ 最后，我们对于 *VaR* 的风险评估和潜在信息更加丰富的另一个数据 *ES* 做了比较。

本章的所有结论是：HS 对于计算 *VaR* 存在问题。这将会促使我们接下来进一步考虑动态模型。这些模型能够被用来计算预期不足或者其他一些所需的风险评估。

2 历史模拟

这一节定义了对于风险值的 HS 方法，然后讨论了这种方法的优点和缺点。

2.1 历史模拟的定义

设今天为第 t 天。考虑包含 n 个资产的资产组合。如果今天我们拥有 $N_{i,t}$ 个单位，或

者资产 i 的 $N_{i,t}$数量的股票，那么今天的资产组合值就为

$$V_{PF,t}=\sum_{i=1}^{n}N_{i,t}S_{i,t}$$

通过今天的资产组合值，但不使用历史资产价格，我们能计算历史“伪”资产组合值。如果现在使用的资产组合分配不随时间而改变，那么该“伪”资产组合值就可以具体化。例如，昨天的“伪”资产组合值为

$$V_{PF,t-1}=\sum_{i=1}^{n}N_{i,t}S_{i,t-1}$$

这是个伪值。因为每个资产的单位数量是随着时间变化的。伪对数收益可以被定义为

$$R_{PF,t}=\ln(V_{PF,t}/V_{PF,t-1})$$

有了这个定义，我们现在开始定义风险管理的历史模拟方法。HS 技术看似简单。考虑过去序列的 m 个日假设资产组合收益的可用性，使用了资产组合中每一相关资产的过去价格，以及资产组合现在的权重来计算，称为$\{R_{PF,t+1-\tau}\}_{\tau=1}^{m}$。

HS 技术仅仅假设了明天资产组合收益 $R_{PF,t+1}$ 的分布，和过去 m 个观察值$\{R_{PF,t+1-\tau}\}_{\tau=1}^{m}$的经验分布高度相似。换句话说，$R_{PF,t+1}$的分布可以由$\{R_{PF,t+1-\tau}\}_{\tau=1}^{m}$的直方图来体现。然后，覆盖率为 p 的 VaR，即为过去资产组合收益序列的第 $100p$ 个百分位值，我们计为

$$VaR_{t+1}^{p}=-Percentile(\{R_{PF,t+1-\tau}\}_{\tau=1}^{m},100p)$$

因此，我们仅仅按照升序来整理收益序列$\{R_{PF,t+1-\tau}\}_{\tau=1}^{m}$，然后选择 VaR_{t+1}^{p}为那个值，即前面有 $100p\%$的数是比它小的。如果 VaR 正好落在两个数字之间，线性差值可以用来计算这个确切的数字。标准量化软件包有这个百分位或者类似的函数，因此线性差值就能自动地计算。

2.2 历史模拟的优缺点

历史模拟在现实生活中得到了广泛的使用。主要原因是：（1）其操作方法简单；（2）不需要建模。

第一个优点不需要争论。很明显，HS 技术是很容易实施的，没有需要通过极大似然或者其他方法来被估计的参数。所以，不需要通过数值模拟来实现。

然而，第二个优点要比第一个优点有争议。HS 技术不依赖模型实现。在某种意义上，它不依赖于任何参数模型，例如，对于方差的 RiskMetrics 模型和标准化收益的正态分布。HS 在不强加任何进一步假设的条件下，使用过去的 m 个数据来说明明天收益的分布。不依赖模型的方法和依赖模型的方法相比有明显的优势，因为如果模型有误，那么依赖模型的方法很容易误导人。

但是，不依赖模型的 HS 方法有很明显的缺点。

考虑选择样本长度为 m 的数据。那么 X 的大小应该为多少合适呢？如果 m 过大，那么对于最近期的观察数据所占的比重就会很小，而这些数据可能恰恰和明天数据分布最为相关，同时，随着时间的变化，VaR 的趋势也会变得平稳。如果 m 选择得比较小，那么样本可能无法提供足够的亏损来供风险管理者计算，例如，$1\%VaR$ 这样的数值。相反，如果近期的数据非常不寻常，那么明天的 VaR 也将会变得非常极端。所以，m 值的选择

应该是非常特别的，但遗憾的是，m 值的选择对于 HS 方法中 VaR 的强度和动态性都很重要。一般情况下，m 值的选择范围为 250～1 000 天，大约 1～4 年的时间。图 2.1 通过使用 2008 年 7 月 1 日—2009 年 12 月 31 日的 S&P500 日收益数据，表示了 HS 中的 VaR，从 $m=250$ 到 $m=1\,000$ 的变化图。注意到在时间变化中，由于大额损失的突然内含和外延而形成了奇怪的盒状形式。

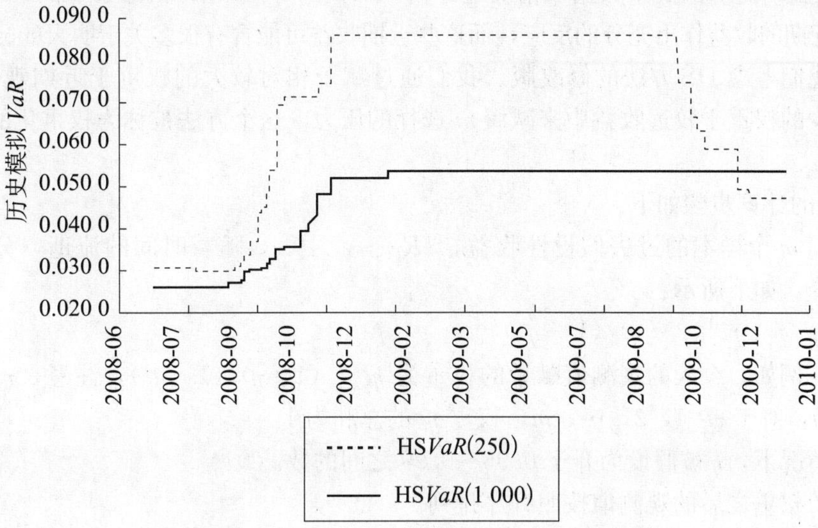

图 2.1　利用 250 个和 1 000 个收益日通过历史模拟法得到的 *VaR*：2008 年 7 月 1 日—2009 年 12 月 31 日

注：使用 S&P500 指数的日收益来计算在移动收益窗口中显示的 1%*VaR*。在移动窗口中，黑线为使用 250 天，点线为 1 000 天。

同时也需要注意 HSVaR 的动态形式在多大程度上依赖于 m。在金融危机时期，250 天的 HSVaR 几乎是 1 000 天 VaR 的两倍。而且 250 天的 VaR 在金融危机开始时上升得比较快，在危机结束时下降得比较快。关键问题是：HSVaR 上升得是否足够快，并且达到合适的水平？

HS 方法缺少合适的特定动态性，其引起了对在收益依赖性方面已确认事实的忽略，尤其是变异聚集。这会导致 HSVaR 对于市场风险环境变化的反应太慢。接下来，我们将会考虑一个鲜明的例子。

因为计算精确的 1%VaR 需要一个合理大小的 m，当提到计算下一项 VaR 时，例如 10 天而不是下一天的 VaR，那么 HS 方法会有一个很严重的缺点。理论上，10 天的 VaR 应该从 10 天的非重复的过去收益得到，这将会是过去日收益的 10 倍大小。这通常不可行。因此不依赖模型的 HS 方法同时也有一个严重的缺点。因为 HS 方法的确不依赖于一个良好的动态模型，所以我们没有正确的理论方法来从 1 天的分布推断 10 天的分布，除非找到更多的过去数据。尽管这可能试图通过 1 天的 VaR 乘以 $\sqrt{10}$ 来获得 10 天的 VaR，这种方法可能仅仅在假设正态的情况下成立，但 HS 方法明确避免这么做。

相反，在本书之后提到的动态收益模型能够被一般化，从而可以提供任何跨度的收益分布。我们将在第 8 章考虑这个方法。

3 权重化的历史模拟

对于选择样本的大小，m，我们已经讨论了 HS 方法的缺点。如果 m 太小，那么我们在左边尾部就没有足够的观察数据来精确地评估 VaR，同时，如果 m 太大，那么 VaR 就不能对大多数近期的收益作出充分的反应，而这些近期收益可能含有很多关于明天的分布信息。

现在我们考虑 HS 方法的修改版。我们通过赋予相对较大的权重于近期观察数据中，而相对较少的权重于较远收益中来减缓 m 选择的压力。这个方法被称为权重化的历史模拟（WHS）。

WHS 的计算步骤如下：

⊙我们 m 个样本的过去假设性收益，$\{R_{PF,t+1-\tau}\}_{\tau=1}^{m}$，随着时间的流逝，分配概率按照指数下降，如下所示：

$$\eta_\tau = \{\eta^{\tau-1}(1-\eta)/(1-\eta^m)\}_{\tau=1}^{m}$$

因此，例如，今天的观测值赋予的权重为 $\eta_1 = (1-\eta)/(1-\eta^m)$，注意，$\eta_\tau$ 随着 τ 变大会趋于 0，对于 $\tau=1, 2, \cdots, m$，权重 η_τ 的总和为 1。

通常情况下，η 被假设为介于 0.95～0.99 之间的数。

⊙赋予权重之后的观测值按照升序排列。

⊙通过累积升序排列收益的权重，直至达到 $100p\%$，得到 $100p\%VaR$。同样，当积累概率介于两个收益值之间时，线性插值可以被用来计算精确的 VaR 数据。

注意到 η 一旦被选择，WHS 方法仍然不需要估计，因此保持了方法实施的简单性，这也是简单的 HS 方法最为显著的特点。同时 WHS 也有额外的优势，就是权重方程把动态化引入了该方法：对于现今市场情况关注更多，因为现今收益得到的权重远大于过去收益。权重方程也对 m 进行了选择，但并没有那么关键。

WHS 方法明显的缺点是：对于如何选择 η 没有给予指导。一个微小但非常重要的缺点是过去的收益或损失的权重规则的影响——这个缺点 WHS 和 HS 方法都有。我们通过一个有点极端的例子来揭示这一点，我们绘制了 1987 年 10 月 19 日这个月股票市场崩盘的图形。图 2.2 包含了两个图形，都用点线表示了在 S&P500 指标中组成 1 美元多头的资产组合的日损失。注意当在崩盘中大于 20%的损失使得市场变化剧烈增加时，收益在 10 月 19 日之前是如何相对平稳的。

上图中的点线表示通过简单的 HS 方法得到的 VaR，其中 $m=250$。我们注意到简单的 HS 方法是如何慢慢地作出反应的，甚至对于 10 月 19 日的动态损失没有反应。由于它的静态特性，HS 对于崩盘是缺少反应的：一旦崩盘发生，这仅仅变成样本中的另一个观察值，并且和其他的 250 个过去值拥有相同的权重。在下图中是由 WHS 得到 VaR（黑线），这表明对于崩盘，对 VaR 预测作出的反应更快且更大。只要崩盘导致的资产组合巨大的损失被记录，那么它将在权重方案中赋予一个大比重，这反过来使 VaR 大大增加了。在图 2.2 中 WHSVaR 的 η 假设为 0.99。

因此，很明显，WHS 对于它的任务表现得非常卓越。当我们觉得它应该被降低时，权重方案足以降低 VaR。遗憾的是，并不是所有的都很顺利。考虑图 2.3，在两幅图中都表示了 S&P500 指数 1 美元空头寸的日损失。因此，我们已经按 X 轴翻动了之前的损失。

上面的图为 HS*VaR*，这比之前更加萧条：既然我们选取的是短期 S&P500 指数，市场崩盘对于巨大收益而不是巨大损失有反应。结果，这对于 *VaR* 没有影响，它只根据巨大损失计算得到。其次考虑 WHS*VaR*，图 2.3 的下图表示由于我们是短期市场，10 月 19 日的崩盘对于我们的 *VaR* 没有影响，只有之后的市场反弹增加了 *VaR*，这对于我们来说也是一个损失。

因此，结论是：尽管 WHS 对于巨大损失反应很快，但是对于巨大收益没有反应。市场崩盘增加了市场变化，如果崩盘对于我们的资产组合头寸是有害的，那么这是 WHS 唯一产生的。坦白说，WHS 对于巨大损失，是作为危险增加的信号，但是，对于巨大收益，就要归因于资产组合经理的聪明才智。这并不是一个很谨慎的管理方法。

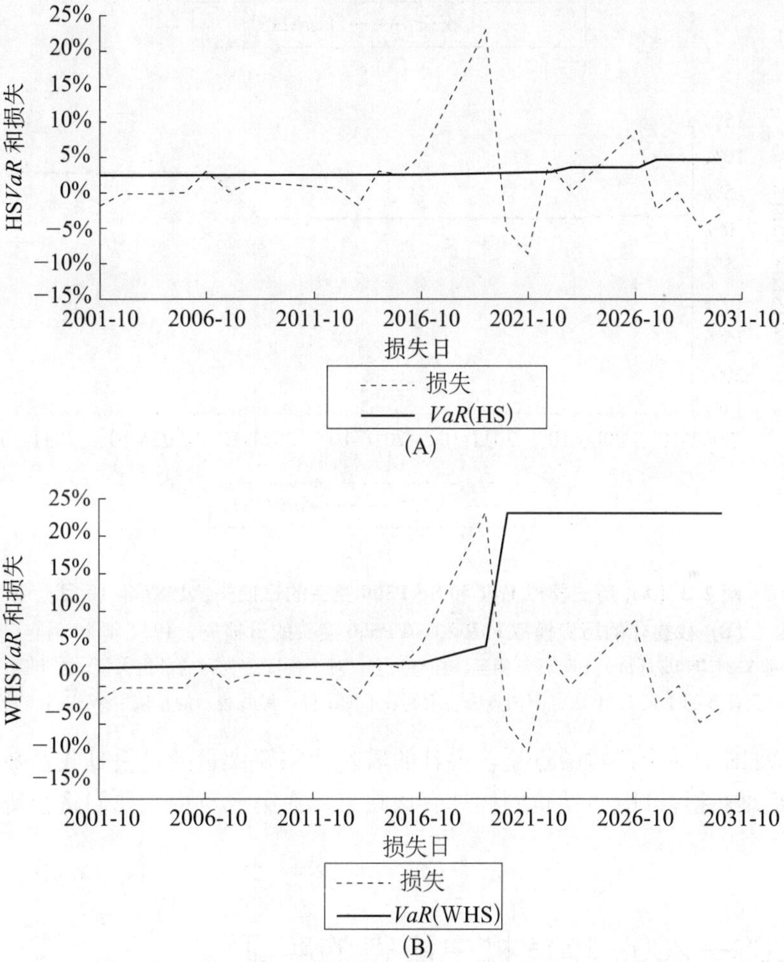

图 2.2（A）历史模拟 *VaR* 和 S&P500 多头的日损失，1987 年 10 月；

（B）权重化的历史模拟 *VaR* 和 S&P500 多头的日损失，1987 年 10 月

注：点线表示 1987 年 10 月每天的 S&P500 指标，在多头上，对于投资 1 美元的日损失量。在上图中，黑线表示使用 HS 计算的 250 天样本的 1 天 1%*VaR*。下图点线表示的和上图一样，黑线表示的是使用 WHS 计算的 *VaR*。

注意到 RiskMetrics 模型，不管崩盘对于我们来说是损失还是收益，都考虑了来自崩盘所导致的市场变化的增加。在 RiskMetrics 模型中，所用的收益是平方收益，且认为损失和收益对于明天的变化具有相同的影响，因此对于资产组合风险的影响也相同。

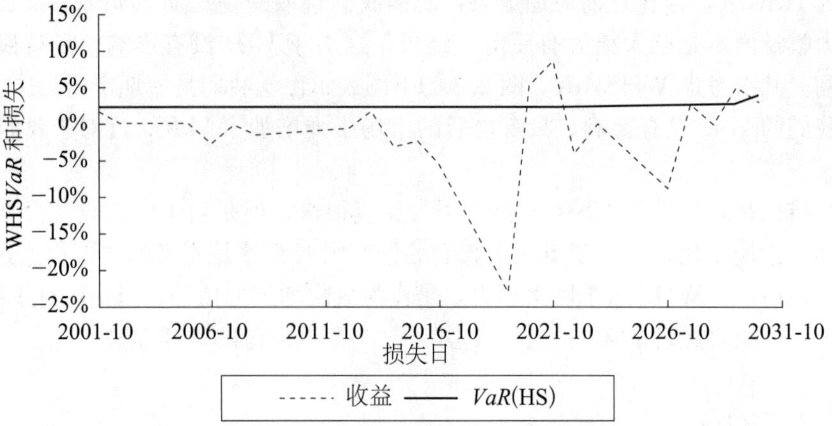

(A)

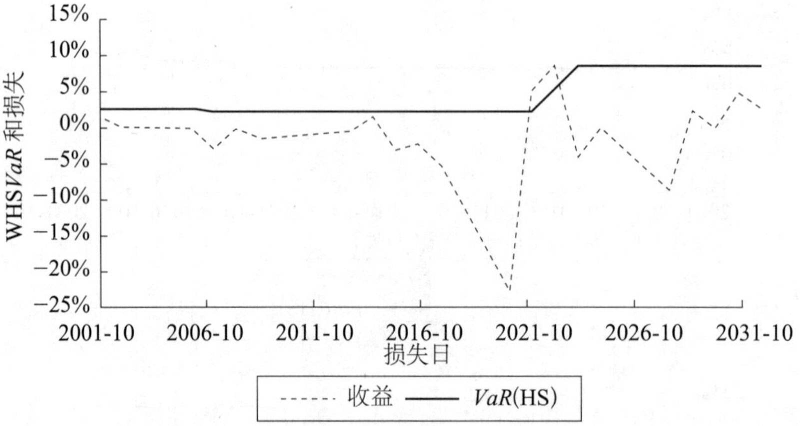

(A)

图 2.3（A）历史模拟 *VaR* 和 S&P500 空头的日损失，1987 年 10 月；
（B）权重化的历史模拟 *VaR* 和 S&P500 空头的日损失，1987 年 10 月

注：点线表示 1987 年 10 月每天 S&P500 指标，在空头上，对于投资 1 美元的日损失量。在上图中，黑线表示使用 HS 计算的 250 天样本的 1 天 1%*VaR*。下图点线表示的和上图一样，黑线表示的是使用 WHS 计算的 *VaR*。

最后，WHS 的一个严重缺点是，多日的风险值需要大量的过去日收益数据，而这些日收益数据很难获得，HS 方法也同样具有该缺点。在第 8 章中，我们将会研究多阶段的风险模型。

4 从 2008—2009 年危机中所得的实证

1987 年的危机为计算 *VaR* 的 HS 方法所涉及的问题提供了一个特别生动的例子。最近的金融危机比 1987 年的崩盘涉及更多的不同市场动态，但是 HS*VaR* 所得的结果却表明两者之间的严重程度是一样的。

图 2.4 为 2008 年 7 月—2009 年 12 月 S&P500 数据的总收益指标的日收盘价格（包括股息）。损失指标在 2008 年 7 月—2009 年 3 月市场触底之间几乎是它的值的一半。复苏指数从 2009 年 3 月开始，直到 2009 年结束。

HS 提供了一个很方便的方法来计算 VaR，图 2.5 的黑线表示了 10 日、1%的 $HS\text{-}VaR$。由于标准化，10 日 VaR 是通过 1 日 VaR 简单乘以 $\sqrt{10}$ 得到的。

$$VaR_{t+1:t+10}^{0.01,HS} = -\sqrt{10} \cdot Percentile(\{R_{PF,t+1-\tau}\}_{\tau=1}^{m}, 1), m = 250$$

现在考虑在第 1 章讨论过的和 HS 相同的 RiskMetrics（RM）方差模型。在图 2.5 中，点线表示的是从 RiskMetrics 模型中计算得到的 10 日、1%VaR。如下所示：

$$\begin{aligned} VaR_{t+1:t+10}^{0.01,RM} &= -\sqrt{10} \cdot \sigma_{t+1} \cdot \Phi_{0.01}^{-1} \\ &= -\sqrt{10} \cdot \sigma_{t+1} \cdot 2.33 \end{aligned}$$

其中方差的动态性是由下式决定的：

$$\sigma_{PF,t+1}^{2} = 0.94\sigma_{PF,t}^{2} + 0.06R_{PF,t}^{2}$$

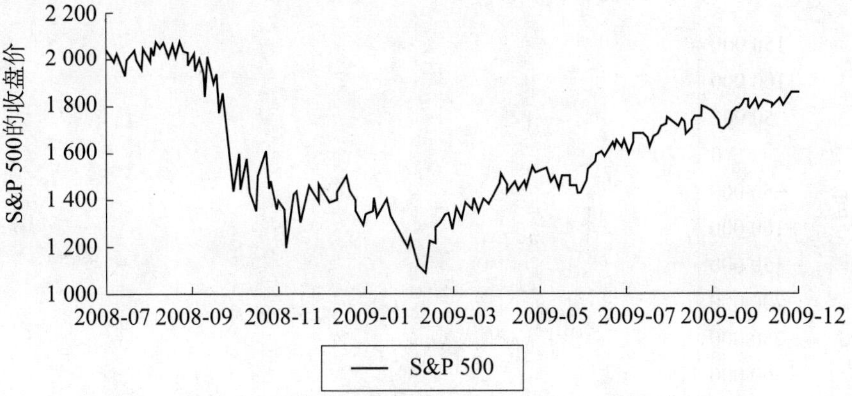

图 2.4 S&P500 的总收益指标：2008—2009 年金融危机期间

注：S&P500 总收益指标（包括股息）的日收盘值是从 2008 年 7 月 1 日到 2009 年 12 月 31 日。

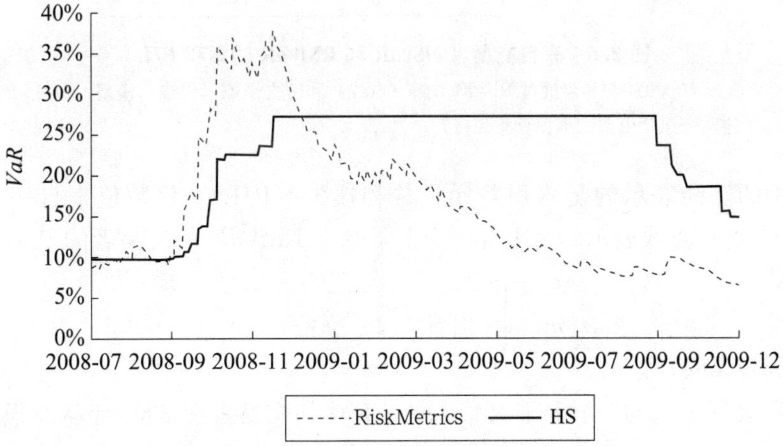

图 2.5 历史模拟和 RiskMetrics 在 2008—2009 年危机期间的 10 天 1%VaR

注：该图为历史模拟和 RiskMetrics 在 2008—2009 年危机期间的 10 天 1%VaR。

正如第 1 章所述，我们仅仅通过 1 天乘以 $\sqrt{10}$，可得到 10 天 VaR。我们假设创新收益服从标准正态分布，因此百分比很容易计算，$\Phi_{0.01}^{-1} = -2.33$。

注意图 2.5 中 HS 和 RMVaR 之间的巨大差别。HSVaR 在 2008 年危机刚刚开始起步的时候上升得更加缓慢，甚至更加明显，在市场波动性大幅度减少期间，HSVaR 大约在一年时间内保持了最高点。图 2.5 的单位为资产的最小百分比，如果在接下来 10 天中出现了比 1%更差的结果，那么该单位将会被取代。

结果是，依赖于 HSVaR 的风险管理团队在查探酝酿的危机方面是非常缓慢的，而且在市场波动性下降后将会更加警惕。

对于这个效应，为了增加一些美元数据，图 2.6 进行了如下实验。假设交易者每天都有低于 100 000 美元的 10 天 1%VaR。因此，在 S&P 500 指标下，每天他都能投资如下数额：

$$\$\,Position_{t+1} \leqslant \frac{\$\,100\,000}{VaR^{0.01}_{t+1:t+10}}$$

我们假设每个交易者在 S&P 500 下投资最大的数额，也就是

$$\$\,Position_{t+1} = \frac{\$\,100\,000}{VaR^{0.01}_{t+1:t+10}}$$

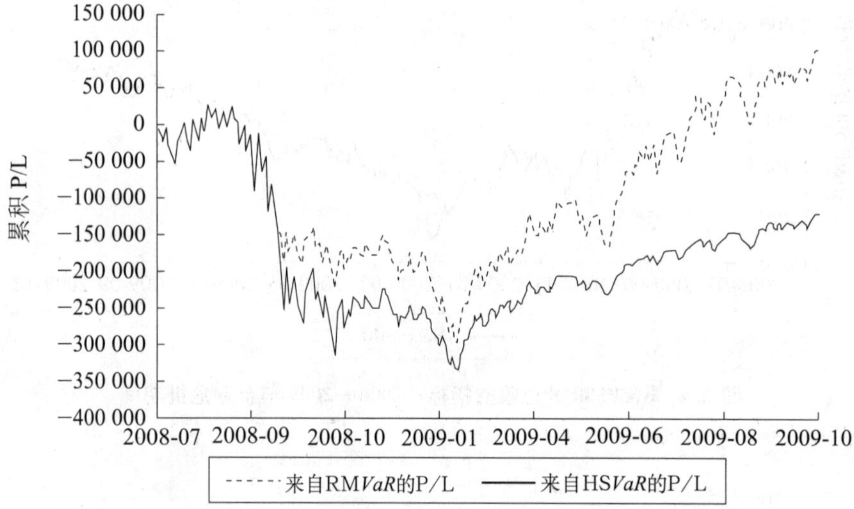

图 2.6 来自交易者 HS*VaR* 和 RM*VaR* 的累积 P/L

注：以 100 000 美元为上限的交易者通过 RiskMetrics（点线）和历史模拟（黑线）模型，在 S&P500 下投资的最大数额。该图表示了这两个风险模型的累积收益和损失。

图 2.6 中的黑线表示的是累积美元收益和损失（P/L），该数值来自一个上限基于 HSVaR 的交易者；点线表示的是来自一个上限基于 RMVaR 的交易者的 P/L 值。日 P/L 通过下式计算：

$$(P/L)_{t+1} = \$\,Position_{t+1}(S_{t+1}/S_t - 1)$$

然后计算各天的日 P/L。

图 2.6 所表现出来的差异是非常惊人的。RM 的交易者在 2008 年秋季损失较少，且在 2009 年赚得比较多。HS 的交易者在 2008 年秋季遭受了巨大的损失，因此不能在 2009 年的市场上利用指数上涨来实现充分投资。HSVaR 反应太过缓慢，以至于既不能增加波动性，也不能减少波动性。这两个错误的潜在成本可能都很高。

RM 风险模型是非常简单的——可能在几个方面都非常地简单，这些将在第 4 章、第 6 章、第 8 章被讨论。对于在 RiskMetrics 中所假设的简单方差动态性的重要补充将会在第 4 章详细讨论。我们同样也假设了创新收益的标准正态分布。这种假设只为在这一点带来方便。在第 6 章中，我们将讨论通过允许非正态收益的新方法来改善风险模型。最后，

我们仅仅通过1 天 VaR 乘以 $\sqrt{10}$ 就得到了 10 天 VaR。这个简单的规则只是一个近似，常常是不准确的。这将在第 8 章具体讨论。

5 打破 HSVaR 的真实概率

1987 年和 2008—2009 年这两个例子都表明问题是由于 HS 方法本身，但是这些问题在特定问题、特定期间可以避免。为了避免这些问题，我们现在执行以下纯粹人工但是揭示了真实现象的实验。

假设 S&P500 的市场收益是由动态波动性和正常创新方法的时间序列所产生的。实际当然不是这样的。但是如果做了这个合理的简化假设，那么我们就能够计算 HSVaR 的错误程度。具体来说就是，假设 S&P500 每天收益的新方法服从均值为零、方差为 $\delta^2_{PF,t+1}$ 的正态分布，该方差是由 GARCH 型方差过程得到的，我们将会在第 4 章具体介绍。可以写为：

$$R_{PF,t+1} = \sigma_{PF,t+1} z_{PF,t+1}, \quad z_{t+1} \sim \text{i. i. d. } N(0,1)$$

如果我们从这个过程中模拟 1 250 个收益观察值，那么从第 251 天开始，我们可以通过历史模拟计算每天的 1 天 1%VaR。因为我们知道收益是如何产生的，所以我们可以计算每天我们所观察到的损失比计算的 HSVaR 要大的真实概率。我们可以认为这个概率为 VaR 缺口。由如下式子计算：

$$\begin{aligned}\Pr(R_{PF,t+1} < (-VaR_{t+1}^{0.01,HS})) &= \Pr(R_{PF,t+1}/\sigma_{PF,t+1} < (-VaR_{t+1}^{0.01,HS}/\sigma_{PF,t+1})) \\ &= \Pr(z_{PF,t+1} < -(VaR_{t+1}^{0.01,HS}/\sigma_{PF,t+1})) \\ &= \Phi((-VaR_{t+1}^{0.01,HS})/\sigma_{PF,t+1})\end{aligned}$$

式中，Φ 为对于标准正态随机变量的累积密度函数。图 2.7 表示经过 1 000 次模拟日收益得到的概率图。

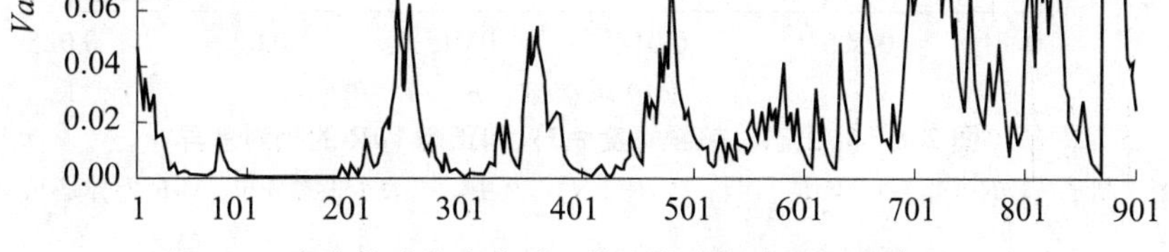

图 2.7 当收益动态变化时，真实损失概率大于 1%HSVaR

注：该图表明当通过动态方差模型模拟得到收益和通过历史模拟得到 VaR 时，得到比 VaR 更差的收益的概率。

如果 HSVaR 模型是正确的，那么该图就将显示大致在 1%的水平线。而不是我们现在所看到的当波动率高时，数值就高达 16%，当波动率低时，数值就接近于 0。当市场波动性很低的时候，HSVaR 将会趋于高估风险，从而导致图 2.7 中 VaR 缺口的低概率。相反地，同时也更加关键的是，当波动性很高时，HS 将会低估风险值，从而 VaR 缺口的波动性也会变高。HS 方法应该提供的是一个 1%*VaR*，但有时提供的是一个 16%*VaR*，这意味着本应该只有 1/100 的可能性，却变为有 1/6 的可能性会得到一个比 HS*VaR* 更大的损失。结果是 HS*VaR* 可能在平均水平上是正确的（在图 2.7 中的平均概率为 2.3%），但是当波动性过大时，HS*VaR* 就过低；当波动性过低时，HS*VaR* 就过高。

这个例子通过蒙特卡洛模拟来产生人工收益。我们将在第 8 章研究蒙特卡洛模拟。

6　带有极端覆盖率的 *VaR*

最完整的图片无疑是通过大于 *VaR* 的损失分布整体尾部形状来得到的。当模型正确的时候，资产组合收益分布的尾部能够告诉风险管理者一切关于风险损失的信息。报告收益分布的整个尾部就相当于报告很多不同覆盖率下的 *VaR*，也就是 p 从 0.01%增加到 2.5% 之间的量。注意，当使用 250 日的样本时，在 $p<1/250=0.4\%$的情况下，甚至不可能计算 *VaR*。

图 2.8 揭示了非正态分布（超额峰度为 3）和正态分布的 *VaR* 之间作为概率 p 的方程的相对区别。注意到，随着 p 接近于零（在图中最小的 p 为 0.000 1，也就是 0.01%），非正态 *VaR* 比正态 *VaR* 更大了。很明显，当 $p=0.025$ 时，即使潜在分布在 ps 的显示下是极为不同的，但在两个 *VaR* 之间没有区别。因为极端风险是隐藏的，以大概率 p 依赖于 *VaR* 是非常危险的。在第 6 章，我们将会对非正态收益分布具体建模。

VaR 作为流行的风险管理工具是由于其易于理解。“什么损失会导致有 $100p\%$的潜在可能性使得明天的损失变得更加巨大?”但是，当 $100p\%$小时，几个数值 p 的 *VaR* 报告，在风险报告中需要给予很多考虑，因为它能描绘出损失的尾部分布。

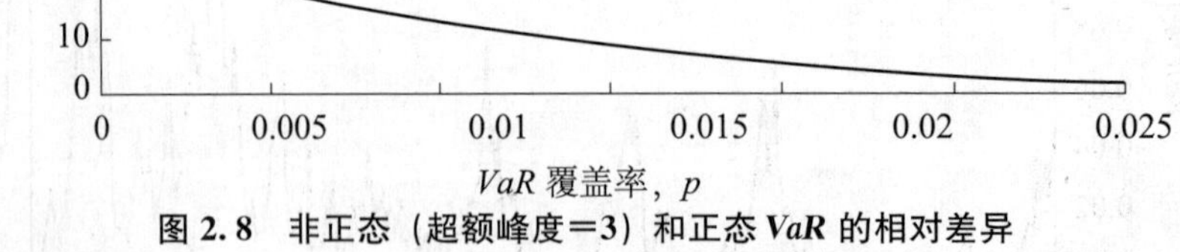

图 2.8　非正态（超额峰度=3）和正态 *VaR* 的相对差异

注：该图绘制了 [*VaR*（非 *N*）−*VaR* [*N*]] /*VaR* [*N*]，其中，*N* 表示正态分布。*VaR* 差异是 *VaR* 覆盖率 p 的函数。

7　期望损失

我们之前讨论了 *VaR* 的关键缺点，也就是它只考虑了超过 *VaR* 损失的百分比，而不考虑这些损失的量。但是，损失量对于风险管理者来说是个很重要的问题。巨大的损失比起中等损失来说有更大的可能性会引起金融压力，比如破产；因此我们需要考虑一个既考虑大损失的量也考虑引起它的概率的测量方法。

问题是我们需要想出资产组合风险评估方法，并且保持 VaR 的简单性，但是也需要能提供尾部形状的信息。期望损失（ES）或者尾部 VaR，正如它的名称所显示的，是解决这个问题的一种方法。

ES 的数学定义公式为

$$ES_{t+1}^{p}=-E_t[R_{PF,t+1} \mid R_{PF,t+1}<-VaR_{t+1}^{p}]$$

其中表达式和 VaR 前面的负号是必需的，因为 ES 和 VaR 被定义为一个正数。在损失大于 VaR 值的条件下，期望损失告诉了我们明天损失的期望值。

尾部分布告诉了我们可能的大损失的范围和每个结果的可能性。期望损失通过计算赋予以概率为权重的尾部结果将这些信息聚合成一个数字。因此，其中 VaR 在只有 1%的可能损失将会加重的情况下，告诉我们损失；ES 则在已经从 1%的尾部遭受了损失时，告诉我们期望损失。所以尽管我们在使用 ES 时，没有传递尾部形状所包含的所有信息，但关键是，超越 VaR 估计的尾部形状是决定风险数额的要点。

为得到更多关于 ES 作为风险评估的信息，我们首先考虑正态分布。为了计算 ES，我们需要在低于 VaR 的情况下的正态变量的分布。如下所示，通过标准正态分布来定义截断标准正态分布。

$$\phi_{Tr}(z \mid z\leqslant Tr)=\frac{\phi(z)}{\Phi(Tr)},\ E[z \mid z\leqslant Tr]=-\frac{\phi(Tr)}{\Phi(Tr)}$$

式中，$\phi(\cdot)$ 表示密度函数，$\Phi(\cdot)$ 表示标准正态分布的累积密度函数。

回忆一下 $R_{PF,t+1}=\delta_{PF,t+1}Z_{PF,t+1}$，在正态分布的情况下，$ES$ 可以通过下式得到：

$$\begin{aligned}ES_{t+1}^{p}&=-E_t[R_{PF,t+1} \mid R_{PF,t+1}\leqslant -VaR_{t+1}^{p}]\\&=-\sigma_{PF,t+1}E_t[z_{PF,t+1} \mid z_{PF,t+1}\leqslant -VaR_{t+1}^{p}/\sigma_{PF,t+1}]\\&=\sigma_{PF,t+1}\frac{\phi(-VaR_{t+1}^{p}/\sigma_{PF,t+1})}{\Phi(-VaR_{t+1}^{p}/\sigma_{PF,t+1})}\end{aligned}$$

当然，在一般情况下，我们也知道

$$VaR_{t+1}^{p}=-\sigma_{PF,t+1}\Phi_p^{-1}$$

因此，我们有

$$ES_{t+1}^{p}=\sigma_{PF,t+1}\frac{\phi(\Phi_p^{-1})}{p}$$

上式的结构和 VaR 估计的结果非常相似。

ES 和 VaR 的相对差异是

$$\frac{ES_{t+1}^{p}-VaR_{t+1}^{p}}{VaR_{t+1}^{p}}=-\frac{\phi(\Phi_p^{-1})}{p\Phi_p^{-1}}-1$$

例如当 $p=0.01$ 时，我们就得到 $\Phi_p^{-1}\approx-2.33$，那么相对差异就是

$$\frac{ES_{t+1}^{0.01}-VaR_{t+1}^{0.01}}{VaR_{t+1}^{0.01}}\approx-\frac{(2\pi)^{-1/2}\exp(-(-2.33)^2/2)}{0.01\times(-2.33)}-1\approx 15\%$$

在正常情况下，当 VaR 的覆盖率 p 接近于零时，ES 和 VaR 的比例就接近于 1。

从图 2.8 可以看出，似乎对风险管理者来说，使用 ES 还是 VaR 估计都没有很大关系。当 VaR 的覆盖率为 1%时，差异只有 15%。但是，在第 1 章中，我们发现正态分布拟合资产收益数据效果是非常差的，尤其是尾部。所以当我们关注非正态分布时，对于比例

(ES−VaR)/VaR 会怎么样?

图 2.9 考虑了胖尾的分布，其中尾部的肥胖程度通过尖峰来体现，正如第 1 章所定义的：尖峰越高，那么尾部就越胖。图 2.9 中的点线表示 $p=1\%$的情况，黑线表示 $p=5\%$的情况。

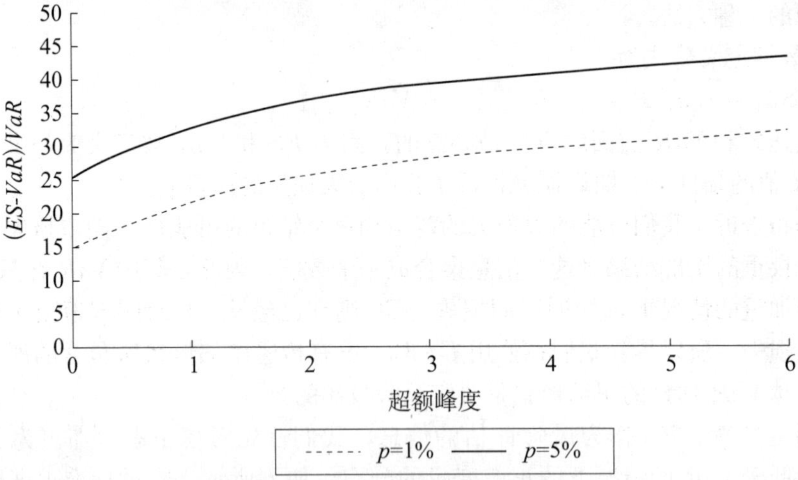

图 2.9　ES 和 VaR 的峰度函数

注：该图为作为潜在资产组合收益分布的超额峰度的函数，以百分比形式（ES−VaR)/VaR 给出。点线使用 1%VaR，黑线使用 5%VaR。

点线表明当尖峰度为零时，我们得到 ES 和 VaR 的相对差异为 15%，这个和之前正态分布的计算非常吻合。在图 2.9 中，点线也表明了对于中等大的尖峰度，ES 和 VaR 的相对差异为 30%。

比较图 2.9 中的黑线和点线的差异，很明显，随着概率 p 的增大，ES 和 VaR 的相对差异也增大，且远远大于零。当 p 为零时，VaR 和 ES 都能体现出胖尾分布。当 p 远远大于零时，只有 ES 能体现收益分布的胖尾性。当使用 VaR 以及大 p 时，危险性的大损失将会隐藏起来，使得我们看不到。一般而言，基于 ES 的风险评估方法能够更好地体现高峰度（或者负偏度）的资产组合比低峰度的资产组合更危险这一特点。

依赖于历史模拟的风险管理者经常报告相对高 p 的 VaR，因为他们担心使用基于过少观察值的 VaR 估计。图 2.9 间接地表明了这个叙述有一个很严重的缺点：如果 p 越大，那么在资产组合收益分布中的极端风险（在 ES 中很明显）不会被注意到的可能性就越大。ES 风险估计能够体现这种极端风险，而 VaR 不能。

8　总结

VaR 是最常使用的风险评估方法，HS 也是最常使用的计算 VaR 的方法。这一章认为 VaR 有很多缺点，并且使用 HS 来计算 VaR 也存在一个很严重的问题。

我们反而需要使用风险评估来体现收益分布中的胖尾程度，我们也需要风险模型来合理解释方向的动态性和使用不同收益跨度的模型。

为进一步实现目标，我们需要通过以下特征来构建风险模型：

⊙模型为一个完全指定的统计过程，能通过日收益估计。

⊙模型能够通过拥有大量资产个数的资产组合来估计和实施。

⊙*VaR* 和 *ES* 能够在任何置信水平 p 以及任何利息区间 k 下计算得到。

⊙*VaR* 和 *ES* 能够动态反映目前市场条件。

为了提供正确的风险预测，模型应该反映第 1 章中提到的日资产收益的以下典型事实：

⊙期望日收益是不可预测的。

⊙日收益的方差大大超过了均值。

⊙日收益的方差是可以预测的。

⊙日收益不是正态分布。

⊙即使通过动态方差模型对日收益进行标准化后，标准日收益也不是正态分布的。

⊙相同程度的正收益和负收益可能对于方差的影响不同。

⊙资产之间的相关性可能随着时间而变化。

⊙随着投资期限的增加，收益数据分布接近正态分布。

更多资料

VaR 计算的各种方法的有用概括可以在以下文章中找到：Duffieand Pan（1997），Engle and Manganelli（2004a），Jorion（2006），Christoffersen（2009）。

Dowd 和 Blake（2006）讨论了在保险行业类似 *VaR* 估计的有用方法。Danielsson（2002）反对使用风险模型来估计平稳市场的资产收益数据。

Bodoukh 等（1998）介绍了计算 *VaR* 的一种有趣的新方法，该方法是基于条件分位数回归的（在本章没有讨论）。

Artzner 等（1999）定义了风险测量的一致性概念并且表明期望损失（*ES*）需保持一致性但 *VaR* 并非一致。Inui 和 Kijima（2005）对于 *ES* 的使用提供了额外的理论证据。Taylor（2008）对于 *ES* 的计算提供了计量经济学工具。

根据 *ES* 和 *VaR* 学习动态资产组合管理，Basak 和 Shapiro（2001）发现当大损失发生时，*ES* 风险管理比 *VaR* 风险管理的损失要小。Cuoco 等（2008）认为只要 *VaR* 和 *ES* 经常被重新计算，那么两者的风险管理会导致相同的结果。Basak 和 Shapiro（2001），Cuoco 等（2008）都假设收益是正态分布的。Yamai 和 Yoshiba（2005）从实际观点出发比较了 *VaR* 和 *ES*。Berkowitz 和 O'Brien（2002），Alexander 和 Baptista（2006）从校正的角度看待 *VaR*。

参考文献

Alexander，G. J.，Baptista，A. M.，2006. Does the Basle Capital Accord Reduce bank fragility? An assessment of the Value-at-Risk approach. J. Monet. Econom. 53，1631-1660.

Artzner，P.，Delbaen，F.，Eber，J.，Heath，D.，1999. Coherent measures of risk. Math. Finance 9，203-228.

Basak，S.，Shapiro，A.，2001. Value-at-risk-based risk management：Optimal policies and asset prices. Rev. Financial Stud. 14，371-405.

Berkowitz，J.，O'Brien，J.，2002. How accurate are Value-at-Risk models at commercial banks? J. Finance 57，1093-1111.

Bodoukh，J.，Richardson，M.，Whitelaw，R.，1998. The best of both worlds. Risk 11，64-67.

Christoffersen，P.，2009. Value-at-Risk models. In：Mikosch，T.，Kreib，J.-P.，Davis，R. A.，Andersen，T. G.，(Eds.)，Handbook of Financial Time Series，Springer Verlag，Berlin，pp. 753-766.

Cuoco, D., He, H., Issaenko, S., 2008. Optimal dynamic trading strategies with risk limits. Oper. Res. 56, 358-368.

Danielsson, J., 2002. The emperor has no clothes: Limits to risk modelling. J. Bank. Finance 26, 1273-1296.

Dowd, K., Blake, D., 2006. After VaR: The theory, estimation, and insurance applications of quantile-based risk measures. J. Risk Insur. 73, 193-229.

Duffie, D., Pan, J., 1997. An overview of value at risk. J. Derivatives 4, 7-49.

Engle, R., Manganelli, S., 2004a. A comparison of value at risk models in finance. In: Giorgio Szego, (Ed.), Risk Measures for the 21st Century, Wiley Finance, West Sussex England.

Engle, R., Manganelli, S., 2004b. CAViaR: Conditional value at risk by quantile regression. J. Bus. Econom. Stat. 22, 367-381.

Inui, K., Kijima, M., 2005. On the significance of expected shortfall as a coherent risk measure. J. Bank. Finance 29, 853-864.

Jorion, P., 2006. Value-at-Risk: The New Benchmark for Managing Financial Risk, third ed. McGraw-Hill, New York, NY.

Pritsker, M., 2006. The hidden dangers of historical simulation. J. Bank. Finance 30, 561-582.

Taylor, J. W., 2008. Estimating value at risk and expected shortfall using expectiles. J. Financial Econom. 6, 231-252.

Yamai, Y., Yoshiba, T., 2005. Value-at-Risk versus expected shortfall: A practical perspective. J. Bank. Finance 29, 997-1015.

练习

打开网站上第 2 章的数据文件 Chapter2data. xlsx。练习 1 和 2 使用 sheet1，练习 3 和 4 使用 sheet2。

1. 假设你是每天 S&P500 指数的多头 \$1。使用历史模拟计算 1987 年 10 月的 1 天 1%*VaR*。使用 250 天的移动窗口，画出 *VaR* 和损失关系图。如果你是每天空头 \$1，重复以上练习。并再次绘制 *VaR* 和损失图。和图 2.2、图 2.3 比较。

2. 假设你是每天 S&P500 指数的多头 \$1。使用权重历史模拟计算 1987 年 10 月的 1 天 1%*VaR*。你可以忽略 WHS 中的线性插值。使用 WHS 中 η 的权重参数。使用 250 天的移动窗口。(Excel 提示：通过选择 Excel 中的两列和按照收益整理来整理权重化后的收益。) 如果你是每天空头 \$1，重复以上练习。并再次绘制 *VaR* 和损失图。和图 2.2、图 2.3 比较。

3. 从 2008 年 7 月 1 日到 2009 年 12 月 31 日的每一天，通过以下方法计算 10 天 1%*VaRs*：(a) RiskMetrics，也就是使用权重，$\lambda=0.94$，方差为平滑指数的正态分布；和 (b) 历史模拟。使用 250 天的移动样本。由 1 天 1%*VaR* 通过乘以 $\sqrt{10}$ 计算 10 天 1%*VaR*，画出 *VaR*。

4. 重新构建图 2.6 中的 P/L。

这些练习的答案可以在所对应的网站的 Chapter2result. xlsx 这个文件夹中找到。

更多信息可以参考相应的网站：

http://www.elsevierdirect.com/companions/9780123744487

第 3 章　金融时间序列分析基础

1　本章概要

本章主要有两个目的：第一，给出了对于概率和统计方面基本概念的一个简短回顾，并介绍了二元线性回归模型。第二，介绍了时间序列分析，主要关注一些与金融风险管理相关的模型。对于已经学过时间序列或者计量经济学的读者，可以忽略本章的学习。

本章内容按照以下四节组织：

1. 概率分布和统计量。
2. 线性模型。
3. 单变量时间序列模型。
4. 多变量时间序列模型。

本章涵盖了广泛的内容，基本需要几本书才能包含。因此，在本章最后“更多资料”中给出了很多建议阅读的书籍，为那些需要在统计和计量经济学方法方面建立扎实基础的读者，以及一些希望掌握更多高级时间序列分析知识的读者提供了很好的资源。

本章金融时间序列部分的主要目标是确保读者避免一些常见的错误，这些错误经常被一些处理时间序列数据（例如价格和收益）的风险管理者遇到。以下是这些缺点的汇总：

⊙均值回归的伪检测：也就是，错误地发现：当变量随机游走时，它是均值回归的。

⊙伪回归：也就是，错误地发现：变量 x 在 y 对 x 回归时是非常显著的。

⊙因果关系的伪检测：也就是，错误地发现：x 的目前值（帮助决定）导致 y 的未来值，但在实际中却不能。

在讨论这些金融时间序列的重要话题时，我们首先对基本概率和统计知识进行回顾。

2　概率分布和统计量

离散随机变量 x 的概率分布，描绘了 x 的每个可能结果的概率可能性。即使在现实中资产价格只能是离散值（例如＄14.55），并不是连续值（例如＄14.555 5……），我们常常使用连续密度分布而不是离散密度分布来描绘各种结果的可能性。连续概率密度更加容易分析，并且也能很好地接近于风险管理的离散概率分布。

2.1　一元概率分布

令函数 $F(x)$ 表示随机变量 x 的累计概率分布函数，因此 x 小于 a 的概率如下：

$$\Pr(x < a) = F(a)$$

令 $f(x)$ 表示 x 的概率密度，假设 x 定义为从 $-\infty$ 到 $+\infty$。x 小于 a 的概率可以通过密度函数的积分得到：

$$\Pr(x < a) = \int_{-\infty}^{a} f(x)dx = F(a)$$

所以 $f(x)=\frac{\partial F(x)}{x}$。我们同样也有

$$\Pr(x < +\infty) = \int_{-\infty}^{+\infty} f(x)dx = 1$$

和

$$\Pr(x = a) = 0$$

因为密度是连续的，所以获得任何指定值 a 的概率为零。其值在区间 a 和 b 之间的概率为

$$\Pr(b < x < a) = \int_{b}^{a} f(x)dx = F(a) - F(b)$$

其中，$b<a$。

x 的期望值体现了分布的平均产出，并且定义为 x 的概率加权平均。即

$$E[x] = \int_{-\infty}^{\infty} xf(x)dx$$

运算的基本规律和性质 $\int_{-\infty}^{\infty} xf(x)dx = 1$，提供了计算期望值的运算方法，例如

$$E[a+bx] = \int_{-\infty}^{\infty} (a+bx)f(x)dx = a + b\int_{-\infty}^{\infty} xf(x)dx = a + bE[x]$$

其中，a 和 b 都是常数。

方差是对于变量在均值附近预期变化的度量。其被定义为

$$Var[x] = E[(x-E[x])^2] = \int_{-\infty}^{\infty} (x-E[x])^2 f(x)dx$$

注意：

$$Var[x]=E[(x=E[x])^2]=E[x^2+E[x]^2-2xE[x]]=E[x^2]-E[x]^2$$

其中 $E[E[x]]=E[x]$。从这里我们可以得出

$$\begin{aligned}Var[a+bx]&=E[(a+bx)^2]-E[(a+bx)]^2\\&=b^2E[x^2]-b^2E[x]^2\\&=b^2Var[x]\end{aligned}$$

标准差被定义为方差的平方根。在风险管理中，波动性常常作为方差或者标准差的常规术语。

据此，如果我们定义一个变量 $y=bx+a$，其 x 的均值为 0、方差为 1，那么

$$E[y]=a$$

$$Var[y]=b^2$$

这对于构建指定均值和方差的变量很有用。

均值和方差是首要的两个重要统计量，第三个和第四个重要统计量为偏度和峰度，定义为：

$$Skew[x]=\frac{\int_{-\infty}^{\infty}(x-E[x])^3f(x)dx}{Var[x]^{3/2}}$$

$$Kurt[x]=\frac{\int_{-\infty}^{\infty}(x-E[x])^4f(x)dx}{Var[x]^2}$$

以上通过先减去 $E[x]$，然后再 3 次方或者 4 次方，以及把偏度除以 $VaR[x]^{3/2}$，峰度除以 $VaR[x]^2$，我们得到

$$Skew[a+bx]=Skew[x]$$

$$Kurt[a+bx]=Kurt[x]$$

因此，我们说偏度和峰度具有位置和尺度不变性。

举个例子来考虑参数为 μ 和 δ^2 的正态分布。这被定义为

$$f[x;\mu,\sigma^2]=\frac{1}{\sqrt{2\pi\sigma^2}}\exp\left(\frac{(x-\mu)^2}{2\sigma^2}\right)$$

正态分布的四个统计

$$E[x]=\int_{-\infty}^{\infty}x\frac{1}{\sqrt{2\pi\sigma^2}}\exp\left(\frac{(x-\mu)^2}{2\sigma^2}\right)dx=\mu$$

$$Var[x]=\int_{-\infty}^{\infty}(x-\mu)^2\frac{1}{\sqrt{2\pi\sigma^2}}\exp\left(\frac{(x-\mu)^2}{2\sigma^2}\right)dx=\sigma^2$$

$$Skew[x]=\frac{1}{\sigma^3}\int_{-\infty}^{\infty}(x-\mu)^3\frac{1}{\sqrt{2\pi\sigma^2}}\exp\left(\frac{(x-\mu)^2}{2\sigma^2}\right)dx=0$$

$$Kurt[x]=\frac{1}{\sigma^4}\int_{-\infty}^{\infty}(x-\mu)^4\frac{1}{\sqrt{2\pi\sigma^2}}\exp\left(\frac{(x-\mu)^2}{2\sigma^2}\right)dx=3$$

2.2 二元分布

当考虑两个随机变量 x 和 y 时，我们定义一个二元密度函数 $f(x，y)$，那么

$$\Pr(a < x < b, c < y < d) = \int_c^d \int_a^b f(x,y)dxdy$$

协方差是两个变量之间线性关系最常见的衡量。定义如下：

$$Cov[x,y] = \int_{-\infty}^{\infty} \int_{-\infty}^{\infty} (x - E[x])(y - E[y]) f(x,y) dxdy$$

根据运算基本法则，我们可以得到以下结果：

$$Cov[a + bx, c + dy] = bdCov[x,y]$$

因此协方差依赖于 x 和 y 的量，而不是它们的均值。由以下协方差定义可知：

$$Cov[x,x] = \int_{-\infty}^{\infty} (x - E[x])^2 f(x)dx = Var[x]$$

从协方差和方差的定义，我们可以定义相关系数：

$$Corr[x,y] = \frac{Cov[x,y]}{\sqrt{Var[x]Var[y]}}$$

由上式可知，x 和 y 之间的相关系数并不依赖于 x 和 y 的量。因此我们有以下公式：

$$Corr[a + bx, c + dy] = \frac{bdCov[x,y]}{\sqrt{b^2Var[x]d^2Var[y]}} = \frac{Cov[x,y]}{\sqrt{Var[x]Var[y]}} = Corr[x,y]$$

如果 $y = bx + a$，那么 x 和 y 之间存在完全的正线性相关性。即

$$Corr[x,y] = \frac{Cov[x, a + bx]}{\sqrt{Var[x]Var[a + bx]}} = \frac{bVar[x]}{bVar[x]} = 1$$

如果 $y = a - bx$，那么 x 和 y 之间存在完全的负线性相关性。即

$$Corr[x,y] = \frac{Cov[x, a - bx]}{\sqrt{Var[x]Var[a - bx]}} = \frac{-bVar[x]}{bVar[x]} = -1$$

以上两个公式表明相关系数的范围为－1 到 1。这个事实对于解释一个给定的相关值非常方便。

2.3　条件分布

风险管理者常常会通过使用一个变量 x 的信息来描述某个变量 y。通过 x 和 y 的联合分布，我们得到在条件 x 下，y 的条件分布。其公式如下所示：

$$f(x,y) = f(y \mid x) f(x)$$

上式间接地定义了条件分布如下：

$$f(y \mid x) = \frac{f(x,y)}{f(x)}$$

以上定义可以被用来定义条件均值和方差：

$$E[x \mid y] = \int_{-\infty}^{\infty} yf(y \mid x)dy = \int_{-\infty}^{\infty} y \frac{f(x,y)}{f(x)} dy$$

$$Var[y \mid x] = \int_{-\infty}^{\infty} (y - E[y \mid x])^2 \frac{f(x,y)}{f(x)} dy$$

以上两式的条件统计量是关于 x 而非关于 y 的函数。

如果 x 和 y 是相互独立的，那么 $f(y \mid x)=f(y)$，$f(x, y)=f(x)f(y)$。对于条件统计量，我们也有

$$E[y \mid x]=\int_{-\infty}^{\infty} y \frac{f(x)f(y)}{f(x)} dy=\int_{-\infty}^{\infty} y f(y) dy=E[y]$$

$$Var[y \mid x]=\int_{-\infty}^{\infty}(y-E[y])^{2} \frac{f(x)f(y)}{f(x)dy}=Var[y]$$

对于相应的非条件统计量也相同。

2.4 样本统计量

我们现在介绍一种标准方法来估计之前介绍的几种统计量。

考虑样本变量 x，T 个观察值，即 $\{x_1, x_1, \cdots, x_T\}$。我们能通过样本均值来估计变量均值。

$$\hat{E}[x]=\bar{x}=\frac{1}{T} \sum_{t=1}^{T} x_t$$

同时，我们也可以通过使用样本和均值偏差的平方的平均数来估计方差：

$$\widehat{Var}[x]=\bar{x}=\frac{1}{T} \sum_{t=1}^{T}(x_t-\bar{x})^{2}$$

有时样本方差使用$\frac{1}{T-1}$来代替$\frac{1}{t}$，但是除非 T 非常小，其他情况下这个差别都可以忽略。

同样地，偏度和峰度可以通过下式估计：

$$\widehat{Skew}[x]=\frac{1}{T} \sum_{t=1}^{T}(x_t-\bar{x})^{3} / \widehat{Var}[x]^{3/2}$$

$$\widehat{Kurt}[x]=\frac{1}{T} \sum_{t=1}^{T}(x_t-\bar{x})^{4} / \widehat{Var}[x]^{2}$$

两个随机变量的样本协方差可以通过下式估计：

$$\widehat{Cov}[x, y]=\frac{1}{T} \sum_{t:1}^{T}(x_t-\bar{x})(y_t-\bar{y})$$

同时两个随机变量的样本相关系数公式如下：

$$\hat{\rho}_{x,t}=\frac{\sum_{t=1}^{T}(x_t-\bar{x})(y_t-\bar{y})}{\sqrt{\sum_{t=1}^{T}(x_t-\bar{x})^{2} \sum_{t=1}^{T}(y_t-\bar{y})^{2}}}$$

3 线性模型

风险管理者常常依赖以下类型的线性模型：

$$y=a+bx+\varepsilon$$

其中 $E[\varepsilon]=0$，同时假设 ε 和 x 是相互独立的，或者是不相关的。如果我们知道 x 的值，那么我们可以通过线性模型预测 y 的值。通过以下基于 x 条件下，y 的条件期望值：

$$E[y \mid x] = a + bE[x \mid x] + E[\varepsilon \mid x] = a + bx$$

在线性模型中，x 和 y 的非条件期望可以通过下式相联系：

$$E[y] = a + bE[x] + E[\varepsilon] = a + bE[x]$$

所以

$$a = E[y] - bE[x]$$

我们同时也可以得到

$$Cov[y,x] = Cov[a + bx + \varepsilon, x] = bCov[x,x] = bVar[x]$$

所以

$$b = \frac{Cov[y,x]}{Var[x]}$$

在线性模型中，变量 x 和 y 的方差可以通过下式相互联系：

$$Var[y] = b^2 Var[x] + Var[\varepsilon]$$

在线性模型中，考虑观测值 t：

$$y_t = a + bx_t + \varepsilon_t$$

如果我们有样本的 T 个观察值，那么我们可以估计

$$\hat{b} = \frac{\widehat{Cov}[x,y]}{\widehat{Var}[x]} = \frac{\sum_{t=1}^{T}(x_t - \bar{x})(y_t - \bar{y})}{\sum_{t=1}^{T}(x_t - \bar{x})^2}$$

和

$$\hat{a} = \hat{y} - \hat{b}\bar{x}$$

在更一般化的有 J 个不同 x 变量的线性模型中，我们有

$$y_t = a + \sum_{j=1}^{J} b_j x_{j,t} + \varepsilon_t$$

最小化误差的平方和 $\sum_{t=1}^{T}\varepsilon_t^2$，可以提供 b 的最小二乘法估计（OLS）：

$$\hat{b} = \operatorname{argmin}\sum_{t=1}^{T}\varepsilon_t^2 = \operatorname{argmin}\sum_{t=1}^{T}\left(y_t - a - \sum_{j=1}^{J} b_j x_j, t\right)^2$$

这个最优化问题的解是关于 x 和 y 的线性方程，这使得 OLS 估计变得非常简单，因此这在很多常用的量化软件包中都有，例如 Excel，OLS 估计方程在 Excel 中叫做 LINEST。

3.1 数据图表的重要性

尽管线性模型在很多情况下很有用，但是两个变量之间明显的线性关系在现实生活中是不常见的。表 3.1 考虑了四个数据集合（人工的），这些数据集合为 Anscombe' 四重奏，以发明者的名字命名。四个集合数据有 11 个观察值。

表 3.1 Anscombe' 四重奏

Ⅰ		Ⅱ		Ⅲ		Ⅳ	
x	y	x	y	x	y	x	y
10	8.04	10	9.14	10	7.46	8	6.58
8	6.95	8	8.14	8	6.77	8	5.76
13	7.58	13	8.74	13	12.74	8	7.71
9	8.81	9	8.77	9	7.11	8	8.84

续前表

	Ⅰ		Ⅱ		Ⅲ		Ⅳ	
	x	y	x	y	x	y	x	y
	11	8.33	11	9.26	11	7.81	8	8.47
	14	9.96	14	8.1	14	8.84	8	7.04
	6	7.24	6	6.13	6	6.08	8	5.25
	4	4.26	4	3.1	4	5.39	19	12.5
	12	10.84	12	9.13	12	8.15	8	5.56
	7	4.82	7	7.26	7	6.42	8	7.91
	5	5.68	5	4.74	5	5.73	8	6.89
统计量								
均值	9.0	7.5	9.0	7.5	9.0	7.5	9.0	7.5
方差	11.0	4.1	11.0	4.1	11.0	4.1	11.0	4.1
相关性	0.82		0.82		0.82		0.82	
回归								
a	3.00		3.00		3.00		3.00	
b	0.50		0.50		0.50		0.50	

注：这张表包含 Anscombe' 四重奏的 4 个二元数组集合。在 8 个变量的下面，我们给出了方差和均值。我们同时给出了每一个集合中 x 和 y 的相关性。参数 a 表示常数，b 表示关于 x 的 y 表达式的斜率。

现在考虑在表 3.1 四个集合数据下面的统计量。尽管四个集合的观察值各自之间是非常不同的，这四个集合中 x 和 y 变量的均值和方差却几乎是一致的。而且，它们的相关系数也是差不多的。最后，表 3.1 最后两列为线性模型 y 对 x 回归的参数：

$$y_t = a + bx_t + \varepsilon_t$$

我们得到四种情况下的估计参数 $a=3$ 和 $b=0.5$。这些被 Anscombe 所构建的数据竟能产生如此令人惊讶的结果。

图 3.1 描绘了四个集合中 x 和 y 的散点图，同时也画出了相应的回归曲线。图 3.1 比统计量和回归结构给出了更加可视化的结果。

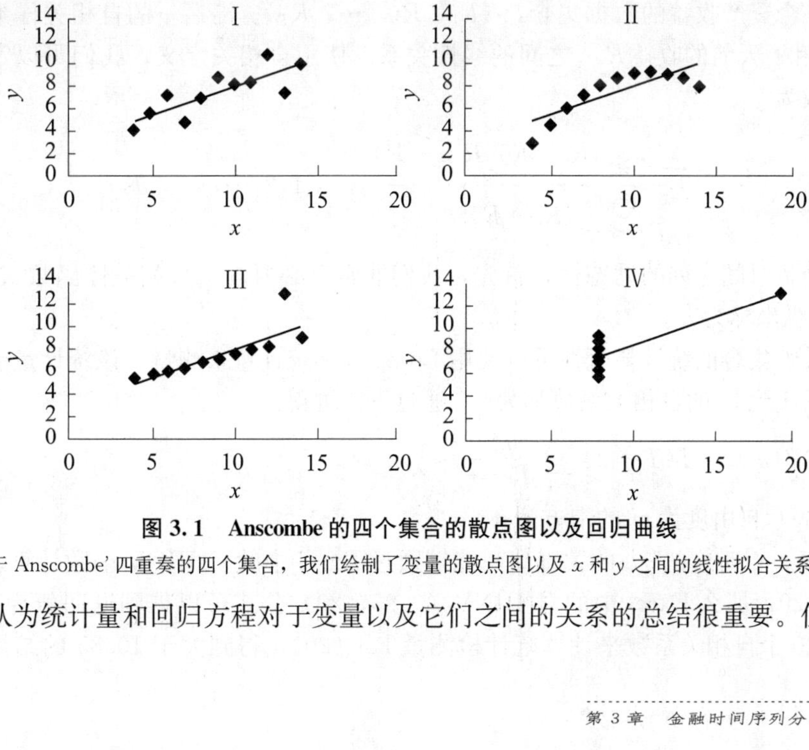

图 3.1　Anscombe 的四个集合的散点图以及回归曲线

注：对于 Anscombe' 四重奏的四个集合，我们绘制了变量的散点图以及 x 和 y 之间的线性拟合关系。

我们认为统计量和回归方程对于变量以及它们之间的关系的总结很重要。但有时候可能对于以上图像的分析才是最关键的。当绘制出图像的时候，你可能会发现：

⊙图 3.1 的左上图体现了很明显的线性关系。

⊙图 3.1 的右上图体现了很明显的非线性关系。

⊙从图 3.1 的左下图中可以看到有一个观察值远远偏离了直线。

⊙从图 3.1 的右下图中可以看出两者之间的线性关系非常地微小，主要是由于一个异常值所致。

记住：我们需要在统计分析之前绘制变量图。

4 一元时间序列模型

一元时间序列分析主要研究单个随机变量随着时间的变化所观察到的值。风险管理者对于价格和风险因子是如何随着时间变化的是非常感兴趣的，因此时间序列模型对于风险管理者来说是非常有用的。运用目前以及过去某变量的观测值来预测未来值是一元时间序列分析的一个关键话题。

4.1 自相关

相关系数衡量线性相关性是基于两个变量的，而自相关性衡量线性是基于目前值和过去值的时间序列。在时间序列中，自相关性是检测线性动态性的一个关键工具。

滞后 τ 的自相关性被定义为

$$\rho_\tau = Corr[R_t, R_{t-\tau}] = \frac{Cov[R_t, R_{t-\tau}]}{\sqrt{Var[R_t]Var[R_{t-\tau}]}} = \frac{Cov[R_t - R_{t-\tau}]}{Var[R_t]}$$

因此这体现了当前值和 τ 天前值两者之间的线性关系。

考虑一个资产收益的数据集合，$\{R_1, R_2, \cdots, R_T\}$。滞后 τ 的自相关样本衡量了当前收益 R_t 和 τ 天前的收益 $R_{t-\tau}$ 之间的线性关系。使用自相关定义，我们可以定义样本的自相关系数为

$$\hat{\rho}_\tau = \frac{\frac{1}{T-\tau}\sum_{t=\tau+1}^{T}(R_t - \bar{R})(R_{t-\tau} - \bar{R})}{\frac{1}{T}\sum_{t=1}^{T}(R_t - \bar{R})^2}, \tau = 1, 2, \cdots, m < T$$

为了衡量时间序列的动态性，首先，我们非常有必要画出自相关性函数（ACF），横坐标为 τ，纵坐标为 $\hat{\rho}_\tau$。

自相关性集合的统计显著性可以使用 Ljung-Box 统计量来测量。该统计量能够检验零假设：滞后 1 到 m 的自相关系数都为 0。通过下式可得：

$$LB(m) = T(T+2)\sum_{\tau=1}^{m}\frac{\hat{\rho}_\tau^2}{T-\tau} \sim \chi_m^2$$

式中，χ_m^2 表示自由度为 m 的卡方分布。

和概率 p 相对应的 χ_m^2 的关键值，能够通过 Excel 中的 CHIINV 函数计算。如果 $p=0.95$，$m=20$，那么 Excel 中的 CHIINV（0.95，20）公式可以得到返回值为 10.85。如果通过前 20 个自相关系数来计算统计检测量 LB（20），得到大于 10.85 的结果，那么我

们将拒绝在 5%的置信水平上前 20 个自相关系数为 0 的假设。

显然，为了实施检验，滞后的最大值 m 必须提前确定。手边的应用事例常常能对此给出一些建议。例如，如果我们正在探测一个月内日收益的动态性，我们使用 $m=21$，对应于一个月内 21 个交易日。当没有这样的例子可以使用时，设 $m=\ln(T)$，在模拟研究中，该值被认为较为适合。

4.2 自回归 (AR) 模型

一旦自相关系数的模型被建立，那么我们就想要建立能够和自相关函数相匹配的预测模型。

在这方面，最简单并且最常用的自回归模型 AR(1)，被定义为

$$R_t = \phi_0 + \phi_1 R_{t-1} + \varepsilon_t$$

其中 $E[\varepsilon_t]=0$，$VaR[\varepsilon_t]=\sigma_\varepsilon^2$，我们假设对于所有的 $\tau>0$，$R_{t-\tau}$ 和 ε_t 都是相互独立的。在这个假设下预测下一个阶段的条件均值为

$$E(R_{t+1} \mid R_t) = E(\phi_0 + \phi_1 R_t + \varepsilon_{t+1} \mid R_t) = \phi_0 + \phi_1 R_t$$

把 AR(1) 模型转为 $R_{t+\tau}$ 的函数，通过迭代，我们可以得到

$$\begin{aligned} R_{t+\tau} &= \phi_0 + \phi_1 R_{t+\tau-1} + \varepsilon_{t+\tau} \\ &= \phi_0 + \phi_1^2 R_{t+\tau-2} + \phi_1 \varepsilon_{t+\tau-1} + \varepsilon_{t+\tau} \\ &\vdots \\ &= \phi_0 + \phi_1^\tau R_t + \phi_1^{\tau-1} \varepsilon_{t+1} + \cdots + \phi_1 \varepsilon_{t+\tau-1} + \varepsilon_{t+\tau} \end{aligned}$$

因此，AR(1) 模型的多步预测为

$$E(R_{t+\tau} \mid R_t) = \phi_0 + \phi_1^\tau R_t$$

如果 $|\phi_1|<1$，那么模型的非条件均值可以表示为

$$E(R_t) = E(R_{t-1}) = \mu$$

上式在 AR(1) 模型中指的是

$$\begin{aligned} E(R_t) &= \phi_0 + \phi_1 E(R_{t-1}) + E(\varepsilon_t) \\ \mu &= \phi_0 + \phi_1 \mu \end{aligned}$$

因此

$$E(R_t) = \mu = \frac{\phi_0}{1-\phi_1}$$

同样地，非条件方差为

$$Var(R_t) = \phi_1^2 Var(R_{t-1}) + Var(\varepsilon_t)$$

所以

$$Var(R_t) = \frac{\sigma_\varepsilon^2}{1-\phi_1^2}$$

因为当 $|\phi_1|<1$ 时，$Var(R_t) = Var(R_{t-1})$。

仅仅作为时间序列数据，可以通过 ACF 来刻画，同样时间序列模型也可以。为了得到 AR(1) 模型的 ACF，假设大致没有损失，即 $\mu=0$。那么

$$R_t = \phi_1 R_{t-1} + \varepsilon_t$$

$$R_t R_{t-\tau} = \phi_1 R_{t-1} R_{t-\tau} + \varepsilon_t R_{t-\tau}$$

所以

$$E(R_tR_{t-\tau}) = \phi_1 E(R_{t-1}R_{t-\tau})$$

可得

$$\rho_\tau = \phi_1 \rho_{\tau-1}$$

$$\rho_\tau = \phi_1^\tau \rho_0 = \phi_1^\tau$$

以上提供了 AR(1) 模型的 AFC。注意到 ACF 和之前多步预测是十分相似的。

在指数 ϕ_1 中显示滞后阶数 τ，因此我们认为 AR(1) 模型的 ACF 随着 τ 的增加指数递减到 0。ϕ_1 接近于 1，但是不为 1 在金融经济中是非常重要的。我们把这个作为高度一致的序列。

图 3.2 显示了 AR(1) 模型的 ACF 例子，包含四个不同的（正值）ϕ_1。当 $\phi_1<1$ 时，ACF 以指数消减到零。很明显，这种消减在 $\phi_1=0.99$ 时，比 $\phi_1=0.5$ 或者 0.1 时要慢。当 $\phi_1=1$ 时，那么 ACF 则为定值 1。这是随机的一个案例，我们将在稍后具体说明。

图 3.3 表明当 $\phi_1=-0.9$ 时，AR(1) 的 ACF。和图 3.2 相比，这两者形式之间有很明显的不同。当 $\phi_1=0.99$ 时，ACF 在零附近摆动，但是随着滞后数的增大，它仍然递减到零。在金融风险管理中，图 3.2 的 ACF 要比图 3.3 中的 ACF 更加常见。

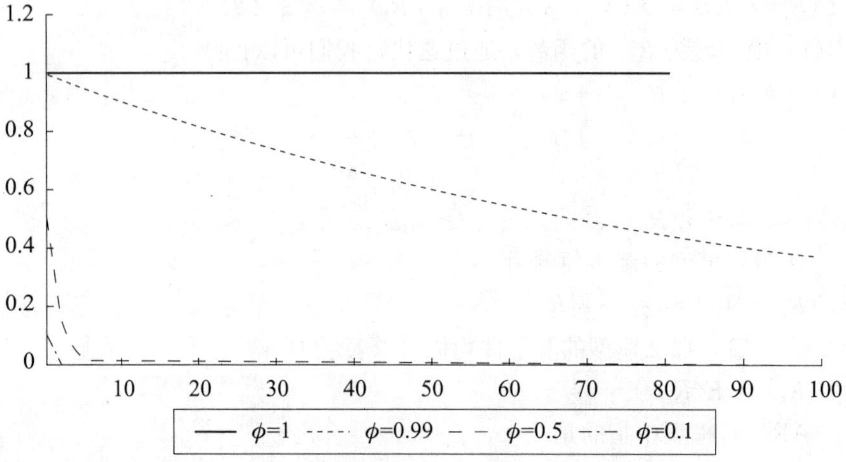

图 3.2　AR(1) 模型在 ϕ_1 时的自相关函数

注：在不同数值的自回归参数 ϕ_1 下，我们绘制了 4 个 AR (1) 过程的自相关函数。当 $\phi_1<1$ 时，ACF 以指数形式递减到零。

AR(1) 模型最为简单的拓展模型为 AR(2)，定义如下：

$$R_t = \phi_0 + \phi_1 R_{t-1} + \phi_2 R_{t-2} + \varepsilon_t$$

AR(2) 的自相关函数（$\tau>1$）为

$$\rho_\tau = \phi_1 \rho_{\tau-1} + \phi_2 \rho_{\tau-2}$$

例如，

$$E(R_tR_{t-3}) = \phi_1 E(R_{t-1}R_{t-3}) + \phi_2 E(R_{t-2}R_{t-3})$$

那么

$$\rho_3 = \phi_1 \rho_2 + \phi_2 \rho_1$$

为了得到一阶自相关，首先注意 ACF 在 $\tau=0$ 时是对称的，这意味着对于所有 τ，

$$Corr(R_t, R_{t-\tau}) = Corr(R_t, R_{t+\tau})$$

我们因此得到

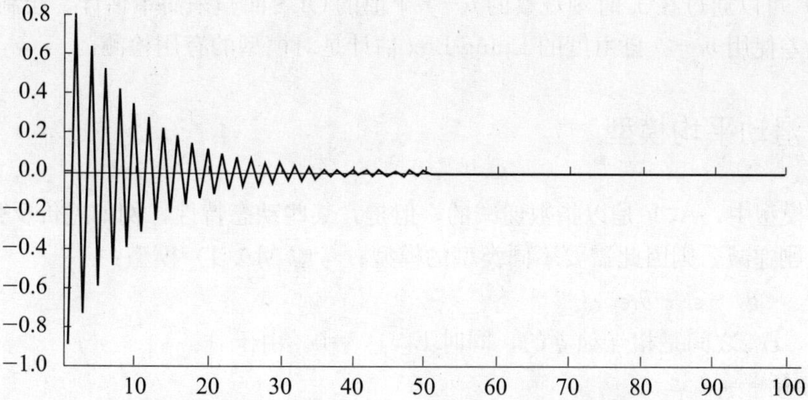

图 3.3　在 $\phi_1=-0.9$ 下，AR(1) 模型的自相关函数

注：在 $\phi_1=-0.9$ 的情况下，我们绘制了 AR(1) 的自相关函数和滞后阶数之间的图像。

$$E(R_tR_{t-1})=\phi_1E(R_{t-1}R_{t-1})+\phi_2E(R_{t-2}R_{t-1})$$

由于

$$\rho_1=\phi_1+\phi_2\rho_1$$

那么

$$\rho_1=\frac{\phi_1}{1-\phi_2}$$

AR(p) 模型的一般形式为

$$R_t=\phi_0+\phi_1R_{t-1}+\cdots+\phi_pR_{t-p}+\varepsilon_t$$

在 AR(p) 中的后推一步预测为

$$E_t(R_{t+1})=E(R_{t+1}\mid R_t,R_{t-1},\cdots)=\phi_0+\phi_1R_t+\cdots+\phi_pR_{t+1-p}$$

通过使用下式可以进行后 τ 天预测：

$$E_t(R_{t+\tau})=\phi_0+\sum_{i=1}^{p}\phi_iE_t(R_{t+\tau-i})$$

有时这也被认为是链式法则的预测。注意到当 $\tau<i$ 时，有

$$E_t(R_{t+\tau-i})=R_{t+\tau-i}$$

因为当 $\tau<i$ 时，进行预测的 $R_{t+\tau-i}$ 是已知的。

部分自相关函数给出了随着阶数的增加，在 AR 模型中，额外补充的滞后项的边缘贡献。首先估计一系列阶数增加的 AR 模型：

$$R_t=\phi_{0,1}+\phi_{1,1}R_{t-1}+\varepsilon_{1t}$$

$$R_t=\phi_{0,2}+\phi_{1,2}R_{t-1}+\phi_{2,2}R_{t-2}+\varepsilon_{2t}$$

$$R_t=\phi_{0,3}+\phi_{1,3}R_{t-1}+\phi_{2,3}R_{t-2}+\phi_{3,3}R_{t-3}+\varepsilon_{3t}$$

PACF 被定义为最大阶数系数的集合

$$\{\phi_{1,1},\phi_{2,2},\phi_{3,3},\cdots\}$$

按照 ACF 的方法，我们也可以绘制上式和滞后阶数之间的图像。

AR(1) 模型中，最佳滞后阶数 p 为最大的 p 使得 $\phi_{p,p}$ 在 PACF 中显得非常重要。例如，AR(3) 的 $\phi_{3,3}$ 比较显著但是 $\phi_{4,4}$ 接近于零。

在 AR 模型中，ACF 指数递减，而 PACF 剧烈递减。这就是 PACF 对于 AR 模型阶数选择很重要的原因。

AR(p) 可以通过在 T 时刻观察的 $p+1$ 个值的 OLS 回归来简单估计。绘制 ACF 的残差图和对残差使用 $m-p$ 自由度的 Ljung-Box 估计是对模型的有用检测。

4.3 滑动平均模型

在 AR 模型中，ACF 是以指数递减的，但是，某些动态特性，例如差价反弹或者测量误差，则急剧递减，则因此需要不同类型的模型。考虑 MA(1) 模型：

$$R_t = \theta_0 + \varepsilon_t + \theta_1 \varepsilon_{t-1}$$

其中 ε_t，ε_{t-1} 之间是相互独立的，同时 $E[\varepsilon_t]=0$。由于

$$E[R_t] = \theta_0$$

和

$$Var(R_t) = (1+\theta_1^2)\sigma_\varepsilon^2$$

为了得到 MA(1) 的 ACF，假设在没有损失的一般情况下 $\theta_0=0$。然后，我们可以得到

$$R_t = \varepsilon_t + \theta_1 \varepsilon_{t-1}$$

可得

$$R_{t-\tau} R_t = R_{t-\tau} \cdot \varepsilon_t + \theta_1 R_{t-\tau} \varepsilon_{t-1}$$

那么

$$E(R_{t-1} R_t) = \theta_1 \sigma_\varepsilon^2$$

和

$$E(R_{t-\tau} R_t) = 0, \text{对于 } \tau > 1$$

使用之前的方差表达式，我们可得到 ACF：

$$\rho_1 = \frac{\theta_1}{1+\theta_1^2}$$

和

$$\rho_\tau = 0, \text{对于 } \tau > 1$$

注意到对于 $\tau>1$，MA(1) 的自相关函数为零。

和 AR 模型不同的是，MA(1) 模型必须通过似然函数的数值优化来估计。我们采取如下步骤。首先，设 $\varepsilon_0=0$，该值为期望值。其次，设参数的初值为 θ_0，θ_1，σ_ε^2。我们可以使用 R_t 的平均值来估计 θ_0，θ_1 为 0，使用样本 R_t 的方差来估计 σ_ε^2。现在我们可以计算残差的时间序列：

$$\varepsilon_t = R_t - \theta_0 - \theta_1 \varepsilon_{t-1}$$

其中，$\varepsilon_0=0$。

现在我们可以通过先前定义的最大化似然函数来估计参数。首先让我们假设 ε_0 是服从正态分布的，其次，

$$f(\varepsilon_t) = \frac{1}{(2\pi\sigma_\varepsilon^2)^{1/2}} \exp\left(-\frac{\varepsilon_t^2}{2\sigma_\varepsilon^2}\right)$$

为了构建似然函数，我们注意到 ε_t 之间随着时间的变化是相互独立的，我们有

$$f(\varepsilon_1, \varepsilon_2, \cdots, \varepsilon_T) = f(\varepsilon_1) f(\varepsilon_2) \cdots f(\varepsilon_T)$$

我们因此可以写出样本的联合分布为

$$f(\varepsilon_1,\varepsilon_2,\cdots,\varepsilon_T)=\prod_{t=1}^{T}\frac{1}{(2\pi\sigma^2\varepsilon)^{\frac{1}{2}}}\exp(-\frac{\varepsilon_t^2}{2\sigma_\varepsilon^2})$$

最大似然函数估计法通过参数的选择来最大化估计模型（在这个案例中为 MA(1)）的概率，该模型含有一个观察数据集合（在这个案例中为 R_t 集合）。

在 MA(1) 模型中，我们必须对 θ_0，θ_1，σ_ε^2 实行迭代搜索法（例如使用 Excel 中的 Solver）。

$$L(R_1,\cdots,R_T\mid\theta_0,\theta_1,\sigma_\varepsilon^2)=\prod_{t=1}^{T}\frac{1}{(2\pi\sigma_\varepsilon^2)^{1/2}}\exp(-\frac{\varepsilon_t^2}{2\sigma_\varepsilon^2})$$

其中，$\varepsilon_t=R_t-\theta_0-\theta_1\varepsilon_{t-1}$，$\varepsilon_0=0$。

一旦参数被估计，我们可以使用该模型进行预测。在 MA(1) 模型中，条件均值的预测为

$$E(R_{t+1}\mid R_t,R_{t-1},\cdots)=\theta_0+\theta_1\varepsilon_t$$

$$E(R_{t+\tau}\mid R_t,R_{t-1},\cdots)=\theta_0,\text{对于 }\tau>1$$

一般化的 MA(q) 模型被定义为

$$R_t=\theta_0+\theta_1\varepsilon_{t-1}+\theta_2\varepsilon_{t-2}+\cdots+\theta_q\varepsilon_{t-q}+\varepsilon_t$$

它的 ACF 对于前 q 个滞后阶数为非零的，对于大于 q 的滞后阶数为零。

通过 ACF，MA 模型的定义是非常简单的。如果在前四个非零滞后阶数后，ACF 急剧递减至零，那么 MA(4) 可能能够给数据提供很好的拟合。

4.4 结合 AR 和 MA 模型，得出 ARMA 模型

在预测中，减少参数是关键，结合 AR 和 MA 模型得出 ARMA 模型使我们能够用更少的参数来建模。

考虑 ARMA(1，1) 模型，它包含一阶滞后的 R_t 和一阶滞后的 ε_t：

$$R_t=\phi_0+\phi_1R_{t-1}+\theta_1\varepsilon_{t-1}+\varepsilon_t$$

与 AR(1) 模型相似，ARMA(1，1) 时间序列的均值是由下式得到的：

$$E[R_t]=\phi_0+\phi_1E[R_{t-1}]=\phi_0+\phi_1E[R_t]$$

由上式可以得到

$$E(R_t)=\frac{\phi_0}{1-\phi_1}$$

其中 $|\phi_1|<1$。在这种情况下，R_t 将会随着时间在均值 $\phi_0/(1-\phi_1)$ 附近波动。我们认为 R_t 在这种情况下是均值回归。

由于 $E[R_t\varepsilon_t]=\sigma_\varepsilon^2$，我们可以从下式中得到方差：

$$Var[R_t]=\phi_1^2Var[R_t]+\theta_1^2\sigma_\varepsilon^2+\sigma_\varepsilon^2+2\phi_1\theta_1\sigma_\varepsilon^2$$

由上式可以得到

$$Var(R_t)=\frac{(1+2\phi_1\theta_1+\theta_1^2)\sigma_\varepsilon^2}{1-\phi_1^2}$$

一阶自相关可由下式得到：

$$E[R_tR_{t-1}]=\phi_1E[R_{t-1}R_{t-1}]+\theta_1E[\varepsilon_{t-1}R_{t-1}]$$

以上我们再次假设了 $\phi_0=0$，这表明

$$\rho_1 Var(R_t) = \phi_1 Var(R_t) + \theta_1 \sigma_\varepsilon^2$$

所以

$$\rho_1 = \phi_1 + \frac{\theta_1 \sigma_\varepsilon^2}{Var(R_t)}$$

MA 期限对于高阶的自相关没有影响，我们可在 AR(1) 模型中得到相同的结构，对于 $\tau>1$，

$$\rho_\tau = \phi_1 \rho_{\tau-1}$$

一般化的 ARMA(p，q) 模型是

$$R_t = \phi_0 + \sum_{i=1}^{p} \phi_i R_{t-i} + \sum_{i=1}^{q} \theta_i \varepsilon_{t-i} + \varepsilon_t$$

由于 MA 的期限，ARMA 模型和 MA 模型一样，都必须通过极大似然估计（MLE）来进行预估。对于残差的检验可以通过自由度为 $m-q-p$ 的 Ljung-Box 检验进行。

4.5 随机游走、单位根和 ARIMA 模型

随机游走模型在金融预测中是最重要的模型。它常常被使用来建模对数价格。如果 S_t 是资产的收盘价格，设 $s_t=\ln(S_t)$，那么对数收益立即被定义为 $R_t=\ln(S_t)-\ln(S_{t-1})=s_t-s_{t-1}$ 。

对数价格的随机游走（或者鞅）模型现在被定义为

$$s_t = s_{t-1} + \varepsilon_t$$

通过重复地替换滞后对数价格，即：

$$s_t = s_{t-2} + \varepsilon_{t-1} + \varepsilon_t$$

$$\vdots$$

$$s_t = s_{t-\tau} + \varepsilon_{t-\tau+1} + \varepsilon_{t-\tau+2} + \cdots + \varepsilon_t$$

因为过去残差 $\varepsilon_{t-\tau}$（或者震动）对于任意的 τ，对于 s_t 的影响是相同的，我们认为过去震动对于随机游走模型有永久的影响。

在随机游走模型中，对于对数价格的条件均值和方差预测如下：

$$E_t(S_{t+\tau}) = s_t$$

$$Var_t(S_{t+\tau}) = \tau\sigma_\varepsilon^2$$

注意到在任何时间跨度上，s 的预测就是现值 s_t。因此，我们有时说随机游走模型表示序列是不可预测的。同时条件预测值的方差和预测跨度 τ 成线形关系。

在对数价格上的小步移走，使股本收益有较小的正数均值。这促使了漂移模型的随机游走：

$$s_t = \mu + s_{t-1} + \varepsilon_t$$

上式通过迭代得到滞后到 s_0 的函数：

$$s_t = t\mu + s_0 + \varepsilon_t + \varepsilon_{t-1} + \cdots + \varepsilon_1$$

上式中的对数价格模型，收益常数 μ 的系数为时间 t。我们认为这个是确定的时间项，我们把 ε 的总和作为一个随机项。

如果一阶差分遵守均值回归 ARMA(p，q) 模型，时间序列 s_t 遵循模型 ARIMA(p，1，q)。在这种情况下，我们认为 s_t 有单位根。随机游走模型由于包含于该模型中，因此

也有单位根。

$$s_t - s_{t-1} = \varepsilon_t$$

以上为最简单的 ARMA(0，0) 模型。

4.6 缺点 1：伪均值返回

再次考虑 AR(1) 模型：

$$s_t = \phi_1 s_{t-1} + \varepsilon_t \Leftrightarrow$$

$$s_t - s_{t-1} = (\phi_1 - 1)s_{t-1} + \varepsilon_t$$

当 $\phi_1=1$ 时，AR(1) 模型就有一个单位根，且成为一个随机游走模型。在动态模型中，OLS 估计会有一个微小的样本偏差。例如，在 AR(1) 模型中，当 ϕ_1 系数接近或者等于 1 时，有限样本的 OLS 估计就会有向下的偏差。这被认为是 Hurwitz 偏差或者是 Dickey-Fuller 偏差。这种偏差必须给予注意。

如果 ϕ_1 在资产价格的小样本中估计为 0.85，这表明基础资产价格是可以预测的，市场择机是可行的。但是，实际价值可能在事实上为 1，这表明价格是随机游走的，同时也是不可预测的。

技术交易分析的目标是在资产价格中找到动态形式。计量经济学家对于这种类型的分析会持可疑的态度，因为它易于找到价格的动态形式，而不是收益的。资产价格很可能有一个接近于 1 的 ϕ_1，但是反过来该值的估计值可能小于 1，这也表明了它的可预测性。资产收益有一个接近于 0 的 ϕ_1，同时 AR(1) 的收益估计不会遭受偏差。寻求资产收益的动态形式要比寻求资产价格的动态形式更小概率地产生预测的误导信息。风险管理人员应该谨慎点，因此考虑动态资产收益而非资产价格。

4.7 单位根测量

资产价格常常有一个接近于 1 的 ϕ_1。但是我们对于了解 $\phi_1=0.99$ 还是 1 非常关注，因为这两个值对于长期预测有完全不一样的应用，正如图 3.2 所示。$\phi_1=0.99$ 表明资产价格是可以预测的，那么市场投机是可能的，但是 $\phi_1=1$ 却并不是这样。

再次考虑有常数和无常数的 AR(1) 模型：

$$s_t = \phi_0 + \phi_1 s_{t-1} + \varepsilon_t$$

$$s_t = \phi_1 s_{t-1} + \varepsilon_t$$

单位根检测（Dickey-Fuller 检测）被用来检验零假设：

$$H_0: \phi_1 = 1$$

备择假设为

$$H_A: \phi_1 < 1$$

这看起来像是回归中的标准 t 检验，但是当零假设为真的时候很关键：即 $\phi_1=1$ 时，即使 T 很大，单位根检验也不呈现正态分布。如果你使用 OLS 来估计 ϕ_1，并且使用带有来自正态分布的阈值的一般 t 检验来检验 $\phi_1=1$，那么你将会有更大的可能性拒绝零假设。这意味着你可能会错误地发现均值回归的依据，即可预测性。

5 多元时间序列模型

多元时间序列分析和风险管理相关，因为我们经常考虑多个相关风险因子的风险模型或者多种资产的模型。本节我们将会简单地介绍以下几个重要内容：时间序列的回归，伪关系，协整，交叉相关性，向量的自回归，以及伪因果关系。

5.1 时间序列回归

两个时间序列之间的关系可以通过回归分析来估计。但是回归误差在时间序列中必须仔细核查。

考虑对于两个高度一致序列的简单的二元回归，例如一项资产的现货和期货价格：

$$s_{1t} = a + bs_{2t} + e_t$$

在该时间序列回归模型的检测中，第一步就是绘制回归误差项 e_t 的 ACF 图像。

如果 ACF 衰减得非常慢（Hurwitz 偏差会使得 ACF 看起来要比实际以更快的速度衰减到零），那么一阶差分和回归对于这样的序列是非常有用的：

$$(s_{1t} - s_{1t-1}) = a + b(s_{2t} - s_{2t-1}) + e_t$$

现在 ACF 可以用于新回归的残差，也可以检测动态性。AR、MA 或者 ARMA 模型可以用于建模任何 e_t 动态性。在建模和估计残差时间序列 e_t 的参数之后，整个回归模型包括 a 和 b，可以再次用 MLE 来重新估计。

5.2 缺点 2：伪回归

由于伪回归现象，检查时间序列回归中 ACF 的误差项是非常重要的：两个完全不相关的时间序列——每一个都有一个单位根——可能会有一个显著的 b 相关系数，且在回归中表现为相关。

特别地，设 s_{1t} 和 s_{2t} 是两个独立的随机游走：

$$s_{1t} = s_{1t-1} + \varepsilon_{1t}$$

$$s_{2t} = s_{2t-1} + \varepsilon_{2t}$$

其中，ε_{1t} 和 ε_{2t} 是相互独立的，并且随着时间的变化也是相互独立的。很明显，在时间序列中，b 的真实值为零。

但是，在实际中，标准 t 检验使用估计的 b 相关系数将会判断 b 非零，但在事实中却为 0。这个问题就是所谓的伪回归。

幸运的是，正如之前所述，ACF 正好弥补了伪回归。如果 s_{1t} 和 s_{2t} 之间的关系是伪的，那么误差项 e_t 将会有一个高度一致的 ACF，在一阶差分中，回归不会显示 b 的显著估计：

$$(s_{1t} - s_{1t-1}) = a + b(s_{2t} - s_{2t-1}) + e_t$$

之前所述的缺点 1 与一元资产价格时间序列有关而不是一阶差分。缺点 2 也同理，在高度一致的资产价格中，时间序列回归可能导致虚假的关系依据，也就是伪关系。收益的回归可能会有资产之间相互独立的明确结论。

5.3 协整

单位根变量之间的关系当然并不都是伪的。一个带有单位根的变量，例如一个随机游走，被认为是整合的，如果两个没有单位根的整合的变量有线性关系，那么我们认为它们是协整的。

协整变量的例子可以是一个经济实体中的长期消费和生产，或者是通过无套利条件相关联的一项资产的现货和期货价格。同样地，考虑一对交易策略，找到两只价格变动趋势一致的股票。如果价格出现差异，那么我们买暂时便宜的股票，立即出售价格暂时贵的股票，然后等待价格变化。这个战略的关键在于股票价格的协整。

考虑一个简单的二元模型，

$$s_{1t} = \phi_0 + s_{1,t-1} + \varepsilon_{1t}$$
$$s_{2t} = bs_{1t} + \varepsilon_{2t}$$

其中，s_{1t}有单位根，s_{1t}和s_{2t}之间的关系大致通过系数 b 相关联。假设 ε_{1t}和ε_{2t}是相互独立的，并且随着时间的变化也是独立的。

协整模型可以用于保存长程预测中变量之间的关系：

$$E(s_{1,t+\tau} \mid s_{1t}, s_{2t}) = \phi_0\tau + s_{1t}$$
$$E(s_{2,t+\tau} \mid s_{1t}, s_{2t}) = b\phi_0\tau + bs_{1t}$$

协整概念是由 Rob Engle 和 Clive Granger 提出的。他们因此同时获得了 2003 年诺贝尔经济学奖，并且在金融时间序列分析中作出了很多贡献。

5.4 交互相关

再次考虑两个金融时间序列，$R_{1,t}$，$R_{2,t}$。它们在三个方面相互依赖：$R_{1,t}$能够引导$R_{2,t}$（即$Corr(R_{1,t}, R_{2,t+1})\neq 0$），$R_{1,t}$滞后于$R_{2,t}$（即$Corr(R_{1,t+1}, R_{2,t})\neq 0$），它们在同一时刻也是相互关联的（即$Corr(R_{1,t}, R_{2,t})\neq 0$）。我们需要一个工具来检验这些可能的动态关系。

样本交互相关矩阵在 ACF 方程中是多元相关的，并且提供了我们所需要的工具。对于一个二元时间序列，滞后 τ 的交互相关矩阵是

$$\Gamma_\tau = \begin{bmatrix} Cov(R_{1,t}, R_{1,t-\tau}) Cov(R_{1,t}, R_{2,t-\tau}) \\ Cov(R_{2,t}, R_{1,t-\tau}) Cov(R_{2,t}, R_{2,t-\tau}) \end{bmatrix}, \tau \geqslant 0$$

其中，两个对角线项分别是$R_{1,t}$，$R_{2,t}$的自相关函数。

在 k 维时间序列的一般情况下，我们有：

$$\Gamma_\tau = E\{(R_t - E[R_t])(R_{t-\tau} - E[R_t])'\}, \tau \geqslant 0$$

其中，R_t 是 k 个变量的一维向量。

检测超前和滞后效应是非常重要的，例如，股票的非流动性意味着价格的观察值是平稳的，这反过来好像流动市场因素会有一个相对较低的相关性。过去的股票价格会和滞后市场因素相关。这个滞后关系可以用于计算股票和市场之间依赖关系的流动性调整估计。

5.5 向量的自回归（VAR）

向量的自回归（VAR）模型是最简单以及最常使用的多元时间序列预测模型。VAR 和风险值（VaR）很容易混淆。首先考虑一阶的 VAR，记为 VAR(1)：

$$R_t = \phi_0 + \phi R_{t-1} + \varepsilon_t, Var(\varepsilon_t) = \sum$$

其中，R_τ 又是一个含 1 个变量的 k 维向量。

该二元情况简单表示如下：

$$R_{1,t} = \phi_{0,t} + \Phi_{11} R_{1,t-1} + \Phi_{12} R_{2,t-1} + \varepsilon_{1,t}$$

$$R_{2,t} = \phi_{0,1} + \Phi_{21} R_{1,t-1} + \Phi_{22} R_{2,t-1} + \varepsilon_{2,t}$$

$$\sum = \begin{bmatrix} \sigma_1^2 & \sigma_{12} \\ \sigma_{21} & \sigma_2^2 \end{bmatrix}$$

以上 $R_{1,t}$，$R_{2,t}$ 在 VAR 中通过协方差 $\sigma_{12} = \sigma_{21}$ 相关联。但是正如在 AR 模型中，VAR 仅仅依赖于滞后变量，因此在预测中相当有用。

如果 VAR 中每个方程右边部分的变量是相同的，那么 VAR 被叫做无限制的，OLS 可以被用于一个方程一个方程地来估计参数。

5.6 缺点 3：伪因果关系

我们有时会关注如果 $R_{2,t}$ 的先前值，也就是 $R_{2,t-1}$，和目前值之间有因果关系，在这种情况下 $R_{1,t}$ 可以被预测。对此的简单回归方程如下：

$$R_{1,t} = a + bR_{2,t-1} + e_t$$

在式子的右侧有一个滞后值 $R_{2,t-1}$。遗憾的是，这样的回归很容易导致一个错误的结论：$R_{1,t}$ 是否为稳定的依赖于它过去的值，该过去项在式子的右边没有显示。

为了进一步评估 $R_{2,t-1}$ 是否引起 $R_{1,t}$（反之亦然），我们应该有这样的疑问：如果 $R_{1,t}$ 的过去值已知，那么 $R_{2,t}$ 的过去值是否对于预测现在值 $R_{1,t}$ 有用？该问题可以通过以下模型解答：

$$R_{1,t} = \phi_{0,1} + \Phi_{11} R_{1,t-1} + \Phi_{12} R_{2,t-1} + \varepsilon_{1,t}$$

$$R_{2,t} = \phi_{0,2} + \Phi_{21} R_{1,t-1} + \Phi_{22} R_{2,t-1} + \varepsilon_{2,t}$$

现在我们可以定义 Granger 因果关系检验（和伪因果关系相反），如下：

⊙如果 $\Phi_{12} \neq 0$，$R_{2,t}$ 是 $R_{1,t}$ 的 Granger 原因；

⊙如果 $\Phi_{21} \neq 0$，$R_{1,t}$ 是 $R_{2,t}$ 的 Granger 原因。

在某些情况下，在上式 $R_{1,t}$ 的右边应该要包括 $R_{1,t}$ 的几阶滞后，同样地，对于 $R_{2,t}$，我们可能需要更多阶 $R_{2,t}$ 的滞后。

6 总结

风险管理者所研究的金融资产价格和资产组合价值都可以被视为是高度一致的时间序

列。因此，本章的一个重要目标是确保风险管理者能够避免由于价格的一致性所引起的一些常见的错误。三个最重要的关键点是：

⊙ 均值回归的伪检测；也就是，错误地发现变量是均值回归的，而现实却是随机游走的。

⊙ 伪回归；也就是，错误地发现当 y 对 x 回归时，变量 x 是显著的。

⊙ 因果关系的伪检测；也就是，错误地发现 x 的现值对 x 的未来值有决定性作用，但在实际中并不是这样的。

在本章中，我们没有提到一些更加深入的问题，包括长期记忆模型、季节性模型。长期记忆模型在建模自相关函数（ACF）时比 ARIMA 和 ARMA 模型更加灵活。特别地，长期记忆模型使得 ACF 比 AR(1) 模型以更慢的速度接近于零，正如我们之前提到的，AR(1) 以指数递减的方式递减到零。季节性模型也是十分有用的，例如，对于农产品价格的分析。季节性的供给方式引起了价格、期望收益和波动性的季节性形式。这些问题能够通过使用以下提到的资料进行研究。

更多资料

对于金融数据分析的基本介绍可以见 Koop（2006），对于概率理论的介绍可以见 Paollela（2006）。Wooldridge（2002），Stock 和 Watson（2010）提供了计量经济学概括性的介绍。Anscombe（1973）中包含了表 3.1 和图 3.1 中的数据。

本章的一元和多元时间序列资料是基于 Tsay（2002）的第二章和第八章，该书也包含了各种拓展模型，包括季节性和长期记忆模型。Taylor（2005）则侧重于波动性模型中对于金融时间序列的分析。

Diebold（2004）对于金融预测给予了一个全面的概括介绍。Granger 和 Newbold（1986）是给予高级读者的一个经典材料。Christoffersen 和 Diebold（1998）分析了协整系统中的长程预测。

关于本章中关键时间序列的问题的典型文献是：Hurwitz（1950）关于 AR(1) 协同系数的偏见，Granger 和 Newbold（1974）对于经济的伪回归，Engle 和 Granger（1987）的协整，Granger（1969）的 Granger 因果关系，Dickey 和 Fuller（1979）的单位根检验。Hamilton（1994）提供了一个权威性的关于经济时间序列分析的方法。

单位根检验中包含临界值的表格可以在 MacKinnon（1996，2010）中找到。同样也可以在 Davidson 和 MacKinnon（2004）第 14 章中找到。

参考文献

Anscombe，F. J.，1973. Graphs in statistical analysis. Am. Stat. 27，17-21.

Christoffersen，P.，Diebold，F.，1998. Cointegration and long horizon forecasting. J. Bus. Econ. Stat. 16，450-458.

Davidson，R.，MacKinnon，J. G.，2004. Econometric Theory and Methods. Oxford University Press，New York，NY.

Dickey，D. A.，Fuller，W. A.，1979. Distribution of the estimators for autoregressive time series with a unit root. J. Am. Stat. Assoc. 74，427-431.

Diebold，F. X.，2004. Elements of Forecasting，third ed. Thomson South-Western，Cincinnati，Ohio.

Engle，R. F.，Granger，C. W. J.，1987. Co-integration and error correction: Representation，estimation and testing. Econometrica 55，251-276.

Granger，C. W. J.，1969. Investigating causal relations by econometric models and cross-spectral methods. Econometrica 37，424-438.

Granger, C. W. J., Newbold, P., 1974. Spurious regressions in econometrics. J. Econom. 2, 111-120.

Granger, C. W. J., Newbold, P., 1986. Forecasting Economic Time Series, second ed. Academic Press, Orlando, FL.

Hamilton, J. D., 1994. Time Series Analysis. Princeton University Press, Princeton, NJ.

Hurwitz, L., 1950. Least squares bias in time series. In: Koopmans, T. C. (Ed.), Statistical Inference in Econometric Models. Wiley, New York, NY.

Koop, G., 2006. Analysis of Financial Data. Wiley, Chichester, West Sussex, England.

MacKinnon, J. G., 1996. Numerical distribution functions for unit root and cointegration tests. J. Appl. Econom. 11, 601-618.

MacKinnon, J. G., 2010. Critical Values for Cointegration Tests, Queen's Economics Department. Working Paper no 1227. http://ideas. repec. org/p/qed/wpaper/1227. html.

Paollela, M., 2006. Fundamental Probability. Wiley, Chichester, West Sussex, England.

Stock, J., Watson, M., 2010. Introduction to Econometrics, second ed. Pearson AddisonWesley.

Taylor, S. J., 2005. Asset Price Dynamics, Volatility and Prediction. Princeton University Press, Princeton, NJ.

Tsay, R., 2002. Analysis of Financial Time Series. Wiley Interscience, Hoboken, NJ.

Wooldridge, J., 2002. Introductory Econometrics: A Modern Approach. Second Edition. South-Western College Publishing, Mason, Ohio.

练习

打开网站上第 3 章的数据文件 Chapter3Data. xlsx。

1. 使用工作表中的数据——Question3. 4，在 Table3. 1 下面产生矩和回归系数。

2. 重新绘制图 3. 1。

3. 重新绘制图 3. 2。

4. 使用工作表中 Question3. 4 中的数据集合，对于每 100 列的数据估计 AR(1) 模型。(Excel 提示：使用 LINEST 函数。) 绘制所估计得到的 100ϕ_1 的直方图。在所有列中，ϕ_1 的真实值是 1。那么从直方图中我们可以得到什么?

5. 使用工作表中名为 Question3. 4 的数据集合，使用极大似然来估计 MA(1) 模型。使用在文本中所建议的开始值。使用 Excel 中的 Solver 来最大化似然函数。

更多信息可以参考相应的网站：

http://www. elsevierdirect. com/companions/9780123744487

第二部分

一元风险模型

第 4 章 日数据的波动性建模

1 本章概要

本书的第二部分由三章组成。本章和以下两章的最终目标是建立资产组合收益动态分布模型的框架。我们在第二部分所使用的方法可以分别用于资产组合中的每种资产。在第三部分，我们将会考虑和一元资产收益模型相关的多元模型。如果风险管理者只关心资产组合水平的风险管理，那么第二部分的一元模型就足够了。

我们将会通过两步骤来给出一元模型。第一步是对于动态资产组合方法建立一个预测模型以及介绍评估这些预测绩效的方法。第二步是考虑建模非正态方面的资产组合收益，也就是没有被动态方差包含的部分。

第二步中允许非正态分布的内容在第 6 章中。第一步，波动性建模，在本章和第 5 章都有分析。第 5 章依赖于日内数据来预测日波动性。当前章节在只有日收益数据可以获得时，侧重于模型的日波动性。我们按照以下步骤进行：

1. 我们大致地描述了最为简单的方差模型，包括移动平均和所谓的 RiskMetrics 方差模型。

2. 我们介绍了 GARCH 方差模型，并把它和 RiskMetrics 模型相比较。

3. 我们使用准最大似然估计法估计 GARCH 参数。

4. 我们提出了基础模型的扩展，提高了模型保持方差一致性和杠杆效果的能力。我们也考虑了拓展模型的方法，考虑了一些解释变量，例如产量效应、星期效应，以及期权隐含波动性。

5. 我们讨论了评估波动性模型的各种方法。

本章的所有目标就是建立一系列模型，供风险投资者通过使用日收益数据来预测资产组合的日波动性。

2 简单的方差预测

本章首先建立一些符号和基本假设。在第 1 章中，我们通过日收盘价格 R_{1+t}来定义日资产对数收益 S_{t+1}如下：

$$R_{t+1} = \ln(S_{t+1}/S_t)$$

我们使用符号 R_{1+t}来表示单个个体的资产收益或者资产组合的总收益。在本章的模型中这两者都可以使用。

我们同样也会利用第 1 章中所得到的结论，即我们能够安全地假设当 R_{1+t}被标准差控制时，在短期跨度中，例如 1 天，R_{1+t}的均值是 0。对于长期跨度，我们将在第 8 章进行讨论。并且，我们将会假设新方法的资产收益是正态分布的。我们同时也立刻补充说明正态假设并不现实，这将在第 6 章中具体阐述。正态仅仅是现在暂时的假设，因为它允许我们侧重于分布的条件方差来建模。

基于已经做出的假设，我们可以把日收益写作

$$R_{t+1}=\sigma_{t+1}z_{t+1}，这里\ z_{t+1}\sim \text{i. i. d.}\ N(0，1)$$

其中，i. i. d. $N(0，1)$ 表示均值为 0、方差为 1 的正态分布。

结合这些假设我们可以发现，一旦建立了一个方差 σ_{t+1}^2随时间变化的模型，我们将会知道资产的整个分布，我们因此也可以简单地计算所需的风险估计。我们将进一步理解第 1 章中所讨论的典型事例，在那里的条件正态假设并不满足实际推测的收益数据。但是，我们之后将会看到，对于方差模型，我们将会允许做正态假设，即使这严格地来说并不是一个正确的假设。这个假设很方便地将我们的讨论推迟到了之后关于非正态分布的章节。

本章的侧重点是建立一个预测明天方差 σ_{t+1}^2的模型。我们从第 1 章中知道，由收益的平方来度量的方差，呈现出了一种很强的自相关性，所以，如果现在是高方差，那么明天也很可能为高方差。体现这种现象的最简单的方法就是让明天的方差为最近 m 天观察值方差的平均值，如下：

$$\sigma_{t+1}^2 = \frac{1}{m}\sum_{\tau=1}^{m} R_{t+1-\tau}^2 = \sum_{\tau=1}^{m} \frac{1}{m}R_{t+1-\tau}^2$$

这是一个比较合理的预测，在一定程度上，如果有日收益，那么明天的方差在今天末就可以得到。但是，事实上，该模型对于过去的 m 个观测值都给予了 $1/m$ 的权重，这使得结果可信度不高。一个极端收益（正的或者负的）会使方差剧增收益平方的 $1/m$ 倍，在 m 个时期之后方差又会立即下降。图 4.1 中呈现了该特点，其中 $m=25$。在第 1 章中，平方收益的自相关图，表明在过去收益对于现在方差的影响下，必会有一个更大幅度的逐步下降。即使我们满足于箱模式，对于 m 值的选择也并不清楚。但是很遗憾的是，m 的选择对于决定 σ_{t+1}的形式非常重要：高 m 将会导致一个平稳变化的 σ_{t+1}，低 m 将会导致一个随时间变化且极度跳跃的 σ_{t+1}。

对于风险管理市场，J. P. 摩根的 RiskMetrics 系统考虑了以下模型：随着时间向前推，赋予过去收益平方的权重以指数形式递减。RiskMetrics 方差模型，或者有时候也叫做指数平滑模型，如下所示：

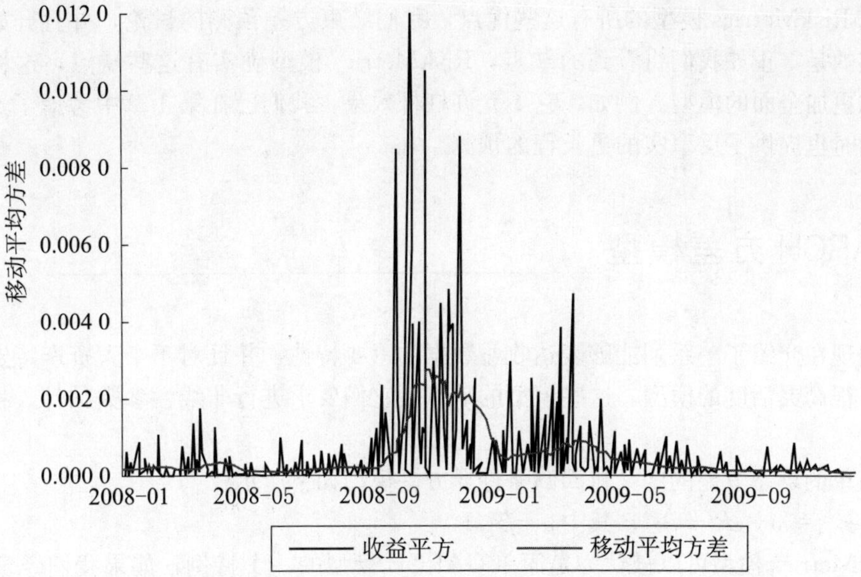

图 4.1　平方 S&P500 收益和用移动平均方差估计过去 25 个观测值，2008—2009 年

注：上图绘制了日平方收益以及 25 个观测值的移动平均。

$$\sigma_{t+1}^2 = (1-\lambda)\sum_{\tau=1}^{\infty}\lambda^{\tau-1}R_{t+1-\tau}^2 \text{，对于 } 0<\lambda<1$$

对于 $\tau=1$，我们将之从平方收益项的总和中分离出来，其中 $\lambda^{\tau-1}=\lambda^0=1$。

我们得到

$$\sigma_{t+1}^2 = (1-\lambda)\sum_{\tau=2}^{\infty}\lambda^{\tau-1}R_{t+1-\tau}^2 + (1-\lambda)R_t^2$$

再次应用指数平滑的定义，我们得到今天的方差 σ_t^2 为

$$\sigma_t^2 = (1-\lambda)\sum_{\tau=1}^{\infty}\lambda^{\tau-1}R_{t-\tau}^2 = \frac{1}{\lambda}(1-\lambda)\sum_{\tau=2}^{\infty}\lambda^{\tau-1}R_{t+1-\tau}^2$$

那么明天的方差为

$$\sigma_{t+1}^2=\lambda\sigma_t^2+(1-\lambda)\ R_t^2$$

RiskMetrics 模型对于明天的波动性的预测可以被认为是今天波动性和今天平方收益的加权平均。

RiskMetrics 模型有一些明显的优点。首先，它能与观察到的收益对应的方式跟踪方差变化。近期收益对于明天方差的影响要大于远期收益，由于 λ 要比 1 小，因此当之后 τ 变大时，滞后收益平方的影响变小。第二，模型仅仅有一个未知参数，为 λ。当对于很多资产估计 λ 时，RiskMetrics 发现估计在各个资产之间是非常相似的，因此它们对每个资产的日变化预测仅仅设 $\lambda=0.94$。在这种情况下，不需要估计，这对于大资产来说是一个很大的优势。第三，在计算明天方差时几乎很少的数据需要被存储。对于今天的平方收益的权重为 $1-\lambda=0.06$，并且权重在第 100 个滞后平方收益时指数递减到 $(1-\lambda)\lambda^{99}=0.000\,131$。在包含 100 个平方收益滞后之后，权重的总和为 $(1-\lambda)\sum_{\tau=1}^{100}\lambda^{\tau-1}=0.998$，即有 99.8%的权重被包含。因此，为了计算明天的方差 σ_{t-1}^2，只需要存储 100 个日滞后收益。

基于 RiskMetrics 模型的所有这些优点，我们结束方差预测的讨论，并且开始分布建模。遗憾的是，正如我们将看到的缺点，RiskMetrics 模型确实有这些缺点，这将会促使我们考虑更加全面的模型。例如，它不允许杠杆效果，我们已在第 1 章中考虑了这个典型事例，同时也提供了反事实的更长程的预测。

3 GARCH 方差模型

我们现在介绍了一系列能够表达收益数据的重要特性，并且对于个人资产特定方面的适应性有很高灵活度的模型，这些模型的缺点是它们要求进行非线性参数估计，将在之后讨论。

最简单的动态方差的广义自回归条件异方差模型如下所示：

$$\sigma_{t+1}^2=\omega+\alpha R_t^2+\beta\sigma_t^2，\text{其中 } \alpha+\beta<1$$

RiskMetrics 模型可以被认为是简单 GARCH 模型的一个特例，如果我们令 $\alpha=1-\lambda$，$\beta=\lambda$，那么 $\alpha+\beta=1$，以及进一步地 $\omega=0$。因此两个模型看上去是非常相似的。但是，有一个重要的不同：我们可以定义非条件的或者长程平均的方差 σ^2 为

$$\begin{aligned}\sigma^2 &\equiv E[\sigma_{t+1}^2]=\omega+\alpha E[R_t^2]+\beta E[\sigma_t^2]\\ &=\omega+\alpha\sigma^2+\beta\sigma^2\end{aligned}$$

因此有

$$\sigma^2=\omega/(1-\alpha-\beta)$$

很明显，如果 $\alpha+\beta=1$，和 RiskMetrics 模型一样，长程方差在该模型中不能很好地定义。因此 RiskMetrics 模型奇怪的一点是：它忽略了长程平均方差随着时间将会变得相对平稳。反过来，GARCH 模型隐含地依赖于 σ^2。这可以通过求解长程方差函数中的 ω 以及把它代入动态方差方程中看到。我们得到

$$\sigma_{t+1}^2=(1-\alpha-\beta)\sigma^2+\alpha R_t^2+\beta\sigma_t^2=\sigma^2+\alpha(R_t^2-\sigma^2)+\beta(\sigma_t^2-\sigma^2)$$

因此，明天的方差是长程方差、今天的平方收益和今天的方差的加权平均。不同的是，如果今天的平方收益高于（低于）它的长程平均，那么明天的方差是增加（减少）的长程平均方差，同样，如果今天的方差要比长程平均高（低），也应相应增加（减少）。

直觉告诉我们，忽略长程方差就和 RiskMetrics 模型一样，对于更长跨度的预测要比预测一天重要。这种直觉是正确的，正如我们现在看到的。

对于风险管理中 GARCH 模型的一个重要优点是，预测一天跨度的方差 $\sigma_{t+1|t}^2$ 是直接通过模型的 σ_{t+1}^2 得到的。现在考虑预测 k 天后的方差，仅使用在今天收盘时可使用的信息。在 GARCH 模型中，未来第 k 天的方差期望是

$$\begin{aligned}E_t[\sigma_{t+k}^2]-\sigma^2 &=\alpha E_t[R_{t+k-1}^2-\sigma^2]+\beta E_t[\sigma_{t+k-1}^2-\sigma^2]\\ &=\alpha E_t[\sigma_{t+k-1}^2 z_{t+k-1}^2-\sigma^2]+\beta E_t[\sigma_{t+k-1}^2-\sigma^2]\\ &=(\alpha+\beta)(E_t[\sigma_{t+k-1}^2-\sigma^2])\end{aligned}$$

因此有

$$E_t[\sigma_{t+k}^2]-\sigma^2=(\alpha+\beta)^{k-1}(E_t[\sigma_{t+1}^2]-\sigma^2)=(\alpha+\beta)^{k-1}(\sigma_{t+1}^2-\sigma^2)$$

条件方差 $E_t[\cdot]$ 指的是使用所有在 t 天末能得到的信息所预测的值，它包含了 t 天本身的平方收益。

我们把$\alpha+\beta$作为模型的持续性。高持续性就是$\alpha+\beta$接近于1，这表明推动方差偏离它的长程平均的冲击将会保持很长一段时间，但是最终长跨度的预测将会是长程平均方差σ^2。对于 RiskMetrics 模型进行同样的计算可以表明

$$E_t\left[\sigma_{t+k}^2\right]=\sigma_{t+1}^2, \forall k$$

由于$\alpha+\beta$和σ^2是没有定义的，因此持续性在这个模型中为1，这表明对于方差的冲击是永久的：方差的增加对于所有未来预测跨度会以相同的量推动方差的预测。这是另一种方法，表明 RiskMetrics 模型在预测时忽略长程方差。如果$\alpha+\beta$接近于1，这是常有的情况，那么这两个模型对于短期跨度可能会产生相似的预测，但是它们长期跨度的应用是非常不同的。如果今天是一个高方差日，那么 RiskMetrics 模型预测未来都为高方差。GARCH 模型更现实地假设，在未来方差最终会恢复平均值。

到目前为止，我们考虑预测k天后日收益的方差。更加直接的兴趣可能是预测K天方差的累积收益

$$R_{t+1:t+K}\equiv\sum_{k=1}^{K}R_{t+k}$$

正如我们假设的，收益的自相关性为0，累计K天的收益方差仅为

$$\sigma_{t+1:t+K}^2\equiv E_t\left(\sum_{k=1}^{K}R_{t+k}\right)^2=\sum_{k=1}^{K}E_t\left[\sigma_{t+k}^2\right]$$

所以在 RiskMetrics 模型中，我们有

$$\sigma_{t+1:t+K}^2=\sum_{k=1}^{K}\sigma_{t+1}^2=K\sigma_{t+1}^2$$

但是在 GARCH 模型中，我们有

$$\sigma_{t+1:t+K}^2=\sum_{k=1}^{K}\sigma_{t+1}^2=K\sigma^2+\sum_{k=1}^{K}(\alpha+\beta)^{k-1}\left(\sigma_{t+1}^2-\sigma^2\right)\neq K\sigma_{t+1}^2$$

如果 RiskMetrics 和 GARCH 模型有一样的σ_{t+1}^2，并且如果$\sigma_{t+1}^2<\sigma^2$，那么 GARCH 方差预测将会比 RiskMetrics 的预测高。因此，假设数据看起来像是 GARCH，RiskMetrics 模型将会给风险管理人员一种错误的感觉：当市场今天是平稳的以及$\sigma_{t+1}^2<\sigma^2$，感觉市场在未来也是平稳的。图 4.2 阐述了这个重要观点。我们绘制 RiskMetrics 和 GARCH 模型中对于$K=1, 2, \cdots, 250$的$\sigma_{t+1:t+K}^2/K$，以低σ_{t+1}^2开始以及设$\alpha=0.05$和$\beta=0.90$。在图中长程日方差为$\sigma^2=0.000\,14$。

GARCH 和 RiskMetrics 模型都有一个不便之处。正如我们在这一章中所做的那样，即使前一天的分布假设为正态的，那么多期分布仍然是未知的。因此，尽管这些模型对于预测长跨度方差比较简单，但不像预测整个条件分布那么简单。我们将会在第 8 章再次提到这个问题，因为很遗憾的是，这常常被风险管理忽略。

4 极大似然估计

在前一节中，我们的 GARCH 模型应该和数据拟合得很好，但是它包含很多未知的参数，这些参数必须被估计。在估计时，我们面临了这样的挑战：条件方差σ_{t+1}^2是一个不能被观测的变量，而且必须间接地和这个模型中其他变量，例如α、β和ω，一起估计。

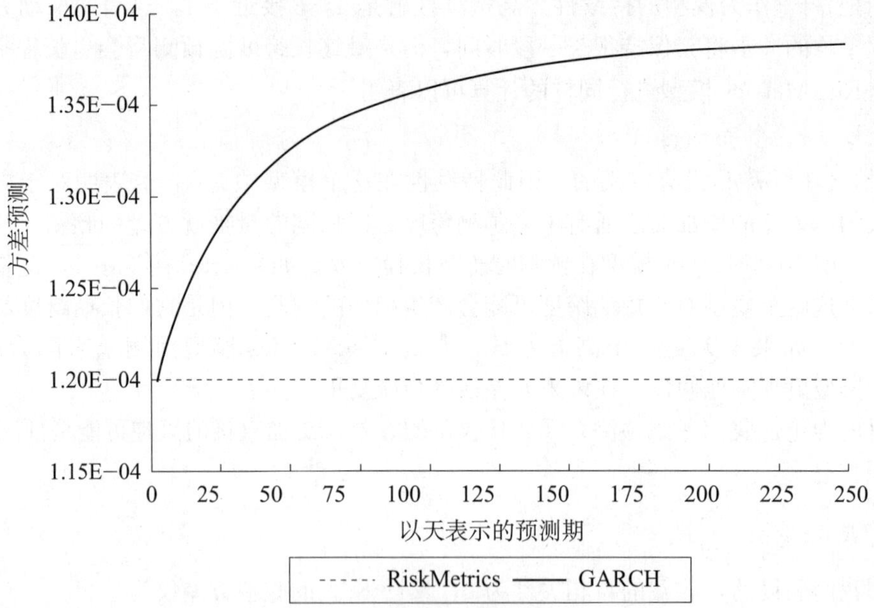

图 4.2　对于 1～250 天积累收益的方差预测

注：假设一个常见的低的最初方差，该图显示了当使用 RiskMetrics 和 GARCH 模型时，对于 1～250 个交易日的方差预测。GARCH 预测收敛于长程预测，该预测高于目前方差。

4.1　标准极大似然估计

我们将会简单地阐述极大似然估计的方法，该方法可以用于估计参数值。在网页中含有对于这些问题的答案。

我们之前假设

$R_t=\sigma_t z_t$，有 $z_t \sim$ i. i. d. $N(0，1)$

i. i. d. 正态性的假设表明 R_t 的概率或者可能性 l_t 是

$$l_t=\frac{1}{\sqrt{2\pi\sigma_t^2}}\exp\left(-\frac{R_t^2}{2\sigma_t^2}\right)$$

因此我们整个样本的联合概率为

$$L=\prod_{t=1}^{T} l_t=\prod_{t=1}^{T}\frac{1}{\sqrt{2\pi\sigma_t^2}}\exp\left(-\frac{R_t^2}{2\sigma_t^2}\right)$$

选择参数来拟合数据是最大化我们的观测样本的联合概率的一种常用方法。既然对数函数是单调递增的，那么最大化函数的对数和最大化函数是一样的。因为最大化对数可以用和的方式代理积，所以很方便。因此，我们选择参数（α，β，…）来求解

$$\text{Max}\ln L=\text{Max}\sum_{t=1}^{T}\ln(l_t)=\text{Max}\sum_{t=1}^{T}\left[-\frac{1}{2}\ln(2\pi)-\frac{1}{2}\ln(\sigma_t^2)-\frac{1}{2}\frac{R_t^2}{\sigma_t^2}\right]$$

我们把最佳参数作为极大似然估计（MLEs）。在概率中的第一项为常数，所以它与模型中的参数是相互独立的。因此，我们可以最优化下式：

$$\text{Max}\sum_{t=1}^{T}\left[-\frac{1}{2}\ln(\sigma_t^2)-\frac{1}{2}\frac{R_t^2}{\sigma_t^2}\right]=\text{Max}\left[-\frac{1}{2}\left(\sum_{t=1}^{T}\ln(\sigma_t^2)+\frac{R_t^2}{\sigma_t^2}\right)\right]$$

MLE方法有一个很好的特性：随着样本趋于无穷大，参数估计趋于一个真实值，这些估计的方差将会达到最小可能值。事实上，我们可以得到的数据并不是无穷的。即使我们的时间序列很长，有S&P500指数的日收益，这也并非意味着我们需要使用所有的数据来估计参数。有时一些明显的结构突变，例如新的变化率或者新的调节交易条约，在特定的市场可以引导样本长度的选择。但是一般情况下，这些结构性突变的数据并不明显，风险管理者因此不得不权衡大样本和小样本的好处，大样本意味着一个更加精确的估计，小样本减少了遇到结构突变的可能性。在估计GARCH模型时，一个相当不错的经验法就是使用至少过去1 000天的观测值，并且及时更新估计样本，如每月更新。

4.2 拟极大似然估计

持怀疑态度的读者会反对MLE依赖于条件正态分布假设，我们在第1章中讨论过这个问题，我们认为是错误的。尽管这个反对似乎是有效的，一个关键的计量经济学结果认为即使条件分布是非正态的，MLE在样本无限大的时候，也可以估计收敛于真实参数的估计均值和方差参数，只要均值和方差函数是确定的。这个结果建立了所谓的拟极大似然估计（QMLE），指的是使用正态MLE估计，即使在正态分布假设错误的情况下。QMLE免去了我们之后对于条件分布的担心（第6章），但是这确实有其他代价：QMLE估计一般来说比MLE估计的精确性要小。因此，我们以理论渐近参数效率与实用性来做交换。

参数估计的操作方面将会在本章练习中讨论。这里我们只指出一个简单但是有用的技巧，它被认为是方差目标。简单的GARCH模型可以被描述如下：

$$\sigma_{t+1}^2 = \omega + \alpha R_t^2 + \beta \sigma_t^2 = (1-\alpha-\beta)\sigma^2 + \alpha R_t^2 + \beta \sigma_t^2$$

因此，不用通过MLE来估计ω，我们可以简单地设长程方差σ^2和样本方差一样，样本方差可以在之前简单地估计如下：

$$\sigma^2 = \frac{1}{T}\sum_{t=1}^{T} R_t^2$$

在GARCH模型中直接加入长程方差估计对于方差目标是有好处的。更重要的是，它减少了模型中需要估计的参数。这使估计变得简单。

4.3 一个例子

图4.3表示了图4.1的S&P500平方收益，但是现在则加入了估计的GARCH方差。使用似然函数的数值优化（详见本章最后的练习），最优参数指的是如下的方差动态性：

$$\begin{aligned}\sigma_{t+1}^2 &= \omega + \alpha R_t^2 + \beta \sigma_t^2 \\ &= 0.000\,001\,1 + 0.100 \cdot R_t^2 + 0.899 \cdot \sigma_t^2\end{aligned}$$

我们估计了2001年1月1日到2010年12月31日的日观察值的参数估计。但是我们只绘制了2008—2009年期间的图形。

在这个模型中方差的持续性为$\alpha+\beta=0.999$，这只比RiskMetrics模型略小，RiskMetrics

为 1。但是，即使小，这个区别对于跨度大于 1 的方差预测还是有影响的。并且，简单的 GARCH 模型可能会被错定，使得持续性接近于 1。我们接下来会考虑更加灵活的模型。

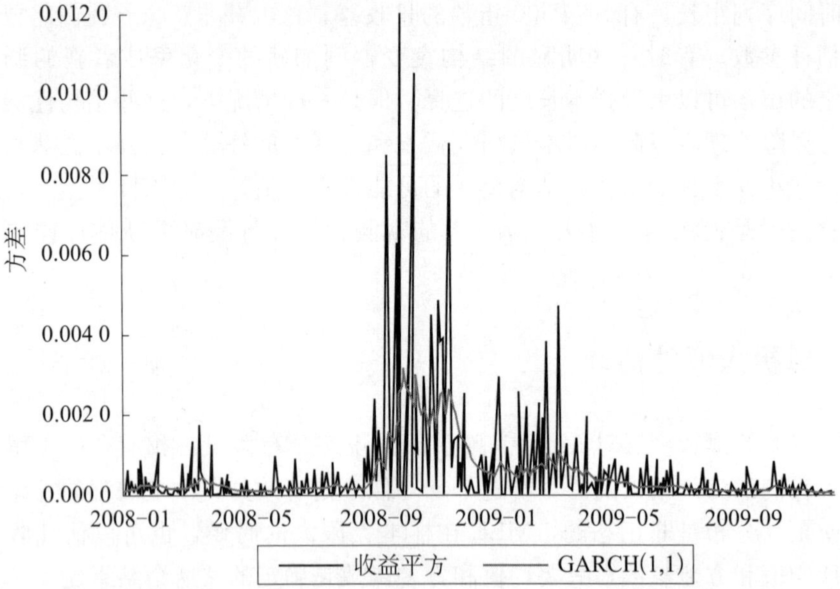

图 4.3　平方 S&P500 收益，以及使用 QMLE 估计 GARCH 方差参数

注：该图表示了日平方收益和日 GARCH 方差预测。使用了 GARCH（1，1）模型。上图表示 2008—2009 年期间。

5　GARCH 模型的扩展

正如我们之前注意到的，GARCH 模型的一个显著好处是它的灵活性。在本节，我们探讨该灵活性和一些目前在风险管理中很有用的模型。

5.1　杠杆效果

我们在第 1 章中讨论到负收益通过多于一个的相同等级的正收益来增加方差。这被认为是杠杆效果，因为一个负股票收益表明了股票价值的下降，表明公司杠杆增加，因此变得更加危险（假设债务水平保持不变）。我们可以修正 GARCH 模型，使得在接下来的模型中，收益权重依赖于收益是正的还是负的：

$$\sigma_{t+1}^2=\omega+\alpha(R_t-\theta\sigma_t)^2+\beta\sigma_t^2=\omega+\alpha\sigma_t^2(z_t-\theta)^2+\beta\sigma_t^2$$

上式有时指的是 NGARCH（非线性 GARCH）模型。

这明确表明了，如果 $\theta>0$，一个积极信息 $z_t>0$，而不是收益率 $R_t>0$，比负面信息的影响要小。在这个模型中，方差的持续性就是 $\alpha(1+\theta^2)+\beta$，长程方差就是 $\sigma^2=\omega/(1-\alpha(1+\theta^2)-\beta)$。

另一种体现杠杆效果的就是定义一个指示变量 I_t，如果 t 天的收益是负的，那么就是 1，否则就是 0。

$$I_t=\begin{cases}1, & \text{如果 } R_t<0\\ 0, & \text{如果 } R_t\geq 0\end{cases}$$

方差动态性可以通过下式体现：

$$\sigma_{t+1}^2=\omega+\alpha R_t^2+\alpha\theta I_t R_t^2+\beta\sigma_t^2$$

因此，大于 0 的 θ 可能体现杠杆效果。这个有时也是指 GJR-GARCH 模型。

另一个模型也可以体现杠杆，即指数 GARCH 模型或者 EGARCH 模型：

$$\ln\sigma_{t+1}^2=\omega+\alpha(\phi R_t+\gamma[\mid R_t\mid - E\mid R_t\mid])+\beta\ln\sigma_t^2$$

如果 $\alpha\phi<0$，这也体现一般的杠杆效果。EGARCH 模型的优点是，对数化的特性确保了方差常常是正数，但是其缺点是，大于一个周期的未来预测方差不能被解析地计算出来。

5.2 更多的一般信息影响函数

考虑到杠杆效应只是拓展基础 GARCH 模型的一种方法，更多的扩展是基于今天收益 z_t 的冲击对于明天方差 σ_{t+1}^2 的影响。这种关系指的是方差信息影响函数，NIF。一般来说，我们可以写为

$$\sigma_{t+1}^2=\omega+\alpha\sigma_t^2 NIF(z_t)+\beta\sigma_t^2$$

在简单的 GARCH 模型中，我们有

$$NIF(z_t)=z_t^2$$

所以信息影响函数是一个对称的抛物线，在 z_t 为 0 时，得到最小值 0。在有杠杆的 NGARCH 模型中，我们有

$$NIF(z_t)=(z_t-\theta)^2$$

所以信息影响函数仍然是一个抛物线，但是现在当 $z_t=\theta$ 时，有最小值 0。

一般化的信息影响函数可以定义如下：

$$NIF(z_t)=(\mid z_t-\theta_1\mid-\theta_2(z_t-\theta_1))^{2\theta_3}$$

注意到简单的 GARCH 模型在 $\theta_1=\theta_2=0$ 和 $\theta_3=1$ 时，是嵌套的。在 $\theta_2=0$，$\theta_3=1$ 时，杠杆的 NGARCH 模型也是嵌套的。在图 4.4 中的点线表示各种参数值的信息影响函数。各图中的黑线表示简单的对称 GARCH 模型。

5.3 更多的一般动态性

之前所涉及的简单的 GARCH 模型常常指的是 GARCH(1，1) 模型，因为这依赖于仅仅一个滞后的收益平方和本身的方差。对于短期的方差预测，这个模型常常被发现是充足的，但是一般情况下，我们可以通过考虑 GARCH(p,q) 模型来得到高阶数的动态性，而 GARCH(p,q) 允许更长滞后，如下所示：

$$\sigma_{t+1}^2=\omega+\sum_{i=1}^{p}\alpha_i R_{t+1-i}^2+\sum_{j=1}^{q}\beta_j\sigma_{t+1-j}^2$$

这些高阶 GARCH 模型有一个缺点：参数不能很容易地理解。成分 GARCH 结构在这个方面提供了一个巨大的改善。我们回到 GARCH(1，1) 模型，使用 $\sigma^2=\omega/(1-\alpha-\beta)$ 来重新构建 GARCH(1，1) 模型，如下所示：

$$\sigma_{t+1}^2=\sigma^2+\alpha(R_t^2-\sigma^2)+\beta(\sigma_t^2-\sigma^2)$$

在 GARCH 模型中，长程方差 σ^2 允许随着时间的变化而变化，通过长程方差因子来体现 v_{t+1}：

$$\sigma_{t+1}^2=v_{t+1}+\alpha_\sigma(R_t^2-v_t)+\beta_\sigma(\sigma_t^2-v_t)$$

$$v_{t+1}=\sigma^2+\alpha_v(R_t^2-\sigma_t^2)+\beta_v(v_t-\sigma^2)$$

动态的长期方差 v_{t+1} 本身有 GARCH(1，1) 结构。因此我们可以认为成分 GARCH 模型是 GARCH(1，1) 围绕另一类 GARCH(1，1) 模型所构成的。

模型的组成可以体现方差的自相关，其递减得比可能的更简单短期记忆 GARCH (1，1) 模型要慢。附录 A 表明模型成分能够写成如下 GARCH(2，2) 模型：

$$\sigma_{t+1}^2=\omega+\alpha_1 R_t^2+\alpha_2 R_{t-1}^2+\beta_1\sigma_t^2+\beta_2\sigma_{t-1}^2$$

其中，GARCH(2，2) 中的参数是成分 GARCH 模型参数的函数。

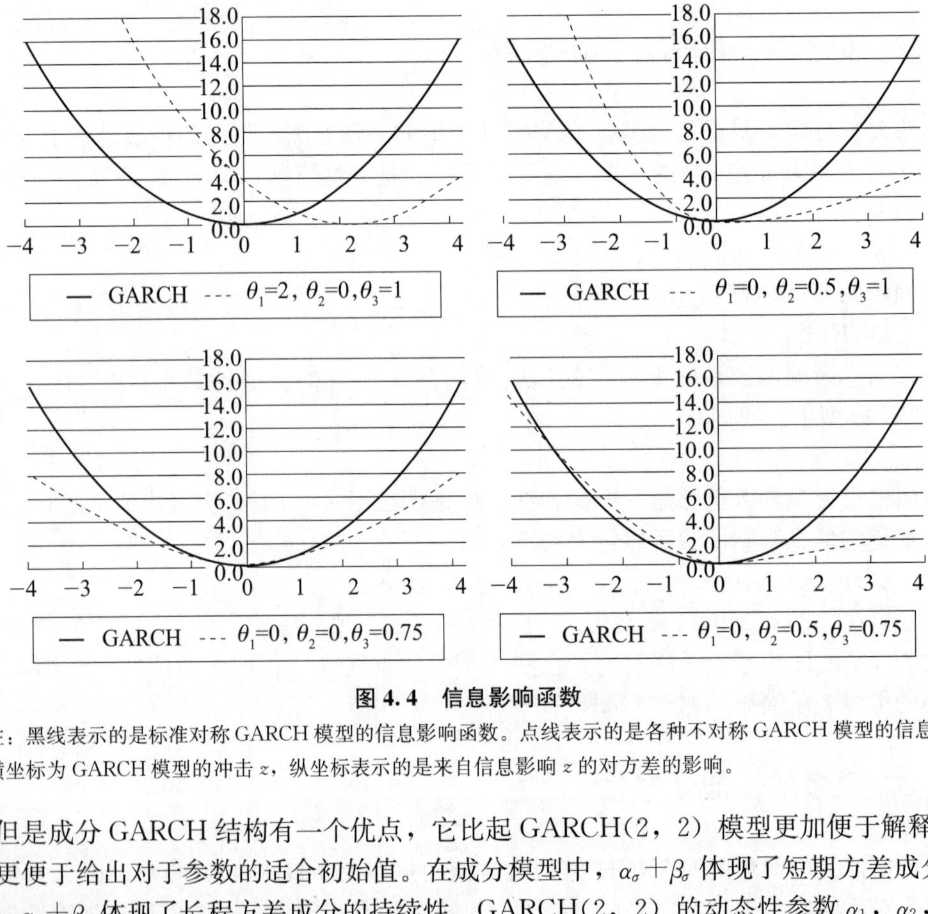

图 4.4　信息影响函数

注：黑线表示的是标准对称 GARCH 模型的信息影响函数。点线表示的是各种不对称 GARCH 模型的信息影响函数。横坐标为 GARCH 模型的冲击 z，纵坐标表示的是来自信息影响 z 的对方差的影响。

但是成分 GARCH 结构有一个优点，它比起 GARCH(2，2) 模型更加便于解释变量，因此更便于给出对于参数的适合初始值。在成分模型中，$\alpha_\sigma+\beta_\sigma$ 体现了短期方差成分的持续性，$\alpha_v+\beta_v$ 体现了长程方差成分的持续性。GARCH(2，2) 的动态性参数 α_1，α_2，β_1 和 β_2 没有这样的直接解释。

成分模型动态性可以利用杠杆，或者之前在 GARCH(1，1) 中提到的更一般的信息影响方程来进行扩展。

HYGARCH 模型有不同之处，它允许长程记忆的或者在方差上的双曲线衰减，而不是指数衰减。当构建日数据时，方差上的长程记忆可能常常是相关联的，这可能在预测长跨度上是很有用的，一般是对于大于一周的长跨度。参考本章末对于 HYGARCH 模型信息的附录 B，它可能在实施方面会更加复杂。

5.4　解释变量

因为我们考虑日方差的动态模型，因此不得不注意没有交易日的天数。人们普遍认识到在周末或者假日之后会有一个比一般更高的方差。因为周末和假期是完全可预测的，因此把它们包含在方差模型中是可以理解的。其他的预先决定的变量可能是昨天的交易量或者预先安排好的信息发布日期，例如公司收益和 FOMC 会议日期。随着这些未来事件的预先知晓，我们可以建模：

$$\sigma_{t+1}^2=\omega+\beta\sigma_t^2+\alpha\sigma_t^2z_t^2+\gamma IT_{t+1}$$

例如，其中 IT_{t+1} 表示值 1，如果日期 $t+1$ 是星期一。

我们还没讨论期权价格，但是在这里值得一提的是所谓的期权价格隐含波动性，在预测下一天的方差上，常常有一个非常高的可预测值。包含来自芝加哥期权交易板块的方差指标（VIX）作为一个解释变量，可以显著提高对于 GARCH 方差模型中基础股票指标的拟合效果。当然，并不是所有的市场变量都有流动期权市场，所以隐含的波动性变量对于方差预测并不是常常有用的。我们将会在第 10 章进一步讨论期权隐含波动性的使用。

一般来说，我们可以将 GARCH 方差预测模型表示如下：

$$\sigma_{t+1}^2=\omega+h(X_t)+\alpha\sigma_t^2z_t^2+\beta\sigma_t^2$$

其中，X_t 表示在 t 天末知道的变量。由于方差一直是个正值，因此有必要确保 GARCH 模型所产生的都是一个正数预测方差。在简单的 GARCH 模型中，正数参数 α，β 和 ω 保证了它是正数。在更一般的模型中，正数 $h(X_t)$ ——例如使用指数函数——以及正数 α，β 和 ω，可以确保 σ_{t+1}^2 的正数性质。我们可以表示为

$$\sigma_{t+1}^2=\omega+\exp(b'X_t)+\alpha\sigma_t^2z_t^2+\beta\sigma_t^2$$

5.5 一般化低频方差动态性

对于长程记忆和解释变量的讨论促使我们考虑另一个简单 GARCH 模型的扩展——Spline-GARCH 模型。简单 GARCH 模型体现的日方差路径本身有很大的波动。波动性常常只持续几天的峰值，然后又很快恢复到正常水平。这样这个快速回复使得波动性看起来非常地无序，因此很难被指数变量体现。但是指数变量对于方差体现长程趋势很重要，因此，这可能需要独立建模，以便不被日常的峰值影响。

其次，一些投机价格可能在波动水平上存在结构突变。例如，一个国家可能改变它的外汇制度，一家公司可能接手另一家公司，这些都可能简单地改变波动性结构。为了体现波动性的低频变化，我们的一般化简单 GARCH(1，1) 模型，变为如下的乘法结构：

$$\sigma_{t+1}^2=\tau_{t+1}g_{t+1}$$

其中，

$$g_{t+1}=(1-\alpha-\beta)+\alpha g_tz_t^2+\beta g_t$$

$$\tau_{t+1}=\omega_0\exp(\omega_1t+\omega_2\max(t-t_0,0)^2+\gamma X_t)$$

Spline-GARCH 模型通过 τ_{t+1} 过程来体现方差的低频动态性，通过 g_{t+1} 过程来体现方差的高频动态性。通过指数函数，我们发现低频方差可以保持为正数。低频方差有线性时间项乘以 ω_1 和在 t_0 时刻的二次时间项乘以 ω_2。同时也由一个向量 X_t 的解释变量所驱动。

在 Spline-GARCH 模型中，通过低频过程来体现长程方差。

$$E[\sigma_{t+1}^2]=E[\tau_{t+1}g_{t+1}]=\tau_{t+1}E[g_{t+1}]=\tau_{t+1}$$

我们可以得出由多个二次项（比如 e）组成的二次方程，每项在不同时间点开始，每

项都有不同的斜率参数。

$$\tau_{t+1} = \omega_0 \exp\left(\omega_1 t + \sum\nolimits_{i=1}^{l} \omega_{1+i} \text{Max}(t - t_{i-1}, 0)^2 + \gamma X_t\right)$$

在国家水平上建模股票指数，研究发现高波动性和低市场发展（由市场资本总额测量）、高 GDP、高通货膨胀、高 GDP 波动性、高通货波动性以及高利率波动性等相联系。

5.6 扩展模型的估计

GARCH 系列模型特别突出的特性是：它们可以通过使用简单 GARCH(1，1) 中所使用的准 MLE 技巧来估计。忽略信息影响函数、动态结构和解释变量的选择，模型的参数可以通过最大化对数概率的重要部分来估计：

$$\text{Max}\left[-\frac{1}{2}\left(\sum_{t=1}^{T} \ln(\sigma_t^2) + \frac{R_t^2}{\sigma_t^2}\right)\right]$$

由上式可见，方差 σ_t^2 是被估计参数的一个函数。

6 方差模型估计

在我们开始为了风险管理目的而使用方差模型之前，有必要通过一些诊断检验来运行被估计的模型。

6.1 使用 LR 测试来比较模型

我们已经发现，基础的 GARCH 模型可以通过增加参数和解释变量来进行扩展。似然比检验提供了一种简单的方法来判断在统计概念上增加的参数是否显著。考虑两个不同的模型，其似然值分别为 L_0 和 L_1。假设模型 0 是模型 1 的一种特殊形式。在这种情况下，我们可以通过似然比统计量来对比两个模型。

$$LR = 2(\ln(L_1) - \ln(L_0))$$

由于模型 1 包含了模型 0 作为一种特殊形式，所以 LR 统计量常常为一个正数，模型 1 也常常能很好地拟合数据。LR 统计量告诉我们，模型 1 的改型在统计方面是否显著于模型 0。当零假设为在模型 1 中增加的参数是非显著的时，LR 统计量将会有卡方分布。如果只有一个增加的参数，那么在卡方分布中自由度将会为 1。在这种情况下，1%的临界值将大约为 6.63。因此，如果对数似然模型 1 比模型 0 要高出 3～4 个点，那么模型 1 增加的参数是显著的。在卡方测试中的自由度程度和在模型 1 中增加的参数的个数是一样的。

6.2 自相关的诊断检验

在第 1 章中，我们已经学习了收益和平方收益的自相关特性。我们发现，原始的自相关收益不呈现任何的对称形式，尽管平方收益的自相关对于短期滞后是正数，并且随着滞后阶数的增加而递减。

方差模型的目标对于构建方差评估 σ_t^2 是非常有必要的，其有标准平方收益的特性 R_t^2/σ_t^2，但没有系统的自相关形式。这能否被实现可通过图 4.5 中的点线来评估，该图显示了有杠杆和标准误差范围内的 GARCH 模型的 R_t^2/σ_t^2 的自相关性。标准误差被简单地计算为 $1/\sqrt{T}$，其中 T 为样本数量。一般来说，自相关性通常是和零附近的正/负两个标准误差范围一起画图，是在平均水平线 $-2/\sqrt{T}$ 和 $2/\sqrt{T}$ 之间。这叫做巴特利特误差范围，如果真实但是未知的 R_t^2/σ_t^2 的自相关性都是零，其中自相关函数将会有 95%落在其中。

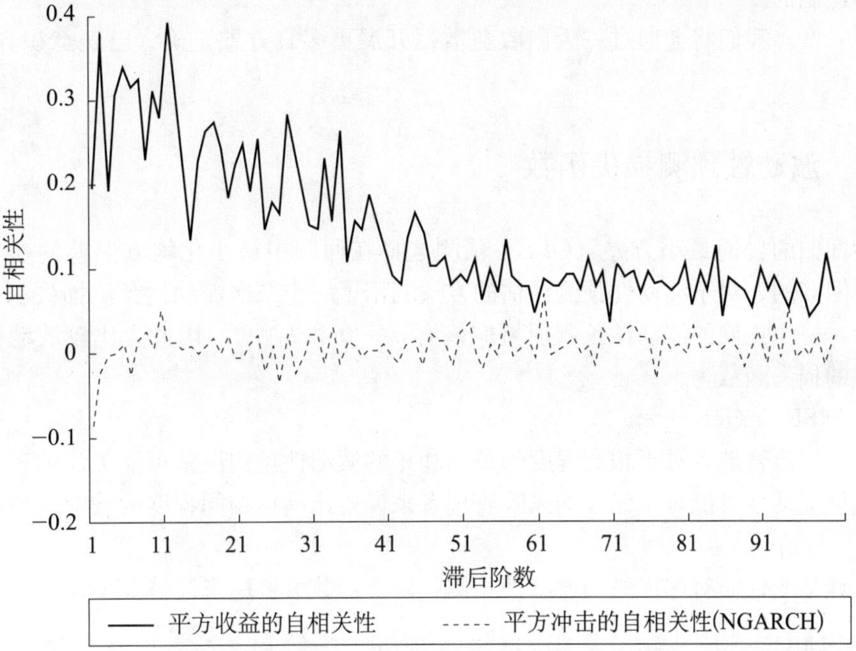

图 4.5　自相关：平方收益和方差的平方收益（NGARCH）

注：黑线表示为自相关的平方收益，点线表示为平方冲击的自相关，定义为被 GARCH 方差所切分的平方收益。这里我们使用了 NGARCH 模型。水平的虚线表示为 95%置信范围。

在图 4.5 中的黑线重新绘制了第 1 章的平方收益的自相关性，这里则是含有标准差范围的。比较在图 4.5 中的两图，我们发现，对于平方收益的自相关性，GARCH 模型在移动系统形式中是相当有效的。

6.3　使用回归来评估波动性预测

另一个评估方差模型的传统方法是基于简单的回归，运用在预测期 $t+1$ 的平方收益对于预测方差作回归，如下所示：

$$R_{t+1}^2 = b_0 + b_1\sigma_{t+1}^2 + e_{t+1}$$

一个好的方差预测应该是无偏差的，也就是截距为 $b_0=0$，并且效率很高，也就是斜率 $b_1=1$。在这个回归中，平方收益被作为在时期 $t+1$ 中真实但是未观察到的方差的替代。一个主要的问题是：平方收益作为替代的效果到底有多好？

首先，$E_t[R_{t+1}^2]=\sigma_{t+1}^2$，那么平方收益是真实方差的无偏差代理。但是代理方差的是

$$Var_t[R_{t+1}^2] = E_t[(R_{t+1}^2 - \sigma_{t+1}^2)^2] = E_t[(\sigma_{t+1}^2(z_{t+1}^2 - 1))^2]$$
$$= \sigma_{t+1}^4 E_t[(z_{t+1}^2 - 1)^2] = \sigma_{t+1}^4(\kappa - 1)$$

其中，κ 为新方法的峰度，其值为 3，低于条件正态但是高于实际。因此，平方收益是无偏的，但是对于条件方差并不是很好的代理。

即使用于预测的方差模型确实是正确的，由于平方收益噪声较高，之前通过回归 R_t^2 所评估的回归拟合效果也很低，基本在 5%～10%之间。因此，在这样的回归中获取低的 R_t^2，不应该导致我们拒绝方差模型。结论可能是这样的：代理真实的但是未观察到的方差是非常不正确的。

在下一章，我们将会通过一天内收益数据开展更多日方差正确（已经意识到波动性）代理的方法。

6.4 波动性预测损失函数

线性回归的普通最小方差（OLS）预测选择在回归中最小化均方误差的参数值。因此，基于回归的、对于波动性预测评估的方法利用了一个二次波动性预测损失函数。正如之前所示，一个正确的波动性预测模型应该有 $b_0=0$ 和 $b_1=1$。因此，比较波动性模型的合乎情理的损失函数为

$$\mathrm{MSE} = (R_{t+1}^2 - \sigma_{t+1}^2)^2$$

但是，风险管理者对于相同程度的负的和正的波动性预测误差可能关注的程度是不一样的：低估波动性可能对于保守的风险管理者来说要比高估相同程度的波动性所产生的代价更大。

为了评估允许非对称损失的波动性预测，以下函数可被用来代替 MSE：

$$\mathrm{QLIKE} = \frac{R_{t+1}^2}{\sigma_{t+1}^2} - \ln\left(\frac{R_{t+1}^2}{\sigma_{t+1}^2}\right) - 1$$

由上式可见，QLIKE 损失函数依赖于相对波动性预测误差 R_{t+1}^2/σ_{t+1}^2，而不是绝对误差 $|R_{t+1}^2 - \sigma_{t+1}^2|$，其为 MSE 中的关键组成部分。QLIKE 损失函数常常会惩罚低估波动性的严重波动性预测。

在图 4.6 中我们绘制了当真实波动性是 2、波动性预测范围为 0～4 时的 MSE 和 QLIKE 损失函数。注意对于负的和正的波动性预测误差的 QLIKE 的强非对称性。

可以看出，MSE 和 QLIKE 损失函数关于方差代理的选择都是非常稳定的。如果当使用一个观测的波动性代理和当使用一个未观察的真实的波动性时，对于任何两个波动性预测的排列都是相同的，那么这个波动性预测损失函数是稳定的。稳定性是波动性预测损失函数一个重要的特性。本质上来说，只有 MSE 和 QLIKE 函数拥有这样的特性。

我们仅仅考虑了噪声平方收益 R_{t+1}^2 作为波动性代理。在下一章中我们将会使用当天的信息来考虑更加精确的代理变量。

7 总结

这一章给出了一系列方差模型，这些模型对于风险管理是非常有用的。首先介绍了在

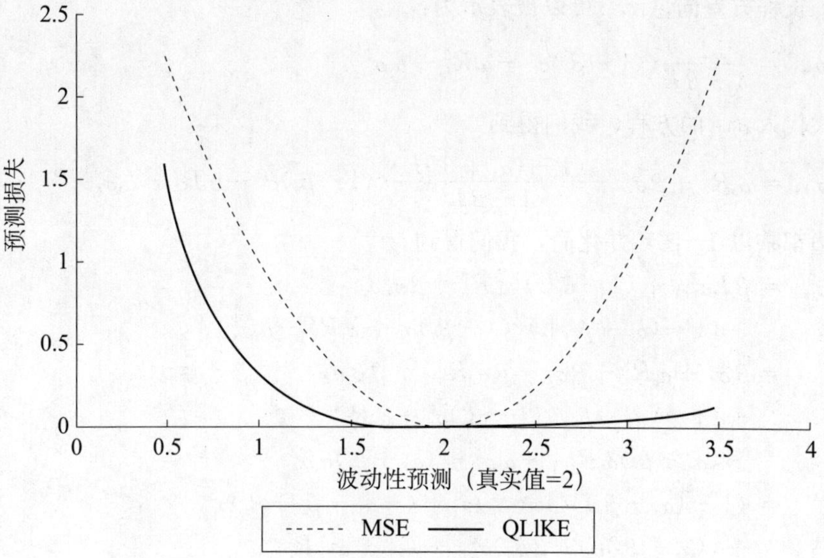

图 4.6　波动性损失函数

注：点线表示的是均方误差 MSE，损失函数用于 OLS。黑线表示的是基于似然函数的 QLIKE 损失函数。

估计中需要最小化的等权重和指数权重模型。它们的缺点使得我们考虑更加复杂的模型，但是在 GARCH 系列中还是比较简单的模型。我们强调 GARCH 的灵活性作为一个优点，并且为解释杠杆效果、周内日效应和公告效应等等，而考虑各种不同的扩展。强大并且灵活的准极大似然估计被提出并且将会在接下来一章中被使用。各种模型的验证技术也将在随后介绍。在这一章介绍的很多技术将会在接下来的练习中用到。

本章主要关注用日收益来预测日波动性的模型。在一些情况下，风险管理者在预测日波动性的时候，可能有可使用的日内收益。在这种情况下，有更多正确的模型可以利用。这些模型将在下一章中分析。

附录 A：GARCH 和 GARCH(2，2) 的组成部分

本附录表明成分 GARCH 模型可以被看成是 GARCH(2，2) 模型。首先定义滞后算子 L 是一个能在时间序列的目前值和滞后值之间转换的函数，也就是

$$Lx_t = x_{t-1}$$

由于成分 GARCH 模型由以下部分组成：

$$\sigma_{t+1}^2 = v_{t+1} + \alpha_\sigma(R_t^2 - v_t) + \beta_\sigma(\sigma_t^2 - v_t)$$
$$v_{t+1} = \sigma^2 + \alpha_v(R_t^2 - \sigma_t^2) + \beta_v(v_t - \sigma^2)$$

使用滞后算子，第一个函数可以写成如下形式：

$$\begin{aligned}\sigma_{t+1}^2 &= v_{t+1} + \alpha_\sigma(R_t^2 - Lv_{t+1}) + \beta_\sigma(\sigma_t^2 - Lv_{t+1}) \\ &= \alpha_\sigma R_t^2 + \beta_\sigma\sigma_t^2 + (1 - (\alpha_\sigma + \beta_\sigma)L)v_{t+1}\end{aligned}$$

我们也可以使用滞后算子来重写长程方差函数：

$$\begin{aligned}v_{t+1} &= \sigma^2 + \alpha_v(R_t^2 - \sigma_t^2) + \beta_v(v_t - \sigma^2) \\ &= \sigma^2 + \alpha_v R_t^2 - \alpha_v\sigma_t^2 + \beta_v Lv_{t+1} - \beta_v\sigma^2\end{aligned}$$

因此，长程方差向量 v_{t+1} 可以被表示为：

$$v_{t+1}=\frac{1}{1-\beta_v L}((1-\beta_v)\sigma^2+\alpha_v R_t^2-\alpha_v\sigma_t^2)$$

把上式代入 σ_{t+1}^2 的方程，我们得到

$$\sigma_{t+1}^2=\alpha_\sigma R_t^2+\beta_\sigma\sigma_t^2+\frac{(1-(\alpha_\sigma+\beta_\sigma)L)}{1-\beta_v L}((1-\beta_v)\sigma^2+\alpha_v R_t^2-\alpha_v\sigma_t^2)$$

在两边都乘以 $1-\beta_v$，并化简，我们得到

$$\begin{aligned}\sigma_{t+1}^2 &= \beta_v L\sigma_{t+1}^2+(1-\beta_v L)(\alpha_\sigma R_t^2+\beta_\sigma\sigma_t^2)\\ &\quad +(1-(\alpha_\sigma+\beta_\sigma)L)((1-\beta_v)\sigma^2+\alpha_v R_t^2-\alpha_v\sigma_t^2)\\ &= \beta_v\sigma_t^2+\alpha_\sigma R_t^2+\beta_\sigma\sigma_t^2-\beta_v\alpha_\sigma R_{t-1}^2-\beta_v\beta_\sigma\sigma_{t-1}^2\\ &\quad +(1-(\alpha_\sigma+\beta_\sigma))(1-\beta_v)\sigma^2+\alpha_v R_t^2\\ &\quad -(\alpha_\sigma+\beta_\sigma)\alpha_v R_{t-1}^2-\alpha_v\sigma_t^2+(\alpha_\sigma+\beta_\sigma)\alpha_v\sigma_{t-1}^2\\ &= (1-(\alpha_\sigma+\beta_\sigma))(1-\beta_v)\sigma^2+(-\alpha_v+\beta_v+\beta_\sigma)\sigma_t^2\\ &\quad +((\alpha_\sigma+\beta_\sigma)\alpha_v-\beta_v\beta_\sigma)\sigma_{t-1}^2+(\alpha_\sigma+\alpha_v)R_t^2\\ &\quad +(-(\alpha_\sigma+\beta_\sigma)\alpha_v-\beta_v\alpha_\sigma)R_{t-1}^2\end{aligned}$$

上式是 GARCH(2，2) 模型的形式，也就是

$$\sigma_{t+1}^2=\omega+\alpha_1 R_t^2+\alpha_2 R_{t-1}^2+\beta_1\sigma_t^2+\beta_2\sigma_{t-1}^2$$

其中，

$$\omega=(1-(\alpha_\sigma+\beta_\sigma))(1-\beta_v)\sigma^2$$

$$\alpha_1=\alpha_\sigma+\alpha_v$$

$$\alpha_2=-(\alpha_\sigma+\beta_\sigma)\alpha_v-\beta_v\alpha_\sigma$$

$$\beta_1=-\alpha_v+\beta_v+\beta_\sigma$$

$$\beta_2=(\alpha_\sigma+\beta_\sigma)\alpha_v-\beta_v\beta_\sigma$$

尽管成分 GARCH 和 GARCH(2，2) 模型在理论上是相似的，但由于很容易找到参数的初始值，因此成分结构一般来说更容易实施。一般情况下，$\alpha_\sigma<\alpha_v\approx 0.1$，$\beta_\sigma<\beta_v\approx 0.85$。而且当 $(\beta_v+\alpha_v)>(\alpha_\sigma+\beta_\sigma)$ 时，v_{t+1} 作为一个长程方差的解释是很方便的。

附录 B：HYGARCH 长程记忆模型

本附录介绍了 Davidson (2004) 的长程记忆模型，他把这叫做 HYGARCH（其中 HY 表示双曲线）。考虑第一个标准的 GARCH(1，1) 模型，其中

$$\sigma_t^2=\omega+\alpha R_{t-1}^2+\beta\sigma_{t-1}^2$$

使用附录 1 中的滞后算子 L，GARCH(1，1) 模型可以被写为如下 ARMA-平方模型：

$$(1-(\alpha+\beta)L)R_t^2=\omega+(1-\beta L)(R_t^2-\sigma_t^2)$$

求解 σ_t^2，我们可以得到 GARCH(1，1) 作为一个移动—平均—平方模型的形式：

$$\sigma_t^2=\frac{\omega}{(1-\beta)}+\left(1-\frac{1-(\alpha+\beta)L}{1-\beta L}\right)R_t^2$$

Davidson (2004) 的长程记忆模型被定义为以下一般形式：

$$\sigma_t^2=\frac{\omega_d}{1-\beta_d}+\left(1-\frac{1-\rho_d L}{1-\beta_d L}(1+\delta_d((1-L)^d-1))\right)R_t^2$$

其中，长程记忆参数 d 通过下式定义分数式积分：

$$(1-L)^d = 1-\sum_{j=1}^{\infty} a_j L^j$$

其中，

$$a_j = \frac{d\Gamma(j-d)}{\Gamma(1-d)\Gamma(j+1)}$$

其中，Γ（•）表示 gamma 函数。长程记忆参数 d 能够使得模型有平方收益的自相关性，其以比 GARCH(1，1) 模型中指数比率更缓慢的速度接近于零（也就是双曲线）。

当 $\rho_d=\alpha+\beta$，$\delta_d=0$，$\omega_d=\omega$，$\beta_d=\beta$ 时，我们得到了常规的 GARCH(1，1) 模型作为 HYGARCH 的特殊形式。当 $\rho_d=1$，$\delta_d=0$，$\omega_d=0$，$\beta_d=\lambda$ 时，我们得到 RiskMetrics 模型作为 HYGARCH 模型的特殊形式。

HYGARCH 模型也可以通过 MLE 来估计。可在 Davidson（2004）中了解到更多该模型的具体信息。

更多资料

在过去的 30 年里，有很多关于方差模型的文献，在这里我们只给出了其中的一些。Andersen 等（2007）包含了对于风险管理中波动性模型的使用。Brownlees 等（2009）给出了 2008—2009 年金融危机期间 GARCH 模型的有用之处。

Andersen 等（2006），Poon 和 Granger（2005）提供了各种波动性模型的概括。JP Morgan（1996）研究了指数平滑方差模型。指数平滑被用于预测一系列大范围的参数，对于其进一步的讨论，可以在 Granger 和 Newbold（1986）中了解。基本 GARCH 模型在 Engle（1982）和 Bollerslev（1986）中有介绍，并在 Bollerslev 等（1992）及 Engle 和 Patton（2001）中有进一步的讨论。Engle（2002）介绍了 GARCH 模型的外生变量。Bollerslev（2008）总结了基础 GARCH 模型的各种变量。

长程记忆模型，包含分数整合的广义自回归条件异方差模型（FIGARCH），在 Baillie 等（1996）及 Bollerslev 和 Mikkelsen（1999）有介绍，附录 B 中的双曲线 HYGARCH 模型，在 Davidson（2004）中有展开讨论。

成分波动性模型在 Engle 和 Lee（1999）中引入。它们在 Christoffersen 等（2010a，2008）中被用于期权评估。含有确定性波动分量的 Spline-GARCH 模型，在 Engleand Rangel（2008）中有介绍。

杠杆效应以及其他的 GARCH 拓展在 Ding 等（1993），Glosten 等（1993），Hentschel（1995）和 Nelson（1990）中均有描述。很多 GARCH 模型都使用平方收益作为波动性的新方法。Forsberg 和 Ghysels（2007）分析了使用绝对收益的好处。

Bollerslev 和 Wooldridge（1992）研究了 GARCH 模型的准极大似然估计。Francq 和 Zakoian（2009）调查了更多的最近信息。对于 GARCH 估计的现实应用可见 Zivot（2009）。Hansen 和 Lunde（2005），Patton 和 Sheppard（2009）及 Patton（2011）研究了波动性预测估计和波动性预测比较的方法。

Taylor（1994）包含了统计波动性模型中关于不同类型的方差模型的总体概括。由于很难估计，本书中没有包含这类模型。

参考文献

Andersen，T.，Christoffersen，P.，and Diebold，F.，2006. Volatility and correlation forecasting. In：Elliott，G.，Granger，C.，Timmermann，A.（Eds.），The Handbook of Economic Forecasting. Elsevier，Amsterdam，The Netherlands，pp. 777-878.

Andersen，T.，Bollerslev，T.，Christoffersen，P.，Diebold，F.，2007. Practical volatility and correlation modeling for financial market risk management. In: Carey, M., Stulz, R. (Eds.), The NBER Volume on Risks of Financial Institutions. University of Chicago Press, Chicago, IL, pp. 513-548.

Baillie, R., Bollerslev, T., Mikkelsen, H., 1996. Fractionally integrated generalized autoregressive conditional heteroskedasticity. J. Econom. 74, 3-30.

Bollerslev, T., 1986. Generalized autoregressive conditional heteroskedasticity. J. Econom. 31, 307-327.

Bollerslev, T., 2008, Glossary to ARCH (GARCH). Available from: SSRN, http://ssrn.com/abstract=1263250.

Bollerslev, T., Chou, R., Kroner, K., 1992. ARCH modeling in finance: A review of the theory and empirical evidence. J. Econom. 52, 5-59.

Bollerslev, T., Mikkelsen, H., 1999. Long-term equity anticipation securities and stock market volatility dynamics. J. Econom. 92, 75-99.

Bollerslev, T., Wooldridge, J., 1992. Quasi-maximum likelihood estimation and inference in dynamic models with time varying covariances. Econom. Rev. 11, 143-172.

Brownlees, C., Engle, R., Kelly, B., 2009. A Practical Guide to Volatility Forecasting through Calm and Storm. Available from: SSRN, http://ssrn.com/abstract=1502915.

Christoffersen, P., Dorion, C., Jacobs, K., Wang, Y., 2010. Volatility components: Affine restrictions and non-normal innovations. J. Bus. Econ. Stat. 28, 483-502.

Christoffersen, P., Jacobs, K., Ornthanalai, C., Wang, Y., 2008. Option valuation with long-run and short-run volatility components. J. Financial Econ. 90, 272-297.

Davidson, J., 2004. Moment and memory properties of linear conditional heteroskedasticity models, and a new model. J. Bus. Econ. Stat. 22, 16-29.

Ding, Z., Granger, C. W. J., Engle, R. F., 1993. A long memory property of stock market returns and a new model. J. Empir. Finance 1 (1), 83-106.

Engle, R., 1982. Autoregressive conditional heteroskedasticity with estimates of the variance of U. K. inflation. Econometrica 50, 987-1008.

Engle, R., 2002. New frontiers in ARCH models. J. Appl. Econom. 17, 425-446.

Engle, R., Lee, G., 1999. A permanent and transitory component model of stock return volatility. In: Engle, R., White, H. (Eds.), Cointegration, Causality, and Forecasting: A Festschrift in Honor of Clive W. J. Granger, Oxford University Press, New York, NY, pp. 475-497.

Engle, R., Patton, A., 2001. What good is a volatility model? Quant. Finance 1, 237-245.

Engle, R., Rangel, J., 2008. The spline-GARCH model for low-frequency volatility and its global macroeconomic causes. Rev. Financ. Stud. 21, 1187-1222.

Francq, C., Zakoian, J.-M., 2009. A tour in the asymptotic theory of GARCH estimation. In: Andersen, T. G., Davis, R. A., Kreib, J.-P., Mikosch, Th. (Eds.), Handbook of Financial Time Series, Heidelberg, Germany, pp. 85-112.

Forsberg, L., Ghysels, E., 2007. Why do absolute returns predict volatility so well? J. Financ. Econom. 5, 31-67.

Glosten, L., Jagannathan, R., Runkle, D., 1993. On the relation between the expected value and the volatility of the nominal excess return on stocks. J. Finance 48, 1779-1801.

Granger, C. W. J., Newbold, P., 1986. Forecasting Economic Time Series, second ed. Academic Press, New York.

Hansen, P., Lunde, A., 2005. A forecast comparison of volatility models: Does anything beat a GARCH (1, 1)? J. Appl. Econom. 20, 873-889.

Hentschel, L., 1995. All in the family: Nesting symmetric and asymmetric GARCH models. J. Financ. Econ. 39, 71-104.

Morgan, J. P., 1996. RiskMetrics-Technical Document, fourth ed. J. P. Morgan/Reuters, New York, NY.

Nelson, D., 1990. Conditional heteroskedasticity in asset pricing: A new approach. Econometrica 59, 347-370.

Patton, A., 2011. Volatility forecast comparison using imperfect volatility proxies. J. Econom. 160, 246-256.

Patton, A., Sheppard, K., 2009. Evaluating volatility and correlation forecasts. In: Andersen, T. G., Davis, R. A., Kreiss, J.-P., Mikosch, T. (Eds.), Handbook of Financial Time Series. Springer Verlag, Berlin.

Poon, S., Granger, C., 2005. Practical issues in forecasting volatility. Financ. Analyst. J. 61, 45-56.

Taylor, S., 1994. Modelling stochastic volatility: A review and comparative study. Math. Finance 4, 183-204.

Zivot, E., 2009. Practical issues in the analysis of univariate GARCH models. In: Andersen, T. G., Davis, R. A., Kreib, J.-P., Mikosch, Th. (Eds.), Handbook of Financial Time Series, Springer Verlag, Berlin, pp. 113-156.

练习

打开网站上第 4 章的数据文件 Chapter4Data. xlsx。

这一章和下一章的很多练习都依赖于极大似然估计（MLE）。回答这些问题最一般的方法是使用参数的最初值来估计每个观察值的对数似然值，然后计算这些对数似然值的总和。当使用 Excel 时，通过改变相应的参数值，Solver 工具能够最大化对数概率的总和。Solver 通过 Windows Office 菜单选择 Excel 选项和插件才能使用。在使用 Solver 时，使用自动缩放和假设非负功能来选择选项。设置精度、公差和收敛到 0.000 000 1。

1. 使用极大似然估计（MLE）对 S&P500 日对数收益指数估计简单的 GARCH(1, 1) 模型。首先估计

$$\sigma_{t+1}^2=\omega+\alpha R_t^2+\beta\sigma_t^2$$

其中，

$$R_t=\sigma_t z_t$$

以及

$$z_t \sim N(0,1)$$

第一个观察的方差等于非条件方差，$Var(R_t)$。设参数初始值 $\alpha=0.1$，$\beta=0.85$，$\omega=Var(R_t)(1-\alpha-\beta)=0.01^2\times 0.05=0.000\,005$。通过目标方差重新估计方程；也就是设 $\omega=Var(R_t)(1-\alpha-\beta)$，使用 Solver 找到 α，β。比较估计参数和持续性与第 1 章中的方差模型的区别。

2. 在方差函数中包含杠杆效应。估计

$$\sigma_{t+1}^2=\omega+\alpha(R_t-\theta\sigma_t)^2+\beta\sigma_t^2$$

其中，

$$R_t=\sigma_t z_t,\ z_t \sim N(0,1)$$

设初始值 $\alpha=0.07$，$\beta=0.85$，$\omega=0.000\,005$，$\theta=0.5$。那么杠杆的参数的符号是什么呢？解释杠杆效应是如何在这个模型中体现的。绘制滞后 1 到 100 的 R_t^2 和 R_t^2/σ_t^2 的自相关系数，然后比较两者。将你所得的结果和图 4.5 比较。使用 LR 测试来评估杠杆效应参数 θ 的显著性。

3. 将芝加哥交易期权板块的 VIX 序列的波动性作为 GARCH 模型的解释变量。使用 MLE 估计

$$\sigma_{t+1}^2 = \omega + \alpha(R_t - \theta\sigma_t)^2 + \beta\sigma_t^2 + \gamma VIX_t^2/252，其中 R_t = \sigma_t z_t, z_t \sim N(0,1)$$

4. 估计成分 GARCH 模型，定义如下：

$$\sigma_{t+1}^2 = v_{t+1} + \alpha_\sigma(R_t^2 - v_t) + \beta_\sigma(\sigma_t^2 - v_t)$$

$$v_{t+1} = \sigma^2 + \alpha_v(R_t^2 - \sigma_t^2) + \beta_v(v_t - \sigma^2)$$

这些练习的答案可以在所对应的网站的 Chapter4Results. xlsx 这个文件夹中找到。

更多信息可以参考相应的网站：

http：//www. elsevierdirect. com/companions/9780123744487

第 5 章　基于日内数据的波动性模型

1　本章概要

本章的目的在于使用日内数据来计算日波动性。首先考虑使用每日观察的长样本来估计收益均值。

$$\hat{\mu}=\frac{1}{T}\sum_{t=0}^{T}(\ln(S_t)-\ln(S_{t-1}))=\frac{1}{T}(\ln(S_T)-\ln(S_0))$$

注意到当估计收益时，只有第一个和最后一个观察值是重要的：所有的中间项都抵消了，因此它们的值对于估计均值就没有影响了。这个结果反过来暗示，在估计均值时，长时间跨度是必要的：日、周和月数据并不重要。开始和结束点 S_0、S_T，对于收益样本的频率同样是无关的。这对于一个精确的收益均值估计是非常不利的。唯一的办法就是延长时间。

现在考虑样本日收益的估计方差。我们有

$$\hat{\sigma}^2=\frac{1}{T}\sum_{t=0}^{T}(\ln(S_t)-\ln(S_{t-1})-\hat{\mu})^2$$

注意到样本均值和样本方差估计之间的关键不同是：在方差估计中，中间项价格没有抵消。所有的收益观察值都是重要的，因为它们在求和平均之前需要平方。

现在想象我们在每个小时而不是每天记录价格的观测值，假设资产市场（例如外汇汇率）是 24 小时开放的。现在我们有 $24\times T$ 的观测值来估计 σ_t^2，那么我们将会有一个比使用 T 个日收益更加精确的估计。

在风险管理中，对于这个高频率样本的显著应用就像我们使用 21 个日价格来估计月波动性，同样地，我们也可以用一天中每小时观测值来估计日波动性。如果我们有每分钟的观测值，那么我们就可以计算更加精确的日波动性，事实上，我们可以把日波动性作为一个观测变量。

本章将仔细研究使用日内价格来计算日波动性和预测未来波动性。我们首先介绍已实现方差（RV）的关键概念和 RV 的四个典型案例。然后我们研究预测 RV 和估计 RV 的方法。我们简单地了解一下处理大型的和复杂的日收益数据集合所面临的几个挑战。在本章的最后，我们将研究基于测距的日波动代理变量，并使用 RV 和基于测距的波动性来进行波动性预测评估。基于测距的波动性要比 RV 更加容易构建，但是在流动性很高的市场上，RV 将会变得更加精确。

2 已实现方差：四个基本案例

为了简化起见，我们监测一个每天 24 小时的交易资产，其流动性极其好，所以买卖价差实际上为零，新信息能在价格上立刻反映。很多实际情况将在之后讨论。在一个流动性极好的市场，每秒我们都能观察到价格的变化，我们轻松地构建一个时间网格，例如，每分钟的价格，从中我们能够计算每分钟的对数收益。

设 m 为每天的资产观察值的数量。如果我们是 24 小时交易以及每分钟观察一次，那么 $m=60\times24=1\ 440$。设第 j 个观察值在 $t+1$ 天被计为 $S_{t+j/m}$。那么 $t+1$ 天的收盘价格 $S_{t+m/m}=S_{t+1}$，在第 j 个 1 分钟收益就为

$$R_{t+j/m}=\ln(S_{t+j/m})-\ln(S_{t+(j-1)/m})$$

在一天中，有 m 个可以使用的观察值，我们可以从当天平方收益简单地计算日方差的估计值为

$$RV_{t+1}^{m}=\sum_{j=1}^{m}R_{t+j/m}^{2}$$

这就是 RV 的定义。不像前面章节中，我们从日收益中计算样本方差，在这里我们对于平方收益和不除以 m。如果这样做了，我们真的能够得到每分钟的方差。忽略 m 将使我们得到一个 24 小时的总方差。由式中可见，我们没有减去一分钟收益均值。由于一分钟收益均值是如此之小，以至于它不能影响方差的估计。

图 5.1 中的上图表示从当天平方收益中计算的每日已实现的 S&P500 方差的时间序列。下图为 S&P500 日收盘平方收益。在下图中的平方收益和上图中的已实现方差的比较是十分复杂的。图 5.1 解释了 RV 的第一个典型事实：RV 作为日方差比日方差收益要更加精确。

图 5.2 的上图表示的是来自图 5.1 的 S&P500RV 系列的自相关函数（ACF）。下图表示的是用与第 4 章一样的日平方收益计算得到的相应的 ACF。上图更明显地显示了方差的持续性。图 5.2 表明了 RV 的第二个典型事实：RV 是高度一致的，这表明只要使用当天收益信息，波动性就可以预测到几个月之后。

图 5.3 的上图表示图 5.1 中 RV 的直方图。图 5.3 的下图表示的是 RV 的对数形式的柱状图。图 5.3 显示 RV 的对数形式十分接近于正态分布，尽管 RV 的水平是极度偏斜的，并且右边的尾部很长。

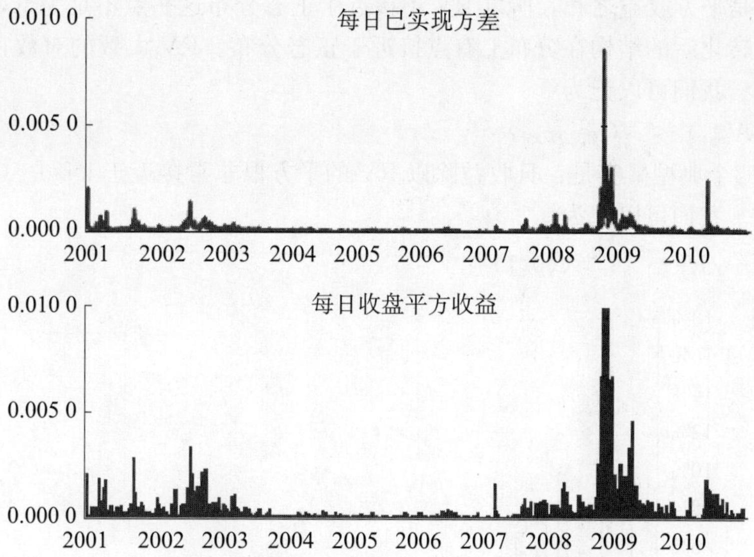

图 5.1　S&P500 的已实现方差（上图）和平方收益（下图）

注：我们使用日已实现方差（上图）和日收盘平方收益（下图）作为在 S&P500 指数中对于日方差的替代。

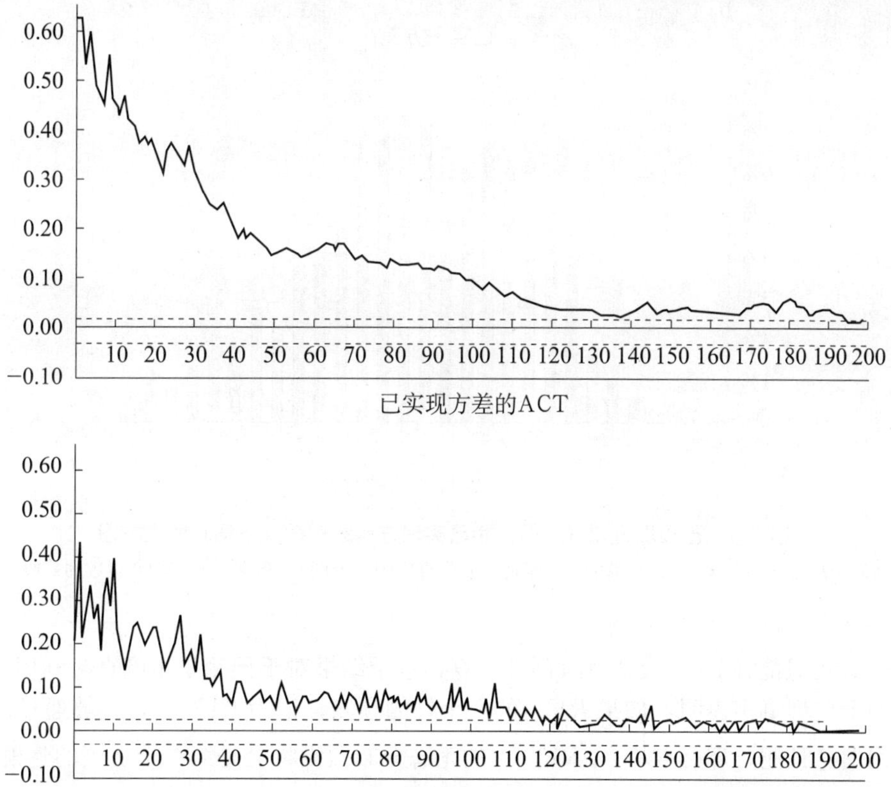

图 5.2　巴特利特置信区间（虚线）中已实现方差的自相关性（上图）和平方收益的自相关性（下图）

注：我们使用平均 RV 方差计算的日已实现方差的自相关性（上图），和使用 S&P500 指数来计算的日收盘平方收益（下图）。

基于 RV 是平方收益之和，所以 RV 不接近于正态分布这一点不足为奇，但令人感兴趣的是，对数转化后的结构在分布上有点接近于正态分布。RV 大致的对数正态特性是第三个典型事实。我们可以记为

$$\ln(RV_{t+1}^{m}) \sim N(\mu_{RV}, \sigma_{RV}^{2})$$

RV 的第四个典型事实是：日收益除以 RV 的平方根非常接近于 i. i. d.（独立同分布）标准正态分布。我们可以记为

$$R_{t+1}/\sqrt{RV_{t+1}^{m}} \overset{i.i.d.}{\sim} N(0,1)$$

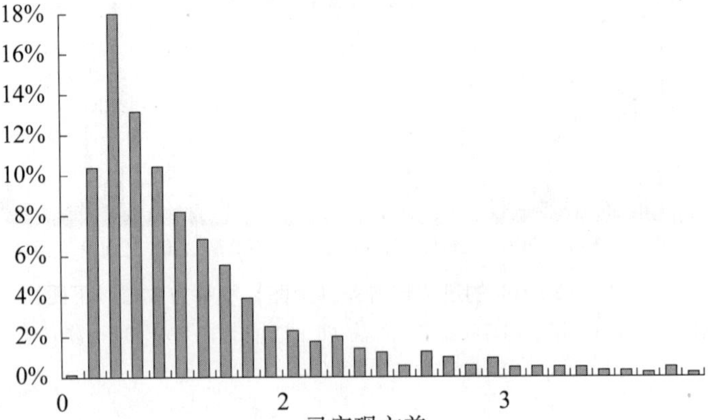

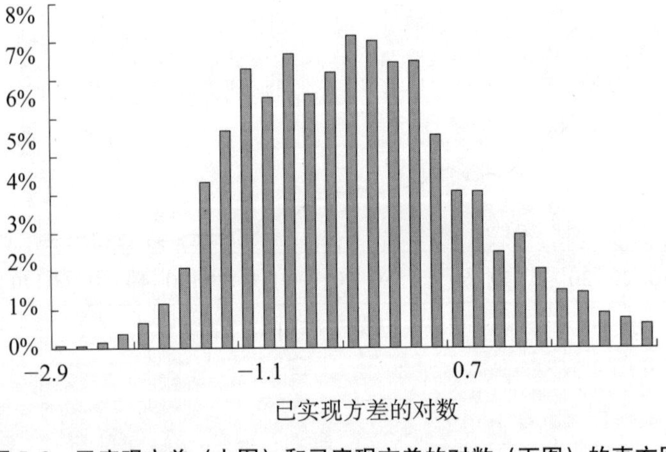

图 5.3　已实现方差（上图）和已实现方差的对数（下图）的直方图

注：我们绘制通过平均 RV 方差计算的日已实现方差的直方图（上图），和来自 S&P500 指数的日收盘平方收益（下图）。

由于 R_{t+1}^{m} 只能在 $t+1$ 天结束时刻被计算，这个结果对于预测是不能直接利用的。

第四个典型事实表明，如果 RV_{t+1}^{m} 的一个好的预测，记为 $RV_{t+1|t}^{m}$，能够通过使用 t 时刻的可用信息预测，那么 $R_{t+1}/\sqrt{RV_{t+1|t}^{m}}$ 的正态分布假设将会是第一个适当的建模策略。

$$R_{t+1}/\sqrt{RV_{t+1|t}^{m}} \overset{i.i.d.}{\sim} N(0,1)$$

现在我们用 RV 预测来标准化收益，根据构建，这是提前知道的。在本章，我们将会依赖于假设通过 RV 预测来标准化的收益分布是正态的。在下一章中，我们将会允许更多分布。

构建 RV_{t+1}^{m} 的预测是我们目前在做的一个主题。在这么做的时候，我们需要牢记 RV

的四个典型事实：

⊙ RV 作为一个指标，更接近于日方差，而非日平方收益。

⊙ 对于很多滞后数，RV 都有一个较大的正相关数。

⊙ RV 的对数接近于正态分布。

⊙ 日收益除以 RV 的平方根接近于 i. i. d. 标准正态。

3 预测已实现方差

已实现方差是非常一致的，所以目前主要的任务就是考虑一种预测模型，其现值 RV 影响未来 RV。

3.1 已实现方差的简单的 ARMA 模型

在第 3 章中，我们介绍了 AR(1) 模型作为一种简单的方法，保证了时间序列的一致性。如果我们把估计 RV_t^m 当作一个观测时间序列，那么我们能够假设 AR(1) 预测模型：

$$RV_{t+1}^m = \phi_0 + \phi_1 RV_t^m + \varepsilon_{t+1}$$

其中，ε_{t+1}假设随着时间的推移是不相关的，并且均值为零。参数 ϕ_0、ϕ_1 能够简单地通过 OLS 来估计。RV 的一天跨度的预测模型构建如下：

$$RV_{t+1|t}^m = \phi_0 + \phi_1 RV_t^m$$

我们刚刚举了 AR(1) 模型的例子。当然，AR(2) 或者更高阶的 AR 模型也同样可以被使用。

基于我们在图 5.3 中所观察到的，RV 的对数接近于正态分布，所以我们通过对数 RV 建模更有效。因此，我们假设

$$\ln(RV_{t+1}^m) = \phi_0 + \phi_1 \ln(RV_t^m) + \varepsilon_{t+1}，其中，\varepsilon_{t+1} \overset{i.i.d.}{\sim} N(0,\sigma_\varepsilon^2)$$

$\ln(RV_t^m)$的正态特性使得对 ϕ_0、ϕ_1 进行 OLS 估计要比 AR(1) 模型中对于 RV_{t+1}^m 的好，AR(1) 误差 ε_{t+1}可能有胖尾现象，可能反过来产生参数估计噪声。

因为我们是从当日平方收益来估计的，RV_{t+1}^m序列并不是一个真正观察到的时间序列，但它可以被认为是含有测量误差的观察 RV。如果真实 RV 是 AR(1)，但是我们观察到的真实 RV 是含有 i. i. d. 估计误差的，那么 ARMA(1，1) 模型可能能为观察 RV 提供一个很好的拟合。我们可以写为

$$\ln(RV_{t+1}^m) = \phi_0 + \phi_1 \ln(RV_t^m) + \theta_1 \varepsilon_t + \varepsilon_{t+1}，其中，\varepsilon_{t+1} \overset{i.i.d.}{\sim} N(0,\sigma_\varepsilon^2)$$

上式是由于 MA 项必须使用极大似然技术来估计。

上式中这些简单模型都是对数形式，这对于风险管理者而言，表明我们最终感兴趣的是对于方差的预测。由于指数函数不是线性的，在对数 RV 模型中，我们有

$$RV_{t+1|t}^m = E_t[RV_{t+1}] = E_t[\exp(\ln(RV_{t+1}^m))] \neq \exp(E_t[\ln(RV_{t+1}^m)])$$

因此，在计算方差预测时，我们不得不非常小心。

根据误差的正态假设，我们可以使用以下结果：

$$\varepsilon_{t+1} \sim N(0,\sigma_\varepsilon^2) \Rightarrow E[\exp(\varepsilon_{t+1})] = \exp(\sigma_\varepsilon^2/2)$$

在 AR(1) 模型中，对于明天的预测为

$$RV_{t+1|t}^{m} = E_t[\exp(\phi_0 + \phi_1 \ln RV_t^m + \varepsilon_{t+1})]$$
$$= \exp(\phi_0 + \phi_1 \ln RV_t^m) E_t[\exp(\varepsilon_{t+1})]$$
$$= (RV_t^m)^{\phi_1} \exp(\phi_0 + \sigma_\varepsilon^2/2)$$

对于 ARMA(1，1) 模型，我们有

$$RV_{t+1|t}^{m} = E_t[\exp(\phi_0 + \phi_1 \ln RV_t^m + \theta_1\varepsilon_t + \varepsilon_{t+1})]$$
$$= \exp(\phi_0 + \phi_1 \ln RV_t^m + \theta_1\varepsilon_t) E_t[\exp(\varepsilon_{t+1})]$$
$$= (RV_t^m)^{\phi_1} \exp(\phi_0 + \theta_1\varepsilon_t + \sigma_\varepsilon^2/2)$$

更加复杂的模型，例如长程记忆 ARMA 模型，可以被用于建模已实现方差。这些模型可能产生比短程记忆 ARMA 模型更好的长跨度方差预测。我们接下来考虑异质 AR 模型，作为构建具有更好持续性的方差预测模型的一个简单但是有效的方法。

3.2 异质自回归性 (HAR)

问题是，我们是否可以使用少参数并且简单地（使用 OLS）构建已实现方差的长程记忆特性？我们现在考虑的混合频率或者异质自回归模型（HAR）为这个问题提供了一个确定的回答。从 1 天 RV 来定义 h 天 RV，如下所示：

$$RV_{t-h+1,t} = [RV_{t-h+1} + RV_{t-h+2} + \cdots + RV_t]/h$$

其中，除以 h 使得$RV_{t-h+1,t}$作为一个从 $t-h+1$ 天开始到 t 天结束的平均总方差。

由于经济活动是以天、周或月来组织的，很自然地可以考虑使用以简单平均值来定义的日、周或月 RV 来预测明天的 RV：

$$RV_{D,t} \equiv RV_t$$
$$RV_{W,t} \equiv RV_{t-4,t} = [RV_{t-4} + RV_{t-3} + RV_{t-2} + RV_{t-1} + RV_t]/5$$
$$RV_{M,t} \equiv RV_{t-20,t} = [RV_{t-20} + RV_{t-19} + \cdots + RV_t]/21$$

其中我们假设一周中只有 5 天的交易日，每月中有 21 天的交易日。最简单的方法就是通过回归来预测 RV 和这些变量：

$$RV_{t+1} = \phi_0 + \phi_D RV_{D,t} + \phi_W RV_{W,t} + \phi_M RV_{M,t} + \varepsilon_{t+1}$$

上式定义了 HAR 模型。注意到 HAR 可以通过 OLS 来估计，因为所有的变量都是可观测的，而且参数对于模型来说是线性的。

因为在这个模型中 21 天的滞后日 RV 是很关键的，所以 HAR 能够体现类似长程记忆的动态性。模型的参数相对较少，由于 21 个滞后日 RV 没有 21 个不相同的自回归系数：对于每天的 RV 系数限于 $\phi_D + \phi_W/5 + \phi_M/21$，对于过去 4 天的 RV 为 $\phi_W/5 + \phi_M/21$，对于从$t-20$ 天到 $t-5$ 天的 RV 为 $\phi_M/21$。

基于 RV 的对数正态特性，我们也可以考虑对数化的 RV 的 HAR 模型：

$$\ln(RV_{t+1}) = \phi_0 + \phi_D \ln(RV_{D,t}) + \phi_W \ln(RV_{W,t})$$
$$+ \phi_M \ln(RV_{M,t}) + \varepsilon_{t+1}，其中，\varepsilon_{t+1} \overset{i.i.d.}{\sim} N(0, \sigma_\varepsilon^2)$$

这个对数形式的优点是，当使用 OLS 时，参数能够被更加精确地估计。记住，预测没有做对数转换，因此

$$RV_{t+1|t}^{m} = \exp(\phi_0 + \phi_D \ln(RV_{D,t}) + \phi_W \ln(RV_{W,t}) + \phi_M \ln(RV_{M,t}))\exp(\sigma_\varepsilon^2/2)$$
$$= (RV_t)^{\phi_D} (RV_{W,t})^{\phi_W} (RV_{M,t})^{\phi_M} \exp(\phi_0 + \sigma_\varepsilon^2/2)$$

上式中 HAR 方法产生了更长跨度的预测。例如，我们想要预测接下来 K 天的 RV，那么我们能够估计模型

$$\ln(RV_{t+1,t+K}) = \phi_{0,K} + \phi_{D,K}\ln(RV_{D,t}) + \phi_{W,K}\ln(RV_{W,t}) + \phi_{M,K}\ln(RV_{M,t}) + \varepsilon_{t+1,t+K}$$

其中，

$$RV_{t+1,t+K} = [RV_{t+1} + RV_{t+2} + \cdots + RV_{t+K}]/K$$

其中在 HAR 模型的右侧，我们仍然依赖于日、周或月 RV。图 5.4 表示的是使用三个不同对数 HAR 模型对应于各个利率跨度来预测 1 天、5 天、10 天波动性。

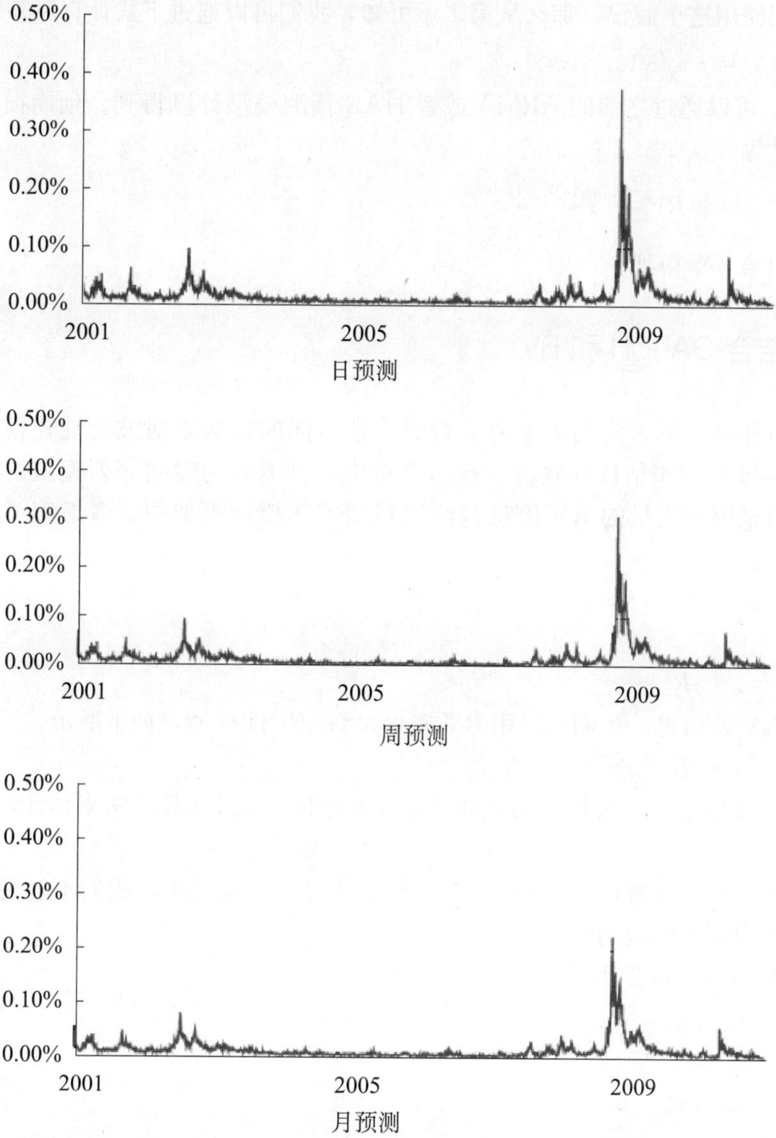

图 5.4　使用 HAR 对数模型，预测日（上图）、周（中图）、月（下图）S&P500 波动性

注：我们使用 HAR 对数模型来预测下一个日、周或月的 S&P 500 指数的方差。

在第 4 章中，我们看到了在 GARCH 模型中包含杠杆效应的重要性，该 GARCH 模型拥有较大的正收益而不是大的负收益的波动性。HAR 模型仅仅通过把收益包含于右侧

式子中来体现该杠杆效果。在日对数 HAR 中，我们可以得到

$$\ln(RV_{t+1}) = \phi_0 + \phi_D \ln(RV_{D,t}) + \phi_W \ln(RV_{W,t}) + \phi_M \ln(RV_{M,t}) + \phi_R R_t + \varepsilon_{t+1}$$

上式可以简单地通过 OLS 来估计，因为模型是以对数的形式呈现的，我们不需要担心预测的方差为负数：

$$RV_{t+1|t} = E_t[\exp(\ln(RV_{t+1}^m))]$$

上式会始终是一个正数。

RV 的典型事实表明，我们可以假设如下：

$$R_{t+1} / \sqrt{RV_{t+1|t}^m} \overset{i.i.d.}{\sim} N(0,1)$$

如果我们使用这个假设，那么从第 1 章可知，我们可以通过下式计算风险值：

$$VaR_{t+1}^p = -\sqrt{RV_{t+1|t}^m}\Phi_p^{-1}$$

其中，$RV_{t+1|t}^m$ 可以通过之前的 ARMA 或者 HAR 预测模型计算得到。预期损失可以简单地通过下式计算：

$$ES_{t+1}^p = \sqrt{RV_{t+1|t}^m}\frac{\phi(\Phi_p^{-1})}{p}$$

该式可由第 2 章得到。

3.3 结合 GARCH 和 RV

在第 4 章和第 5 章，我们考虑两个看似非常不同的方法来对波动性建模：在第 4 章中，用 GARCH 模型来估计日收益，在第 5 章中，日 RV 的时间序列模型由日内收益构建。我们可以试图将大量的 RV 信息包含到 GARCH 模型框架中。考虑第 4 章中基础的 GARCH 模型：

$$R_{t+1} = \sigma_{t+1} z_{t+1}$$

其中，

$$\sigma_{t+1}^2 = \omega + \alpha R_t^2 + \beta \sigma_t^2$$

给定日 RV 的信息，我们可以用 RV 来扩大 GARCH 模型，如下所示：

$$\sigma_{t+1}^2 = \omega + \alpha R_t^2 + \beta \sigma_t^2 + \gamma RV_t^m$$

这个所谓的 GARCH-X 模型可以通过第 4 章中的一元 MLE 方法来估计，其中 RV 为解释变量。

GARCH-X 方法的缺点是：RV 的模型不是特定的。这意味着我们不能使用模型来预测大于一天时间跨度的波动性。

更一般的 GARCH 模型被定义如下：

$$R_{t+1} = \sigma_{t+1} z_{t+1}$$

其中，

$$\sigma_{t+1}^2 = \omega + \alpha R_t^2 + \beta \sigma_t^2 + \gamma RV_t^m$$

和

$$RV_t^m = \omega_{RV} + \beta_{RV} \sigma_t^2 + \varepsilon_t$$

ε_t 为 RV 的新变量。当我们假设 ε_t 和 R_t 有联合正态分布时，该模型能够通过 MLE 估计。已实现 GARCH 模型也能够被扩大，使之包含杠杆效应。在已实现 GARCH 模型中，*Var* 和 *ES* 能够简单地写为

$$VaR_{t+1}^{p} = -\sigma_{t+1}\Phi_p^{-1}$$

和

$$ES_{t+1}^{p} = \sigma_{t+1}\frac{\phi(\Phi_p^{-1})}{p}$$

正如在常规的 GARCH 模型中一样。

4 已实现方差的构建

到目前为止我们假设高流动性的 1 分钟价格是可得到的，那么相应的 1 分钟对数收益包含了资产价格对数收益的真实信息。但是一旦考虑资产价格中非流动性的各种形式时，我们很清晰地了解到对于从日内收益构建 RV 变得更加复杂。在这一节，我们在市场流动性假设下，将会侧重于从日内收益构建无偏的日 RV。

4.1 全 RV 估计量

在理想但是非现实的情况下，即极度高的流动性下，我们在一天中有 $m=24\times60$ 个观测值，我们可以从当天平方收益中计算日方差的估计，为

$$RV_{t+1}^{m} = \sum_{j=1}^{m} R_{t+j/m}^{2} = \sum_{j=1}^{m}(\ln(S_{t+j/m}) - \ln(S_{t+(j-1)/m}))^2$$

该估计有时被认为是全 RV 估计量，因为它使用所有的 1 分钟价格。

图 5.5 使用模拟数据解释在估计资产价格波动性时，由非流动性引起的问题。我们假设基础（但是非观察到的）资产价格 S^{Fund} 遵循常数方差的简单随机游走过程：

$$\ln S_{t+j/m}^{Fund} = \ln S_{t+(j-1)/m}^{Fund} + e_{t+j/m}，其中，e_{t+j/m} \overset{i.i.d.}{\sim} N(0, \sigma_e^2)$$

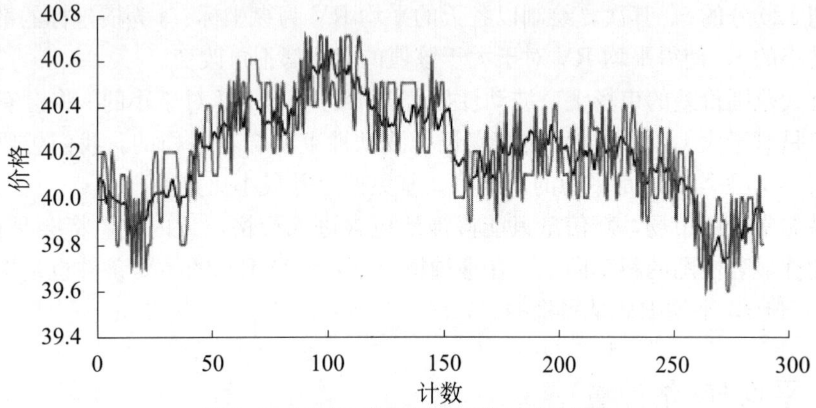

图 5.5 基础价格和基于买卖反弹的报价

注：我们模拟基于对数资产价格的随机游走（黑线）和根据反弹价差来增加噪声从而得到的观察价格（灰线）。

在图 5.5 中 $\sigma_e=0.001$。观察价格在由做市商制定的买卖价报价之间随机波动。我们观察

$$S_{t+j/m}^{Obs} = B_{t+j/m}I_{t+j/m} + A_{t+j/m}(1 - I_{t+j/m})$$

其中，$B_{t+j/m}$是买入价，我们把它改为基础价格之下最接近的＄1/10，$A_{t+j/m}$为卖出价，是基础价格之上大约＄1/10。$I_{t+j/m}$是一个独立同分布随机变量，其值 1/2 的概率为 0，1/2 的概率为 1。因此，$I_{t+j/m}$为一个指示变量，表示观察价格是买入价还是卖出价。

问题在于，我们观察到 $S^{Obs}_{t+j/m}$，但是想要估计 σ^2，它是非观察 $S^{Fund}_{t+j/m}$的方差。图 5.5 表示的是相比于平滑基础但是非观测的价格，观察当日价格有很大的噪声。价差在基础价格之上增加了一层噪声。如果我们从高频 $S^{Obs}_{t+j/m}$ 计算 RV^m_{t+1}，那么我们将会得到 σ^2 的估计，该估计由于包含估计价差的波动性，因此要高于真实价格。

4.2 稀疏 RV 估计量

在图 5.5 中表示的处理该问题最简单的方法是构建一系列的当天价格以及收益，其频率要低于之前所假设的 1 分钟。我们可以使用 s 分钟（$s>1$）的频率，那么我们的新 RV 估计可以为

$$RV^s_{t+1}=\sum_{j=1}^{m/s}R^2_{t+js/m}$$

这有时被记为稀疏 RV 估计量，对应于之前的全 RV 估计量。

当然，最重要的问题是如何选择 s？s 应该是 5 分钟、10 分钟、30 分钟或者一个更加低的频率？s 越大，我们得到含有偏差的波动性预测的可能性就越小，但是 s 越大，我们所能够使用的数据就越少，所以我们的估计所含的噪声就越多。我们面临着一个典型的方差偏差的取舍。

s 的选取很明显是依赖于特殊资产的。对于流动性很高的资产，我们应该使用接近于 1 的 s，对于非流通性资产，s 应该更大。如果当使用高样本频率时，流动性效应在估计 RV 中，把自身作为一个偏量，那么该偏量在样本频率低时也就是 s 增加时将会消失。

所谓的波动性显著性图对于 s 的选择提供了一个便利的图像工具：首先，计算 RV^s_{t+1} 的值从 1 到 120 分的 s。其次，绘制以各天的平均 RV 为纵坐标、s 为横坐标的散点图。最后，寻找最小的 s，使得平均 RV 对于大于该值的 RV 都不再改变。

在具有大范围价差的市场上，波动性显著图中的平均 RV 对于小的 s 将会有向下倾斜的斜率，但是对于大 s，平均 RV 在真实长程波动性上将会是平稳的。我们想要选择最小的 s，对于该 s，平均 RV 是平稳的。这将会避免偏差并最小化方差。

在交易非常少的市场，新信息只能慢慢地包含进入价格，日内收益将会是正自相关，这使得波动性显著性图的斜率向上。在这种情况下，计算 RV 的主要条件也是选择一个最小的 s。对于该 s，平均 RV 是平稳的。

4.3 平均 RV 估计量

选择一个低频的日内价格，可以解决由于非流动性而引起的偏差问题，但是这也增加了 RV 估计的噪声。当使用稀疏样本时，我们最终还是略去了一些似乎是无用的信息。结果，让人惊讶的是，似乎有一种很简单的方法来减低稀疏 RV 估计量的噪声，并且不增加偏差。

我们在稀疏 RV 中使用波动性显著图选择 $s=15$，所以我们使用间隔为 15 分钟的价格

值和平方收益来计算 RV。注意到，如果我们有初始的间隔为 1 分钟的价格值（低流动性的价格），那么事实上我们可以计算 15 个不同的稀疏 RV 估计。第一个稀疏 RV 将会使用间隔为 15 分钟的价格，以间隔为 15 分钟的收益在子夜开始，把它记为 $RV_{t+1}^{s,1}$，第二个也会使用间隔为 15 分钟的序列，但是其将在子夜过后一分钟开始，把它记为 $RV_{t+1}^{s,2}$，如此直至第 15 个稀疏 RV，该值为使用间隔为 15 分钟的价格，以子夜过后 14 分钟开始，把它记为 $RV_{t+1}^{s,15}$。因此，我们使用完全的间隔为 1 分钟的价格来计算 15 个稀疏 RV，以 15 分钟为频率。

我们现在使用了所有间隔为 1 分钟的价格信息，但是我们使用它来计算 15 个不同的 RV 估计，每个都是基于间隔为 15 分钟的收益，没有一个会被非流动性偏差所影响。但是简单地平均这 15 个稀疏 RV，我们能够得到所谓的平均 RV 估计量。

$$RV_{t+1}^{Avr}=\frac{1}{s}\sum_{i=1}^{s}RV_{t+1}^{s,i}$$

在仿真研究和实际中，该平均 RV 估计量非常有效。在图 5.1 中绘制的就是使用平均 RV 估计量来计算的 RV。

4.4 含自协方差调整的 RV 估计量

不使用稀疏样本来避免 RV 偏差，我们可以尝试建模，然后调整导致波动性偏差的日内收益的自相关。

假设基础对数价格可以通过一个独立同分布的误差项 μ 来观察，该误差项是由非流动性所引起的，则有

$$\ln(S_{t+j/m}^{Obs})=\ln(S_{t+j/m}^{Fund})+u_{t+j/m}\text{，其中，}u_{t+j/m}\overset{i.i.d.}{\sim}N(0,\sigma_u^2)$$

在这一情况下，观察到的对数收益将会和真实基础收益加上一个 MA(1) 误差项一样：

$$\begin{aligned}R_{t+j/m}^{Obs}&=\ln(S_{t+j/m}^{Obs})-\ln(S_{t+(j-1)/m}^{Obs})\\&=\ln(S_{t+j/m}^{Fund})+u_{t+j/m}-(\ln(S_{t+(j-1)}^{Fund}/m)+u_{t+(j-1)/m})\\&=R_{t+j/m}^{Fund}+u_{t+j/m}-u_{t+(j-1)/m}\end{aligned}$$

由于 MA(1) 估计误差，我们的简单平方收益全 RV 估计将会是有偏差的。

在这种情况下，全 RV 被定义为

$$RV_{t+1}^{m}=\sum_{i=1}^{m}(R_{t+j/m}^{Obs})^2=\sum_{i=1}^{m}(R_{t+j/m}^{Fund}+u_{t+j/m}-u_{t+(j-1)/m})^2$$

因为测量误差 μ 有正方差，所以 RV_{t+1}^{m} 估计在这种情况下将会向上偏差。

如果我们非常确信，测量误差是 MA(1) 形式，那么我们可得（见第 3 章），只有一阶自方差是非零的，因此我们可以简单地修正 RV 估计，如下所示：

$$RV_{t+1}^{AR(1)}=\sum_{j=1}^{m}(R_{t+j/m}^{Obs})^2+\sum_{j=2}^{m}R_{t+j/m}^{Obs}R_{t+(j-1)/m}^{Obs}+\sum_{j=1}^{m-1}R_{t+j/m}^{Obs}R_{t+(j+1)/m}^{Obs}$$

其中我们由邻近的日内收益增加了乘积项。由于观察到的日内收益价差而导致的 $RV_{t+1}^{AB(1)}$ 中最后两项为负值，我们因此得到

$$RV_{t+1}^{AR(1)}<RV_{t+1}^{m}=\sum_{j=1}^{m}(R_{t+j/m}^{Obs})^2$$

通过缓慢改变价格而引起的正自相关，也将会至少部分体现一阶自相关。在这种情况下，这是有利的，我们将会得到

$$RV_{t+1}^{AR(1)} > RV_{t+1}^{m}$$

对于更加复杂的日内收益的自相关形式，已经构建了更多的一般估计来纠正。有关参考文献将会在本章最后给出。

5 数据问题

目前，我们已经假设了在24小时的市场中，以1分钟为频率的价格值是可得到的。但是在实际中，由此引出了几个问题。首先，价格和报价在时间上是随机的，并且不是均匀间隔地按时间分布。第二，市场通常不是24小时开市的。第三，日内数据集合是大而杂的，因此包含价格和报价误差，该误差必须在估计波动性之前被移除。我们接下来将会一一处理这三个问题。

5.1 对于日内价格非均匀的处理

在之前的讨论中，我们已假设间隔为1分钟的日内价格是可得到的。在实际中，交易价格或者报价随时间是随机的，均匀的价格序列必须从最初时刻构建。

以下两种方法是经常使用的。

第一种，也是最简单的方法，是将间隔点之前的最后时刻作为该点价格的观察时刻。在这种方法中，在一个区间中，最后的观察时刻的价格很有效地即时移动到了下一个点。尤其是假设在 $t+1$ 天，我们有 N 个观测时刻价格，但是这些观察的价格是在不规则时间序列中，$t(0)$，$t(1)$，…，$t(N)$。现在考虑在 $t+1$ 天，m 个均匀时间间隔中的第 j 个点，我们把它叫做 $t+j/m$。点 $t+j/m$ 将会落在随机时刻分布的两个邻近的点之间，即 $t(i)<t+j/m<t(i+1)$，在这种情况下，我们选择 $t+j/m$ 价格为

$$S_{t+j/m} = S_{t(i)}$$

第二种，略微复杂的方法是在 $S_{t(i)}$，$S_{t(i+1)}$ 之间使用线性插值法，那么我们就有

$$S_{t+j/m} = S_{t(i)} + \frac{(t+j/m)-t(i)}{t(i+1)-t(i)}[S_{t(i+1)} - S_{t(i)}],\ t(i) < t+j/m < t(i+1)$$

尽管线性插值法在一定程度上有限制特性：隐含在线性插值中的平滑性使得RV的估计在有限范围内接近于零。因此，使用距每个均匀时刻中最近的时刻就成为标准做法。

5.2 选择完全均匀间隔价格的频率

我们仍然需要选择间隔的频率。我们使用1分钟作为一个例子，但是这个数字很明显也是依赖于资产的。如果资产平均每天有 $N=2\ 000$ 个新报价，那么它相对于每天只有 $N=50$ 个新报价的资产来说，有更好的时间间隔。

在一个细密的时间间隔中，我们本该在一个区间中至少有一个报价。因此我们必有 $m<N$。但是，报价在一天中的分布是不均匀的。所以设 m 接近于 N 可能能产生很多没有

新报价的区间。我们可以通过计算每天中每个标准差 X 来体现报价随着时间的分布。

所有新报价数 N，每天都是不同的，对于报价时间间隔的标准差也是一样。描述统计量 N 和报价时间间隔的标准差可能能产生对选择 m 有用的信息。

5.3 对于夜间市场闭市的数据空缺的处理

在风险管理中，我们一般都是研究 24 小时的收益波动性（从 t 天关闭时到 $t+1$ 天关闭时的收益），即使市场在实际上每天仅仅开市 8 小时。在第 4 章中，我们从收盘价格来估计 GARCH 模型的日收益。因此从 GARCH 模型的波动性预测是通过构建 24 小时的收益波动性来进行的。

如果我们关心 24 小时的收益波动性，那么我们只有当天从开市到闭市的收益，因此计算当天收益的 RV 估计，也就是 RV_{t+1}^{Open}，必须得到调整来适应在 t 天闭市时到 $t+1$ 天开市时这一段空白。有三种方法可以来调整。

第一，我们可以使用从日平方收益中估计得到的非条件方差来简单地衡量开市市场的 RV 估计：

$$RV_{t+1}^{24H} = \left(\frac{\sum_{t=1}^{T} R_t^2}{\sum_{t=1}^{T} RV_t^{Open}}\right) RV_{t+1}^{Open}$$

第二，我们可以在 RV_{t+1}^{Open} 上增加在 t 天闭市到 $t+1$ 天开市之间构建的平方收益：

$$RV_{t+1}^{24H} = \ln(S_{t+1}^{Open}/S_t^{Close})^2 + RV_{t+1}^{Open}$$

注意到，上式中的求和对于两项给予的权重是一样的，因此对于闭市到开市之间的时间给予了相对较高的权重，因为在这段时间内我们没有得到任何信息。S_t^{Close} 仅仅为日观察价格，我们在之前章节中记为 S_t。

第三，有很多复杂方法来找到对于这两项最为合适的权重。我们可以通过最小化 RV_{t+1}^{24H} 估计的方差使得其所受到的损失为零。

当计算最佳权重时，很明显 RV_{t+1}^{Open} 要比 $\ln(S_{t+1}^{Open}/S_t^{Close})$ 有更大的权重。这表明增大 RV_{t+1}^{Open} 的权重可能是前两种修正隔夜缺口的方法中较好的一种。

5.4 使用逐笔交易数据的备选 RV 估计量

有备选 RV 估计的集合能够避免构建时间间隔，而是直接在非均匀的时间间隔的数据上进行。定义在 t 天第 $t+1$ 个时刻的收益为

$$R_{t(i+1)} = \ln(S_{t(i+1)}) - \ln(S_{t(i)})$$

那么基于笔数的 RV 估计量被定义为

$$RV_{t+1}^{Tick} = \sum_{i=1}^{N-1} R_{t(i+1)}^2$$

以上非均匀间隔时间样本避免了在不同时刻采样相同的观察值，这可能发生在一个固定的间隔中，如果相比可用的当天价格数量，该间隔过于小。

前述简单的基于笔数的 RV 估计可以通过允许基于时刻收益的自相关性得到扩展。

基于均匀间隔和非均匀间隔的 RV 估计的最优化依赖于资产的市场结构和它的流动

性。大部分关于估计的学术研究都是基于均匀时间间隔的。

5.5 价格和报价的数据误差

当使用已实现方差来估计和预测波动性时，对于均匀间隔的日内价格序列的构建可能是最具有挑战性的任务。在调查长时间跨度的诸多资产时，最初的日内价格数据包含随机间隔的观测值和大量的错误数据。

由于会出现错误数据，对于均匀时间间隔的价格构建是复杂的。数据误差被广义地定义为不一定和实际市场符合的报价。价格数据误差有几种格式：

⊙ 小数错误：例如，当一个卖出价从 1.598 变化到 1.603，但是所报道的是 1.503 而不是 1.603。

⊙ 测试报价：这些报价都是在清晨或者其他非活跃时期由报价者发送来测试系统的。这些报价很难找出，因为它们看起来和实际差不多。

⊙ 重复笔数：它们是自动地由报价者发送的，如果发送频繁，那么它们可能会阻碍一些由其他报价者所发送的信息报价。

⊙ 笔数复制：报价者自动复制或者重复发送其他报价者的报价来显示在市场上的强大地位。有时候随机误差的加入会隐藏掉复制项。

⊙ 规模问题：资产价格的规模可能根据报价者而不同，在不注意的情况下，规模可能随着时间的改变而自动改变。

给定日内数据集合的大小，我们不可能人工地检测误差。自动过滤器因此必须被用来查找我们之前所列的几种误差类型。过滤日内数据的难度催生了一个数据供应商的新行业。OlsenData. com 和 TickData. com 是两个数据供应商，它们出售过滤后以及原始的日内数据。

6 基于极差的波动性模型

已实现的波动性构建依赖于对相关流动资产的日内价格的可利用性。由于市场是非流动的，资产的日内价格的历史信息是不可得到的，所以日内范围给出了另一种便利。

日内价格范围依赖于日内最高和日内最低价格。通过网页浏览（例如 finance. yahoo. com）可以发现很多资产的日内最高价格和日内最低价格是很容易获得的，即使是很久之前的。基于测距的方差代理因此也很容易得到。

6.1 基于测距的波动性代理变量

我们定义对数价格的极差如下：

$$D_t = \ln(S_t^{High}) - \ln(S_t^{Low}) = \ln(S_t^{High}/S_t^{Low})$$

其中，S_t^{High} 和 S_t^{Low} 是在 t 天中观察到的最高和最低价格。

我们可以发现：如果资产的对数收益是均值为零、方差为 σ^2 的正态分布，那么平方

极差的期望值为

$$E[D_t^2] = 4\ln(2)\sigma^2$$

基于极差的波动性估计因此为

$$\sigma^2 = \frac{1}{4\ln(2)}\frac{1}{T}\sum_{t=1}^{T} D_t^2$$

基于极差的方差估计是平均平方极差的常数倍，该常数为$\frac{1}{4\ln(2)}=0.361$。

基于极差的非条件方差估计表明，日方差的极差代理可以构建如下：

$$RP_t = \frac{1}{4\ln(2)}D_t^2 \approx 0.361D_t^2$$

图 5.6 中的上图绘制了对于 S&P500 数据的 RP_t。

通过两图对比，我们可以看到，极差的噪声要比日平方收益的噪声少很多。

图 5.7 的上图表明了 RP_t 的自相关性。基于极差的方差代理的一阶自相关性大约为 0.6（上图），但是在下图中，平方收益代理变量的一阶自相关性却仅为上图的一半。然而基于测距的自相关性要更加平滑，因此，比起下图中的平方收益，方差的持续性能够给出一个更加可靠的图片。

该基于极差的波动性代理没有使用日开盘和收盘数据，这些数据都是容易获得的，并且包含了很多 24 小时波动性的信息。再次假设资产的对数收益是正态分布的，且均值为零、方差为 σ^2，那么一个更加正确的基于极差的代理变量可以得到如下：

$$RP_t = \frac{1}{2}D_t^2 - (2\ln(2)-1)\ln(S_t^{Close}/S_t^{Open})^2$$

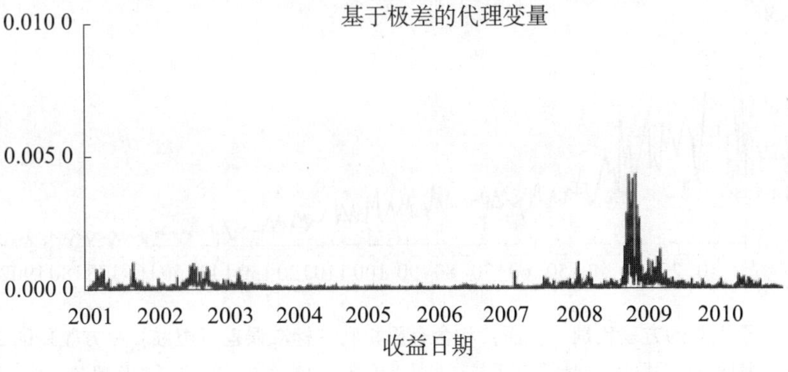

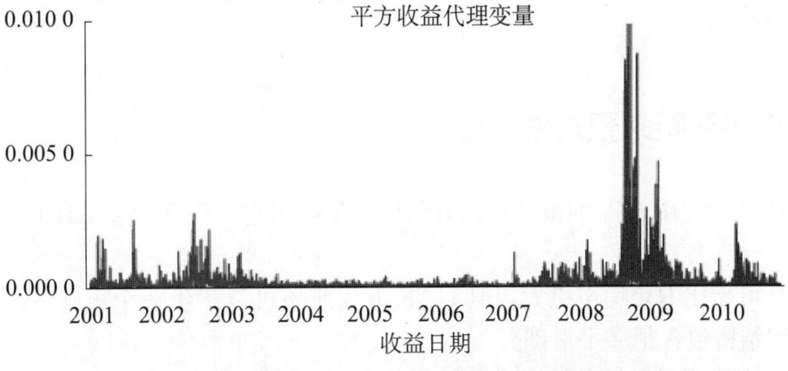

图 5.6　基于极差的方差代理变量（上图）和平方收益（下图）

注：我们使用从当日最高和最低价格中计算得到的方差日极差替代（上图），和日收盘平方收益（下图）。

在更加一般的情况下，其中均值收益不假设为零，如下为基于极差的波动性代理变量：

$$RP_t = \ln(S_t^{High}/S_t^{Open})[\ln(S_t^{High}/S_t^{Open}) - \ln(S_t^{Close}/S_t^{Open})] + \ln(S_t^{Low}/S_t^{Open})[\ln(S_t^{Low}/S_t^{Open}) - \ln(S_t^{Close}/S_t^{Open})]$$

所有的这些代理变量都是在假设真实方差是常数的基础上得到的，所以，例如，30天的高、低、开盘和收盘信息可以用来估计那段时间的（常数）波动性。我们想要使用基于极差的代理作为一个输入变量，输入到波动性的方差预测模型中，该方差和第4章中的GARCH模型及这一章中的HAR模型一致。

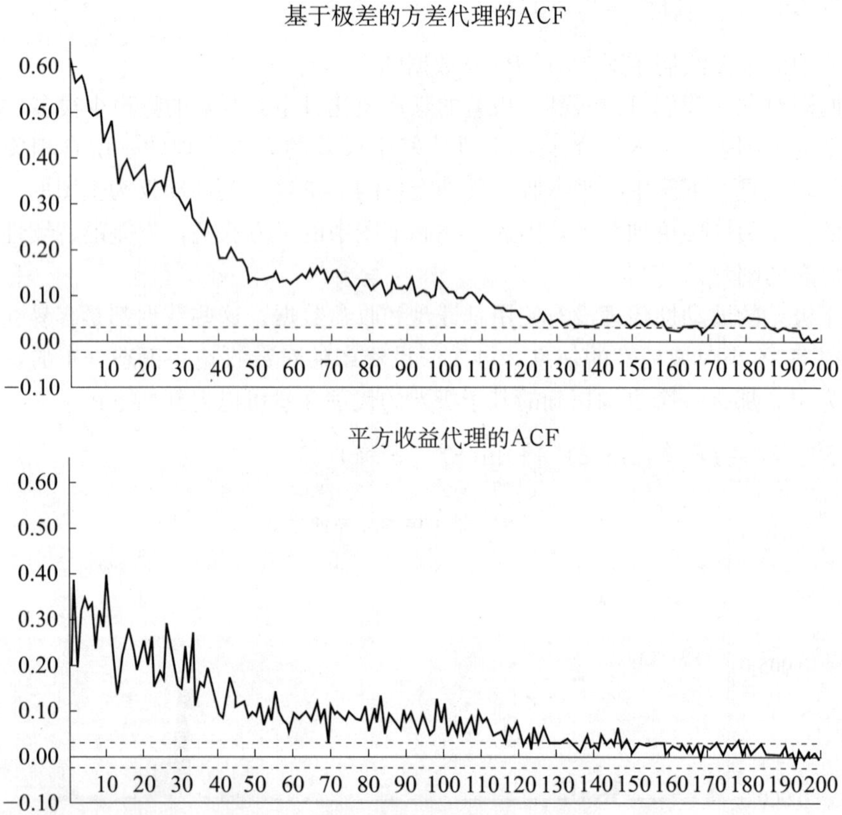

图 5.7　基于极差的方差代理（上图）和含有巴特利特标准误差（虚线）平方收益的自相关性

注：我们所计算的自相关性是来自使用当天最高和最低价格计算得到的方差日极差代理（上图）和使用S&P500指标得到的收盘平方收益。

6.2　使用测距来预测波动性

在预测模型中使用 RP_t 的最简单的方法可能是使用它来代理前述AR和HAR模型中的RV。

尽管 RP 可能比RV噪声更大，但HAR方法应该可以产生一个很好的预测结果，因为HAR模型结构包含很多平滑部分。

几个研究表明，对数极差接近于正态分布，如下所示：

$$\ln(RP_t) \sim N(\mu_{RP}, \sigma_{RP}^2)$$

RV 的对数形式在之前也表明接近于正态分布，正如我们在图 5.3 中所见。

极差的强一致性以及对数正态特性表明对数 HAR 模型的形式为：

$$\ln(RP_{t+1}) = \phi_0 + \phi_D \ln(RP_{D,t}) + \phi_W \ln(RP_{W,t}) + \phi_M \ln(RP_{M,t}) + \varepsilon_{t+1}$$

其中，我们有

$$RP_{D,t} \equiv RP_t$$

$$RP_{W,t} \equiv [RP_{t-4,t} + RP_{t-3,t} + RP_{t-2,t} + RP_{t-1,t} + RP_t] /5$$

$$RP_{M,t} \equiv [RP_{t-20,t} + RP_{t-19,t} + \cdots + RP_t] /21$$

基于极差的代理可以被作为 GARCH-X 模型中的回归量，例如

$$R_{t+1} = \sigma_{t+1} z_{t+1}$$

其中，

$$\sigma_{t+1}^2 = \omega + \alpha R_t^2 + \beta \sigma_t^2 + \gamma RP_t$$

一个完全基于极差的模型可以被定义为

$$R_{t+1} = \sigma_{t+1} z_{t+1}$$

其中，

$$\sigma_{t+1}^2 = \omega + \alpha RP_t + \beta \sigma_t^2$$

最后，一个已实现-GARCH 类型模型（我们称为极差-GARCH）可以通过下式定义：

$$R_{t+1} = \sigma_{t+1} z_{t+1}$$

其中，

$$\sigma_{t+1}^2 = \omega + \alpha R_t^2 + \beta \sigma_t^2 + \gamma RP_t$$

$$RP_t = \omega_{RP} + \beta_{RP} \sigma_t^2 + \varepsilon_t$$

基于极差-GARCH 模型可以通过使用二元极大似然对于 R_t 收益的历史数据和 RP_t 极差代理来估计。

ES 和 *Var* 可以在基于 RP 模型中构建，和在基于 RV 模型中通过假设 z_{t+1} 服从正态独立同分布一样构建。在 GARCH 类型的模型中，$z_{t+1} = R_{t+1}/\sigma_{t+1}$ 或者在 HAR 模型中，$z_{t+1} = R_{t+1}\sqrt{E_t(RP_{t+1})}$。

6.3 基于极差的和已实现的方差

具有说服力的实证证据表明：对于流动性很好的证券，RV 建模方法对于风险管理是很有用的。使用日内收益能够对现在的方差提供一个很可靠的估计，这反过来也帮助我们预测明天的方差。另一方面，在标准 GARCH 模型中，今天的方差可以通过指数递减过去日方差收益的权重来计算，其中确切的权重依赖于估计参数。因此今天方差的 GARCH 估计在很大程度上是依赖于模型的，但是对于今天的已实现收益是专门从今天的平方日收益计算得到的。当预测未来时，了解今天的信息很关键。遗憾的是，在方差预测中，对于今天信息的了解并不是很重要，因为方差并不是直接观测得到的。

尽管已实现方差方法有很明显的优点，但是它同样也有一些缺点。首先，它要求高质量的日内收益是可行的。第二，它容易从 5 分钟收益中计算当天已实现波动性，但是对于构建 5 分钟收益的 10 年数据却不是一件很容易的事情。

图 5.5 解释了和基础的但是非观察的价格相比，观察到的日内价格可能含有很大的噪

声。因此，基于日内收益的已实现方差测量也含有噪声。这尤其适用于买卖价差较大的证券和低频的交易。另一方面，之前所讨论的基于极差的方差测量相对不受市场微观噪声的影响。由于观测到的最大化是买卖价差的一半，真正的最大值能很容易地计算出。基于极差的方差测量因此在流动性较差的市场中有明显的优势。

但是，在不完美的交易中，基于极差的方差代理仅仅和 4 小时日内收益的有用性一致。而且，正如我们将在第 7 章所见，已实现方差的思想直接扩展到已实现协方差和相关系数，但是基于极差的协方差和相关系数估计并不是那么明显。

7 再次评估 GARCH 方差预测估计

在前面的章节中，我们大致介绍了使用日平方收益的回归来评估 GARCH 模型的预测。但是我们很快认为日收益由于包含太多的噪声，因此不适合做观察日方差的替代。在这一章中，我们依据 RV 和 RP 建立了更多的富含信息的代理变量，它们对于方差预测的评估应该很有用。

已实现方差估计可以用于估计来自方差模型的估计，而平方收益则不行。如果只有平方收益是可以利用的，那么我们可以建立如下回归：

$$R_{t+1}^2 = b_0 + b_1\sigma_{t+1|t}^2 + \varepsilon_{t+1}$$

其中，$\sigma_{t+1|t}^2$是来自 GARCH 模型的预测。

如果我们有基于 RV 的估计，那么我们将会建立另一个回归，如下所示：

$$RV_{t+1}^{Avr} = b_0 + b_1\sigma_{t+1|t}^2 + \varepsilon_{t+1}$$

其中我们使用平均 RV 估计作为一个例子。

基于极差的代理当然也可以用于估计来自方差模型的估计，但是平方收益不行。因此我们可以得到如下的回归：

$$RP_{t+1} = b_0 + b_1\sigma_{t+1|t}^2 + \varepsilon_{t+1}$$

这里 RP_{t+1} 可以通过使用下式构建：

$$RP_{t+1} = 0.361\ln(S_{t+1}^{High}/S_{t+1}^{Low})^2$$

在这些回归式子的左边使用 R_{t+1}^2，可能产生波动性预测效果差的结果。对于回归的拟合将会较低，但是这并不意味着波动性预测效果是差的。这也可能是波动性替代不佳的缘故。如果使用 RV_{t+1}^{Avr} 和 RP_{t+1} 的回归产生一个比使用 R_{t+1}^2 回归更好的结构，那么波动性预测比所假设的噪声平方收益代理要好。

8 总结

已实现波动性和基于极差的波动性，相比日方差收益，可能包含更多的日波动性信息。该事实对于波动性预测估计有很重要的应用，但是对于方差预测构建的应用更大。如果日内信息是可用的，那么相比那些只能从日收益中构建的情况，它应该被用于构建更多正确的波动性预测。本章介绍了一系列使用日内信息来预测波动性的实际方法。

更多资料

关于已实现波动性的经典文献包含 Andersen et al.（2001，2003），Barndorff-Nielsen and Shephard（2002）。在 Andersen 等（2010）中可见完全的文献综述。

RV 的 HAR 模型在 Corsi（2009）中构建，在 Andersen 等（2007b）中被应用。Engle（2002）表明，在 GARCH-X 模型中的 RV 和已实现 GARCH 模型在 Hansen 等（2011）中建立。同时，也可以在 Shephard 和 Sheppard（2010）中了解到 HEAVY 模型。

流动性和市场微观效应对于 RV 的重要影响在 Andersen 等（2011），Bandi 和 Russell（2006），Ait-Sahalia 和 Mancini（2008）中被研究。

样本频率的选择由 Ait-Sahalia 等（2005），Bandi 和 Russell（2008）分析。波动性显著图像在 Andersen 等（1999）中有研究。Zhang 等（2005）讨论了平均 RV 估计。Zhou（1996），Barndorff-Nielsen 等（2008），Hansen 和 Lunde（2006）中用 RV 估计修正了收益自相关。

Andersen 和 Bollerslev（1998）首先研究了在波动性预测估计中 RV 的使用。Andersen 等（2004，2005）和 Patton（2011）也有该方面的研究。

Andersen 等（2007a）讨论了风险管理方面对于 RV 的使用，Bandi 等（2008）和 Fleming 等（2003）讨论了在资产组合分配中 RV 的使用。

对于 RV 的预测应用，可以见 Martens（2002），Thomakos and Wang（2003），Pong et al.（2004），Koopman et al.（2005），Maheu and McCurdy（2011）。

对于处理夜间停市问题可见 Hansen and Lunde（2005），对于 RV 构建中的数据问题可见 Brownlees and Gallo（2006），Muller（2001）和 Dacorogna et al.（2001）。

基于极差估计的方差模型在 Parkinson（1980），Garman 和 Klass（1980）中有介绍，更多近期的研究有 Rogers and Satchell（1991），Yang and Zhang（2000）。Azalideh 等（2002），Brandt 和 Jones（2006），Chou（2005）研究了动态方差的基于极差的模型。这些文献在 Chou 等（2009）综述中均可见。Brandt 和 Jones（2006）使用极差而不是平方收益作为在 EGARCH 模型中的基本新方法，同时其发现极差显著地提高了模型的方差预测。

参考文献

Ait-Sahalia，Y.，Mancini，L.，2008. Out of sample forecasts of quadratic variation. J. Econom. 147，17-33.

Ait-Sahalia，Y.，Mykland，P. A.，Zhang，L.，2005. How often to sample a continuous-time process in the presence of market microstructure noise. Rev. Financ. Stud. 18，351-416.

Andersen，T. G.，Bollerslev，T.，1998. Answering the skeptics：Yes，standard volatility models do provide accurate forecasts. Int. Econ. Rev. 39，885-905.

Andersen，T.，Bollerslev，T.，Christoffersen，P.，Diebold，F. X.，2007a. Practical volatility and correlation modeling for financial market risk management. In：Carey，M.，Stulz，R.（Eds.），The NBER Volume on Risks of Financial Institutions. University of Chicago Press，Chicago，IL.

Andersen，T. G.，Bollerslev，T.，Diebold，F. X.，2007b. Roughing it up：Including jump components in the measurement，modeling and forecasting of return volatility. Rev. Econ. Stat. 89，701-720.

Andersen，T. G.，Bollerslev，T.，Diebold，F. X.，2010. Parametric and nonparametric measurements of volatility. In：Ait-Sahalia，Y.，Hansen，L. P.（Eds.），Handbook of Financial Econometrics. North-Holland，Amsterdam，The Netherlands，pp. 67-138.

Andersen，T. G.，Bollerslev，T.，Diebold，F. X.，Labys，P.，1999.（Understanding，optimizing，using and forecasting）Realized volatility and correlation，published in revised form as "Great Realizations." Risk March 2000，105-108.

Andersen, T. G., Bollerslev, T., Diebold, F. X., Labys, P., 2001. The distribution of exchange rate volatility. J. Am. Stat. Assoc. 96, 42-55.

Andersen, T. G., Bollerslev, T., Diebold, F. X., Labys, P., 2003. Modeling and forecasting realized volatility. Econometrica 71, 579-625.

Andersen, T. G., Bollerslev, T., Meddahi, N., 2004. Analytic evaluation of volatility forecasts. Int. Econ. Rev. 45, 1079-1110.

Andersen, T. G., Bollerslev, T., Meddahi, N., 2005. Correcting the errors: Volatility forecast evaluation using high-frequency data and realized volatilities. Econometrica 73, 279-296.

Andersen, T., Bollerslev, T., Meddahi, N., 2011. Realized volatility forecasting and market microstructure noise. J. Econom. 160, 220-234.

Azalideh, S., Brandt, M., Diebold, F. X., 2002. Range-based estimation of stochastic volatility models. J. Finance 57, 1047-1091.

Bandi, F., Russell, J., 2006. Separating microstructure noise from volatility. J. Financ. Econ. 79, 655-692.

Bandi, F., Russell, J., 2008. Microstructure noise, realized volatility, and optimal sampling. Rev. Econ. Stud. 75, 339-369.

Bandi, F., Russell, J., Zhu, Y., 2008. Using high-frequency data in dynamic portfolio choice. Econom. Rev. 27, 163-198.

Barndorff-Nielsen, O. E., Hansen, P., Lunde, A., Shephard, N., 2008. Designing realised kernels to measure the ex-post variation of equity prices in the presence of noise. Econometrica 76, 1481-1536.

Barndorff-Nielsen, O. E., Shephard, N., 2002. Econometric analysis of realised volatility and its use in estimating stochastic volatility models. J. Royal Stat. Soc. B 64, 253-280.

Brandt, M., Jones, C., 2006. Volatility forecasting with range-based EGARCH models. J. Bus. Econ. Stat. 24, 470-486.

Brownlees, C., Gallo, G. M., 2006. Financial econometric analysis at ultra-high frequency: Data handling concerns. Comput. Stat. Data Anal. 51, 2232-2245.

Chou, R., 2005. Forecasting financial volatilities with extreme values: The conditional autoregressive range. J. Money Credit Bank. 37, 561-82.

Chou, R., Chou, H.-C., Liu, N., 2009. Range volatility models and their applications in finance. In: Lee, C.-F., Lee, J. (Eds.), Handbook of Quantitative Finance and Risk Management. Springer, New York, NY, pp. 1273-1281.

Corsi, F., 2009. A simple approximate long memory model of realized volatility. J. Financ. Econom. 7, 174-196.

Dacorogna, M., Gencay, R., Muller, U., Olsen, R., Pictet, O., 2001. An Introduction to High-Frequency Finance. Academic Press, San Diego, CA.

Engle, R., 2002. New frontiers in ARCH models. J. Appl. Econom. 17, 425-446.

Fleming, J., Kirby, C., Oestdiek, B., 2003. The economic value of volatility timing using 'realized' volatility, with Jeff Fleming and Chris Kirby. J. Financ. Econ. 67, 473-509.

Garman, M., Klass, M., 1980. On the estimation of securities price volatilities from historical data. J. Bus. 53, 67-78.

Hansen, P., Huang, Z., Shek, H., 2011. Realized GARCH: A joint model for returns and realized measures of volatility. J. Appl. Econom. forthcoming.

Hansen. P., Lunde, A., 2005. A realized variance for the whole day based on intermittent highfrequency data. J. Financ. Econom. 3, 525-554.

Hansen, P., Lunde, A., 2006. Realized variance and market microstructure noise. J. Bus. Econ. Stat. 24, 127-161.

Koopman, S. J., Jungbacker, B., Hol, E., 2005. Forecasting daily variability of the S&P 100 stock index using historical, realized and implied volatility measures. J. Empir. Finance 12, 445-475.

Maheu, J., McCurdy, T., 2011. Do high-frequency measures of volatility improve forecasts of return distributions? J. Econom. 160, 69-76.

Martens, M., 2002. Measuring and forecasting S&P 500 index futures volatility using highfrequency data. J. Futures Mark. 22, 497-518.

Muller, U., 2001. The Olsen filter for data in finance. Working paper, O&A Research Group. Available from: http: //www.olsendata.com.

Parkinson, M., 1980. The extreme value method for estimating the variance of the rate of return. J. Bus. 53, 61-65.

Patton, A., 2011. Volatility forecast comparison using imperfect volatility proxies. J. Econom. 160, 246-256.

Pong, S., Shackleton, M. B., Taylor, S. J., Xu, X., 2004. Forecasting currency volatility: A comparison of implied volatilities and AR (FI) MA models. J. Bank. Finance 28, 2541-2563.

Rogers, L., Satchell, S., 1991. Estimating variance from high, low and closing prices. Ann. Appl. Probab. 1, 504-512.

Shephard, N., Sheppard, K., 2010. Realizing the future: Forecasting with high-frequency-based volatility (HEAVY) models. J. Appl. Econom. 25, 197-231.

Thomakos, D. D., Wang, T., 2003. Realized volatility in the futures market. J. Empir. Finance 10, 321-353.

Yang, D., Zhang, Q., 2000. Drift-independent volatility estimation based on high, low, open, and close prices. J. Bus. 73, 477-491.

Zhang, L., Mykland, P. A., Ait-Sahalia, Y., 2005. A tale of two time scales: Determining integrated volatility with noisy high-frequency data. J. Am. Stat. Assoc. 100, 1394-1411.

Zhou, B., 1996. High-frequency data and volatility in foreign exchange rates. J. Bus. Econ. Stat. 14, 45-52.

练习

打开网站上第 5 章的数据文件 Chapter5Data. xlsx。

1. 日方差收益对于来自 GARCH 模型的方差预测进行回归，且包含一项第 4 章中的杠杆项和一个常数项。

$$R_{t+1}^2 = b_0 + b_1\sigma_{t+1}^2 + e_{t+1}$$

（Excel 提示：使用 LINEST 函数。）通过 R^2 测试，得出对于回归的拟合形式是什么？常数项是否显著地不同于 0？预测系数是否显著地不同于 1？

2. 使用 RP 而不是平方收益作为观察到的方差的替代，从而进行回归，也就是

$$RP_{t+1} = b_0 + b_1\sigma_{t+1}^2 + e_{t+1}$$

$$RP_{t+1} = \frac{1}{4\ln(2)}D_{t+1}^2$$

常数项是否显著地不同于 0？预测系数是否显著地不同于 1？通过 R^2 测试，得出对于回归的拟合形式是什么？把所得结果与练习 1 中的 R^2 进行对比。

3. 使用 RV 而不是平方收益作为观察到的方差的代理，从而进行回归，也就是

$$RV_{t+1} = b_0 + b_1\sigma_{t+1}^2 + e_{t+1}$$

常数项是否显著地不同于0？预测系数是否显著地不同于1？通过 R^2 测试，得出对于回归的拟合形式是什么？把所得结果与练习1和练习2中的 R^2 进行对比。

4. 对于练习2中构建的RP数据，估计HAR模型的对数形式。在左边使用第二天的RP，在右边使用日、周和月回归。计算回归拟合。

5. 对于RV数据估计HAR对数模型。在左边使用第二天的RP，在右边使用日、周和月回归。比较该方程以及练习4中的方程的回归拟合结果。

这些练习的答案可以在所对应的网站的Chapter5Results. xls这个文件夹中找到。

更多信息可以参考相应的网站：

http：//www. elsevierdirect. com/companions/9780123744487

第 6 章　非正态分布

1　本章概要

我们现在转向最后一部分，逐步地讨论一元分布模型方法，也就是解释资产组合收益的条件非正态分布。在第 1 章中，我们可见资产收益不是正态分布。如果我们对于 S&P500 指数构建简单的过去收益直方图，那么它将不会符合正态收益的密度形式：直方图的尾部要比正态分布的尾部胖，并且在零附近直方图的峰要更高。从风险管理角度来看，胖尾是由相对数量较少但是其值极高的观测数据所导致，具有很高的关注度。这些极高的观测可能是流动性风险的征兆，或者第 1 章中所定义的事件风险。

在第 4 章和第 5 章所讨论的随时间变化的方差模型能解释在日收益中的一些非正态性。例如，含有正态分布冲击的 GARCH(1，1) 模型，$z_t = R_t / \sigma_t$ 表示了 R_t 收益的非正态分布，因为收益的分布是所有过去收益方差 σ_i^2（$i=1$，2，…，t）的一个函数。

含正态分布冲击的 GARCH 模型，在定义上不能体现我们所谓的收益上的条件非正态性。如果冲击 z_t 是正态分布，收益是条件正态的。冲击的直方图（即标准化收益）显然不能确定是正态密度。图 6.1 表明了这一点。

上图表明了原始收益的直方图和正态分布图，下图表明了标准收益的直方图和正态分布图。用于正态化的收益的波动性模型就是 NGARCH(1，1) 模型，包含杠杆效应。尽管下面的直方图比上图更接近于正态分布，但是仍然有一些系统偏差，包括胖尾和在零附近的尖峰。

2 学习目标

我们将从以下几种方式来分析条件非正态分布：

1. 我们介绍了分位数—分位数（QQ）图，这是一个描画尾部分布比直方图更好的画图工具。

2. 我们定义了滤波历史模拟法，即结合 GARCH 和历史模拟的方法。

3. 我们介绍在非正态分布中，*Var* 简单的 Cornish-Fisher 近似。

4. 我们考虑了标准学生 t 分布，并讨论了它们的估计。

5. 我们扩展了学生 t 分布，成为一个更加灵活的非对称版本。

6. 我们对条件分布的尾部考虑了一个极值理论。

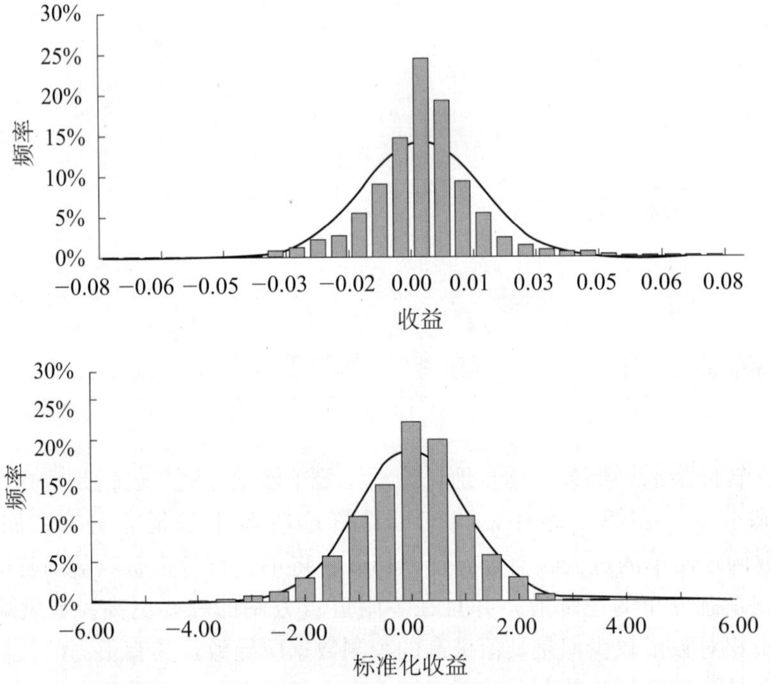

图 6.1　日 S&P500 收益的直方图（上图）和 GARCH 冲击的直方图（下图）

注：上图表明 S&P500 收益的直方图，下图为来自 GARCH 模型的通过动态方差标准化的收益直方图。

对于这些方法，我们将会提供风险值和期望损失形式。

在这一章中，我们将假设资产组合收益的时间序列由今天资产组合权重和资产组合中基础资产的过去收益构成。因此，我们建模一个一元时间序列。我们将会假设，资产组合方差已经使用第 4 和 5 章的方法被建模。

处理资产组合收益的一元时间序列，从一个模型角度来看是非常方便的，但是它有一个缺点，即必须精确地基于目前资产组合集合的权重。如果权重改变了，那么资产组合分布模型就必须重做。多元风险模型将会在第 7～9 章研究。

3 使用QQ图可视化非正态分布

和第2章一样，考虑n个资产组成的资产组合。如果我们今天有资产i的$N_{i,t}$个单位或者股份，那么今天的资产组合值就是

$$V_{PF,t}=\sum_{i=1}^{n}N_{i,t}S_{i,t}$$

使用今天的资产组合的历史的资产价格，我们可以计算历史资产组合值。例如，昨天的资产组合值就是

$$V_{PF,t-1}=\sum_{i=1}^{n}N_{i,t}S_{i,t-1}$$

对数收益可以被定义为

$$R_{PF,t}=\ln(V_{PF,t}/V_{PF,t-1})$$

考虑到动态方差模型，我们可以写为

$$R_{PF,t}=\sigma_{PF,t}z_t\text{，其中，}z_t\overset{i.i.d.}{\sim}D(0,\ 1)$$

其中，$\sigma_{PF,t}$是条件波动性预测，使用之前两章所用的方法构建。

本章的要点是对于$D(0,\ 1)$的分布建模，其均值为0，标准差为1。到目前为止，我们依赖于设$D(0,\ 1)$服从$N(0,\ 1)$，但是现在我们要在风险管理中评价正态性假设这一问题，并且我们想要建议可行的替代方法。

在对适合的非正态分布给出特定公式之前，我们先介绍一个有用的视觉工具来评估非正态性。后面，我们也将会使用它作为一个对于非正态替代的诊断检验。该工具通常被叫做分位数—分位数（QQ）图，目的就是绘制计算收益的实证分位数图，也就是简单地将收益按照大小顺序排列，与相应的正态分布分位数相反。如果收益真的是正态的，那么图像应该看起来像一条斜率为1的直线。来自斜率为1的系统方差表示收益不能很好地被正态分布描述。

当然，QQ图对于风险管理者极其重要，因为他们关注风险值，而其本身就是一个分位数。

QQ图是按照以下方法构建的：首先，以升序的形式整理所有的标准收益$z_t=R_{PF,t}/\sigma_{PF,t}$，把第$i$个整理值叫做$z_i$。其次，计算实证得到的值低于实际$(i-0.5)/T$的可能性，其中$T$为观察值的总数。减去0.5是对于使用离散数据的连续分布的一个调整。

由$\Phi^{-1}_{(i-0.5)/T}$计算标准正态分位数，其中Φ^{-1}表示标准正态密度的反函数。然后，我们就可以以Y轴为标准的且整理后的收益、X轴为标准正态分位数绘制图像。如下所示

$$\{X_i,\ Y_i\}=\{\Phi^{-1}_{(i-0.5)/T},\ z_i\}$$

如果数据是正态分布的，那么散点图应该可以确保大致为斜率为1的直线。

图6.2表示的是来自第1章的S&P500日收益的QQ图。上图使用了来自非条件标准差σ_{PF}的标准化收益，$z_i=R_{PF,t}/\sigma_{PF}$，下图使用有杠杆效果的NGARCH(1，1)标准化，$z_i=R_{PF,t}/\sigma_{PF,t}$。

GARCH模型确实体现了一些收益上的非正态分布，但是有一些仍旧保持正态分布。斜率为1的直线的方差形式表明在正态GARCH模型中，大收益能够得到很好的体现，但是和数据相比，该模型没有考虑到左胖尾。

4 滤波历史模拟方法

滤波历史模拟（FHS）方法，目的在于将基于模型和不建模的两类方法以一种非常新颖的方式相结合。FHS 按照以下方式结合动态方差的基于模型的方法，例如 GARCH，和分布的不建模的方法。

假设我们估计资产组合方差的 GARCH-类型模型。虽然我们有一个合适的方差模型，但是做一个关于标准化收益（例如正态分布）的特殊分布假设并不方便。取而代之的是，我们宁愿用过去收益数据来得知分布，而不用进一步的假设。

为了改进方法，再次考虑 GARCH(1，1) 模型的例子：

$$R_{PF,t+1}=\sigma_{PF,t+1}z_{t+1}$$

其中，

$$\sigma_{PF,t+1}^{2}=\omega+\alpha R_{PF,t}^{2}+\beta\sigma_{PF,t}^{2}$$

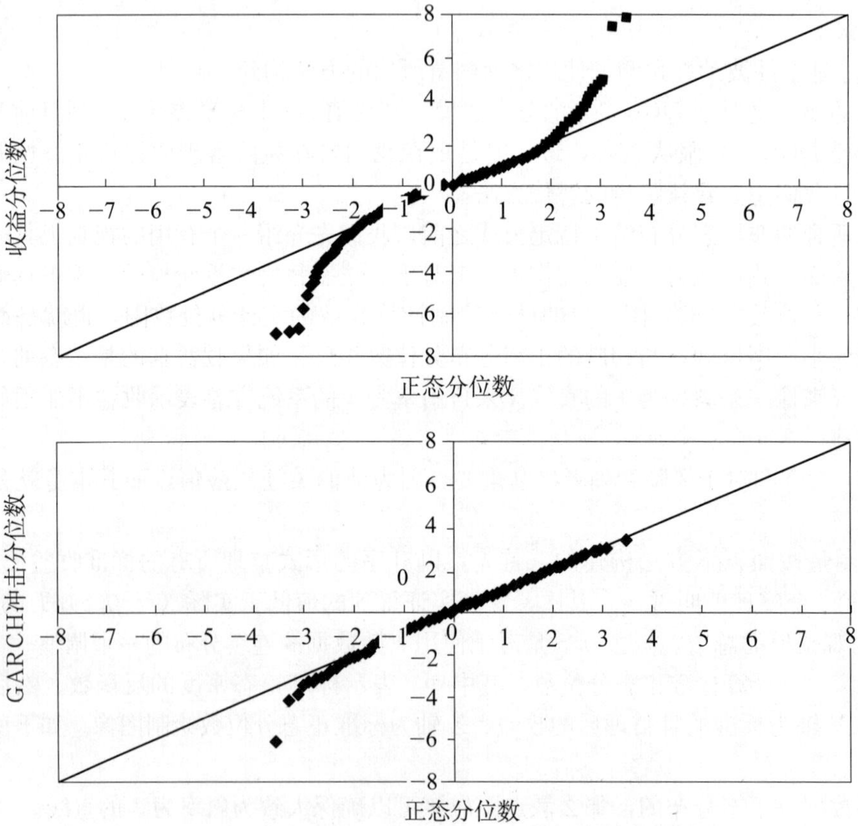

图 6.2　S&P500 日收益和 GARCH 冲击 QQ 图

注：上图我们绘制了 S&P500 收益的经验分位数和正态分布。下图我们绘制了 S&P500GARCH 冲击的经验分布数，以及正态分布的分位数。两条黑线的斜率均为 1。

给定过去收益序列 $\{R_{PF,t+1-\tau}\}_{\tau=1}^{m}$，我们可以估计 GARCH 模型，并从观察到的收益和估计的标准方差中计算过去的标准收益，如下：

$\hat{z}_{t+1-\tau}=R_{PF,t+1-\tau}/\sigma_{PF,t+1-\tau}$，其中，$\tau=1, 2, \cdots, m$

我们将标准化收益集合记为 $\{\hat{z}_{t+1-\tau}\}_{\tau=1}^{m}$。

我们可以使用标准残差数据库的分位数来简单计算 1 天 *Var*：

$$VaR_{t+1}^{p}=-\sigma_{PF,t+1}Percentile\ \{\{\hat{z}_{t+1-\tau}\}_{\tau=1}^{m}, 100p\}$$

在第 2 章末，我们介绍了期望损失（*ES*）作为 *Var* 的另一个风险估计。*ES* 被定义为期望收益，给定收益低于 *VaR*。对于 1 天跨度，我们有

$$ES_{t+1}^{p}=-E_{t}\ [R_{PF,t+1}\mid R_{PF,t+1}<-VaR_{t+1}^{p}]$$

ES 测量可以从历史冲击中计算，如下：

$$ES_{t+1}^{p}=-\frac{\sigma_{PF,t+1}}{P\cdot m}\sum_{i=1}^{m}\hat{z}_{t+1-\tau}\cdot\mathbf{1}(\hat{z}_{t+1-\tau}<-Percentile\{\{\hat{z}_{t+1-\tau}\}_{\tau=1}^{m}, 100p\})$$

其中，如果参数是正确的，那么指示函数 **1**（•）返回 1，否则就为 0。

和第 2 章所说的历史模拟方法相比，FHS 的一个有趣并且有用的特性是，它能在预测期产生巨大的损失，即使在记录了的过去收益中并没有观察到巨大的损失。考虑在我们的数据库中，有一个相对大的负数 z，其一般发生在方差低的天数，如果在模拟期间，z 和高方差天数相结合，那么假设损失将会很大。

我们再次强调 FHS 方法将方差条件模型和标准收益的历史模拟方法相结合。因此 FHS 通过 σ_{t+1} 保持了一个关键约束性特性，但是在不需要假设历史 zs 样本的情况下，为我们提供了未来 zs 分布的一个很好的描述。这和标准历史模拟方法是完全不同的，其中，历史 Rs 样本给予了未来 Rs 分布的很好描述。

5　对于 *VaR* 的 Cornish-Fisher 近似

滤波历史模拟对于条件分布提供了一个很好的无模型方法。但是 FHS 在很大程度上依赖于近期观察的冲击 z_t 系列。如果这些冲击从风险角度来看是有趣的（也就是，它们包含很多其值较大的负值），那么 FHS 将会得到一个正确的结果。

我们现在考虑一个简单的计算 *VaR* 的替代方法，它有如下优点。第一，它考虑了峰度和偏度。第二，它很容易从经验偏度那里计算得到，从标准收益 z_t 估计得到峰度。第三，从条件非正态分布的更大范围来看，这可以被看成是对于 *VaR* 的近似。

我们再次通过下式来定义标准化的资产组合收益：

$$z_{t+1}=R_{PF,t+1}/\sigma_{PF,t+1}\overset{i.i.d.}{\sim}D(0,1)$$

其中，$D(0, 1)$ 表示均值为 0、方差为 1 的分布。正如在第 4 章中所述，i.i.d. 表示的是独立同分布。

覆盖率为 p 的 Cornish-Fisher *VaR* 可以通过下式计算：

$$VaR_{t+1}^{p}=-\sigma_{PF,t+1}CF_{p}^{-1}$$

其中，

$$CF_{p}^{-1}=\Phi_{p}^{-1}+\frac{\zeta_1}{6}[(\Phi_{p}^{-1})^2-1]+\frac{\zeta_2}{24}[(\Phi_{p}^{-1})^3-3\Phi_{p}^{-1}]-\frac{\zeta_1^2}{36}[2(\Phi_{p}^{-1})^3-5\Phi_{p}^{-1}]$$

其中 ζ_1 是偏度，ζ_2 是标准收益 z_t 的峰度。Cornish-Fisher 分位数可以被看作是泰勒在正态分布附近的泰勒展开。如果既没有偏度也没有峰度，那么 $\zeta_1=\zeta_2=0$，由此我们能

简单地得到正态分布的分位数

$CF_p^{-1}=\Phi_p^{-1}$，对于 $\zeta_1=\zeta_2=0$

例如，现在考虑 1%*VaR*，其中 $\Phi_{0.01}^{-1}\approx-2.33$。考虑到峰度和偏度，我们可以计算 Cornish-Fisher 1%分位数如下：

$$CF_p^{-1}\approx-2.33+0.74\zeta_1-0.24\zeta_2+0.38\zeta_1^2$$

资产组合 *VaR* 可以通过如下公式计算：

$$VaR_{t+1}^{0.01}=-(-2.33+0.74\zeta_1-0.24\zeta_2+0.38\zeta_1^2)\sigma_{PF,t+1}$$

因此，举例来说，如果偏度等于−1，峰度等于 4，那么我们得到

$$VaR_{t+1}^{0.01}=-(-2.33-0.74-0.24\cdot 4+0.38)\sigma_{PF,t+1}=3.63\sigma_{PF,t+1}$$

其比正态分布的 *VaR* 数要高，等于 $2.33\sigma_{PF,t+1}$。

期望损失可以通过下式得到：

$$ES_{t+1}^{p}=-\sigma_{PF,t+1}ES_{CF}(p)$$

其中

$$ES_{CF}(p)=\frac{-\phi(CF_p^{-1})}{p}\left[1+\frac{\zeta_1}{6}(CF_p^{-1})^3+\frac{\zeta_2}{24}\left[(CF_p^{-1})^4-2(CF_p^{-1})^2-1\right]\right]$$

该推导过程可以在附录 B 中得到。回忆第 2 章，对于 *ES* 的正态分布为

$$ES_{t+1}^{p}=\sigma_{PF,t+1}\frac{\phi(CF_p^{-1})}{p}$$

当 $\zeta_1=\zeta_2=0$ 时，它也是 $ES_{CF}(p)$ 的一个特殊形式。

CF 方法很容易实行，我们可以避免做如下假设：哪个分布能最好地拟合数据？但是，准确的分布也有好处。可能对于风险管理最重要的是，准确的分布允许我们对于极端概率计算 *VaR* 和 *ES*（和我们在第 2 章中所做的一样），对于这个极端概率，近似 CF 可能没有很好地定义。准确的分布也能够进行蒙特卡洛模拟，我们将在第 8 章讨论。我们后面将考虑准确分布的使用案例。

6 标准 *t* 分布

可能最重要的偏离正态分布为胖尾，以及相比正态分布更加明显的关于 Z_t 分布的尖峰。学生 *t* 分布体现了这些特性。它被定义为

$$f_{t(d)}(x;d)=\frac{\Gamma((d+1)/2)}{\Gamma(d/2)\sqrt{d\pi}}(1+x^2/d)^{-(1+d)/2}，对于\ d>0$$

$\Gamma(\cdot)$ 符号表示 gamma 函数，它在很多量化软件中都有软件包。该分布只有一个参数，为 d。在学生 *t* 分布中，我们有以下两个统计量：

$E(x)=0$，当 $d>1$ 时

$Var[x]=d/(d-2)$，当 $d>2$ 时

我们已经使用 GARCH 建立了方差模型以及其他模型，所以我们对于方差为 1 的分布很感兴趣。标准 $\tilde{t}$ 分布——叫做 $t(d)$分布——是从学生 *t* 分布得到的，能实现该目的。

通过标准化 x 来定义 z，所以

$$z=\frac{x-E[x]}{\sqrt{Var[x]}}=\frac{x}{\sqrt{d/(d-2)}}$$

标准 $t(d)$ 密度被定义为

$$f_i(d)(z;d) = C(d)(1+z^2/(d-2))^{-(1+d)/2}\text{，对于 } d>2$$

其中，

$$C(d) = \frac{\Gamma((d+1)/2)}{\Gamma(d/2)\sqrt{\pi(d-2)}}$$

标准 t 分布被定义，使得随机变量 z 的均值为 0，方差（标准差）为 1。为了很好地定义标准分布，参数 d 必须要大于 2。

$\tilde{t}(d)$ 分布的主要特性是，随机变量 z 是平方形式，而不是指数形式，这和标准正态分布中的情况是一样的，其中

$$f(z) = (2\pi)^{-1/2}\exp(-z^2/2)$$

有 d 驱使的幂函数将会使得 $\tilde{t}(d)$ 分布的尾部要比正态分布胖，也就是说，当 z 远离零时，$f_{t(d)}(\cdot)$ 的值就越大。

$\tilde{t}(d)$ 分布在零附近是对称的，其均值（μ）、方差（σ^2）、偏度（ζ_1）和峰度（ζ_2）分别如下所示：

$$\mu \equiv E[z] = 0$$

$$\sigma^2 \equiv E[(z-E[z])^2] = 1$$

$$\zeta_1 \equiv E[z^3]/\sigma^3 = 0$$

$$\zeta_2 \equiv E[z^4]/\sigma^4 - 3 = 6/(d-4)$$

因此，峰度要有意义，d 就必须比 4 大。对于数值较大的 d，分布将会有一个接近于零的峰度，同时，我们可以看出，随着 d 趋于无限大，其收敛于正态分布。事实上，当 d 的值大于 50 时，很难区分 $\tilde{t}(d)$ 分布和标准正态分布。

6.1 极大似然估计

结合动态波动性模型（例如 GARCH）和标准 t 分布，我们可以具体化我们模型中的资产组合收益如下：

$$R_{PF,t} = \sigma_{PF,t}z_t\text{，其中，}z_t \overset{i.i.d.}{\sim} \tilde{t}(d)$$

如果忽略方差估计的误差，那么我们可以将标准化收益当作正常随机变量，记为 $z_i = R_{PF,t}/\sigma_{PF,t}$。可以通过选择 d，然后使用极大似然来估计参数 d，即最大化下式得到 d：

$$\begin{aligned}\ln L_1 &= \sum_{t=1}^{T}\ln(f_{i(d)}(z_t;d)) \\ &= T\{\ln(\Gamma((d+1)/2)) - \ln(\Gamma(d/2)) - \ln(\pi)/2 - \ln(d-2)/2\} \\ &\quad -\frac{1}{2}\sum_{t=1}^{T}(1+d)\ln(1+(R_{PF,t}/\sigma_{PF,t})^2/(d-2))\end{aligned}$$

基于我们已经对于资产组合方法 $\sigma^2_{PF,t}$ 建模并估计，将其视为给定，我们可以只对于参数 d 最大化 $\ln L_2$。该方法再一次使用了极大似然。对于参数较少模型的估计，极大似然是非常有用的，而该模型仅仅只有一个参数。因为我们依赖于最优化来估计参数，所以简单很重要。

如果想要同时估计方差参数和 d 参数，那么我们必须调整分布使得可以考虑 $\sigma^2_{PF,t}$，然后得到

$$f(R_{PF,t};d) = \frac{C(d)}{\sigma_{PF,t}}(1+(R_{PF,t}/\sigma_{PF,t})^2/(d-2))^{-(1+d)/2}$$

为了一起估计所有的参数，我们必须最大化样本收益的对数似然，可以被表示如下：

$$\ln L_2 = \sum_{t=1}^{T} \ln(f(R_{PF,t};d)) = \ln L_1 - \sum_{t=1}^{T} \ln(\sigma_{PF,t}^2)/2$$

当我们通过所有参数最大化 $\ln L_2$，包含 GARCH 参数 $\sigma_{PF,t}^2$，那么相比第一步估计 GARCH 参数、第二步分布参数，我们能够得到更加精确的参数估计。

准极大似然和极大似然之间区别的一元例子考虑了带杠杆的 G_TARCH(1,1) - $\tilde{t}(d)$ 模型。我们有

$$R_{PF,t+1} = \sigma_{PF,t+1} z_{t+1}，其中，z_{t+1} \overset{i.i.d.}{\sim} \tilde{t}(d),$$

$$\sigma_{PF,t+1}^2 = \omega + \alpha(R_{PF,t} - \theta\sigma_{PF,t})^2 + \beta\sigma_{PF,t}^2$$

我们可以使用 $\ln L_2$ 用一步估计所有的参数 $\{\omega, \alpha, \beta, d\}$，这将会和 MLE 相对应。其次，我们可以先使用第 4 章中的 QMLE 方法估计 GARCH 参数 $\{\omega, \alpha, \beta, d\}$，它假设概率是来自正态分布，然后估计条件分布参数 d。在这个简单的例子中，由于总的参数只有 5 个，因此精确的 MLE 是非常可行的。

6.2 d 的简单估计

尽管极大似然估计有一个很好的特性，但是对于 t 分布，有另一种简单的估计方法。如果条件方差模型已经被估计，那么我们就只要估计一个参数，也就是 d。因为在 d 和峰度 ζ_2 之间有一个封闭关系，这表明首先从变量 z_t 计算 ζ_2，其次从下式计算 d：

$$\zeta_2 = 6/(d-4) \Rightarrow d = 6/\zeta_2 + 4$$

因此，例如，如果峰度为 1，那么 d 的估计就是 10。这是矩量法估计，我们将第四个样本数据的统计量（在这个案例中为 z_t）和来自所假设分布（在这种情况下是 t 分布）的第四个统计量两者之间匹配。t 的估计是以之前使用 QMLE 估计 GARCH 参数为条件的。只有当 GARCH 参数收益被估计时，我们才可以定义 GARCH 冲击 z_t 的时间序列。

6.3 计算风险值和期望损失

一旦 d 被估计，我们可以计算资产组合收益的 VaR：

$$R_{PF,t+1} = \sigma_{PF,t+1} z_{t+1}，其中，z_{t+1} \overset{i.i.d.}{\sim} \tilde{t}(d)$$

因为

$$VaR_{t+1}^p = -\sigma_{PF,t+1} \tilde{t}_p^{-1}(d)$$

其中，$\tilde{t}_p^{-1}(d)$是 $\tilde{t}(d)$分布的第 p 个分位数。

因此，我们有

$$VaR_{t+1}^p = -\sigma_{PF,t+1} \sqrt{\frac{d-2}{d}} t_p^{-1}(d)$$

这里我们使用以下结果，该结果是将标准化 $\tilde{t}(d)$ 分布的分位数和常见的学生 $t(d)$ 相联系。

对于期望损失的公式为

$$ES_{t+1}^p = -\sigma_{PF,t+1} ES_{\tilde{t}(d)}(p)$$

这里，

$$ES_{\tilde{t}(d)}(p) = \frac{C(d)}{p}\left[\left[1+\frac{1}{d-2}t_p^{-1}(d)\right]^{\frac{1-d}{2}}\frac{d-2}{1-d}\right]$$

其中，和前面一样，$C(d)=\dfrac{\Gamma((d+1)/2)}{\Gamma(d/2)\sqrt{\pi(d-2)}}$。

在本章末的附录 A 中给出了 $ES_{\tilde{t}(d)}(p)$ 的推导。

6.4 QQ 图

我们可以推广之前的 QQ 图来评估非正态分布是否合适。尤其是，我们想要评估通过 GARCH 模型标准化的收益是否符合 $\tilde{t}(d)$ 分布。

但是，标准化 $\tilde{t}(d)$ 分布的分位数常常很难在软件包中找到，而来自普通学生 $\tilde{t}(d)$ 分布的分位数却很容易通过软件计算。因此，我们需要如下关系：

$$\Pr\left(z_t\sqrt{\frac{d}{d-2}} < t_p^{-1}(d)\right) = p$$

$$\Leftrightarrow \Pr\left(z_t < t_p^{-1}(d)\sqrt{\frac{d-2}{d}}\right) = p$$

$$\Leftrightarrow \tilde{t}_p^{-1}(d) = \sqrt{\frac{d-2}{d}}t_p^{-1}(d)$$

其中，$t_p^{-1}(d)$ 是第 p 个普通学生 $\tilde{t}(d)$ 分布的分位数。

我们现在能够很容易地构建如下 QQ 图：

$$\{X_i,\ Y_i\} = \left\{\sqrt{\frac{d-2}{d}}t_{(i-0.5)/T}^{-1}(d),\ z_i\right\}$$

其中，z_i 也表示按顺序的第 i 个标准收益。

图 6.3 表示来自有杠杆的 GARCH(1,1)$-\tilde{t}(d)$ 的标准收益的 QQ 图，使用 QMLE 估计。d 的估计数为 11.4。t 分布比正态分布能更好地拟合左边尾部，但是有时其对右边尾部的拟合却较差。

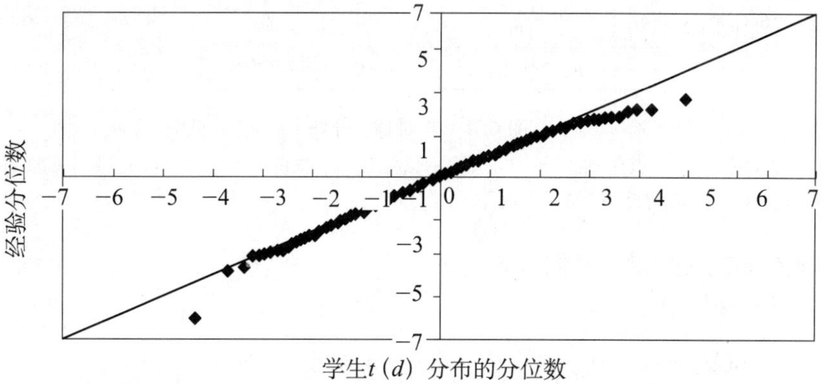

图 6.3 S&P500GARCH 冲击的 QQ 图和标准 t 分布

注：我们绘制了 S&P500GARCH 冲击的经验分位数以及标准学生 t 分布的分位数。黑线的斜率为 1。

$\tilde{t}(d)$ 分布的对称性似乎有点和这个特定的数据集合不一样，因此我们考虑允许非对称的一般 t 分布。

7 非对称 t 分布

学生 t 分布可以允许条件分布中的峰度，但是不允许偏度。但是，我们能建立一个一般化的、非对称版本的学生 t 分布。它由在横坐标上的点 $-A/B$ 处结合两个分布来定义。密度函数被定义为

$$f_{asyt}(z;d_1,d_2)=\begin{cases}BC[1+(Bz+A)^2/((1-d_2)^2(d_1-2))]^{-(1+d_1)/2}, & \text{如果 } z<-A/B\\ BC[1+(Bz+A)^2/((1+d_2)^2(d_1-2))]^{-(1+d_1)/2}, & \text{如果 } z\geqslant -A/B\end{cases}$$

其中，

$$A=4d_2C\frac{d_1-2}{d_1-1},B=\sqrt{1+3d_2^2-A^2},C=\frac{\Gamma((d_1+1)/2)}{\Gamma(d_1/2)\sqrt{\pi(d_1-2)}}$$

其中 $d_1>2$，$-1<d_2<1$。在对称学生 t 分布中，$C(d_1)=C(d)$。图 6.4 表示非对称 t 分布，黑线为 $\{d_1,d_2\}=\{8,-0.4\}$，点线为 $\{d_1,d_2\}=\{8,+0.4\}$。

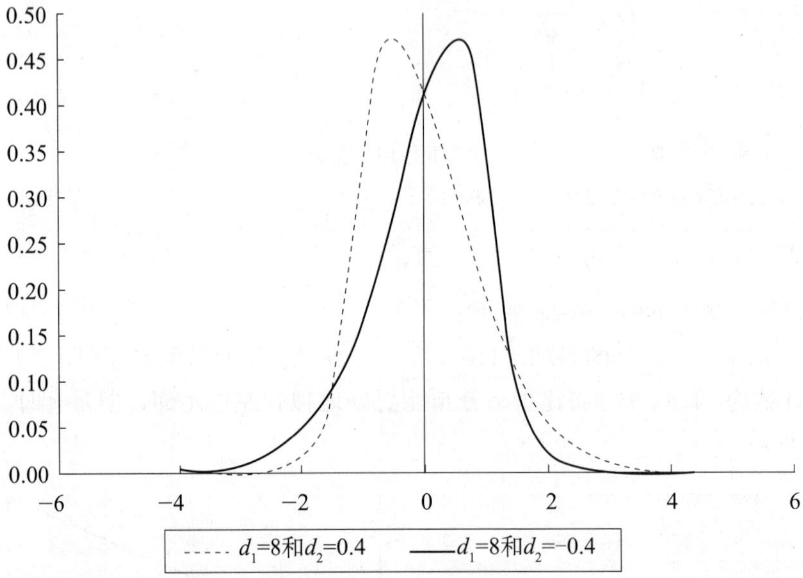

图 6.4 非对称 t 分布

注：点线表示非对称 t 分布，其中 $d_2=+0.4$，这表示偏度为-1。黑线表示 $d_2=-0.4$，其中偏度为-1。在两种情况下，d_2 参数均设为 8，表明峰度为 2.6。

为了得到分布的统计量，我们首先定义

$$m_2=1+3d_2^2$$

$$m_3=16Cd_2(1+d_2^2)\frac{(d_1-2)^2}{(d_1-1)(d_1-3)},\text{对于 } d_1>3$$

$$m_4=3\frac{(d_1-2)}{(d_1-4)}(1+10d_2^2+5d_2^4),\text{对于 } d_1>4$$

从这些情况中，我们可以得到非对称 t 分布的前四个统计量为

$$\mu\equiv E[z]=0$$

$$\sigma^2\equiv E[(z-E[z])^2]=1$$

$$\zeta_1 \equiv E[z^3]/\sigma^3 = [m_3 - 3Am_2 + 2A^3]/B^3$$

$$\zeta_2 \equiv E[z^4]/\sigma^4 - 3 = [m_4 - 4Am_3 + 6A^2m_2 - 3A^4]/B^4 - 3$$

从公式中可知，虽然如果 d_2 是 0，偏度为 0，但是偏度和峰度一般是 d_2，d_1 的非线性函数。

再次考虑图 6.4 中的两个分布。点线表示偏度为+1，超额峰度为 2.6；黑线表示偏度为−1，超额峰度为 2.6。

偏度和峰度都是 d_1，d_2 的函数。图 6.5 的上图表示偏度在水平轴上为 d_2 的函数。黑线选取 $d_1=5$（高峰度），点线选取 $d_1=10$（中峰度）。图 6.5 的下图表示峰度在横轴上以 d_1 为函数。点线选取 $d_2=0$（无偏度），黑线选取 $d_2=0.5$（正偏度）。非对称 t 分布可能体现了很大范围的偏度和峰度水平。

对称标准学生 t 分布是非对称 t 分布的一种特殊形式，其中 $d_1=d$，$d_2=0$，以及设 $A=0$，$B=1$，我们可以得到

$$m_2=1,\ m_3=0,\ m_4=3\frac{(d-2)}{(d-4)}$$

所以有

$$\zeta_1 = 0，并且\ \zeta_2 = 3\frac{(d-2)}{(d-4)} - 3 = 6/(d-4)$$

和前述部分一样。

7.1 d_1，d_2 的估计

非对称 t 分布的参数 d_1，d_2 和之前一样可以通过极大似然来估计。唯一增加的复杂性是似然函数的斜率在任何一天都依赖于冲击 z_t 的值。和前面一样，我们可以定义 z_t 的似然函数为

$$\ln L_1 = \sum_{t=1}^{T} \ln(f_{asyt}(z_t; d_1, d_2))$$

其中，

$$\ln(f_{asyt}(z_t;\ d_1,\ d_2)) = \begin{cases} \ln(BC) - \dfrac{(1+d_1)}{2}\ln\left(\left[1+\dfrac{(Bz_t+A)^2}{((1-d_2)^2(d_1-2))}\right]\right), & 如果\ z_t < -A/B \\ \ln(BC) - \dfrac{(1+d_1)}{2}\ln\left(\left[1+\dfrac{(Bz_t+A)^2}{((1+d_2)^2(d_1-2))}\right]\right), & 如果\ z_t \geqslant -A/B \end{cases}$$

该估计假设条件方差的估计是没有误差的，所以我们可以得到 $z_t=R_{PF,t}/\sigma_{PF,t}$，作为一个一般数据点。波动性和分布参数的联合估计可以通过下式得到，和以前一样。

$$\ln L_2 = \sum_{t=1}^{T} \ln(f_{asyt}(R_{PF,t}; d_1, d_2)) = \ln L_1 - \sum_{t=1}^{T} \ln(\sigma_{PF,t}^2)/2$$

我们也能使用样本 ζ_1 偏度估计和 ζ_2 峰度估计来估计 d_1 和 d_2。遗憾的是，参数和统计量之间的关系是非线性的。所以方程必须求数值解，以得到使用 A，B，m_2，m_3 和 m_4 的公式的 d_1，d_2 的基于统计量的估计：

$$\zeta_1 = [m_3 - 3Am_2 + 2A^3]/B^3$$

$$\zeta_2 = [m_4 - 4Am_3 + 6A^2m_2 - 3A^4]/B^4 - 3$$

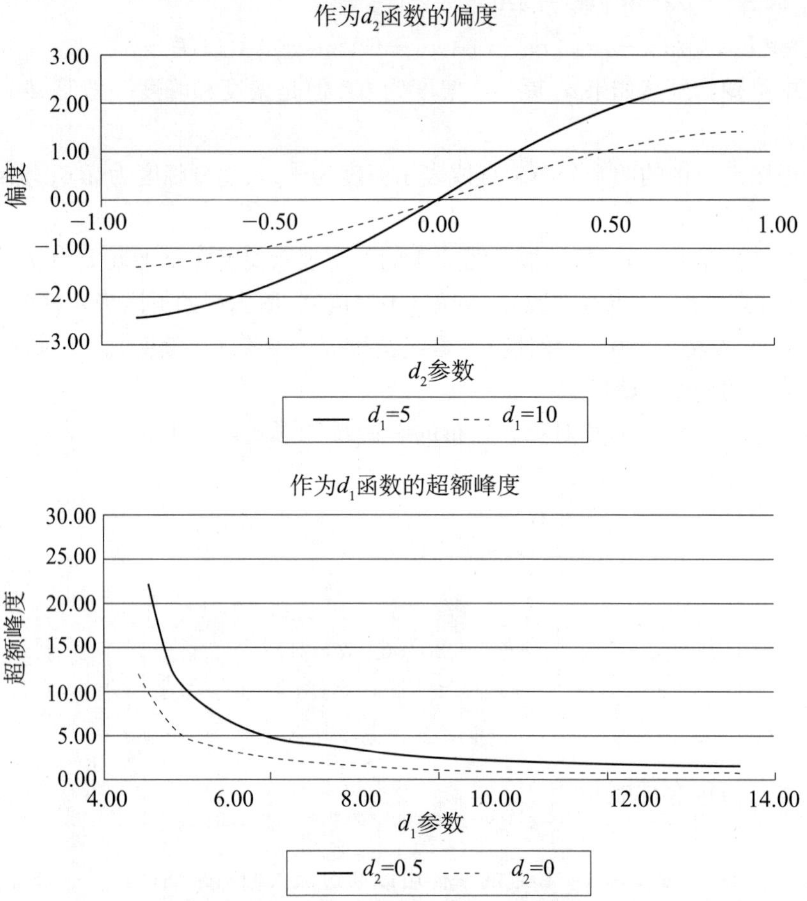

图 6.5　非对称 t 分布的峰度和偏度

注：在上图中，我们绘制了非对称 t 分布的偏度为参数 d_2 的函数，偏度也是 d_1 的函数。黑线使用 $d_1=5$，点线使用 $d_1=10$。在下图中，我们绘制超额偏度为 d_1 的函数，超额峰度也是 d_2 的函数。点线选择 $d_2=0$，黑线选择 $d_2=0.5$。

7.2　计算风险值和期望损失

一旦 d_1，d_2 被估计，我们可以计算资产组合收益的风险值：

$$R_{PF,t+1}=\sigma_{PF,t+1}z_{t+1}\text{，其中，}z_{t+1}\overset{i.i.d.}{\sim}F_{asyt}(d_1,d_2)$$

由于

$$VaR_{t+1}^{p}=-\sigma_{PF,t+1}F_{asyt}^{-1}(p;\ d_1,\ d_2)$$

其中 $F_{asyt}^{-1}(p,\ d_1,\ d_2)$ 是非对称 t 分布的第 p 个分位数，由下式得到：

$$F_{asyt}^{-1}(p;d_1,d_2)=\begin{cases}\dfrac{1}{B}\left[(1-d_2)\sqrt{\dfrac{d_1-2}{d_1}}\,t_{p/(1-d_2)}^{-1}(d_1)-A\right]\text{，如果 } p<\dfrac{1-d_2}{2}\\ \dfrac{1}{B}\left[(1+d_2)\sqrt{\dfrac{d_1-2}{d_1}}\,t_{(p+d_2)/(1+d_2)}^{-1}(d_1)-A\right]\text{，如果 } p\geqslant\dfrac{1-d_2}{2}\end{cases}$$

其中，对于不同的 p，d 值，我们使用对称 t 分布的反函数 $t_p^{-1}(d)$。

期望损失可以计算如下：

$$ES_{t+1}^{p} = -\sigma_{PF,t+1} ES_{asyt}(p)$$

其中，$ES_{asyt}(p)$ 的公式是 d_1，d_2 的方程，在本章末的附录 A 中有具体介绍。

7.3 QQ 图

已经有了累积密度函数（CDF）的反函数，我们再次构建 QQ 图如下：

$$\{X_i, Y_i\} = \{F_{asyt}^{-1}((i-0.5)/T; d_1, d_2), z_i\}$$

其中，z_t 表示第 i 个顺序排列的标准收益。

图 6.6 表示非对称 t 分布的 QQ 图。非对称 t 分布能够很好地拟合 S&P500 冲击。只有单个最大的负冲击偏离 45 度直线。

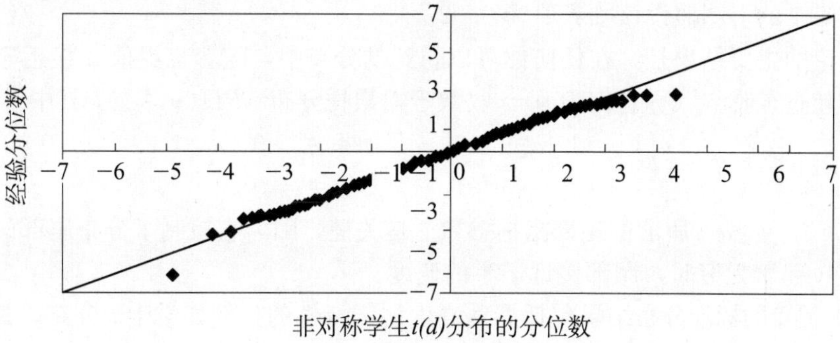

图 6.6　S&P500GARCH 冲击 QQ 图和非对称 t 分布

注：我们绘制 S&P500GARCH 冲击的经验分位数和非对称学生 t 分布的分位数。黑线的斜率为 1。

结论是：非对称 t 分布有时在实施和估计时比较难处理，但是从日资产收益中得出的 GARCH 冲击拟合效果是非常好的。

t 分布——和其他分布——的目的在于使用所有的可用数据来拟合整个范围的结果。作为结果，分布估计参数（例如 d_1，d_2）在很大程度上受接近于零的数值的影响，该值我们可能观察到很多，但是风险管理者关注得很少。因此，我们现在转向其他方法，只使用极端观察收益，该收益显然包含风险管理所需的重要信息。

8　极值理论

通常，资产组合的最大风险就是突然有一个大的负收益，因此，清楚地了解并关注极端概率的知识，是金融风险管理的本质。所以，风险管理者应该关注对收益分布的尾部建模。很幸运的是，有一个统计分支就是专门对这样的极值进行建模的。

对于极值理论的主要结论表明，分布大范围的极值能够通过一个相对简单的分布来描述，这就是所谓的帕累托分布（GPD）。

在极值理论（EVT）中，几乎所有的结果都假设收益是独立同分布的。因此它们并不是非常有用，除非适宜于资产收益环境。资产收益似乎在长程上接近于正态分布，因此，EVT 在短程上（例如日）更重要。遗憾的是，由于时间变化方差形式，独立同分布假设对于短期是最不合适的，所以我们需要在使用 EVT 之前得到动态方差序列。因此，我们再次考虑标准资产组合收益。

$$z_{t+1}=R_{PF,t+1}/\sigma_{PF,t+1}\sim\overset{i.i.d.}{\sum}D(0,\ 1)$$

幸运的是，这些标准化收益是独立同分布这一假设是合理的，因此我们将会继续将 EVT 运用于标准收益，然后将 EVT 与在第 4 和 5 章中的估计方差模型相结合来计算 $VaRs$。

8.1 极值的分布

考虑冲击 z_t 的整个分布，正如图 6.1 中的直方图所举例的那样。EVT 只关注于分布的尾部，我们首先需要确定从尾部能够得到什么。为此将定义直方图水平值的临界值 u。例如，在图 6.1 的上图假设该临界值为 0.02。

极值理论的主要结果是，在任何你可以想到的分布中，随着临界值 u 接近于无穷，观察值的分布超过了临界（称它们为 y），收敛于帕累托分布 $GPD(y,\xi,\beta)$，其中

$$GPD(y;\xi,\beta)=\begin{cases}1-(1+\xi y/\beta)^{-1/\xi}, & \text{如果 } \xi>0\\ 1-\exp(-y/\beta), & \text{如果 } \xi=0\end{cases}$$

这里 $\beta>0$，$y>u$。所谓的尾部指标参数 ξ 是关键，因为它控制了分布尾部的形状，尤其是当极值 y 趋于无穷时，尾部接近于零的速度。

由 EVT 覆盖的标准分布结果包括那些高度尾部特性的，例如学生 t 分布，其中尾部指标参数 ξ 是正数。当然，这也是金融风险管理中最有兴趣的一个部分，其中收益趋于胖尾。

正态分布也是被覆盖的。之前我们发现学生 t 分布和正态分布之间的主要区别是：前者有幂率尾而后者是指数尾。因此对于正态分布，我们有尾部参数 ξ 等于 0。

最后，当尾部参数 $\xi<0$ 时，为瘦尾分布，但它们和风险管理是不相关的，所以在这里我们不会考虑这种情况。

8.2 估计尾部指数参数，ξ

我们能使用 MLE 来估计前面所定义的 GPD 分布。但是，如果我们能够假设尾部参数 ξ 是严格的正数，和风险管理的情况一致，那么存在一个简单的参数，就是 Hill 估计量。Hill 估计量的思想适合 GPD 分布：

$$F(y)=1-cy^{-1/\xi}\approx 1-(1+\xi y/\beta)^{-1/\xi}=GPD(y;\xi,\beta)$$

对于 $y>u$，$\xi>0$。条件分布的定义为

$$f(y\mid y>u)=f(y)/\Pr(y>u)=f(y)/(1-F(u))\text{，对于 } y>u$$

从 $F(y)$ 的定义我们有

$$F(u)=1-cu^{-1/\xi}$$

我们也可以从 $F(y)$ 得到 y 的密度函数：

$$f(y)=\frac{\partial F(y)}{\partial y}=\frac{1}{\xi}cy^{-1/\xi-1}$$

我们现在可以对于所有的观察值 y_i 大于临界值 u 的部分构建似然函数：

$$L=\prod_{i=1}^{T_u}f(y_i)/(1-F(u))=\prod_{i=1}^{T_u}\frac{1}{\xi}cy_i^{-1/\xi-1}/(cu^{-1/\xi})\text{，对于 } y_i>u$$

其中，T_u 是观察值 y 比 u 大的个数。对数似然函数因此就为

$$\ln L=\sum_{i=1}^{T_u}\left(-\ln(\xi)-(1/\xi+1)\ln(y_i)+\frac{1}{\xi}\ln(u)\right)$$

关于 ξ 求导，并设其为零，得到尾部指标参数的 Hill 估计量：

$$\xi=\frac{1}{T_u}\sum_{i=1}^{T_u}\ln(y_i/u)$$

我们可以通过确保观察值的一部分大于临界值来估计 c 参数，由如下公式的密度函数来体现：

$$F(u)=1-cu^{-1/\xi}=1-T_u/T$$

对 c 求解以上方程，得到估计

$$c=\frac{T_u}{T}u^{1/\xi}$$

因此，大于 u 的观察值的累积密度函数的估计为

$$F(y)=1-cy^{-1/\xi}=1-\frac{T_u}{T}(y/u)^{-1/\xi}$$

我们的估计在封闭形式下可用，它们不要求有数值优化，因此它们很容易计算。

到目前为止，我们把极端收益作为丰厚的回报。当然，作为一个风险管理者，我们更加感兴趣的是极大的负收益，其对应于极大的损失。为此，我们仅仅对大的负收益而不是收益做了 EVT 分析。

8.3 选择临界值 u

到目前为止，我们主要关注 EVT 方法的优点，例如明确地关注尾部，能够单独地分析每个尾部，因此避免无根据的对称假设。但是，EVT 方法有一个致命要害，也就是临界值 u 的选择。当选择 u 时，我们必须平衡两个方面：偏差和方差。如果 u 太大，那么只有几个观察值会保留在左边尾部，并且对于尾部参数的估计 ξ，就会有很大的噪声。另一方面，如果 u 设得太小，那么 EVT 理论可能就不成立，意味着对于临界值的右边数据，帕累托分布就不能很好地符合，也就不能产生无偏的参数 ξ。

模拟研究表明：在日资产收益的典型数据集合中，一个好的规则能够使得临界值的设置对于 ξ 估计，能够保留最大的前 50 个观察值，也就是，我们设 $T_u=50$。QQ 图同样也能够给我们提供很好的指导。只有那些明显偏离正态分布的 45 度直线的观察值应该用于尾部指数参数 ξ 的估计。

8.4 从 EVT 构建 QQ 图

接下来，我们使用 EVT 分布来表示大损失的 QQ 图。定义 y 为标准收益；也就是

$$y_i=-R_{PF,i}/\sigma_{PF,i}$$

第一步就是使用之前的 Hill 估计量，从损失 y_i 中估计 ξ 和 c。

接下来，我们需要计算累积分布函数的反函数，它能够给我们提供分位数。前述的 EVT 累积密度函数为

$$F(y) = 1 - cy^{-1/\xi} = 1 - \frac{T_u}{T}(y/u)^{-1/\xi}$$

我们现在设估计累积概率函数为 $1-p$，那么只有 p 的概率，标准损失会以此概率比分位数 F_{1-p}^{-1} 要大，F_{1-p}^{-1} 被定义为

$$F(F_{1-p}^{-1}) = 1 - p$$

从 $F(\cdot)$ 的定义，我们可以求解方程，得到

$$F_{1-p}^{-1} = u[p/(T_u/T)]^{-\xi}$$

我们现在能够通过使用以下关系从 EVT 构建 QQ 图，

$$\{X_i, Y_i\} = \{u[\{(i-0.5)/T\}/(T_u/T)]^{-\xi}, y_i\}$$

其中，y_i 是第 i 个顺序标准损失。

图 6.7 表示标准 S&P500 收益中对于大损失 EVT 尾部的 QQ 图。对于这些数据，ξ 的估计值为 0.22。

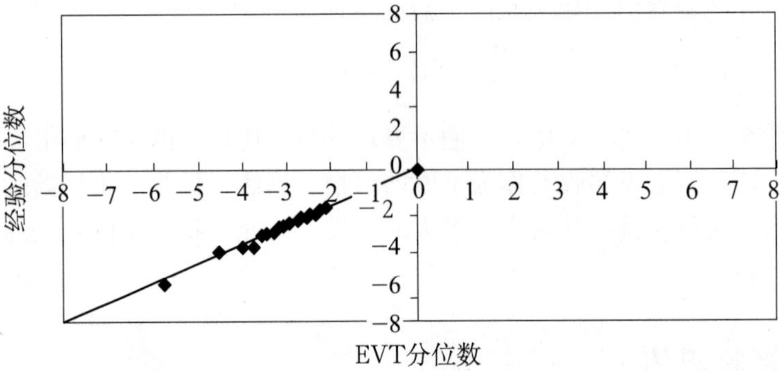

图 6.7 日 S&P500 尾部冲击的 QQ 图和 EVT 分布

注：我们绘制了最大负 S&P500GARCH 冲击的分位数，以及 EVT 分布的分位数。直线的斜率为 1。

8.5 从 EVT 分位数计算 *VaR*，*ES*

当然，我们最感兴趣的并不在于 QQ 图，而是在于资产组合风险评估，例如风险价值。再次使用损失分位数 F_{1-p}^{-1}，由下式定义：

$$F_{1-p}^{-1} = u[p/(T_u/T)]^{-\xi}$$

来自 EVT 的 *VaR*，和方差模型相结合，现在很容易计算为

$$VaR_{t+1}^{p} = \sigma_{PF,t+1} F_{1-p}^{-1} = \sigma_{PF,t+1} u[p/(T_u/T)]^{-\xi}$$

在覆盖率为 p 的 *VaR* 中，使用 EVT 损失分布的 $1-p$ 分位数的原因在于，$(1-p)$ 100%损失的分位数和减去收益的 p100%的分位数相同。

我们常常计算 *VaR*，把 Φ_p^{-1} 作为来自标准收益的第 p 个分位数，那么

$$VaR_{t+1}^{p} = -\sigma_{PF,t+1}\Phi_p^{-1}$$

但是我们现在把 F_{1-p}^{-1} 作为标准损失的第 $1-p$ 个分位数，那么

$$VaR_{t+1}^{p} = \sigma_{PF,t+1} F_{1-p}^{-1}$$

期望损失可以计算如下：

$$ES_{t+1}^{p} = \sigma_{PF,t+1} ES_{EVT}(p)$$

其中，

$$ES_{EVT}(p) = -\frac{u}{\xi - 1}[p/(T_u/T)]^{-\xi}，当 \xi < 1 时$$

公式的推导在附录 C 中。

一般来说，对于胖尾分布，*ES* 和 *VaR* 的比例要比正态的高。当使用 EVT 尾部的 Hill 近似时，*VaR* 和 *ES* 的公式表明，我们有以下简单关系，即

$$\frac{ES_{t+1}^p}{VaR_{t+1}^p} = \frac{1}{1-\xi}$$

那么对于胖尾分布，其中 $\xi > 0$，尾部越高，*ES* 和 *VaR* 的比例就越大。

在图 6.8 中，我们绘制了正态分布的尾部斜率（黑线）和 EVT 分布（点线），其中 $\xi = 0.5$。在所构建的图中，*VaR* 在两个分布中都为 2.33。因此，两条曲线之下的概率，在两种情况下均为 1% 。但是，风险预测是完全不同的。正态分布的尾部，随着损失变大，很快就接近于零。EVT 分布在另一方面表示一个非常重要的概率，即为超过 5 个标准差的损失概率。

前面的公式表示当 $\xi = 0.5$ 时，*ES* 和 *VaR* 的比值就为 2。因此，即使 *VaR* 在两个分布中是相同的，*ES* 估计表明了两个分布的风险预测的不同，因为其中一个是胖尾。*VaR* 没有揭示这种不同，除非 *VaR* 是对于几个极端覆盖概率 p 的报告。

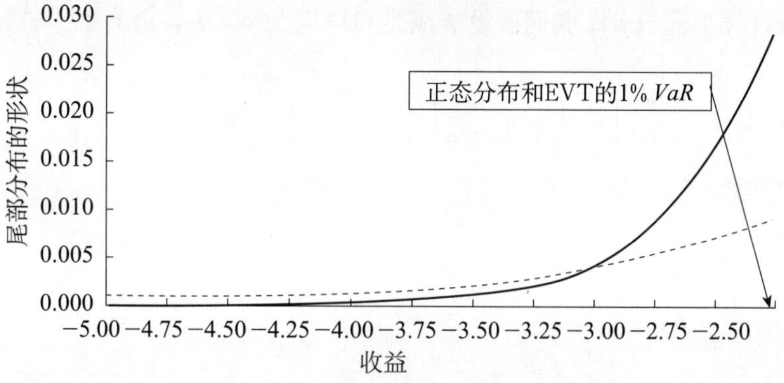

图 6.8　正态分布的尾部形状（黑线）和 EVT（点线）

注：我们用黑线绘制了标准正态分布的尾部形状，用点线表示了尾部指数参数为 0.5 的 EVT 分布的尾部形状。两个分布的 *VaR* 都为 2.33。

9　总结

时变方差模型帮助解释了金融收益数据的非正态特性。但是，通过动态方差标准化的收益分布趋于胖尾，而且可能是偏斜的。本章讨论了通过以前建立的方差和相关模型来研究资产组合收益的非正态建模方法，同样也使用了极大似然估计方法。

为了可视化非正态分布的数据，我们引进一个画图工具，就是所谓的 QQ 图。该方法曾被用于评估其他分布的恰当性。

为了体现资产组合风险分布的非正态性，考虑其他几种方法。

⊙ 滤波历史模拟方法，使用 GARCH 冲击的经验分布，避免了选择假设分布类型。

⊙ 对于冲击分布的 Cornish-Fisher 近似，通过容易得到的样本统计量，考虑了偏度和

峰度。

⊙ 标准 t 分布，其尾部要比正态分布的尾部胖，但是假设在零附近的分布是对称的。

⊙ 非对称 t 分布，它较为复杂，但是考虑到了偏度和峰度。

⊙ 极值理论，它只通过样本的极端冲击来对尾部分布建模。

本章主要是关于未来一天的分布建模。多天的分布需要蒙特卡洛模拟，这将会在第 8 章提到。

在本章末，我们要强调，本章的第二部分只分析了总体资产组合收益的条件分布。因此，分布依赖于目前资产组合权重的特定集合，并且当权重改变的时候，分布必须被估计。本书的第三部分呈现了多元风险模型，其中资产组合权重可以在无须重估该模型的情况下重新权衡。

附录 A：对称和非对称 t 分布的 *ES*

在该附录中，我们得到非对称 t 分布的期望损失估计。在对称情况下，我们将给出 ES 的一个特殊案例。

我们想要计算 $ES_{asyt}(p)$。我们假设 p 满足 $Q \equiv F_{asyt}^{-1}(p, d_1, d_2) < -\frac{A}{B}$，那么

$$ES_{asyt}(p) = \frac{BC}{p}\int_{-\infty}^{Q} z\left[1+\frac{1}{d_1-2}\left(\frac{Bz+A}{1-d_2}\right)^2\right]^{-\frac{d_1+1}{2}} dz$$

通过变量变换

$$x=\frac{Bz+A}{1-d_2}$$

$$dx=\frac{B}{1-d_2}dz$$

得到

$$\begin{aligned}ES_{asyt}(p) &= \frac{C(1-d_2)}{Bp}\int_{-\infty}^{\frac{BQ+A}{1-d_2}} (x(1-d_2)-A)\left[1+\frac{1}{d_1-2}x^2\right]^{-\frac{d_1+1}{2}} dx \\ &= \frac{C(1-d_2)^2}{Bp}\int_{-\infty}^{\frac{BQ+A}{1-d_2}} x\left[1+\frac{1}{d_1-2}x^2\right]^{-\frac{d_1+1}{2}} dx \\ &\quad -\frac{AC(1-d_2)}{Bp}\int_{-\infty}^{\frac{BQ+A}{1-d_2}} \left[1+\frac{1}{d_1-2}x^2\right]^{-\frac{d_1+1}{2}} dx\end{aligned}$$

求解第一个积分，可以得到

$$\begin{aligned}&\frac{C(1-d_2)^2}{Bp}\left[\left[1+\frac{1}{d_1-2}x^2\right]^{\frac{1-d_1}{2}} \frac{d_1-2}{1-d_1}\right]_{-\infty}^{\frac{BQ+A}{1-d_2}} \\ &= \frac{C(1-d_2)^2}{Bp}\left[\left[1+\frac{1}{d_1-2}\left(\frac{BQ+A}{1-d_2}\right)^2\right]^{\frac{1-d_1}{2}} \frac{d_1-2}{1-d_1}\right.\end{aligned}$$

第二个积分通过下式和对称学生 t 分布相关：

$$-\frac{AC(1-d_2)}{Bp}\frac{\sqrt{\pi(d_1-2)}\Gamma\left(\frac{d_1}{2}\right)}{\Gamma\left(\frac{d_1+1}{2}\right)}t_{d_1}\left(\sqrt{\frac{d_1}{d_1-2}}\frac{BQ+A}{1-d_2}\right)$$

其中，t_{d_1} 是学生 t 分布的 CDF，其自由度为 d_1。

因此

$$ES_{asyt}(p)=\frac{C(1-d_2)^2}{Bp}\left[\left[1+\frac{1}{d_1-2}\left(\frac{BQ+A}{1-d_2}\right)^2\right]^{\frac{1-d_1}{2}}\frac{d_1-2}{1-d_1}\right]$$
$$-\frac{AC(1-d_2)}{Bp}\frac{\sqrt{\pi(d_1-2)}\Gamma\left(\frac{d_1}{2}\right)}{\Gamma\left(\frac{d_1+1}{2}\right)}t_{d_1}\left(\sqrt{\frac{d_1}{d_1-2}}\frac{BQ+A}{1-d_2}\right)$$

在对称情况下，我们有 $d_1=d$，$d_2=0$，$A=0$，$B=1$，那么我们可以得到

$$ES_{\tilde{t}(d)}(p)=\frac{C}{p}\left[\left[1+\frac{1}{d-2}Q^2\right]^{\frac{1-d}{2}}\frac{d-2}{1-d}\right]$$

其中，$Q\equiv t_p^{-1}(d)$。

附录 B：Cornish-Fisher *ES*

Cornish-Fisher 方法假设了以下形式的一个近似分布：

$$f(z)=\phi(z)\left\{1+\frac{\zeta_1}{6}(z^3-3z)+\frac{\zeta_2}{24}(z^4-6z^2+3)\right\}$$

期望损失可以再次被定义为：

$$ES_{CF}(p)=\frac{1}{p}\int_{-\infty}^{Q}z\phi(z)\left\{1+\frac{\zeta_1}{6}(z^3-3z)+\frac{\zeta_2}{24}(z^4-6z^2+3)\right\}dz$$

其中，$Q=CF_p^{-1}$。求解积分，我们得到

$$\begin{aligned}ES_{CF}(p)&=\frac{1}{p}\int_{-\infty}^{Q}z\phi(z)\left\{1+\frac{\zeta_1}{6}(z^3-3z)+\frac{\zeta_2}{24}(z^4-6z^2+3)\right\}dz\\&=\frac{1}{p}\left\{\int_{-\infty}^{Q}z\phi(z)dz+\frac{\zeta_1}{6}\int_{-\infty}^{Q}(z^4-3z^2)\phi zdz+\frac{\zeta_2}{24}\int_{-\infty}^{Q}(z^5-6z^3+3z)\phi(z)dz\right\}\\&=\frac{1}{p}\left\{[-\phi(z)]_{-\infty}^{Q}+\frac{\zeta_1}{6}[-z^3\phi(z)]_{-\infty}^{Q}+\frac{\zeta_2}{24}[(-z^4+2z^2+1)\phi(z)]_{-\infty}^{Q}\right\}\\&=\frac{1}{p}\left\{-\phi(Q)-\frac{\zeta_1}{6}Q^3\phi(Q)+\frac{\zeta_2}{24}(-Q^4+2Q^2+1)\phi(Q)\right\}\\&=\frac{-\phi(Q)}{p}\left\{1+\frac{\zeta_1}{6}Q^3+\frac{\zeta_2}{24}(Q^4-2Q^2-1)\right\}\end{aligned}$$

附录 C：极值理论 *ES*

在 Hill 近似中，对于 EVT 的期望损失，可以得到：

$$ES_{EVT}(p) = \frac{1}{p}\int_{F_{1-p}^{-1}}^{\infty} y d\left[1 - \frac{T_u}{T}(y/u)^{-1/\xi}\right]$$

$$= \frac{1}{p}\int_{F_{1-p}^{-1}}^{\infty} y \frac{T_u u^{1/\xi}}{\xi T} y^{-\frac{1}{\xi}-1} dy = \frac{T_u u^{1/\xi}}{p\xi T}\int_{F_{1-p}^{-1}}^{\infty} y^{-\frac{1}{\xi}} dy$$

$$= \frac{T_u u^{1/\xi}}{p\xi T}\left[\frac{y^{-\frac{1}{\xi}+1}}{-\frac{1}{\xi}+1}\right]_{F_{1-p}^{-1}}^{\infty}$$

$$= \frac{T_u u^{1/\xi}}{p(\xi-1)T}\left[-(F_{1-p}^{-1})^{-\frac{1}{\xi}+1}\right]$$

$$= \frac{T_u u^{1/\xi}}{p(\xi-1)T}\left[-(u[p/(T_u/T)]^{-\xi})^{-\frac{1}{\xi}+1}\right]$$

$$= -\frac{u}{\xi-1}\left(\frac{T_u}{pT}\right)^{\xi}$$

$$= -\frac{u}{\xi-1}(p/(T_u/T))^{-\xi}$$

更多资源

这里考虑的非对称 t 分布可以在 Hansen (1994)，Fernandez 和 Steel (1998)，以及 Jondeau 和 Rockinger (2003) 中得到具体信息。Hansen (1994)、Jondeau 和 Rockinger (2003) 也讨论了随时间变化的偏度和峰度模型。Bollerslev (1987) 介绍了 GARCH-X 模型。

McNeil (1999) 研究了极值理论在金融风险管理中的应用。McNeil 和 Frey (2000) 讨论了 GARCH-EVT 模型的临界值选择。Huisman，Koedijk，Kool 和 Palm (2001) 改进了简单 Hill 估计。McNeil (1997)、McNeil 和 Saladin (1997) 研究了用 QQ 图来决定参数 u 的临界值。Brooks，Clare，Molle 和 Persand (2005) 比较了各类 EVT 方法。

Longin (2000)，Longin 和 Solnik (2001)，以及 Poon，Rockinger 和 Tawn (2003) 研究了对于一元 EVT 分析的多元扩展。

对于 Cornish-Fisher 近似的期望损失估计在 Giamouridis (2006) 中得到了拓展。由 Cornish-Fisher 近似的思想，Jondeau 和 Rockinger (2001) 建立了一个对于收益分布模型的 Gram-Charlier 方法。

还有很多其他条件分布的方法。Kuerster 等 (2006) 进行了一个大规模的实证研究。

GARCH 和 RV 可以通过跳跃过程相结合。可见 Maheu and McCurdy (2004)，Ornthanalai (2010)，Christoffersen，Jacobs，and Ornthanalai (2010)。

Artzner，Delbaen，Eber 和 Heath (1999) 定义了一致性风险度量，并且表明期望损失 (*ES*) 是一致的，但 *VaR* 却不是。研究基于 *ES* 和 *Var* 的动态性资产组合管理，Basak 和 Shapiro (2001) 发现当大损失发生时，*ES* 风险管理比 *VaR* 风险管理导致的损失要小。Cuoco，He 和 Issaenko (2008) 认为 *VaR* 和 *ES* 风险管理会导致相同的结果，只要 *VaR* 和 *ES* 风险管理能够经常性地更新计算。Basak 和 Shapiro (2001) 以及 Cuoco 等 (2008) 都假定收益是正态分布的。Chen (2008) 和 Taylor (2008) 考虑了非参数的 *ES* 方法。

分析基于 GARCH 的风险模型可以参考 Bali，Mo，and Tang (2008)，Mancini and Trojani (2011)，以及 Jalal and Rockinger (2008)。

参考文献

Artzner，P.，Delbaen，F.，Eber，J.，Heath，D.，1999. Coherent measures of risk. Math. Finance 9,

203-228.

Bali, T., Mo, H., Tang, Y., 2008. The role of autoregressive conditional skewness and kurtosis in the estimation of conditional VaR. J. Bank. Finance 32, 269-282.

Basak, S., Shapiro, A., 2001. Value at risk based risk management: Optimal policies and asset prices. Rev. Financ. Stud. 14, 371-405.

Bollerslev, T., 1987. A conditionally heteroskedastic time series model for speculative prices and rates of return. Rev. Econ. Stat. 69, 542-547.

Brooks, C., Clare, A., Molle, J. D., Persand, G., 2005. A comparison of extreme value theory approaches for determining value at risk. J. Empir. Finance 12, 339-352.

Chen, S. X., 2008. Nonparametric estimation of expected shortfall. J. Financ. Econom 6, 87-107.

Christoffersen, P., Jacobs, K., Ornthanalai, C., 2010. Exploring time-varying jump intensities: Evidence from S&P 500 returns and options. Available from: SSRN, http://ssrn.com/abstract=1101733.

Cuoco, D., He, H., Issaenko, S., 2008. Optimal dynamic trading strategies with risk limits. Oper. Res. 56, 358-368.

Fernandez, C., Steel, M. F. J., 1998. On Bayesian modeling of fat tails and skewness. J. Am. Stat. Assoc. 93, 359-371.

Giamouridis, D., 2006. Estimation risk in financial risk management: A correction. J. Risk 8, 121-125.

Hansen, B., 1994. Autoregressive conditional density estimation. Int. Econ. Rev. 35, 705-730.

Huisman, R., Koedijk, K., Kool, C., Palm, F., 2001. Tail-index estimates in small samples. J. Bus. Econ. Stat. 19, 208-216.

Jalal, A., Rockinger, M., 2008. Predicting tail-related risk measures: The consequences of using GARCH filters for Non-GARCH data. J. Empir. Finance 15, 868-877.

Jondeau, E., Rockinger, M., 2001. Gram-Charlier densities. J. Econ. Dyn. Control 25, 1457-1483.

Jondeau, E., Rockinger, M., 2003. Conditional volatility, skewness and kurtosis: Existence, persistence and comovements. J. Econ. Dyn. Control 27, 1699-1737.

Kuerster, K., Mittnik, S., Paolella, M., 2006. Value-at-Risk prediction: A comparison of alternative strategies. J. Financ. Econom. 4, 53-89.

Longin, F., 2000. From value at risk to stress testing: The extreme value approach. J. Bank. Finance 24, 1097-1130.

Longin, F., Solnik, B., 2001. Extreme correlation of international equity markets. J. Finance 56, 649-676.

Maheu, J., McCurdy, T., 2004. News arrival, jump dynamics and volatility components for individual stock returns. J. Finance 59, 755-794.

Mancini, L., Trojani, F., 2011. Robust value at risk prediction. J. Financ. Econom. 9, 281-313.

McNeil, A., 1997. Estimating the tails of loss severity distributions using extreme value theory. ASTIN Bull. 27, 117-137.

McNeil, A., 1999. Extreme value theory for risk managers. In: Internal modelling and CAD II. London: Risk Books, pp. 23-43.

McNeil, A., Frey, R., 2000. Estimation of tail-related risk measures for heteroskedastic financial time series: An extreme value approach. J. Empir. Finance 7, 271-300.

McNeil, A., Saladin, T., 1997. The peaks over thresholds method for estimating high quantiles of loss distributions. In: Proceedings of the 28th International ASTIN Colloquium, pp. 23-43, Cairns, Australia.

Ornthanalai, C., 2010. A new class of asset pricing models with Lévy processes: Theory and applications. Available from: SSRN, http://ssrn.com/abstract=1267432.

Poon, S.-H., Rockinger, M., Tawn, J., 2003. Extreme-value dependence measures and finance applications. Stat. Sin. 13, 929-953.

Taylor, J. W., 2008. Using exponentially weighted quantile regression to estimate value at risk and expected shortfall. J. Financ. Econom. 6, 382-406.

练习

打开网站上第 6 章的数据文件 Chapter6Data. xlsx。

1. 构建 S&P500 收益除以非条件标准差的 QQ 图。使用正态分布。将你的结果和图 6.2 的上图相比较。(Excel：使用 NORMSINV 函数计算标准正态分位数。)

2. 从第 4 章复制和粘贴 NGARCH(1，1)波动性估计。

3. 使用练习 2 的波动性标准化收益。使用正态分布构建标准化收益的 QQ 图。将你的结果和图 6.2 的结果相比较。

4. 使用 QMLE，估计 NGARCH(1，1) -X 模型。从练习 3 中，确定方差参数。设初始值 d 为 10。(Excel 提示：对于标准 t 分布的对数似然函数，使用 GAMMALN 函数。)

使用标准 t 分布对标准收益构建 QQ 图。将你的结果和图 6.3 的结果相比较。(Excel 提示：Excel 包含了来自 t 分布的两个方面的分位数。我们使用以下关系计算一方面的分位数。

$$\tilde{t}_p^{-1}(d)=\begin{cases}-|\operatorname{tinv}(2p,d)|\sqrt{(d-2)/d}\ , & \text{如果 } p\leqslant 0.5\\ |\operatorname{tinv}(2(1-p),d)|\sqrt{(d-2)/d}, & \text{如果 } p>0.5\end{cases}$$

其中，tinv 是 Excel 中的一个函数，$\tilde{t}_p^{-1}(d)$ 是我们 QQ 图中需要标准化的单面分位数。)

5. 使用 Hill 估计，估计 EVT 模型的标准资产组合收益。使用 50 个最大损失来估计 EVT。通过以下模型计算 0.01%标准化收益分位数：正态，$t(d)$，EVT 和 Cornish-Fisher。注意这四个模型中得到的 0.01%VaR 的不同。

6. 对于 50 个最大损失使用 EVT 分布构建 QQ 图。将你的结果和图 6.7 相比较。

7. 对于 2010 年的每一天，使用以下方法计算 1 天 1%Var：(a) RiskMetrics，也就是，方差指数平滑的正态分布，其中权重 $\lambda=0.94$；(b) 在练习 5 中的含参数估计的 NGARCH(1，1)-$\tilde{t}(d)$；(c) 历史模拟；(d) 滤波历史模拟。对历史模拟，使用 251 天的移动样本。绘制 VaR。

8. 使用非对称 t 分布构建图 6.4。

9. 使用非对称 t 分布构建图 6.5。

这些练习的答案可以在所对应的网站的 Chapter6Results. xls 这个文件夹中找到。

更多信息可以参考相应的网站：

http://www.elsevierdirect.com/companions/9780123744487

第三部分

多元风险模型

第 7 章　协方差和相关关系模型

1　本章概要

第 4 章到第 6 章包含了建模资产组合收益的各个方面。在这几章中，使用一元方法来对每个资产的收益建模。第 7 章到第 9 章将会涉及多元风险模型，它们允许我们将第 4 章到第 6 章中的一元资产模型结合起来。

虽然对于消极的资产组合风险管理，资产组合收益的直接建模是非常有用的，但是对于积极的风险管理，其效果就没那么好。为了进行敏感性分析（例如，如果我买了 IBM 的另一些股份，那么对于我的资产组合风险将会有何变化?）并评估多样化的好处，我们需要对于单个资产之间收益的依赖性进行建模。我们将会从三个方面进行。第 7 章（本章）将会建模动态协方差和相关性，与第 4 章和第 5 章中的动态波动性模型一样，可以用于构建协方差矩阵。第 8 章将会引进一些重要的模拟工具，例如蒙特卡洛和拔靴（bootstrapping）法。这些工具在多期风险评估中都需要。第 9 章会引进 copula 模型，它可以用于连接第 6 章中的非正态单变量分布。相关模型只允许资产收益之间的线性依赖，但是 copula 模型可以允许非线性依赖。

本章的目的是建模不同资产的收益相关性或者线性关系，例如 IBM 和微软股票，或者不同类的资产，例如股票指数和外汇利率。一旦这个工作完成，我们将能够计算有价证券资产组合的风险测量，例如股票、债券和外汇汇率的很多资产组合权重的不同组合。

我们首先给出对于很多资产的高维资产组合构建资产组合风险的一般模型，然后考虑减少维数的方法。正如前面章节的主要内容是关于方差动态方面的建模，本章的主题是相关性动态方差的构建。我们后面将考虑不同程度复杂性的动态相关性模型，两者都根据它们的规格和所需信息来计算。

正如第 4 章和第 5 章为了关注波动性模型而假设单变量正态分布，在本章我们为了协方差和相关性模型，假设多变量正态分布。我们必须补充对于多变量的假设是为了方便，而并非事实。在日收益中对于处理多变量非正态分布的重要方法将在第 8 和 9 章中讨论。

2 资产组合方差和协方差

我们现在建立一些标记法，这对于由任意 n 个数量的证券所组成的资产组合的风险研究是非常必要的。在 $t+1$ 天的资产组合收益被定义为

$$r_{PF,t+1} = \sum_{i=1}^{n} w_{i,t} r_{i,t+1}$$

其中求和由资产组合的 n 个证券构成。$w_{i,t}$ 表示在第 t 天末证券 i 的相对权重。在第 1 章中，小写字母 r 表示收益率而不是对数收益 R。

对于日对数收益，资产组合收益关系可以近似为

$$R_{PF,t+1} \approx \sum_{i=1}^{n} w_{i,t} R_{i,t+1}$$

第 4 章到第 6 章构建了单变量 $r_{PF,t+1}$ 的时间序列（或者 $R_{PF,t+1}$），第 7 章到第 9 章将会建模多变量的时间序列 $r_{i,t+1}$，$i=1$，2，…，$n(R_{i,t+1})$。我们之后对于动态协方差和相关性所构建的模型也同样能够用于对数收益和收益率，但是依赖于资产组合权重的 $\sigma^2_{PF,t+1}$、VaR 和 ES 计算则只有在我们使用收益率的定义 $r_{PF,t+1}$ 时才正确。

资产组合方差可以被表示为

$$\sigma^2_{PF,t+1} = \sum_{i=1}^{n}\sum_{j=1}^{n} w_{i,t} w_{j,t} \sigma_{ij,t+1} = \sum_{i=1}^{n}\sum_{j=1}^{n} w_{i,t} w_{j,t} \sigma_{i,t+1} \sigma_{j,t+1} \rho_{ij,t+1}$$

其中 $\sigma_{ij,t+1}$ 和 $\rho_{ij,t+1}$ 表示证券 i 和 j 在 $t+1$ 天的协方差和相关性。对于所有的 i 和 j，我们有 $\sigma_{ij,t+1}=\sigma_{ji,t+1}$ 和 $\rho_{ij,t+1}=\rho_{ji,t+1}$。同时对于所有的 i，有 $\rho_{ii,t+1}=1$ 和 $\sigma_{ii,t+1}=\sigma^2_{i,t+1}$。

使用向量标记法，我们可以写为

$$\sigma^2_{PF,t+1} = w_t' \sum\nolimits_{t+1} w_t$$

其中 w_t 是 $n\times 1$ 向量的资产组合权重，$\sum_{t+1}$ 是一个 $n\times n$ 收益协方差矩阵。在 $n=2$ 的情况下，我们可以得到

$$\begin{aligned}\sigma^2_{PF,t+1} &= [w_{1,t} w_{2,t}] \begin{bmatrix} \sigma^2_{1,t+1} & \sigma_{12,t+1} \\ \sigma_{12,t+1} & \sigma^2_{2,t+1} \end{bmatrix} \begin{bmatrix} w_{1,t} \\ w_{2,t} \end{bmatrix} \\ &= w^2_{1,t}\sigma^2_{1,t+1} + w^2_{2,t}\sigma^2_{2,t+1} + 2w_{1,t}w_{2,t}\sigma_{12,t+1}\end{aligned}$$

其中 $\sigma_{21,t+1}=\sigma_{12,t+1}$。

如果我们假设收益是多变量正态的，那么资产组合收益，即资产收益的线性组合，将会是正态分布的，因此我们有

$$VaR^p_{t+1} = -\sigma_{PF,t+1}\Phi^{-1}_p$$

和

$$ES_{t+1}^{p}=\sigma_{PF,t+1}\frac{\phi(\Phi_p^{-1})}{p}$$

即使我们对于资产组合的每一证券都做了波动性预测，但我们仍然需要建模并且预测相关性。如果我们有 n 个资产，那么我们将会有 $n(n-1)/2$ 个不同的相关性，所以如果 n 为 100，那么我们将会需要对 4 950 个相关性建模，那将会是一个巨大的工作量。因此，我们需要寻找一种可以用于处理高维度资产组合的方法。

2.1 曝光映射（exposure mapping）

对于资产组合方差的一种简单的降维方式就是加入一个结构因子，用已观察到的市场收益作为因子。在特殊情况下，我们可以假设资产组合收益就是（系统的）市场收益加上资产组合的特殊（idiosyncratic）风险项，如下所示：

$$r_{PF,t+1}=r_{Mkt,t+1}+\varepsilon_{t+1}$$

其中我们假设特殊风险项 ε_{t+1} 是独立于市场收益的，且有恒定的方差。

在这种情况下，资产组合方差为

$$\sigma_{PF,t+1}^2=\sigma_{Mkt,t+1}^2+\sigma_\varepsilon^2$$

例如，对于一个多样性很强的股票资产组合，可能假设资产组合方差等于 S&P500 市场指标是合理的。在这样的情况下，只有一个波动性——S&P500 指标收益——需要建模，对于相关性没有建模要求。这被认为是指数映射，表示为

$$\sigma_{PF,t+1}^2\approx\sigma_{Mkt,t+1}^2$$

假设为正态分布的 1 日 VaR 可以简单地表示为

$$VaR_{t+1}^{p}=-\sigma_{Mkt,t+1}\Phi_p^{-1}$$

更一般的情况是，在资产组合收益中包含了系统性风险，我们有

$$r_{PF,t+1}=\beta r_{Mkt,t+1}+\varepsilon_{t+1}$$

那么

$$\sigma_{PF,t+1}^2=\beta^2\sigma_{Mkt,t+1}^2+\sigma_\varepsilon^2$$

如果资产组合多样性程度高，那么市场风险解释了资产组合收益中的大部分波动，则特殊资产组合的特殊风险就可以被忽略，于是，资产组合和市场指标之间的关系可以用线性关系即使用所谓的贝塔映射来描绘，如下所示：

$$\sigma_{PF,t+1}^2\approx\beta^2\sigma_{Mkt,t+1}^2$$

在这种情况下，只有一个 β 参数是必要的，不需要进一步的相关性建模。

最后，大规模资产组合的风险管理者可能认为风险主要来源于一个特定数量的因子 n_F，其中 $n_F\ll n$，那么我们就有远远小于资产个数的风险因子。对于因子的精确选择高度依赖于手上的特定资产组合，但它们可以是，例如国家股票指标、外汇汇率或者商品价格指标。假设需要 10 个因子，我们可以将 10 因子收益模型表示为

$$r_{PF,t+1}=\beta_1 r_{F1,t+1}+\cdots+\beta_{10}r_{F10,t+1}+\varepsilon_{t+1}$$

其中，ε_{t+1} 也被假设为和风险因子相独立。

在这种情况下，对于这些风险因子的方差和相关性建模以及各个因子对于得到资产组合方差的贡献分配是有意义的。在这个一般因子结构下，资产组合方差可以被写为

$$\sigma_{PF,t+1}^2 = \beta_F' \sum_{t+1}^F \beta_F + \sigma_\varepsilon^2$$

其中，$w_{F,t}$向量是对于各个风险因子的贡献，$\sum_{t+1}^F$ 是从风险因子中得到的收益协方差矩阵。如果风险模型解释了大部分的资产组合收益方差，那么我们可以假设

$$\sigma_{PF,t+1}^2 \approx w_{F,t}' \sum_{t+1}^F w_{F,t}$$

2.2 GARCH 条件协方差

假设所考虑的资产组合包含 n 个资产，我们可以认为风险管理者会选择 n_F 风险因子作为资产组合风险的主要组成部分。在另一种情况下，协方差矩阵必须通过估计得到。为了简化标注，假设我们需要一个 n 维的协方差矩阵，其中 n 为 10 或者更大。对于由少数几个资产构成的资产组合，n 将会是资产数，对于由多数资产构成的资产组合，n 将会为风险因子数，接下来我们将资产和风险因子统称为“资产”。

现在我们考虑用各种方法构建时间变化协方差矩阵 $\sum_{t+1}$ 。建模时间变化协方差的最简单方法就是依赖于完全滚动平均值，该方法我们在第 4 章的波动性中提到过。对于资产（或者风险因子）i 和 j 之间的协方差，我们可以简单地估计如下：

$$\sigma_{ij,t+1} = \frac{1}{m}\sum_{\tau=1}^{m} R_{i,t+1-\tau} R_{j,t+1-\tau}$$

其中，m 为移动估计窗口的天数。该估计很容易构建，但是并不满足条件，因为其依赖于 X 的选择，且赋予与过去收益的向量积相同的权重。在前面的章节中，我们简单地假设资产（或者风险因子）的平均期望收益为 0。图 7.1 表明了 S&P500 和当 $m=25$ 时的 10 年国债指标收益之间的滚动协方差。

为了避免相同的权重，我们可以对协方差选择一种简单的指数平滑模型。然后使

$$\sigma_{ij,t+1} = (1-\lambda) R_{i,t} R_{j,t} + \lambda \sigma_{ij,t}$$

其中 $\lambda=0.94$，和前面章节提到的相应波动性模型一致。图 7.2 表示的是在 S&P500 和 10 年国债之间的指数平滑协方差。

我们必须注意，应用于第 4 章的指数平滑波动性模型也适用于指数平滑协方差。收益的向量积（$R_{i,t}R_{j,t}$）的相关系数（$1-\lambda$），和过去协方差（$\sigma_{ij,t}$）的相关系数 λ 的限制并不一定合适。这也表明在协方差中没有平均值回复。考虑两个高度相关的资产。如果今天预测的明日协方差较低，那么在指数平滑模型中，对于所有未来跨度的预测都将会是低的。当跨度增加时，模型的预测将不能返回平均值。

我们因此可以考虑含有协方差的平均回复值的模型。例如，对于协方差的 GARCH-类型参数将会为

$$\sigma_{ij,t+1} = w_{ij} + \alpha R_{i,t} R_{j,t} + \beta \sigma_{ij,t}$$

其将会趋于回复到它的长程平均协方差，该协方差相当于

$$\sigma_{ij} = \omega_{ij}/(1-\alpha-\beta)$$

目前在协方差模型中，我们还不允许在 RiskMetrics 中的持续性参数 λ 与在 GARCH 中的 α 和 β 因证券对而变化。这并不是同时发生的。必须确保不管资产组合的权重 w_t 如何分配，资产组合的方差将会是正数。如果对于所有可能的资产组合权重向量 w_t，我们

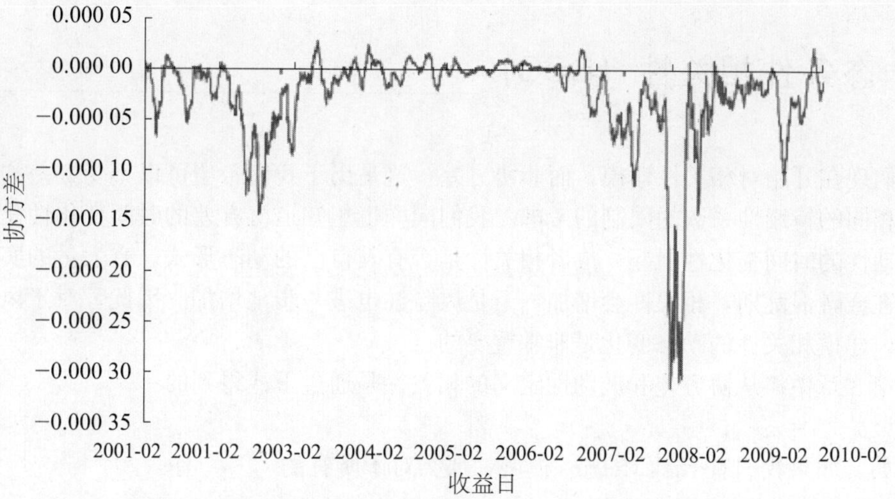

图 7.1　S&P500 和 10 年国债的指标收益之间的滚动协方差

注：我们绘制了交易天数为 25 天的滚动协方差图。

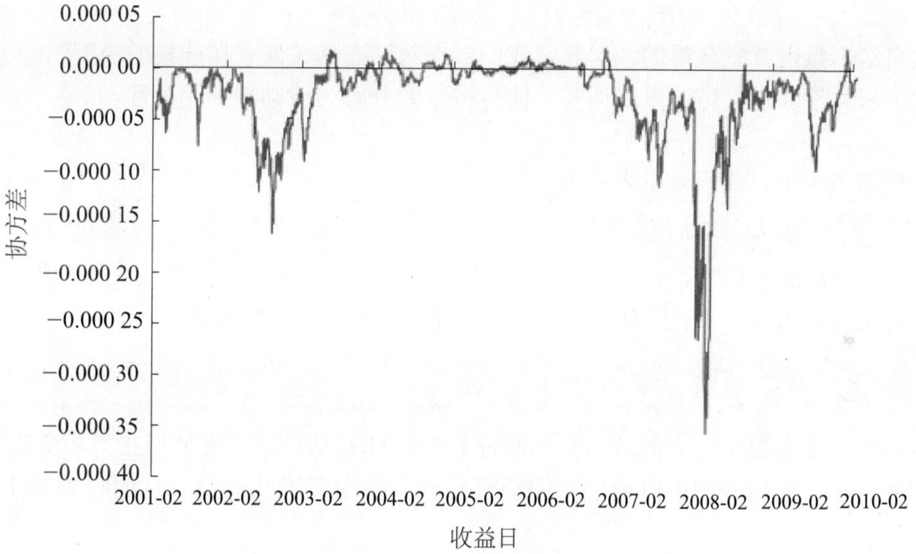

图 7.2　S&P500 和 10 年国债之间的指数平滑协方差

注：我们对收益乘积使用 RiskMetrics 指数平滑模型，$\lambda=0.94$。

有如下关系，那么我们将会说协方差是内部一致的。

$$w_t' \sum_{t+1} w_t \geqslant 0$$

这相当于说协方差矩阵是半正定的。它可以通过在内部一致形式下估计波动性和协方差来确定。例如，依赖于指数平滑，对于每个波动性和协方差使用相同的 λ 将会有效。同样地，使用带有方差和协方差一致的 α 和 β 以及长程方差和协方差估计一致的 GARCH(1，1) 模型同样有效。

遗憾的是，连续性参数 λ，α 和 β 对于所有的方差和协方差是否都该一样这一点不是很清楚。因此，我们接下来将会考虑不受这种限制的方法。

3 动态条件相关性（DCC）

我们现在开始对相关性建模，而非协方差。这是出于我们希望可以不受方差和协方差需要有相同的持续性系数的限制的考虑。我们同样也想知道协方差的时间变化性是否仅仅由于波动性的时间变化性引起，或者相关性是否有其自己的动态形式。有大量的实证信息表明，在金融混乱期，相关性会增加，于是风险性也进一步地增加。因此，对于风险管理者来说，建模相关性的动态变化是非常重要的。

在第 3 章中，从协方差和波动性定义的相关性是通过下式得到的：

$$\rho_{ij,t+1}=\sigma_{ij,t+1}/(\sigma_{i,t+1}\sigma_{j,t+1})$$

例如，如果我们有 RiskMetrics 模型，那么对于所有的 i，j，有

$$\sigma_{ij,t+1}=(1-\lambda)R_{i,t}R_{j,t}+\lambda\sigma_{ij,t}$$

我们得到相应的动态相关性

$$\rho_{ij,t+1}=\frac{(1-\lambda)R_{i,t}R_{j,t}+\lambda\sigma_{ij,t}}{\sqrt{((1-\lambda)R_{i,t}^2+\lambda\sigma_{i,t}^2)((1-\lambda)R_{j,t}^2+\lambda\sigma_{j,t}^2)}}$$

这当然不是由直觉获得的。因此，我们考虑对动态相关性直接建模的模型。

对于相关性的定义可以重新调整，使得将方差分解为波动性和相关性。

$$\sigma_{ij,t+1}=\sigma_{i,t+1}\sigma_{j,t+1}\rho_{ij,t+1}$$

在矩阵表示中，我们可以表示为

$$\sum\nolimits_{t+1}=D_{t+1}\Upsilon_{t+1}D_{t+1}$$

其中，D_{t+1} 是标准差矩阵，$\sigma_{i,t+1}$ 表示第 i 个对角线值，其余都为零，Υ_{t+1} 是相关性 $\rho_{ij,t+1}$ 矩阵，其对角线值为 1。对于只有两个资产的情况，我们有如下关系式：

$$\sum\nolimits_{t+1}=\begin{bmatrix}\sigma_{1,t+1}^2 & \sigma_{12,t+1}\\ \sigma_{12,t+1} & \sigma_{2,t+1}^2\end{bmatrix}=\begin{bmatrix}\sigma_{1,t+1} & 0\\ 0 & \sigma_{2,t+1}\end{bmatrix}\begin{bmatrix}1 & \rho_{12,t+1}\\ \rho_{12,t+1} & 1\end{bmatrix}\begin{bmatrix}\sigma_{1,t+1} & 0\\ 0 & \sigma_{2,t+1}\end{bmatrix}$$

我们将会考虑每个资产的波动性都通过 GARCH 被估计，或者使用在第 4 章或第 5 章所介绍的方法。然后我们可以通过它的动态标准方差来标准化收益，从而得到对于所有 i 的标准收益，

$$z_{i,t+1}=R_{i,t+1}/\sigma_{i,t+1}$$

通过收益除以它们的条件标准方差，我们得到变量 $z_{i,t+1}$，$i=1, 2, \cdots, n$，其条件标准差都为 1。$z_{i,t+1}$ 变量的条件协方差和收益率的条件相关性是相同的，可以从下式看出：

$$\begin{aligned}E_t(z_{i,t+1}z_{j,t+1})&=E_t((R_{i,t+1}/\sigma_{i,t+1})(R_{j,t+1}/\sigma_{j,t+1}))\\&=E_t(R_{i,t+1}R_{j,t+1})/(\sigma_{i,t+1}\sigma_{j,t+1})\\&=\sigma_{ij,t+1}/(\sigma_{i,t+1}\sigma_{j,t+1})\\&=\rho_{ij,t+1}\text{，对于所有的 } i\text{，}j\end{aligned}$$

因此，收益的条件相关性建模和标准收益的条件协方差建模是一样的。

3.1 指数平滑相关性

我们首先考虑简单的指数平滑相关性模型。相关性的动态性是通过 $q_{ij,t+1}$ 所推动，通

过标准收益 $z_{i,t}$ 和 $z_{j,t}$ 的乘积得到更新，如下所示：

$$q_{ij,t+1}=(1-\lambda)(z_{i,t}z_{j,t})+\lambda q_{ij,t}$$

现在精确的条件相关性可以通过标准化 $q_{ij,t+1}$ 而得到，如下所示：

$$\rho_{ij,t+1}=\frac{q_{ij,t+1}}{\sqrt{q_{ii,t+1}q_{jj,t+1}}}$$

我们做标准化的原因是为了确保每天都有

$$-1<\rho_{ij,t+1}<+1$$

图 7.3 为 S&P500 和 10 年国债指标之间的指数平滑相关性图。注意其随时间变化的动态性。

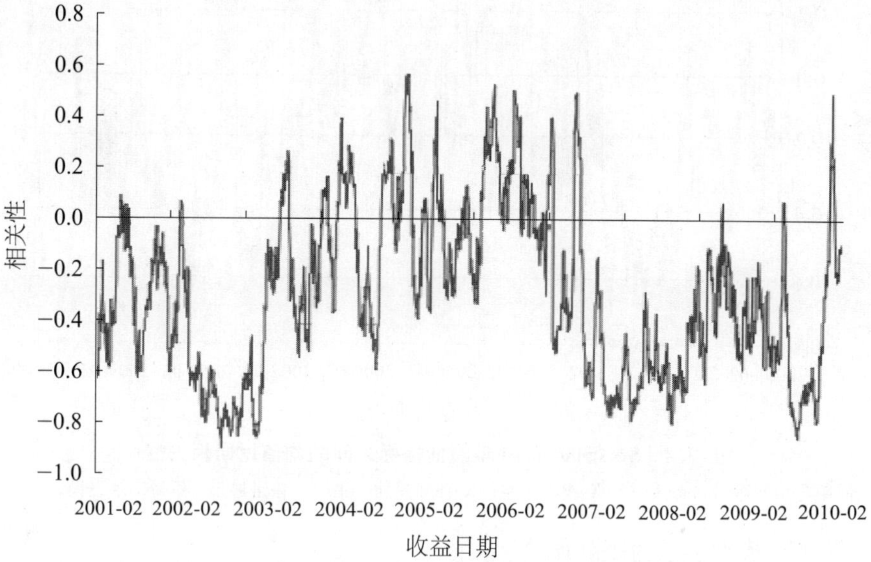

图 7.3　S&P500 和 10 年国债指标之间的指数平滑相关性

注：我们使用指数平滑动态性的 DCC 模型来绘制动态相关性。单个方差是通过 NGARCH 建模。

DCC 模型要求参数 λ 的估计，我们将会在后面详细讨论参数。

3.2　均值回归相关性

正如我们对于波动性和协方差模型所做的，我们可能想要考虑一个对于指数平滑相关模型的一般化模型，它可以通过相关性得到长程平均相关性，$\rho_{ij}=E[z_{i,t}z_{j,t}]$。我们可以考虑 GARCH(1，1)-类型的形式：

$$q_{ij,t+1}=\rho_{ij}+\alpha(z_{i,t}z_{j,t}-\rho_{ij})+\beta(q_{ij,t}-\rho_{ij})$$

如果我们依赖于相关性目标，设 $\bar{\rho}_{ij}=\frac{1}{T}\sum_{t=1}^{T}z_{i,t}z_{j,t}$，那么我们得到

$$q_{ij,t+1}=\bar{\rho}_{ij}+\alpha(z_{i,t}z_{j,t}-\bar{\rho}_{ij})+\beta(q_{ij,t}-\bar{\rho}_{ij})$$

我们需要再次标准化来得到条件相关性：

$$\rho_{ij,t+1}=\frac{q_{ij,t+1}}{\sqrt{q_{ii,t+1}q_{jj,t+1}}}$$

该模型的关键是相关性的持续性参数 α，β 随着 i，j 的变化保持不变。因此，这个模

型暗示任何两个资产之间的相关性持续性在资产组合中是一样的。但是这并不表示在任何时间，任何两个资产之间的相关性程度是一样的。相关性程度是由 ρ_{ij} 控制的，因此，随着 i，j 的变化而变化。这也不表示相关性的持续性和波动性的持续性是一样的。波动性的持续性随着资产不同而不同，也会随着资产之间相关性的持续性不同而不同。但是该模型表明，资产之间相关性的持续性是一个常数。图 7.4 表明了 S&P500 和 10 年国债指标之间的 GARCH(1，1) 相关性。

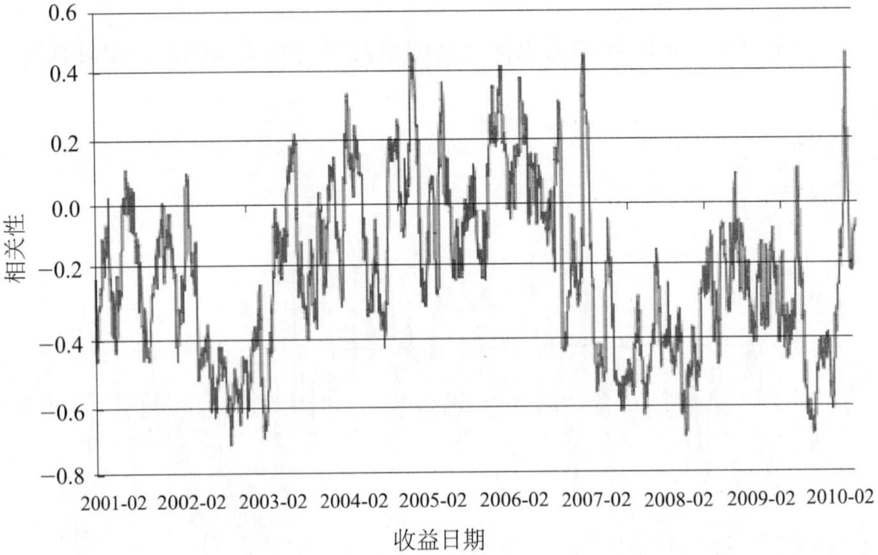

图 7.4　S&P500 和 10 年国债指标之间的均值返回相关性

注：我们使用有均值返回动态性的 DCC 模型来绘制动态相关性。单个方差是通过 NGARCH 建模。

我们将 DCC 模型表示为矩阵形式

$$Q_{t+1}=(1-\lambda)\ (z_t z_t')\ +\lambda Q_t$$

对于指数平滑和均值回归 DCC，我们可以表示为：

$$Q_{t+1}=E\ [z_t z_t']\ (1-\alpha-\beta)+\alpha(z_t z_t')+\beta Q_t$$

在均值返回模型中有两个资产的情况下，我们有

$$Q_{t+1}=\begin{bmatrix} q_{11,t+1} & q_{12,t+1} \\ q_{12,t+1} & q_{22,t+1} \end{bmatrix}$$

$$=\begin{bmatrix} 1 & \rho_{12} \\ \rho_{12} & 1 \end{bmatrix}(1-\alpha-\beta)+\alpha\begin{bmatrix} z_{1,t}^2 & z_{1,t}z_{2,t} \\ z_{1,t}z_{2,t} & z_{2,t}^2 \end{bmatrix}+\beta\begin{bmatrix} q_{11,t} & q_{12,t} \\ q_{12,t} & q_{22,t} \end{bmatrix}$$

其中，ρ_{12} 表示两个资产之间的非条件相关性，其可以提前估计如下：

$$\bar{\rho}_{12}=\frac{1}{T}\sum_{t=1}^{T} z_{1,t}z_{2,t}$$

这些模型的一个重要特性是，矩阵 Q_{t+1} 是半正定的，因为它是半正定和正定矩阵的加权平均。这反过来也可以确保相关性矩阵 γ_{t+1} 和协方差矩阵 $\sum_{t+1}$ 为所要求的半正定。

DDC 模型的另一个经验优势是，我们可以通过有序的方式来估计参数。第一，所有的单个方差都是通过使用第 4 章和第 5 章中某一方法依次估计。第二，收益是标准化的，非条件相关性矩阵是可以估计的。第三，相关性持续性参数 α，β 是可以估计的。主要的问题是，只有很少一部分参数的估计是同时使用数值优化的。这个特性使得这里考虑的动

态相关性模型对于大规模的资产组合风险管理的处理的可行性大幅增加。现在我们转向估计的具体步骤。

3.3 二元拟极大似然估计

幸运的是，在估计以前建议的动态条件相关性模型中，我们能够依赖于拟极大似然估计（QMLE）方法，其在第 4 章被用于估计 GARCH 波动性模型。

虽然这里所建议的相关性模型的一个关键好处就是，即使对于大规模资产组合，它们也很容易估计，我们将从由两个资产所构成的资产组合情况开始分析。在这种情况下，我们可以使用二元正态分布函数 $z_{1,t}z_{2,t}$ 来表示对数似然，如下所示：

$$\ln(L_{c,12})=-\frac{1}{2}\sum_{t=1}^{T}\left(\ln(1-\rho_{12,t}^{2})+\frac{(z_{1,t}^{2}+z_{2,t}^{2}-2\rho_{12,t}z_{1,t}z_{2,t})}{(1-\rho_{12,t}^{2})}\right)$$

其中，$\rho_{12,t}$ 是由被估计的特殊相关性模型和标准化规则得到的。注意到我们忽略了包含 π 的常数项，其在最优化的时候是不相关的。在简单的指数平滑例子中，

$$\rho_{12,t}=\frac{q_{12,t}}{\sqrt{q_{11,t}q_{22,t}}}$$

其中，

$$q_{11,t}=(1-\lambda)(z_{1,t-1}^{2})+\lambda q_{11,t-1}$$
$$q_{12,t}=(1-\lambda)(z_{1,t-1}z_{2,t-1})+\lambda q_{12,t-1}$$
$$q_{22,t}=(1-\lambda)(z_{2,t-1}^{2})+\lambda q_{22,t-1}$$

我们发现最优化相关参数在本处为 λ，通过最大化相关性对数似然函数 $\ln(L_{c,12})$ 得到。为了初始化动态性，我们设 $q_{11,0}=1, q_{22,0}=1, q_{12,0}=\frac{1}{T}\sum_{t=1}^{T}z_{1,t}z_{2,t}$。

在似然函数中的变量为标准化收益 z_t，而不是初始收益 R_t。我们基本将标准化收益看做实际观察值。

和前面一样，QMLE 方法将会给予我们一致的但是低效的估计。理论上，我们通过同时估计所有的波动性模型和相关性模型能够得到更为精确的结果。但是在实际中，这对于大规模资产组合是不可行的。在实际情况下，我们主要依赖于一种逐步回归 QMLE 方法。我们首先对各个资产估计波动性模型，然后估计相关性模型。该方法在避免高维数值优化时给予了合理的参数估计。

在均值回归 GARCH 相关性的情况下，我们有相同的似然函数和相关性定义，但是现在

$$q_{11,t+1}=1+\alpha(z_{1,t}^{2}-1)+\beta(q_{11,t}-1)$$
$$q_{12,t+1}=\bar{\rho}_{12}+\alpha(z_{1,t}z_{2,t}-\bar{\rho}_{12})+\beta(q_{12,t}-\bar{\rho}_{12})$$
$$q_{22,t+1}=1+\alpha(z_{2,t}^{2}-1)+\beta(q_{22,t}-1)$$

其中 $\bar{\rho}_{12}$ 可以通过下式估计：

$$\bar{\rho}_{12}=\frac{1}{T}\sum_{t=1}^{T}z_{1,t}z_{2,t}$$

因此，我们只要通过数值优化就可以得到 α，β 参数。为了初始化动态性，我们设

$$q_{11,0}=1, q_{22,0}=1, q_{12,0}=\bar{\rho}_{12}=\frac{1}{T}\sum_{t=1}^{T}z_{1,t}z_{2,t}$$

3.4 在大系统中的复合似然估计

在一般情况下，资产组合有多个资产，我们一般需要依赖于 n 维正态分布函数来表示对数似然函数，如下所示：

$$\ln(L_c)=-\frac{1}{2}\sum_t(\log|\gamma_t|+z'_t\gamma_t^{-1}z_t)$$

其中，$|\gamma_t|$ 表示相关矩阵 γ_t 的行列式。如果 n 非常大，最大化该似然函数可能是非常难处理的。相关性矩阵 γ_t 须对于每天以及每个模型的可能参数值都做出求逆。当 n 很大时，求 γ_t 的逆将会变得很慢，且估计参数的误差会呈指数化增加。

但幸运的是，对于该维度问题，一个简单的方法在 DCC 模型中是适用的。我们可以最大化二元似然函数的和，而不是最大化 n 维对数函数。

$$\ln(CL_c)=-\frac{1}{2}\sum_{t=1}^{T}\sum_{i=1}^{n}\sum_{j>i}\left(\ln(1-p_{ij,t}^2)+\frac{(Z_{i,t}^2+Z_{j,t}^2-2p_{i,j}+z_{i,t}+z_{j,t})}{1-p_{ij,t}^2}\right)$$

这个复合的似然函数要比似然函数本身更加容易最大化，因为似然函数本身必须对 n 维相关矩阵数值求逆。我们只需要使用部分在 $\ln(CL_c)$ 中的二元似然函数，而不是全部。我们使用得越多，结果就越精确。

3.5 非对称相关性模型

到目前为止，我们所考虑的仅仅是对称的相关性模型，其中两个正冲击的影响和两个相同等级的负冲击的影响是一样的。但是，正如我们对于波动性的非对称建模（杠杆效应）一样，我们可能需要在相关性中允许低档市场效应。这可以通过使用非对称 DCC 模型来实现，其中

$$Q_{t+1}=(1-\alpha-\beta)E[z_tz'_t]+\alpha(z_tz'_t)+\beta Q_t+\gamma(\eta_t\eta'_t-E[\eta_t\eta'_t])$$

其中，对于资产 i 的 $\eta_{i,t}$ 被定义为 $z_{i,t}$ 的负数部分，如下所示：

$$\eta_{i,t}=\begin{cases}z_{i,t}，\text{如果 } z_{i,t}<0\\0，\text{如果 } z_{i,t}>0\end{cases}$$

注意到当 γ 是正数时，γ 对应于相关性中的杠杆效应；当 $z_{i,t}$，$z_{j,t}$ 是负数时，对于资产 i，j 的相关性增加量要多于其他情况。如果我们想象 $z_{i,t}$，$z_{j,t}$ 的散点图，当我们在散点图的左半部分观察到观察值时，那么 $\gamma>0$ 将会在相关性上有一个极大的增加。它概括了一个在风险资产市场上经常观察到的现象：相关性关系在低档市场上（$z_{i,t}$，$z_{j,t}$ 为负数）比在高档市场上（$z_{i,t}$，$z_{j,t}$ 为正数）增加得要多。基本的 DCC 模型没有直接体现该低档市场效应，但是非对称 DCC 模型则体现了。

4 从日内数据估计日协方差

在第 5 章中，我们考虑了对于日波动性估计和预测的方法，使用了日内数据。这些方法也可以被拓展到协方差的估计。当在第 5 章构建 RV 时，我们最大的关注是来自非流动

性效应的偏差：如果我们构建日内收益的频率太高，那么买卖价差的偏差将会提高我们对于 RV 的估计。

在计算已实现协方差时，我们主要的关注点不是买卖价差，而是各个资产日内价格之间的非同步性。日内价格的非同步性可能会引起已实现方差偏离零，除非我们很仔细地估计。因为资产协方差正向偏离零意味着我们将会低估协方差，因此低估资产组合风险。这很明显是我们不愿意犯的一个错误。

4.1 已实现协方差

考虑使用 1 分钟收益来计算第一个日协方差估计。正如在第 5 章所示，将 $S_{1,t+j/m}$表示为对于资产 1 在 $t+1$ 天时的第 j 个观察值，那么在 $t+1$ 天时第 j 个收益值就为

$$R_{1,t+j/m}=\ln(S_{1,t+j/m})-\ln(S_{1,t+(j-1)/m})$$

观察两个资产在 1 天内的 m 个收益值，且这些观察值在相同的时间间隔内。原则上，我们可以通过当日的收益值来计算已实现日协方差的估计。如下所示：

$$RCov_{12,t+1}^{m}=\sum_{j=1}^{m}R_{1,t+j/m}R_{2,t+j/m}$$

给定两个波动性的估计，已实现相关性可以简单地计算如下：

$$\rho_{12,t+1}^{m}=RCov_{12,t+1}^{m}/\sqrt{RV_{1,t+1}^{m}RV_{2,t+1}^{m}}$$

其中，$RV_{1,t+1}^{m}$是第 5 章为资产 1 所定义的全 RV 估计。

但是，从第 5 章中，我们能很快地意识到，使用基于所有 m 日内收益的全 RV 估计并不是一个很好的方法。因为在高频率下，非流动性会产生偏差。因此，我们可以依赖于平均 RV 估计，它是一系列稀疏 RV（使用低频率收益）的平均值。对于 RCov 也使用平均方法，那么我们将会得到

$$RCorr_{12,t+1}^{Avr}=RCov_{12,t+1}^{Avr}/\sqrt{RV_{1,t+1}^{Avr}RV_{2,t+1}^{Avr}}$$

其中，RV^{Avr}如第 5 章中所定义，$RCor^{Avr}$为 15 个稀疏$RCor_{12,t+1}^{s}$估计的平均值，该 15 个估计值依次之间的时间间隔都为 15 分钟。

将所有 RV 改为平均 RV，将可以解决 RV 估计时的偏差问题，但遗憾的是，它不能修复 RCov 估计的偏差：在 RCov 中，非同时性还会引起一个对零的偏差。

目前缓解日 RCov 中非同时性偏差的最好方法就是依赖于改变当日观察值的时间间隔。当我们观察 n 个资产的日内价格时，价格在日期和资产上都是随机得到的，处理非同时数据的技巧就是使用所谓的更新时间来使它们同时。

设 $\tau(1)$ 为在 $t+1$ 天的第一个时间点，那么市场一旦打开，所有的资产都会改变它们的价格。设 $\tau(2)$ 为在 $t+1$ 天的第一个时间点，一旦自 $\tau(1)$ 之后，所有的资产将会改变它们的价格，依此类推 $\tau(j)$，$j=1$，2，…，N。现在，当日 n 个同步资产的收益可以通过使用 $\tau(j)$ 时间点来得到。对于资产 1 和资产 2，我们有

$$R_{1,\tau(j)}=\ln(S_{1,\tau(j)})-\ln(S_{1,\tau(j-1)})，对于\ j=1，2，\cdots，N$$

$$R_{2,\tau(j)}=\ln(S_{2,\tau(j)})-\ln(S_{2,\tau(j-1)})，对于\ j=1，2，\cdots，N$$

那么我们就可以定义它们之间的同步已实现协方差，如下所示：

$$RCov_{12,t+1}^{Sync}\equiv\sum_{j=1}^{N}R_{1,\tau(j)}R_{2,\tau(j)}$$

如果已实现方差是从相同的价格更新间隔中得到的：

$$RV_{1,t+1}^{Sync} \equiv \sum_{j=1}^{N} R_{1,\tau(j)}^{2}$$

$$RV_{2,t+1}^{Sync} \equiv \sum_{j=1}^{N} R_{2,\tau(j)}^{2}$$

那么方差—协方差矩阵

$$\begin{bmatrix} RV_{1,t+1}^{Sync} & RCov_{12,t+1}^{Sync} \\ RCov_{12,t+1}^{Sync} & RV_{2,t+1}^{Sync} \end{bmatrix}$$

就是正定的。

同步的 RV 和 RCov 估计可以通过修正日内收益乘积的自相关性得到进一步的改善，正如我们在第 5 章中对于 RV 所做的一样。

RCov 和 RV 测量可以被用于构建预测协方差和相关性的多元模型。在本章的最后，一些相关性文献已经列出。

4.2 使用无套利条件的基于极差的协方差

除了这个重要的同步性问题，将已实现波动性推广到已实现相关性这个想法还是相对较为简单的。但是，拓展基于极差的波动性到基于极差的相关性并不是非常明显，因为极差的向量积并不能体现协方差。

但是，有时资产价格通过无套利限制相联系，如果是这样，那么基于极差的协方差能够被构建。例如，考虑在一个情景中，S_1 是一个美元/日元的外汇汇率，S_2 是欧元/美元外汇汇率。如果我们定义 S_3 是欧元/日元外汇汇率，那么通过放弃套利机会，我们可以得到

$$S_{3,t}=S_{1,t}S_{2,t}$$

$$S_{3,t+1}=S_{1,t+1}S_{2,t+1}$$

因此，对数收益可以表示为

$$R_{3,t+1}=R_{1,t+1}+R_{2,t+1}$$

方差为

$$R_{3,t+1}=R_{1,t+1}+R_{2,t+1}$$

因此，我们可以重新调整从下式得到的美元/日元和欧元/美元之间的协方差：

$$\sigma_{12,t+1}=(\sigma_{3,t+1}^{2}-\sigma_{1,t+1}^{2}-\sigma_{2,t+1}^{2})/2$$

如果我们之后使用第 5 章的基于极差的代理，例如

$$RP_{i,t+1}\approx 0.361D_{i,t+1}^{2}=0.361[\ln(S_{i,t+1}^{High})-\ln(S_{i,t+1}^{Low})]^{2}$$

我们可以定义基于极差的协方差代理：

$$\begin{aligned} RPCov_{12,t+1} &\equiv (RP_{3,t+1}-RP_{1,t+1}-RP_{2,t+1})/2 \\ &\approx 0.185(D_{3,t+1}^{2}-D_{1,t+1}^{2}-D_{2,t+1}^{2}) \end{aligned}$$

同样的套利内容也可以体现在现在和将来价格之间、资产组合和单个资产之间，当然该极差价格应该可以在所有设计序列中找到。

最后，正如我们在第 5 章中对于波动性的假设，对于协方差基于极差的代理，在 GARCH 协方差模型中，可以被用做回归。例如，考虑

$$\sigma_{ij,t+1}=\omega_{ij}+\alpha R_{i,t}R_{j,t}+\beta\sigma_{ij,t}+\gamma_{RP}RP_{ij,t+1}$$

在 GARCH 模型中包含基于极差的协方差估计而非通过使用其自身，这一点将会在基于极差的协方差估计中对于平滑一些内在的噪音有好处。

5 总结

那些需要计算不同资产组合配置的风险测度，例如风险值和预期不足的风险管理者们，他们需要构建方差矩阵和大规模资产的协方差矩阵。如果收益被假设为正态分布，且均值为零，那么单个协方差矩阵就够了，只需要计算 VaR。因此本章考虑了构建协方差矩阵的方法。第一，我们呈现了简单的协方差的滚动估计，以及协方差的简单指数平滑和 GARCH 模型。其次，我们讨论了用一种内在一致性的方法来估计方差和协方差，它可以确保协方差矩阵是半正定的，因此，对所有可能资产组合的权重都能给予明确的资产组合方差。这个讨论使得我们考虑对条件相关性而不是条件协方差建模。我们给出了动态相关性模型的一个简单框架，该模型是基于标准化收益的，因此它依赖于提前估计波动性模型，例如在第 4 章和第 5 章中所讨论的。最后，介绍了使用日内信息的日协方差和相关性估计的方法。

更多资料

对一些资产组合，风险因子的选择是很明显的，但是，一般情况并不是这样。因此，当考虑哪个因子需要选择、需要选择多少因子时，我们需要收益数据的帮助。Connor 等（2010）具体讨论了在各种资产组合中如何选择因子。Jorion (2006) 对风险因子分配的结果做了一个很好的概括。

Bollerslev 等（1988），Bollerslev (1990)，Bollerslev 和 Engle (1993)，以及 Engle 和 Kroner (1995) 是关于第一代多元 GARCH 模型的一些典型的参考文献。同样也可以在近期的 Bauwens 等（2006）中得到。

本章所用的条件相关性模型可以见 Engle (2002)，Engle and Sheppard (2001)，Tse and Tsui (2002)。Aielli (2009) 对本章所描述的 QMLE DCC 估计过程做了一个改进。Cappiello 等（2006），Hafner 和 Franses (2009) 拓展和改变了基础 DCC 模型。Engle 等（2009）讨论了 DCC 模型的复合极大似然估计。对于大规模的 DCC 模型在国际股票市场的应用，可见 Christoffersen et al. (2011)。

收益的非同时性问题并不仅仅限于日内数据。在日收益中，它也是非流动资产或者来自市场在不同时刻闭市的资产的问题。Burns 等（1998），Audrino 和 Buhlmann (2004) 构建了向量 ARMA 模型来处理相关性的偏差。Scholes 和 Williams (1977) 在市场闭市日价格不变时，在市场模型中使用测量误差模型来分析 β 估计的偏差。

Barndorff-Nielsen 等（2011）具体讨论了已实现协方差的构建，也包含了对于清除日内数据的有用信息。Bauer 和 Vorkink (2011)，Chiriac 和 Voev (2011)，Hansen 等（2010)，Jin 和 Maheu (2010)，Voev (2008)，Noureldin 等（2011）通过使用已实现协方差和相关性来得到预测模型。

Brandt 和 Diebold (2006) 考虑了基于极差的协方差估计，其也讨论了确保协方差矩阵半正定的方法。Andersen 等（2001）给出了从日内收益得到外汇协方差估计。

最后，Patton 和 Sheppard (2009) 给出了协方差估计和相关性预测的方法。

参考文献

Aielli, G., 2009. Dynamic conditional correlations: On properties and estimation. Available from: SS-

RN, http: //ssrn. com/abstract=1507743.

Andersen, T., Bollerslev, T., Diebold, F., 2001. The distribution of realized exchange rate volatility. J. Am. Stat. Assoc. 96, 42-55.

Audrino, F., Buhlmann, P., 2004. Synchronizing multivariate financial time series. J. Risk 6, 81-106.

Barndorff-Nielsen, O., Hansen, P., Lunde, A., Shephard, N., 2011. Multivariate realised kernels: Consistent positive semi-definite estimators of the covariation of equity prices with noise and non-synchronous trading. J. Econom. forthcoming.

Bauer, G. H., Vorkink, K., 2011. Forecasting multivariate realized stock market volatility. J. Econom. 160, 93-101.

Bauwens, L., Laurent, S., Rombouts, J., 2006. Multivariate GARCH models: A survey. J. Appl. Econom. 21, 79-109.

Bollerslev, T., 1990. Modeling the coherence in short-run nominal exchange rates: A multivariate generalized ARCH model. Rev. Econ. Stat. 72, 498-505.

Bollerslev, T., Engle, R., 1993. Common persistence in conditional variances. Econometrica 61, 167-186.

Bollerslev, T., Engle, R., Wooldridge, J., 1988. A capital asset pricing model with time varying covariances. J. Polit. Econ. 96, 116-131.

Brandt, M., Diebold, F., 2006. A no-arbitrage approach to range-based estimation of return covariances and correlations. J. Bus. 79, 61-74.

Burns, P., Engle, R., Mezrich, J., 1998. Correlations and volatilities of asynchronous data. J. Derivatives 5, 7-18.

Cappiello, L., Engle, R., Sheppard, K., 2006. Asymmetric dynamics in the correlations of global equity and bond returns. J. Financ. Econom. 4, 537-572.

Chiriac, R., Voev, V., 2011. Modelling and forecasting multivariate realized volatility. J. Appl. Econom. forthcoming.

Christoffersen, P., Errunza, V., Jacobs, K., Langlois, H., 2011. Is the potential for international diversification disappearing? Available from: SSRN, http: //ssrn. com/abstract=1573345.

Connor, G., Goldberg, L., Korajczyk, R., 2010. Portfolio Risk Analysis. Princeton University Press, Princeton, NJ.

Engle, R., 2002. Dynamic conditional correlation: A simple class of multivariate GARCH models. J. Bus. Econ. Stat. 20, 339-350.

Engle, R., Kroner, F., 1995. Multivariate simultaneous generalized ARCH. Econom. Theory 11, 122-150.

Engle, R., Sheppard, K., 2001. Theoretical and empirical properties of dynamic conditional correlation multivariate GARCH. Available from: SSRN, http: //ssrn. com/abstract=1296441.

Engle, R., Shephard, N., Sheppard, K., 2009. Fitting vast dimensional time-varying covariance models. Available from: SSRN, http: //ssrn. com/abstract=1354497.

Hafner, C., Franses, P., 2009. A generalized dynamic conditional correlation model: Simulation and application to many assets. Working Paper, Universite Catholique de Louvain, Leuven Belgium.

Hansen, P., Lunde, A., Voev, V., 2010. Realized beta GARCH: A multivariate GARCH model with realized measures of volatility and covolatility. working paper, CREATES, Aarhus University, Denmark.

Jin, X., Maheu, J. M., 2010. Modelling realized covariances and returns. Working Paper, Department of Economics, University of Toronto, Toronto, Ontario, Canada.

Jorion, P., 2006. Value at Risk, third ed. McGraw-Hill. Noureldin, D., Shephard, N., Sheppard, K., 2011. Multivariate high-frequency-based volatility (HEAVY) models. J. Appl. Econom. forthcoming.

Patton, A., Sheppard, K., 2009. Evaluating volatility and correlation forecasts. In: Andersen, T. G., Davis, R. A., Kreiss, J. P., Mikosch, T. (Eds.), Handbook of Financial Time Series. Springer Verlag, pp. 801-838.

Scholes, M., Williams, J., 1977. Estimating betas from nonsynchronous data. J. Financ. Econ. 5, 309-327.

Tse, Y., Tsui, A., 2002. Multivariate generalized autoregressive conditional heteroscedasticity model with time-varying correlations. J. Bus. Econ. Stat. 20, 351-363.

Voev, V., 2008. Dynamic modelling of large dimensional covariance matrices. In: Bauwens, L., Pohlmeier, W., Veredas, D. (Eds.), High Frequency Financial Econometrics. Physica-Verlag HD, pp. 293-312.

练习

打开网站上第 7 章的数据文件 Chapter7Data. xlsx。

1. 计算日对数收益并在相同的坐标系上画出。比较两个资产方差级别的不同。

2. 计算两个资产的非条件协方差和相关性。

3. 计算由每种资产 1/2 的值所组成的资产组合的非条件 1 天 1%*VaR*。同样也对每个资产计算 1 天 1%*VaR*。使用正态分布。比较单个的 *VaR* 总和和资产组合 *VaR*。你发现了什么?

4. 对两个资产估计 NGARCH(1, 1) 模型。使用其 GARCH 标准差标准化每个收益。

5. 对于两个资产的动态条件相关性 (DCC) 指数平滑模型, 使用 QMLE 估计 λ。设 λ 的初始值为 0.94。计算 1 天 1%*VaR*。

6. 对于两个资产估计 GARCH DCC 模型。设初始值 $\alpha=0.05$, $\beta=0.9$。绘制动态相关性。计算以及绘制 1 天 1%*VaR*。

这些练习的答案可以在所对应的网站的 Chapter7result. xlsx 这个文件夹中找到。

更多信息可以参考相应的网站:

http: //www. elsevierdirect. com/companions/9780123744487

第 8 章　风险期限结构的模拟

1　本章概要

目前，我们只关注于计算一天的 VaR 和 ES。我们所介绍的动态风险模型对于提前一天的 VaR 和 ES 有封闭形式的方法。但是它不适于时间跨度大于 1 天的。在这种情况下，我们需依赖于模拟方法来计算 VaR 和 ES。本章介绍这样做的两种方法。基于模拟的方法允许风险管理者在任一时间跨度中都能使用动态风险模型来计算 VaR 和 ES，因此计算整个风险期限结构。和第 4 章中的方差图期限结构相似，我们所指的风险期限结构为 VaR 和 ES 以时间跨度为横坐标的图。

本章安排如下：

首先，我们将考虑模拟本书第二部分的一元风险模型。我们将会介绍两个方法：蒙特卡洛模拟，它依赖于人工的随机数字；和滤波历史模拟法（FHS），它使用历史随机冲击。

其次，我们模拟资产稳定相关性的多元风险模型。我们也会使用蒙特卡洛和 FHS 方法。

最后，我们使用第 7 章中的 DCC 模型，模拟动态相关性的多元风险模型。

我们假设资产组合方差（在一元风险模型中）和单个资产方差（在多元风险模型中）已经使用第 4 章和第 5 章中的方法对于历史收益建模和估计。我们也假设动态相关性也使用第 7 章中的 DCC 模型建模和估计。

为了简便，我们假设在本章做蒙特卡洛模拟时变量是正态分布的。在第 9 章我们将会具体讨论 t 分布的随机变量。

2 一元模型中的风险期限结构

在简单情形下，资产组合收益是正态分布的，且有常数方差 σ_{PF}^2，在接下来 K 天的收益也是正态分布的，但是方差为 $K\sigma_{PF}^2$。这样，我们可以简单地计算接下来 K 天的收益的 VaR，在第 t 天计算，为

$$VaR_{t+1:t+K}^p = -\sqrt{K}\sigma_{PF}\Phi_p^{-1} = \sqrt{K}VaR_{t+1}^p$$

同样，ES 可以计算为

$$ES_{t+1:t+K}^p = \sqrt{K}\sigma_{PF}\frac{\phi(\Phi_p^{-1})}{p} = \sqrt{K}ES_{t+1}^p$$

在更接近实际的情况下，资产组合方差是随着时间变化的，从预计 1 天到 K 天的 VaR 并不是这么简单。正如我们在第 4 章中所见，K 天收益的方差大致上就为

$$\sigma_{t+1:t+K}^2 \equiv E_t\left(\sum_{k=1}^{K} R_{t+k}\right)^2 = \sum_{k=1}^{K} E_t[\sigma_{t+k}^2]$$

其中我们忽略了资产组合 PF 下标。

在简单的 RiskMetrics 方差模型中，$\sigma_{t+1}^2 = \lambda\sigma_t^2 + (1-\lambda)R_t^2$，我们得到

$$\sigma_{t+1:t+K}^2 = \sum_{k=1}^{K} \sigma_{t+1}^2 = K\sigma_{t+1}^2$$

那么方差在 RiskMetrics 中的规模为 K。但是，我们在第 4 章中认为缺少方差的均值回归将在更长的一个跨度上表明反事实方差预测。而且，虽然方差在该模型中的规模为 K，但是收益在跨度 K 上已不是正态分布。事实上，我们可以发现，RiskMetrics 模型表明，收益随着跨度的增加，会更加偏离正态分布，这和我们在第 1 章中所讨论的相反。

在对称 GARCH(1，1) 模型中，$\sigma_{t+1}^2 = \omega + \alpha R_t^2 + \beta\sigma_t^2$，我们可以得到

$$\sigma_{t+1:t+K}^2 = K\sigma^2 + \sum_{k=1}^{K} (\alpha+\beta)^{k-1}(\sigma_{t+1}^2 - \sigma^2) \neq K\sigma_{t+1}^2$$

其中，

$$\sigma^2 = \frac{\omega}{1-\alpha-\beta}$$

是非条件的或者平均的长程方差。前面表明在 GARCH 模型中，当 R_t 已知时，明天的方差 σ_{t+1}^2 就能在今天收盘时很方便地计算。

在 GARCH 情况下，方差确实是均值回归，因此它不以 K 为规模，并且，接下来 K 天的收益也不是正态分布的，即使 1 天收益被假设是正态分布。但是该均值回归的 GARCH 模型有一个很好的特性，就是随着 K 的增大，收益分布接近于正态分布。这和我们在第 1 章中所讨论的真实市场收益数据的一个共同特性是相符的。

关键是我们现在面临计算风险测量的挑战，例如多天跨度的 VaR。我们不知道在这些跨度上收益分布的分析形式，但幸运的是，这些挑战可以通过使用蒙特卡洛模拟方法得到解决。

在第 1 章，我们对于平均日收益讨论了两个类型的事实：首先，这很难预测；其次，这和日标准方差之间的联系非常小。在更大的跨度上，还很难预测均值，但是其相对重要性随着跨度的增加而增加。考虑一个简单的例子，其中日收益是正态分布的，且均值和方

差为常数，如下

$$R_{t+1} \overset{i.i.d.}{\sim} N(\mu,\ \sigma^2)$$

因此，1 天 VaR 为

$$VaR^p_{t+1} = -(\mu + \sigma\Phi_p^{-1}) \approx -\sigma\Phi_p^{-1}$$

其中后面一个方程是约等号。因为正如第 1 章中所见，日平均的数量级要远远小于标准差。

在该情况下，K 天收益的分布如下

$$R_{t+1:t+K} \sim N(K\mu,\ K\sigma^2)$$

K 天 VaR 因此为

$$VaR^p_{t+1:t+K} = -(K\mu + \sqrt{K}\Phi_p^{-1}) \not\approx -\sqrt{K}\sigma\Phi_p^{-1}$$

随着跨度 K 的增加，均值的相对重要性也增加，均值为零的近似不再成立。同样地，对于 ES，

$$ES^p_{t+1:t+K} = -\left(K\mu + \sqrt{K}\sigma\frac{\phi(\Phi_p^{-1})}{p}\right) \not\approx \sqrt{K}\sigma\frac{\phi(\Phi_p^{-1})}{p}$$

虽然均值收益在较大跨度上是重要的，但为了简便起见，我们仍然将在后面部分假设均值为零。但是将其一般化使之包含非零均值的分析也是很容易的。

2.1 蒙特卡洛模拟

我们已经通过简单的例子介绍了蒙特卡洛模拟（MCS）的强大功能。考虑收益的 GARCH(1，1) 正态模型，其中

$$R_{t+1} = \sigma_{t+1}z_{t+1}，其中，z_{t+1} \overset{i.i.d.}{\sim} N(0,\ 1)$$

和

$$\sigma^2_{t+1} = \omega + \alpha R^2_t + \beta\sigma^2_t$$

如我们之前所提到的，在 t 天末，我们得到 R_t，就可以计算 σ^2_{t+1}，其为 GARCH 模型中明天的方差。

使用随机数产生器，这在很多量化软件包中都是标准的，我们可以从标准正态分布 $N(0,\ 1)$ 中得到一系列人工随机数

$$\breve{z}_{i,1},\ i=1,\ 2,\ \cdots,\ MC$$

MC 表示所得数量，应该为较大的数值，如 10 000。为了确定随机数确实为正态分布，可以构建随机数的 QQ 图。

从这些随机数中，我们可以计算明天的假设收益集合，如下

$$\breve{R}_{i,t+1} = \sigma_{t+1}\breve{z}_{i,1}$$

给定假设收益，我们可以更新方差得到明天之后 $t+2$ 日的假设方差集合，如下

$$\breve{\sigma}^2_{i,t+2} = \omega + \alpha\breve{R}^2_{i,t+1} + \beta\sigma^2_{t+1}$$

给定新的随机数集合是来自 $N(0,\ 1)$ 正态分布的。

$$\breve{z}_{i,2},\ i=1,\ 2,\ \cdots,\ MC$$

我们能够计算在 $t+2$ 天的假设收益，如下

$$\breve{R}_{i,t+2} = \breve{\sigma}_{i,t} + 2\breve{z}_{i,2}$$

现在方差的更新通过如下式子：

$$\breve{\sigma}^2_{i,t+3}=\omega+\alpha\breve{R}^2_{i,t+2}+\beta\breve{\sigma}^2_{i,t+2}$$

用图像表示，我们可以说明从第 $t+1$ 天到第 $t+K$ 天的假设日收益的模拟

$$\begin{array}{lllll} & \breve{z}_{1,1}\rightarrow\breve{R}_{1,t+1}\rightarrow\breve{\sigma}^2_{1,t+2} & \breve{z}_{1,2}\rightarrow\breve{R}_{1,t+2}\rightarrow\breve{\sigma}^2_{1,t+3} & \cdots & \breve{z}_{1,K}\rightarrow\breve{R}_{1,t+K} \\ \nearrow & \breve{z}_{2,1}\rightarrow\breve{R}_{2,t+1}\rightarrow\breve{\sigma}^2_{2,t+2} & \breve{z}_{2,2}\rightarrow\breve{R}_{2,t+2}\rightarrow\breve{\sigma}^2_{2,t+3} & \cdots & \breve{z}_{2,K}\rightarrow\breve{R}_{2,t+K} \\ \sigma^2_{t+1}\rightarrow & \cdots & \cdots & \cdots & \cdots \\ \searrow & \cdots & \cdots & \cdots & \cdots \\ & \breve{z}_{MC,1}\rightarrow\breve{R}_{MC,t+1}\rightarrow\breve{\sigma}^2_{MC,t+2} & \breve{z}_{MC,2}\rightarrow\breve{R}_{MC,t+2}\rightarrow\breve{\sigma}^2_{MC,t+3} & \cdots & \breve{z}_{MC,K}\rightarrow\breve{R}_{MC,t+K} \end{array}$$

每一行都和所谓的蒙特卡洛模拟路径相对应，在第一天从 σ^2_{t+1} 出发，但是之后就不再从此处出发了，在每一天分支都会以一个随机数字得到更新，该数字和此前所用的所有数字都不同。从第 $t+1$ 天到第 $t+K$ 天，我们以假设日收益 MC 序列结束。从这些假设未来日收益中，我们可以简单地从每个蒙特卡洛路径中计算假设 K 天收益

$$\breve{R}_{i,t+1:t+K}=\sum_{k=1}^{K}\breve{R}_{i,t+K}\text{，对于 } i=1，2，\cdots，MC$$

如果我们以集合的形式收集这些 MC 假设 K 天收益，$\{\breve{R}_{i,t+1:t+K}\}_{i=1}^{MC}$，那么通过计算如下式子中的第 $100p$ 个百分位，我们可以计算 K 天风险值：

$$VaR^p_{t+1:t+K}=-Percentile\ \{\{\breve{R}_{i,t+1:t+K}\}_{i=1}^{MC}，100p\}$$

我们也可以使用蒙特卡洛来计算不同跨度的预期损失：

$$ES^p_{t+1:t+K}=-\frac{1}{p\cdot MC}\sum_{i=1}^{MC}\breve{R}_{i,t+1:t+K}\cdot\mathbf{1}(\breve{R}_{i,t+1:t+K}<-VaR^p_{t+1:t+K})$$

其中 $\mathbf{1}(\cdot)$，如果上述公式是对的，就为 1，否则就为 0。

与第 2 章介绍的 HS 和 WHS 方法比较，这里所给出的 GARCH-MCS 方法在本质上是条件性的，因为它是基于今天对于明天方差 σ^2_{t+1} 的估计。

MCS 方法的一个核心特点是它的灵活性。我们可以对任意假设的标准收益分布使用 MCS，并且不要求正态性。如果我们认为 $d=12$ 的标准 $t(d)$ 分布能够更好地描述数据，那么就从该分布提取数据。典型的商业软件包都包含标准 $t(d)$ 分布，但是和第 6 章相似，我们可以通过乘以 $\sqrt{(d-2)/d}$ 来标准化这些数据。然而，更进一步的 MCS 方法可以用于任一完全指定的动态方差模型。

在图 8.1 中我们对于第 4 章中的 S&P500 使用了 NGARCH 模型，并假设其为正态分布。对两个不同值的 σ_{t+1}，我们使用蒙特卡洛模拟来构建和绘制 VaR 随着天数的变化图像 $Var^p_{t+1:t+K}/\sqrt{K}$ 作为跨度 K 的方程。在上图中，最初的波动性是非条件水平的一半，在下图中 σ_{t+1} 是非条件水平的 3 倍。横坐标为从 1 到 500 的交易日，相当于 2 年时间。

VaR 的回收率 p 设为 1%。图 8.1 给出了基于 VaR 的风险期限结构图。VaR 期限结构无论波动性高还是低，在最开始时都是向上的。VaR 期限结构部分受到方差期限结构的驱动，当目前波动性低时，其斜率向上，当波动性高时，其斜率向下，这和我们在第 4 章中的结论一致。但是 VaR 期限结构也受偏度、峰度和其他统计量期限结构的驱动。在短跨度时，峰度会极度增加，然后，在长跨度时减少。峰度期限结构的"峰形"导致了我们在图 8.1 的下图中，在最初波动性高时所见到 VaR 的峰。

在图 8.2 中，我们绘制了每天的 $ES^p_{t+1:t+K}$，即 $ES^p_{t+1:t+K}/\sqrt{K}$，随着跨度 K 的变化。

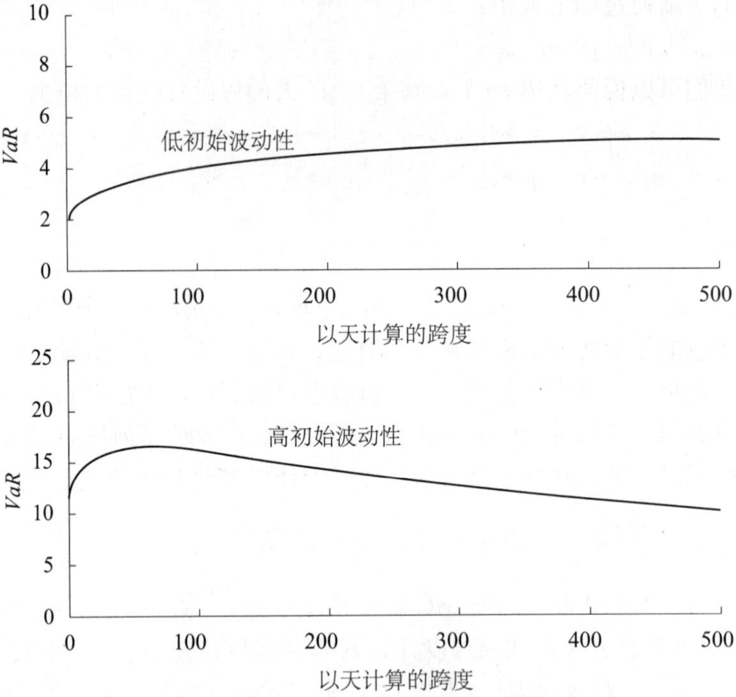

图 8.1　使用 NGARCH 和蒙特卡洛模拟的 *VaR* 期限结构

注：上图表示了当目前波动性是它长程值的一半时，S&P500*VaR* 随着天数的变化。下图假设目前波动性是长程值的三倍。在 NGARCH 模型上使用蒙特卡洛模拟 *VaR*。

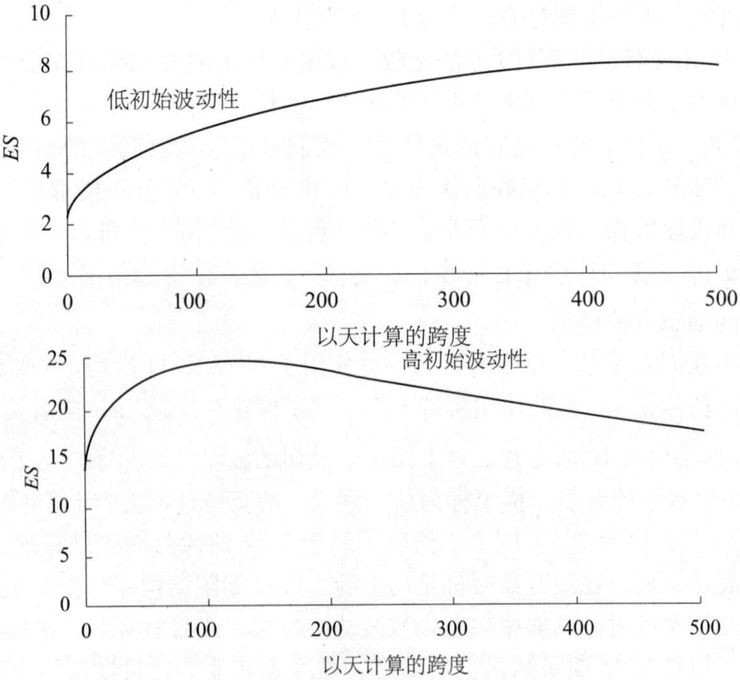

图 8.2　使用 NGARCH 和蒙特卡洛模拟的 *ES* 期限结构

注：上图表明当目前的波动性是长程值的一半时，每天的 S&P500*ES* 值。下图假设当前波动性是长程值的 3 倍。在 NGARCH 模型上，使用蒙特卡洛模拟 *ES*。

回收率 p 也设为1%，跨度为从一个交易日到500个交易日。图8.2给出了风险结构性基于 ES 的图，其在本质上和图8.1中 VaR 的期限结构相似。但是，图8.2上图中期限结构 ES 的斜率要比相应的图8.1上图中 VaR 期限结构的斜率更陡。图8.2上图中期限结构 ES 的峰要比图8.1下图中 VaR 期限结构的峰更加显著。

2.2 滤波历史模拟（FHS）

目前在本书中，我们讨论了采用不同技巧的方法：在第2章中的历史模拟（HS）完全是一种不需要模型的方法，几乎不涉及收益的分布：通过当日权重计算的历史收益被直接用于计算百分比。在本章中，GARCH蒙特卡洛模拟方法采用了相反的观点，假设方差的参数模型、相关性（如果分解模型被估计）情况和标准化的收益分布。然后从这个分布中产生随机数来计算期望风险测量。

基于模型和无模型的极端情况都有其优缺点。采用基于模型的方法（以MCS为例），在模型完全正确描述了事实的情况下是非常好的。采用无模型的方法（以HS为例），在观测数据可能能够体现收益分布，而该分布不能被任何参数模型体现时，是非常明智的选择。

在第6章中介绍的滤波历史模拟（FHS）方法，企图将最好的基于模型的和最好的无模型的方法以一种直观的方式结合起来。FHS结合了方差的基于模型方法和冲击分布的无模型的方法。

假设我们已经估计了资产组合方差的GARCH-类型模型。虽然我们对于方差模型很满意，但是对关于标准分布的特定分布假设并不满意，例如正态或者 $\tilde{t}(d)$ 分布。因此，我们想要不做进一步的假设，从过去收益数据里直接得到分布。

为了修正我们的观点，再次考虑GARCH(1，1)模型的简单例子：

$$R_{t+1}=\sigma_{t+1}z_{t+1}$$

其中，

$$\sigma_{t+1}^2=\omega+\alpha R_t^2+\beta\sigma_t^2$$

给定过去收益序列 $\{R_{t+1-\tau}\}_{\tau-1}^{m}$，我们可以估计GARCH模型，从观察到的收益和估计标准方差中，计算过去的标准收益：

$$\breve{z}_{t+1-\tau}=R_{t+1-\tau}/\sigma_{t+1-\tau}，\text{对于 }\tau=1，2，\cdots，m$$

我们将会提到标准收益集合 $\{\breve{z}_{t+1-\tau}\}_{\tau=1}^{m}$。历史观察数 m 应该尽量地大。

在 t 天结束时，我们得到 R_t，计算 σ_{t+1}^2，其在GARCH模型中为 $t+1$ 天的方差。我们可以从过去标准残差的数据库 $\{\breve{z}_{t+1-\tau}\}_{\tau=1}^{m}$ 中得到替代数据，而不是从随机数产生器中得到服从某个分布的随机 $\breve{z}s$。通过产生从1到 m 的离散一维随机变量得到随机数。从离散分布中得到随机数，从而得到 τ 值，因此得到该从 $\{\breve{z}_{t+1-\tau}\}_{\tau=1}^{m}$ 中提取哪个项。

我们再次建立了假设未来收益的分布，如下所示：

$$\begin{array}{lllll}
 & \hat{z}_{1,1}\to\hat{R}_{1,t+1}\to\hat{\sigma}_{1,t+2}^2 & \hat{z}_{1,2}\to\hat{R}_{1,t+2}\to\hat{\sigma}_{1,t+3}^2 & \cdots & \hat{z}_{1,K}\to\hat{R}_{1,t+K} \\
\nearrow & \hat{z}_{2,1}\to\hat{R}_{2,t+1}\to\hat{\sigma}_{2,t+2}^2 & \hat{z}_{2,2}\to\hat{R}_{2,t+2}\to\hat{\sigma}_{2,t+3}^2 & \cdots & \hat{z}_{2,K}\to\hat{R}_{2,t+K} \\
\sigma_{t+1}^2\to & \cdots & \cdots & \cdots & \cdots \\
\searrow & \cdots & \cdots & \cdots & \cdots \\
 & \hat{z}_{FH,1}\to\hat{R}_{FH,t+1}\to\hat{\sigma}_{FH,t+2}^2 & \hat{z}_{FH,2}\to\hat{R}_{FH,t+2}\to\hat{\sigma}_{FH,t+3}^2 & \cdots & \hat{z}_{FH,K}\to\hat{R}_{FH,t+K}
\end{array}$$

其中，FH 是在未来每一天我们所提取的标准化残差的次数，例如 10 000，K 为这些天中利息的跨度。

我们以从 $t+1$ 到 $t+K$ 天的假设日收益序列结尾。从这些假设日收益中，我们计算假设 K 天收益如下：

$$\hat{R}_{i,t+1:t+K}=\sum_{k=1}^{K}\hat{R}_{i,t+k}\text{，对于 } i=1,2,\cdots,FH$$

如果我们以集合形式收集 FH 假设的 K 天收益 $\{\hat{R}_{i:t+1:t+K}\}_{i=1}^{FH}$，那么我们可以通过计算下式的第 $100p$ 个分位数计算 K 天风险价值：

$$VaR_{t+1:t+K}^{p}=-Percentile\ \{\{\hat{R}_{i,t+1:t+K}\}_{i=1}^{FH},\ 100p\}$$

ES 测量也可以通过求在 $-VaR_{t+1:t+K}^{p}$ 以下的所有 $\hat{R}_{i:t+1:t+K}$ 的平均值来计算模拟收益，也就是

$$ES_{t+1:t+K}^{p}=-\frac{1}{p\cdot FH}\cdot\sum_{i=1}^{FH}\hat{R}_{i,t+1:t+K}\cdot\mathbf{1}(\hat{R}_{i,t+1:t+K}<-VaR_{t+1:t+K}^{p})$$

其中和以前一样，如果 $\mathbf{1}(\cdot)$ 中方程成立，则值为 1，否则为 0。

和简单的 HS 相比，FHS 的一个有趣而又有用的特性是，它能在预测阶段产生大额损失，即使在过去收益中没有观察到大额损失。考虑这样的情况，我们在数据库中有一个相对大的负 z，是在一个相对低方差的日子中得到的。如果在模拟阶段，这个 z 和高方差日相结合，那么假设结果损失将会很大。

在图 8.3 中，我们对于 S&P500 收益在 NGARCH 模型上采取 FHS 方法。我们使用 NGARCH-FHS 模型来构建和绘制每天的 $VaR_{t+1:t+K}^{p}$ 图，作为对 σ_{t+1} 两个不同值的 K 跨期的函数。在上图中，最初波动性值为非条件水平的一半，在下图中，σ_{t+1} 是非条件水平的 3 倍。跨度为从 1 到 500 的交易日，相当于 2 年。

VaR 的覆盖率 p 再次设为 1%。比较图 8.3 和图 8.1，我们发现在初始波动性一样的情况下，对于 S&P500 资产组合，蒙特卡洛和 FHS 模拟方法给出了大致一样的 VaR 期限结构。

在图 8.4 中，我们绘制了关于跨度 K 的每天 $ES_{t+1:t+K}^{p}$。

覆盖率 p 再次设为 1%，跨度为从 1 到 500 的交易日。在图 8.4 中的基于 FHS 的 ES 期限结构几乎近似于在图 8.2 中的基于 NGARCH 蒙特卡洛的 ES 期限结构。

最后，我们再次强调这里建议的 FHS 方法将方差的条件模型和对于标准化收益的历史模拟方法相结合。因此，FHS 通过 σ_{t+1} 体现了市场波动性的水平，但是我们不需要对尾部分布做假设。FHS 方法在一些研究中都发现有很好的效果，任何风险管理团队都需要认真考虑该方法。

3 常数相关性的风险期限结构

如果风险模型的主要目的是风险管理，那么在第二节中讨论的一元方法是非常有用的。如果对于积极风险管理，包括决定最佳资产组合配置，或者 VaR 对于配置改变的敏感性，都需要建模，那么就需要多元模型。在这一节，我们使用第 7 章中所建模的多元模型来模拟不同程度的 VaR 和 ES。多元风险模型可以在没有重新估计模型参数的情况下，

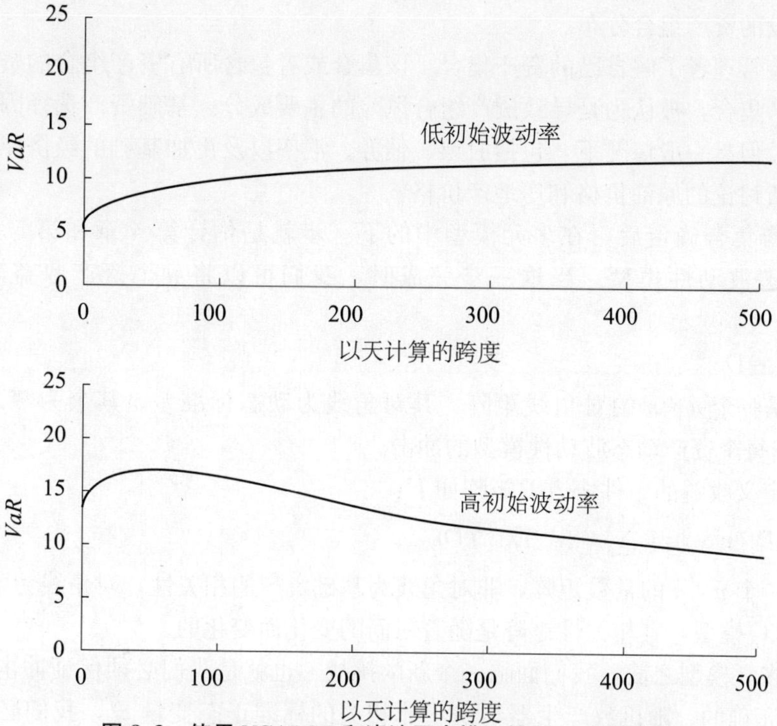

图 8.3　使用 NGARCH 和滤波历史模拟的 *VaR* 期限结构

注：上图表示当目前波动性是长程值的一半时，关于跨度的日 S&P500*VaR* 图。下图假设现在波动性是长程值的 3 倍。在 NGARCH 模型中，使用 FHS 模拟 *VaR*。

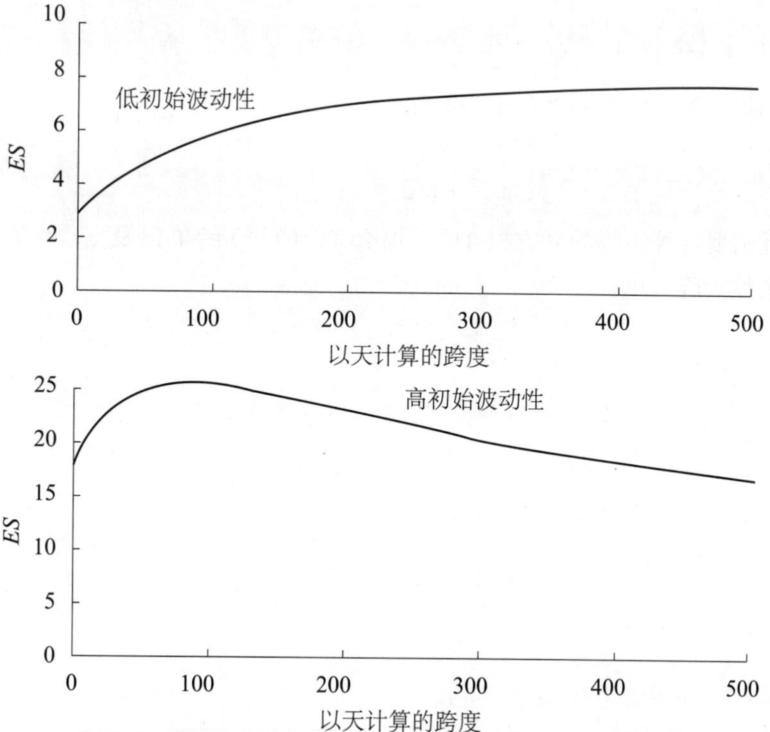

图 8.4　使用 NGARCH 和滤波历史模拟计算的 *ES* 期限结构

注：上图表示当目前波动性是长程值的一半时，关于跨度的每日 S&P500*ES* 图。下图假设现在波动性是长程值的 3 倍。在 NGARCH 模型中，使用 FHS 模拟 *ES*。

计算不同假设的资产组合分布。

假设风险管理者了解自己的资产集合。该集合或者包含所有资产组合的资产，或者是一个基础资产集合，被认为是导致资产组合风险的主要成分。基础资产选择因资产组合的不同而不同，但是一般情况下，包括股票、债券、汇率以及更加基础的经济驱动因子，例如第 7 章中所讨论的原油价格和房地产价格。

一旦资产集合确定后，在多元模型中的下一步就是估计第 4 章和第 5 章中每个资产类型的动态波动性模型。当这一步完成时，我们可以将 n 个资产收益表示成向量模式：

$$r_{t+1}=D_{t+1}z_{t+1}$$

其中，D_{t+1}是一个 $n\times n$ 的对角线矩阵，其对角线为动态标准差，其余为零。$n\times 1$ 向量 z_{t+1}包含对于每个资产动态波动性模型的冲击。

现在，定义收益的条件协方差矩阵如下：

$$VaR_t(r_{t+1})=\sum\nolimits_{t+1}=D_{t+1}\Upsilon D_{t+1}$$

其中，Υ 是一个 $n\times n$ 的常数矩阵，非对角线为基础资产的相关性，对角线为 1。后面我们将会考虑 DCC 模型，其相关性矩阵是随着时间的变化而变化的。

在模拟多元模型之前，我们面临一个新的挑战，也就是我们必须保证冲击向量的相关性矩阵 Υ 是正确的。随机数产生器给出了非相关的标准正态变量 z^u，我们必须在使用它们来模拟收益前使之相关。

在两个非相关冲击中，我们有

$$E\left[z_{t+1}^u\ (z_{t+1}^u)'\right]=\begin{bmatrix}1 & 0\\ 0 & 1\end{bmatrix}$$

但是我们想要构建相关冲击和相关矩阵

$$E\left[z_{t+1}\ (z_{t+1})\right]=\Upsilon=\begin{bmatrix}1 & \rho_{1,2}\\ \rho_{1,2} & 1\end{bmatrix}$$

我们因此需要计算矩阵的平方根 $\Upsilon^{1/2}$，那么 $\Upsilon^{1/2}(\Upsilon^{1/2})'=\Upsilon$ 以及 $z_{t+1}=\Upsilon^{1/2}z_{t+1}^u$将会给出正确的相关性矩阵，也就是

$$E\left[z_{t+1}\ (z_{t+1})'\right]=E\left[\Upsilon^{1/2}z_{t+1}^u\ (z_{t+1}^u)'(\Upsilon^{1/2})'\right]=\Upsilon$$

在两变量的情况下，我们有

$$\Upsilon^{1/2}=\begin{bmatrix}1 & 0\\ \rho_{1,2} & \sqrt{1-\rho_{1,2}^2}\end{bmatrix}$$

当乘以 $z_{t+1}=\Upsilon^{1/2}z_{t+1}^u$时，我们得到

$$z_{1,t+1}=z_{1,t+1}^u$$

$$z_{2,t+1}=\rho_{1,2}z_{1,t+1}^u+\sqrt{1-\rho_{1,2}^2z_{2,t+1}^u}$$

其中，

$$E\left[Z_{1,t+1}\right]=E\left[Z_{1,t+1}^u\right]=0$$

$$E\left[Z_{2,t+1}\right]=EP_{1,2}E\left[Z_{1,t+1}^u\right]+\sqrt{1-P_{1,2}^2E\left[Z_{2,t+1}\right]=0}$$

且

$$Var\left[z_{1,t+1}\right]=Var\left[z_{1,t+1}^u\right]=1$$

$$Var\ [z_{2,t+1}]=\rho_{1,2}^2 Var[z_{1,t+1}^u]+(1-\rho_{1,2}^2)\ Var[z_{2,t+1}^u]=1$$

因为$Var\ [z_{1,t+1}^u]=Var\ [z_{2,t+1}^u]=1$，因此 $z_{1,t+1}$，$z_{2,t+1}$ 其均值为 0，方差为 1。最终可以核实相关性。我们有

$$E\ [z_{1,t+1}z_{2,t+1}]=\rho_{1,2}E\ [z_{1,t+1}^u z_{1,t+1}^u]+\sqrt{1-\rho_{1,2}^2}E\ [z_{1,t+1}^u z_{2,t+1}^u]=\rho_{1,2}$$

那么冲击将会有一个预期的相关性 $\rho_{1,2}$。

通过乘以 $\Upsilon^{1/2}$ 的转置，我们可以验证其正确性：

$$\Upsilon^{1/2}\ (\Upsilon^{1/2})'=\begin{bmatrix}1 & 0\\ \rho_{1,2} & \sqrt{1-\rho_{1,2}^2}\end{bmatrix}\begin{bmatrix}1 & \rho_{1,2}\\ 0 & \sqrt{1-\rho_{1,2}^2}\end{bmatrix}=\begin{bmatrix}1 & \rho_{1,2}\\ \rho_{1,2} & 1\end{bmatrix}=\Upsilon$$

在 $n>2$ 个资产的情况下，我们需要使用所谓的 Cholesky 分解或者频谱分解来分解 Υ，得到 $\Upsilon^{1/2}$。对于具体过程，可以参考相关文献。

3.1 多元蒙特卡洛模拟

为了使用蒙特卡洛来模拟提前时间的模型，我们需要假设冲击向量 $\check{z}$ 的多元分布。在这一章中，我们将会依赖多元标准正态分布，因为这很方便，并且允许我们关注于模拟的问题。在第 9 章中，我们将会研究更加复杂的多元 t 分布。

对于多元蒙特卡洛模拟，算法如下：

第一，构建一个非相关的随机正态向量 $\check{z}_{i,1}^u$，其均值为 0，方差为 1。

第二，使用矩阵的平方根 $\Upsilon^{1/2}$ 来使得随机变量相关，从而得到 $\check{z}_{i,t+1}^u=\Upsilon^{1/2}z_{i,1}^u$。

第三，使用第二节的方法，对于每个资产更新变量。

第四，使用第二节的方法，对于每个资产计算收益。

从 $t+1$ 到 $t+K$，依次通过这四步。现在，我们通过已经知道的资产组合权重和每天的模拟收益向量来计算资产组合收益。

从重复这些步骤的次数 $i=1$，2，…，MC 中得到资产组合收益的蒙特卡洛分布。从这些 MC 资产组合收益中，我们可以根据第二节中的模拟资产组合收益计算 ES 和 VaR。

3.2 多元滤波历史模拟

在我们假设常数相关性时，多元滤波历史模拟可以很简单地进行。

第一，在历史冲击样本中选取特殊的一天来建立历史冲击向量（对于每个资产），使用其来模拟明天的冲击 $\check{z}_{i,1}$。要点是，当我们对来自同一天的历史冲击建立整个向量（对于每个资产）时，它们将会保存资产之间的相关性，该资产只要相关性随着时间的变化保持常数，就一直存在。

第二，使用第二节的方法，更新每个资产的方差。

第三，使用第二节的方法，计算每个资产的收益。

从 $t+1$ 到 $t+K$，依次通过这四步。现在，我们通过已经知道的资产组合权重和每天的模拟收益向量来计算资产组合收益。

从重复这些步骤的次数 $i=1$，2，…，FH 中得到资产组合收益的模拟分布。从这些 FH 资产组合收益中，我们可以根据第二节中的模拟资产组合收益计算 ES 和 VaR。

4 动态相关性的风险期限结构

我们现在考虑更加复杂的情况，和在第 7 章中的 DCC 模型一样，相关性是动态的。我们又一次有

$$\Upsilon_{t+1}=D_{t+1}z_{t+1}$$

其中，D_{t+1}是一个 $n\times n$ 的对角线矩阵，其对角线为 GARCH 标准差，其余为零。$n\times 1$ 向量 z_t 包含对于每个资产 GARCH 模型的冲击。

现在，我们得到

$$Var_t(r_{t+1}) = \sum\nolimits_{t+1} = D_{t+1}\Upsilon_{t+1}D_{t+1}$$

其中，Υ_{t+1}是一个 $n\times n$ 的矩阵，其非对角线为基础资产的相关性，对角线为 1。D_{t+1}中的每个元素可以提前使用第二节的方法来模拟，但是现在我们仍然需要提前模拟相关性矩阵。

4.1 动态相关性的蒙特卡洛模拟

正如前面所提到的，随机数产生器给予了我们一些不相关的随机标准正态变量 $\breve{z}^u$，在模拟收益之前我们必须先使它们相关。

在 t 天结束时，我们不需要做模拟，GARCH 和 GCC 模型给予了我们 D_{t+1}，Υ_{t+1}。因此，我们可以计算 $t+1$ 天的随机收益，如下所示：

$$\breve{\Upsilon}_{i,t+1} = D_{t+1}\Upsilon_{t+1}^{1/2}\breve{z}_{i,1}^{u} = D_{t+1}\breve{z}_{i,t+1}$$

其中，$\breve{z}_{i,t+1} = \Upsilon_{t+1}^{1/2}\breve{z}_{i,1}^{u}$。

使用新模拟冲击向量 $\breve{z}_{i,t+1}$，通过 GARCH 模型和 DCC 模型，我们可以更新波动性和相关性。因此得到 $\breve{D}_{i,t+2}$，$\breve{\Upsilon}_{i,t+2}$。构建一个非相关冲击的新向量 $\breve{z}_{i,2}^{u}$，能够使我们模拟未来两天的收益。

$$\breve{r}_{i,t+2}=\breve{D}_{i,t+2}\breve{\Upsilon}_{i,t+2}^{1/2}\breve{z}_{i,2}^{u}=\breve{D}_{i,t+2}\breve{z}_{i,t+2}$$

其中，$\breve{z}_{i,t=2}=\breve{\Upsilon}_{i,t+1}^{1/2}\breve{z}_{i,2}^{u}$。

我们从 $t+1$ 天到 $t+K$ 天继续该模拟，对于 $i=1$，2，…，MC，重复每天的模拟冲击向量。以前，我们可以通过已知资产组合权重和每天的模拟收益向量计算资产组合收益。从这些 MC 资产组合收益中，我们可以和第二节一样从模拟资产组合收益中计算 ES 和 VaR。

在图 8.5 中，对于第 7 章的 S&P500 收益和 10 年国债，我们使用 DCC 模型来绘制期望未来相关性。我们对目前的相关性假设四个不同的值，从最下面线的－0.5 到最上面线的 0.5。在所考虑的 60 天跨度中，相关性收敛于长程相关值，但是在 60 天之后，仍然有显著的差异。

在第 4 章中，我们可以了解到未来期望方差通过使用 GARCH 动态模型从目前方差中计算得到的方法。主要的方程在第二节有叙述。遗憾的是，对于动态相关性模型，例如对

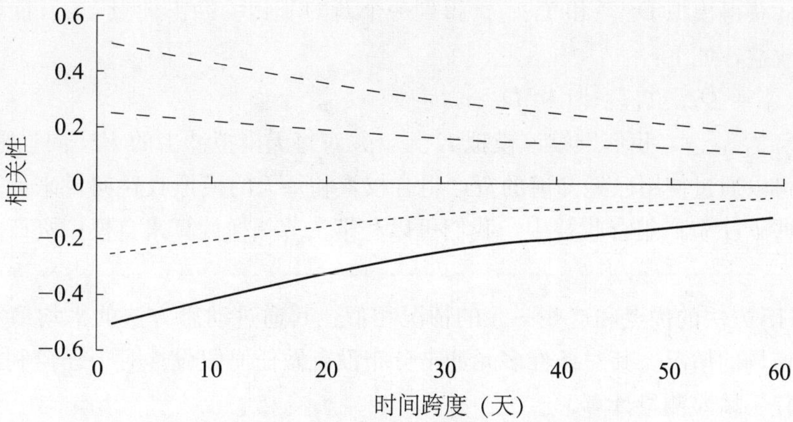

图 8.5　通过蒙特卡洛模拟的 DCC 相关预测

注：四个不同目前相关性的相关性预测。对于 S&P500 和 10 年国债，基于 DCC 模型，通过蒙特卡洛模拟计算预测。

于未来相关性期望的准确分析公式却不存在。为了构建跨度大于一天的相关性预测，我们需要依赖于在这里讨论的模拟方法。如果想要构建对于跨度为 2 天的相关性矩阵的预测，我们可以使用

$$\Upsilon_{t+2|t}=\frac{1}{MC}\sum_{i=1}^{MC}\check{\Upsilon}_{i,t+2}$$

其中蒙特卡洛平均是通过矩阵中每个相关性元素得到的。

4.2　动态相关性的滤波历史模拟

当资产之间的相关性被假设为常数时，FHS 就相对比较简单。因为我们可以使用历史冲击的整个向量（资产之间）得到历史资产冲击。历史相关性（常数）将会被保存于模拟冲击中。当相关性是动态时，我们需要确保之前该相关性动态已被模拟，但是在 FHS 中，我们仍然使用历史冲击。

在这种情况下，我们必须首先创建动态的历史非相关冲击的数据库，从中我们可以重新取样。我们创建的动态非相关的历史冲击为

$$\check{z}^{u}_{t+1-\tau}=\Upsilon^{-1/2}_{t+1-\tau}\check{z}_{t+1-\tau}，对于\ \tau=1，2，\cdots，m$$

其中，$\check{z}_{t+1-\tau}$为在 $t+1-\tau$ 这一天的标准化冲击向量，$\Upsilon^{-1/2}_{t+1-\tau}$为条件相关矩阵 $\Upsilon_{t+1-\tau}$平方根的逆。

当从模型中计算多天的条件 VaR，ES 时，我们再次需要从今天（t）预测的明日波动性矩阵 D_{t+1}和从相关性 Υ_{t+1}中模拟日收益。

从非相关冲击 $\{\check{z}^{u}_{t+1-\tau}\}_{\tau=1}^{m}$ 的数据库中，我们可以提取历史非相关冲击的随机向量，记为 $\check{z}^{u}_{i,1}$。需注意，为了保证特定资产的特性和冲击之间潜在的非线性依赖，我们提取了一个能代表同一天中所有资产的向量。

从这个提取中，我们可以计算对于 $t+1$ 天的随机收益，如下所示：

$$\check{\Upsilon}_{i,t+1}=D_{t+1}\Upsilon^{1/2}_{t+1}\check{z}^{u}_{i,1}=D_{t+1}\check{z}_{i,t+1}$$

其中，$\check{z}_{i,t+1}=\Upsilon^{1/2}_{t+1}\check{z}^{u}_{i,1}$。

使用新的模拟冲击向量 $\check{z}_{i,t+1}$，我们可以使用 GARCH 模型和 DCC 模型更新波动性和

相关性。因此获得模拟 $\breve{D}_{i,t+2}$ 和 $\breve{\Upsilon}_{i,t+2}$。得到一个新的非相关冲击向量 $\breve{z}^{u}_{i,2}$，能够使我们模拟第二天的收益，如下：

$$\breve{\Upsilon}_{i,t+2}=\breve{D}_{i,t+2}\breve{\Upsilon}^{1/2}_{i,t+2}\breve{z}^{u}_{i,2}=D_{t+2}\breve{z}_{i,t+2}$$

其中，$\breve{z}_{i,t+2}=\Upsilon^{1/2}_{t+1}\breve{z}^{u}_{i,2}$。我们继续该模拟 K 天，并对每天模拟冲击的 FH 向量重复该公式。以前，我们可以通过使用已经知道的资产组合权重和每天的模拟收益向量来计算资产组合收益。从这些 FH 资产组合收益中，我们可以和第二节一样计算来自模拟资产组合收益的 VaR 和 ES。

多元 FHS 方法的优点和这些一元的情况相似：其通过动态方法的平均值和相关性模型体现现在市场的情况。其对条件多元冲击分布没有做任何假设。对于任何利润的投资跨度，其允许任一风险测量计算。

5 总结

风险管理者很少有一个特定的兴趣跨度，但想要知道很多不同跨度的风险轮廓图，也就是风险期限结构。因此，本章的目的是介绍蒙特卡洛模拟和滤波历史模拟技巧，这可以在第二部分的一元风险模型中计算风险的期限结构，同时也适用于第 7 章的多元风险模型。我们必须记住：因为从动态风险模型中模拟，我们使用在任一给定时间的所有相关信息来计算未来的风险预测。

第 7 章假设了多元正态分布。该假设是为了简便而建立的，并不符合事实。我们需要发展可被用于不同跨度的风险计算的非正态的多元分布。这就是接下来第 9 章的任务。

更多资料

Drost 和 Nijman (1993) 分析了在 GARCH 模型中短暂集聚的理论问题。Diebold 等 (1998a) 研究了来自风险管理中关于不同跨度方差的大小规定。Christoffersen 等 (1998) 阐述了在不同跨度下计算 VaR 的问题。Christoffersen 和 Diebold (2000) 研究了对于风险管理在不同预测跨度下动态方差模型的有用性。Zaffaroni (2007) 分析了 GARCH 模型的资产组合集合。

在 Glasserman (2004) 一书中，阐述了在金融工程中，对于蒙特卡洛方法全面以及最新的一些处理方法。Hammersley 和 Handscomb (1964) 为关于蒙特卡洛较为典型的一个综述。

Diebold 等 (1998a)，Hull 和 White (1998)，Barone-Adesi 等 (1999) 各自介绍了滤波模拟方法。Barone- Adesi 等 (1998)，Barone-Adesi 等(2002) 考虑了 FHS 方法对于期权和期货资产组合方面的应用。Pritsker (2006) 在 FHS 和传统历史模拟之间做了一个全面比较。

在构建相关随机冲击时，Patton 和 Sheppard (2009) 认为相关矩阵的光谱分解要优于标准的 Cholesky 分解。因为后者在冲击向量中随着资产序列的变化而变化。

Engle (2009)，Engle 和 Sheppard (2001) 在 DCC 模型中建立了相关性预测的近似公式。Asai 和 McAleer (2009) 研究了随机相关模型方法。

滤波历史模拟方法的参数替代，包括对于 GARCH 冲击指定多元正态或者 t 分布。可以参考 Pesaran et al. (2009)，也可以见本书的第 9 章。

Engle 和 Manganelli (2004) 调查了不同的 VaR 模型。Manganelli (2004) 讨论了要求一元模型的唯

一资产分配方法。

参考文献

Asai, M., McAleer, M., 2009. The structure of dynamic correlations in multivariate stochastic volatility models. J. Econom. 150, 182-192.

Barone-Adesi, G., Bourgoin, F., Giannopoulos, K., 1998. Don't look back. Risk 11, August, 100-104.

Barone-Adesi, G., Giannopoulos, K., Vosper, L., 1999. VaR without correlations for non-linear portfolios. J. Futures Mark. 19, 583-602.

Barone-Adesi, G., Giannopoulos, K., Vosper, L., 2002. Backtesting derivative portfolios with filtered historical simulation (FHS). Eur. Financ. Manag. 8, 31-58.

Christoffersen, P., Diebold, F., 2000. How relevant is volatility forecasting for financial risk management? Rev. Econ. Stat. 82, 1-11.

Christoffersen, P., Diebold, F., Schuermann, T., 1998. Horizon problems and extreme events in financial risk management. Fed. Reserve Bank New York Econ. Policy Rev. 4, 109-118.

Diebold, F.X., Hickman, A., Inoue, A., Schuermann, T., 1998a. Scale models. Risk 11, 104-107. Drost, F., Nijman, T., 1993. Temporal aggregation of GARCH processes. Econometrica 61, 909-927. Engle, R., 2009. Anticipating Correlations: A New Paradigm for Risk Management. Princeton University Press, Princeton, NJ.

Engle, R., Manganelli, S., 2004. A comparison of value at risk models in finance. In: Szego, G. (Ed.), Risk Measures for the 21st Century. Wiley Finance, John Wiley Sons, Ltd., Chich-ester, West Sussex, England, pp. 123-144.

Engle, R., Sheppard, K., 2001. Theoretical and empirical properties of dynamic conditional cor-relation multivariate GARCH. Available from: SSRN, http://ssrn.com/abstract=1296441.

Glasserman, P., 2004. Monte Carlo Methods in Financial Engineering. Springer Verlag.

Hammersley, J., Handscomb, D., 1964. Monte Carlo Methods. Fletcher and Sons, Norwich, UK.

Hull, J., White, A., 1998. Incorporating volatility updating into the historical simulation method for VaR. J. Risk 1, 5-19.

Manganelli, S., 2004. Asset allocation by variance sensitivity analysis. J. Financ. Econom. 2, 370-389.

Patton, A., Sheppard, K., 2009. Evaluating volatility and correlation forecasts. In: Andersen, T.G., Davis, R.A., Kreiss, J.-P., Mikosch, T. (Eds.), Handbook of Financial Time Series. Springer Verlag, Berlin, pp. 801-838.

Pesaran, H., Schleicher, C., Zaffaroni, P., 2009. Model averaging in risk management with an application to futures markets. J. Empir. Finance 16, 280-305.

Pritsker, M., 2006. The hidden dangers of historical simulation. J. Bank. Finance 30, 561-582. Zaffaroni, P., 2007. Aggregation and memory of models of changing volatility. J. Econom. 136, 237-249.

练习

打开网站上第 8 章的数据文件 Chapter8Data. xlsx。

1. 使用 FHS（1 000 次模拟）在样本的最后一天构建 10 天 1%VaR，RiskMetrics 通过乘以 $\sqrt{10}$ 来度量日 VaR（虽然这是不正确的），NGARCH（1，1）模型的蒙特卡洛模拟，其中冲击为正态分布，参数和第 4 章中估计的一样。

2. 考虑反事实的假设，其样本最后一天的波动性为其真实值的 3 倍，或者 1/2。重新计算练习 1 中的 10 天 *VaR*。

3. 重复练习 1，计算 *ES* 而非 *VaR*。

4. 使用第 7 章中估计的 DCC 模型，使用 10 000 次蒙特卡洛模拟来绘制图 8.5 中的相关性预测。和图 8.5 相比，当 *MC*=10 000 时，是否可以发现蒙特卡洛估计的误差？

这些练习的答案可以在所对应的网站的 Chapter8result. xlsx 这个文件夹中找到。

更多信息可以参考相应的网站：

http：//www. elsevierdirect. com/companions/9780123744487

第 9 章 集成风险管理的分布和 copulas 模型

1 本章概要

在第 7 章中，我们考虑了依赖于正态分布的多元风险模型。在第 6 章中，我们发现一元正态分布提供了资产收益分布的一个较差描述——即使对于多样化指标，例如 S&P500。正态分布是非常方便的，但是低估了较大负收益的概率。多元正态分布也有相似的问题。它低估了资产之间同时较大负收益的联合概率。这反过来意味着建立于多元正态分布的风险管理模型可能夸大资产组合多样性的优势。这显然不是一个风险管理者应该犯的错误。

在第 6 章中，我们建立了冲击的一元标准非正态分布

$$z_t \sim D(0,\ 1)$$

其中，$z_t = \Upsilon_t / \sigma_t$，$D(*)$ 是标准化的一元分布。

在本章中，我们想要建立我们冲击的多元分布

$$z_t \sim D(0,\ \Upsilon_t)$$

其中，z_t 是资产特定冲击向量，$z_{i,t} = r_{i,t}/\sigma_{i,t}$，$\Upsilon_t$ 是动态相关性矩阵。我们假设单个方差已在第 4 章和第 5 章中建模。我们也假设动态相关性已经使用第 7 章中的 DCC 模型建模。

本章相对比较困难，有两个原因：第一，我们所处理的问题不再为正态分布。第二，我们需要处理多元风险模型。

本章安排如下：

第一，我们定义并且绘制了相关性阈值，这对于我们测量多元正态分布是一个关键的图形工具。

第二，我们回顾了多元标准正态分布，介绍了多元标准对称 t 分布，并拓展到非对称。

第三，我们定义和建立了 copula 模型思想。

第四，我们考虑了风险管理，尤其是，使用 copula 模型的集成风险管理。

2 阈值相关性

正如我们在第 6 章中使用 QQ 图来体现一元非正态性，我们需要对多元情形图像化非正态性。在这方面，二元阈值的相关性是很有用的。考虑两个资产的日收益，例如在第 7 章中介绍的 S&P500 和 10 年国债收益。阈值相关性是传统相关性，但是只对选择的数据子集进行计算。考虑概率 p 和定义资产 1 相应的经验百分比为 $r_1(p)$，对于资产 2 也类似，我们有 $r_2(p)$。这些经验百分比或者阈值可以被认为是每个资产的非条件 VaR。阈值相关性概率 p 现在被定义为

$$\rho(r_{1,t}, r_{2,t}; p)=\begin{cases}Corr(r_{1,t}, r_{2,t} \mid r_{1,t}\leqslant r_1(p) \text{ 和 } r_{2,t}\leqslant r_2(p)), & \text{如果 } p\leqslant 0.5\\ Corr(r_{1,t}, r_{2,t} \mid r_{1,t}>r_1(p) \text{ 和 } r_{2,t}>r_2(p)), & \text{如果 } p>0.5\end{cases}$$

我们计算两个资产的相关性，如果 $p<0.5$，那么两者都低于第 p 个百分位，如果 $p>0.5$，那么两者都高于第 p 个百分位。在两个资产的散点图中，当 $p<0.5$ 时，我们就只包括正方形左下限的数据集合，当 $p>0.5$ 时，我们就只包括正方形右上限的集合。如果我们对于一个网格 p 值计算阈值相关性，绘制相关性和 p 之间的图像，然后得到阈值相关图。

阈值相关性包含了各资产大的负收益和正收益之间大量的信息。因此，它们告诉了我们二元分布的尾部形状。

图 9.1 的黑线为 S&P500 收益和 10 年国债之间的阈值相关性。当 p 接近于 0 或者 1 时，我们就得不到观察值，因此不能计算阈值相关性。我们只表示了至少 20 个可用观察值的相关性。我们使用以 0.01 为跨度的增加的 p 值网格。很明显，最极端的阈值相关性是高度可变的，所以可能应该被忽略。但是，我们看到一个有趣的形式：当我们在图像的左侧同时看到高负冲击和债券收益时，阈值相关性就变得很小。我们也发现高正冲击和债券收益似乎有比高负冲击和债券收益更高的相关性。这表明冲击和债券收益之间的二元分布是非对称的。

图 9.1 的点线表示当使用两个收益序列的平均线性相关性系数时，二元正态分布的阈值相关性。从数据中可见，很明显，正态分布和阈值相关性是不匹配的。

基于我们关注于对收益冲击构建分布，而非收益本身，我们接下来将对冲击计算阈值相关性，如下所示：

$$\rho(z_{1,t}, z_{2,t}; p)=\begin{cases}Corr(z_{1,t}, z_{2,t} \mid z_{1,t}\leqslant z_1(p) \text{ 和 } z_{2,t}\leqslant z_2(p)), & \text{如果 } p\leqslant 0.5\\ Corr(z_{1,t}, z_{2,t} \mid z_{1,t}>z_1(p) \text{ 和 } z_{2,t}>z_2(p)), & \text{如果 } p>0.5\end{cases}$$

图 9.2 表示使用 GARCH 冲击而不是收益本身的阈值相关性图。

注意到，和图 9.1 相比，图 9.2 的形式非常不同。图 9.2 表明当冲击都为负时，冲击要比它们都为正时有更高的阈值相关性。这表明股票和债券在左边尾部有重要的非线性依赖性，对此，风险管理者需要建模。二元正态分布的阈值相关性再次给出了对于实证冲击阈值相关性效果较差的拟合。

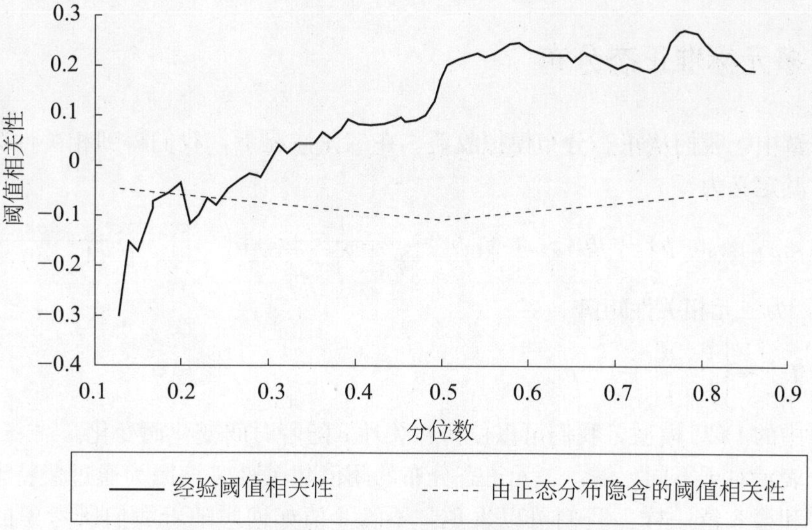

图 9.1　S&P500 和 10 年国债收益的阈值相关性

注：我们使用 S&P500 指数和 10 年国债指数的日收益。黑线表示来自收益数据的阈值相关性，点线表示相关性和收益数据匹配的正态分布的阈值相关性。

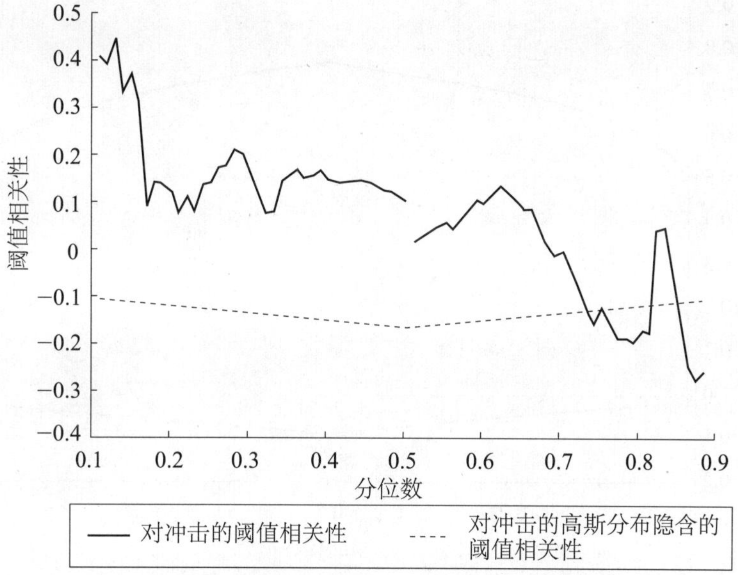

图 9.2　S&P500 和 10 年国债 GARCH 冲击的阈值相关性

注：我们对 S&P500 指数和 10 年国债指数使用日 GARCH 冲击。黑线表示来自经验冲击的阈值相关性，点线表示相关性和收益数据匹配的正态分布的阈值相关性。

3　多元分布

这一节我们考虑多元分布，可以与 GARCH（或者 RV）和 DCC 模型结合，对大系统资产提供正确的风险模型。因为我们已经建模了协方差矩阵，我们需要建立标准多元分布。首先，我们需要回顾多元标准正态分布，其次，我们将会介绍多元标准对称 t 分布，最后将介绍非对称的多元标准 t 分布。

3.1 多元标准正态分布

在第 8 章中，我们从正态分布模拟收益。在二元情况下，我们得到相关性为 ρ 的标准正态密度，其定义为

$$f(z_{1,t},\ z_{2,t};\ p) = \Phi_\rho(z_{1,t},\ z_{2,t}) = \frac{1}{2\pi\sqrt{1-\rho^2}}\exp\left(-\frac{z_{1,t}^2+z_{2,t}^2-2\rho z_{1,t}z_{2,t}}{2(1-\rho^2)}\right)$$

其中，$1-\rho^2$ 为二元相关性矩阵

$$|\Upsilon| = \begin{vmatrix} 1 & \rho \\ \rho & 1 \end{vmatrix} = 1-\rho^2$$

使用第 7 章中的 DCC 模型，我们可以使得相关性 ρ 随着时间变化而变化。

图 9.3 表示对于不同 ρ 值，二元正态分布的阈值相关性。该图为通过蒙特卡洛随机数而构建的，和第 8 章一样。我们可以发现，不管 ρ 值如何，随着我们所考虑的阈值变大（正数或者负数），阈值相关性接近于零。二元正态分布不能正确表现对极端 ρ 值有很高阈值相关性的数据。

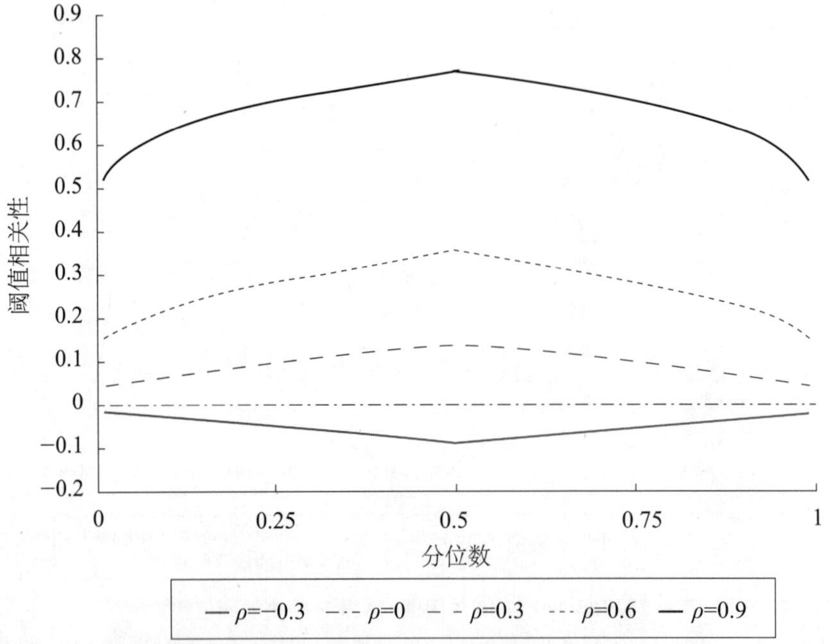

图 9.3 使用不同线性相关性的二元正态分布来模拟阈值相关性

注：不同线性相关性参数下，从二元正态分布得到阈值相关性。

在资产数为 n 的多元情况下，我们得到相关矩阵 Υ 的密度：

$$f(z_t;\Upsilon) = \Phi_\Upsilon(z_t) = \frac{1}{(2\pi)^{n/2}\ |\Upsilon|^{1/2}}\exp\left(-\frac{1}{2}z'_t\Upsilon^{-1}z_t\right)$$

这里也有缺点：在向量 z_t 中，每对资产对于大阈值，其相关性接近于零。我们又会有动态相关性矩阵。

由于方差和相关性随着时间而变化，我们不得不使用第 8 章中的模拟方法构建多元 VaR 和 ES。但是在第 7 章中，我们可以看到，1 天 VaR 可以简单地通过下式计算：

$$VaR_{t+1}^{p}=-\sigma_{PF,t+1}\Phi_{p}^{-1}，其中，\sigma_{PF,t+1}=\sqrt{w_t' D_{t+1}\Upsilon_{t+1}D_{t+1}w_t}。$$

其中，我们有资产组合权重 w_t 和标准方差的对角线矩阵 D_{t+1}。

1 天 ES 也可以简单地使用下式计算：

$$ES_{t+1}^{p}=\sigma_{PF,t+1}\frac{\phi(\Phi_{p}^{-1})}{p}$$

多元正态分布有一个非常方便的特性：多元正态变量的线性组合也是正态分布的。因为资产组合就是资产收益的线性组合，多元线性分布非常容易使用。但是，事实上，它不能充分体现收益（多元）风险，这意味着只有在风险管理目的为过高价格时才能体现正态分布的方便性。因此，我们现在考虑多元 t 分布。

3.2　多元标准 t 分布

在第 6 章中，我们考虑一元标准 t 分布，其密度为

$$f_{\tilde{t}(d)}(z;\ d)=C(d)(1+z^2/(d-2))^{-(1+d)/2}，对于 d>2$$

其中正态常数为

$$C(d)=\frac{\Gamma((d+1)/2)}{\Gamma(d/2)\sqrt{(d-2)\pi}}$$

相关性为 ρ 的二元标准 t 分布遵从以下公式：

$$f_{\tilde{t}(d,\rho)}(z_1,\ z_2;\ d,\ \rho)=C(d,\ \rho)\left(1+\frac{z_1^2+z_2^2-2\rho z_1 z_2}{(d-2)\ (1-\rho^2)}\right)^{-(d+2)/2}，对于 d>2$$

其中，

$$C(d,\ \rho)=\frac{\Gamma((d+2)/2)}{\Gamma(d/2)\ (d-2)\pi(1-\rho^2)^{1/2}}$$

d 是一个标量，所以两个变量有相同的尾部肥胖度。

图 9.4 表明对于不同的 d 和 ρ 模拟二元标准 t 分布的阈值相关性。当使用多元 t 分布时，我们可以产生两个变量之间非常灵活的尾部依赖度。但是，我们限于一种情形：由于一元 t 分布是对称的，那么多元 t 分布也是。因此，在纵坐标中，阈值相关性是对称的。

在 n 个资产的情况下，我们有多元 t 分布：

$$f_{\tilde{t}(d,\Upsilon)}(z;d,\Upsilon)=C(d,\Upsilon)\left(1+\frac{z'\Upsilon^{-1}z}{(d-2)}\right)^{-(d+n)/2},对于 d>2$$

其中，

$$C(d,\ \Upsilon)=\frac{\Gamma((d+n)/2)}{\Gamma(d/2)\ ((d-2)\pi)^{n/2}\ |\ \Upsilon\ |^{1/2}}$$

使用密度的定义，我们构建了似然函数

$$\ln L=\sum_{t=1}^{T}\ln(f_{\tilde{t}(d,\Upsilon)}(z_t;d,\Upsilon))$$

通过最大化来估计 d。使用下式，相关性矩阵可以被预估计：

$$\Upsilon=\frac{1}{T}\sum_{t=1}^{T}z_t z'_t$$

相关性矩阵 Υ 也可以是动态化的，在前面的步骤中，它可以通过第 7 章中的 DCC 模型估计。

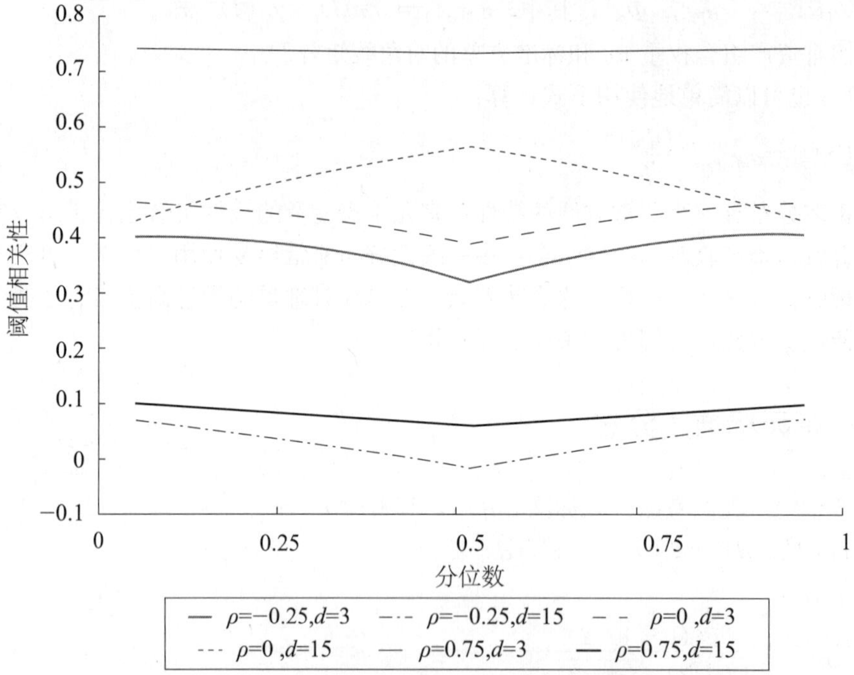

图 9.4　从含有各类参数的对称 t 分布中模拟阈值相关性

注：从二元对称 t 分布中，我们模拟了一系列的实现方式。图像表明当使用相关性和 d 参数的各种值时，模拟数据的阈值相关性。

跟随第 6 章的逻辑，通过计算 n 个变量每个的峰度 ξ_2，可以估计 d。回顾超额峰度和 d 之间的关系为

$$\zeta_2=\frac{6}{d-4}$$

使用 n 个变量的所有信息，我们可以通过下式估计 d：

$$d=\frac{6}{\frac{1}{n}\sum_{i=1}^{n}\zeta_{2,i}}+4$$

其中，$\xi_{2,i}$ 为第 i 个变量的简单超额峰度。

多元 t 分布的总收益本身并不遵循 t 分布。因此，我们需要依赖于蒙特卡洛模拟来计算资产组合的 VaR 和 ES，即使是对于 1 天的跨度。

标准化的对称 n 维 t 变量可以被模拟如下

$$z=\sqrt{\frac{d-2}{d}}\sqrt{W}U$$

其中 W 为一元 gamma 随机变量 $W \sim IG\left(\frac{d}{2},\ \frac{d}{2}\right)$ 的逆，U 为多元标准正态变量 $U\sim N(0,\ \Upsilon)$ 向量，W 和 U 是相互依赖的。该表述可以被用于模拟标准化的多元 t 分布。首先，模拟一个随机 W 标量，其次，模拟一个随机 U 向量（和第 8 章一样），然后构造 z。

模拟的 z 的均值为 0、标准差为 1，相关矩阵为 Υ。一旦我们模拟了向量 z 的 MC 实现方式，就可以使用第 8 章中提到的技巧来模拟资产收益向量的 MC 实现方式（对方差使用 GARCH，对相关性使用 DCC），从中资产组合 VaR 和 ES 也可以通过模拟计算。

3.3 多元非对称 t 分布

因为在第 6 章中，我们构建了相对复杂的非对称一元 t 分布，所以我们也可以构建相对复杂的非对称多元 t 分布。

设 λ 为一个 $n\times1$ 的非对称参数向量。那么非对称 t 分布被定义为

$$f_{asy\tilde{t}}(z;d,\lambda,\Upsilon)$$

$$=\frac{C_{asy}(d,\dot{\Upsilon})K_{\frac{d+n}{2}}(\sqrt{(d+(z-\dot{\mu})'\dot{\Upsilon}^{-1}(z-\dot{\mu}))\lambda'\dot{\Upsilon}^{-1}\lambda})\left(1+\frac{1}{\partial}(z-\dot{\mu})'\dot{\Upsilon}^{-1}(z-\dot{\mu})\right)^{-(d+n)/2}}{\exp(-(z-\dot{\mu})'\dot{\Upsilon}^{-1}\lambda)(\sqrt{(d+(z-\dot{\mu})'\dot{\Upsilon}^{-1}(z-\dot{\mu}))\lambda'\dot{\Upsilon}^{-1}\lambda})^{-(d+n)/2}}$$

其中，

$$\dot{\mu}=-\frac{d}{d-2}\lambda$$

$$\dot{\Upsilon}=\frac{d-2}{d}\left(\Upsilon-\frac{2d^2}{(d-2)^2(d-4)}\lambda\lambda'\right)$$

且

$$C_{asy}(d,\dot{\Upsilon})=\frac{2^{(1-(d+n)/2)}}{\Gamma(d/2)(d\pi)^{n/2}\mid\dot{\Upsilon}\mid^{\frac{1}{2}}}$$

其中，$K_{\frac{d+n}{2}}(x)$ 为所谓的修改后的第三种贝塞尔方程，它可以使用贝塞尔公式（x，$(d+n)/2$）在 Excel 中计算。

构建向量 $\dot{\mu}$ 和矩阵 $\dot{\Upsilon}$ 使得随机冲击向量 z 的均值为 0，方差为 1，相关性矩阵为 Υ。如果 $\lambda=0$，那么 $\dot{\mu}=0$，$\dot{\Upsilon}=\frac{d-2}{d}\Upsilon$。

虽然在 $f_{asy\tilde{t}}(z;\ d,\ \lambda)$ 的定义中这并不明显，但我们可以表明，随着非对称参数向量 λ 接近于零向量，非对称 t 分布将会收敛于对称 t 分布。

图 9.5 表明当对两个资产都设 $\lambda=0.2$，$d=10$，以及考虑不同的 ρ 值时，二元非对称 t 分布的模拟阈值相关性。进一步观察图 9.5，非对称 t 分布能够体现阈值相关性的非对称性和中位数附近的阈值相关性间隙，这两者我们可以从图 9.1 和图 9.2 的股票和债券阈值中看到。

从密度 $f_{asy\tilde{t}}(z;d,\lambda,\Upsilon)$ 中我们构建似然函数

$$\ln L=\sum_{t=1}^{T}\ln(f_{asy\tilde{t}}(z_t;d,\lambda,\Upsilon))$$

上式可以最大化来估计标量 d 和向量 λ。在前面，相关性矩阵可以使用下式提前估计：

$$\Upsilon=\frac{1}{T}\sum_{t=1}^{T}z_t z'_t$$

相关性矩阵 Υ 也可动态化 Υ_t，它可以在前面的步骤中通过使用第 7 章中的 DCC 方法来估计。

非对称 t 分布的估计值可以从 gamma 和正态变量的逆中构建。现在，我们有

$$z=\dot{\mu}+\sqrt{W}U+\lambda W$$

其中，W 为一元 gamma 随机变量 $W\sim IG\left(\frac{d}{2},\ \frac{d}{2}\right)$的逆，$U$ 为正态变量 $U\sim N(0,\ \dot{\Upsilon})$，向量 W 和 U 是相互独立的。非对称 t 分布通过增加了一项相同的 gamma 随机变量 W 一般化了对称 t 分布，而 W 则通过非对称向量 λ 来衡量。

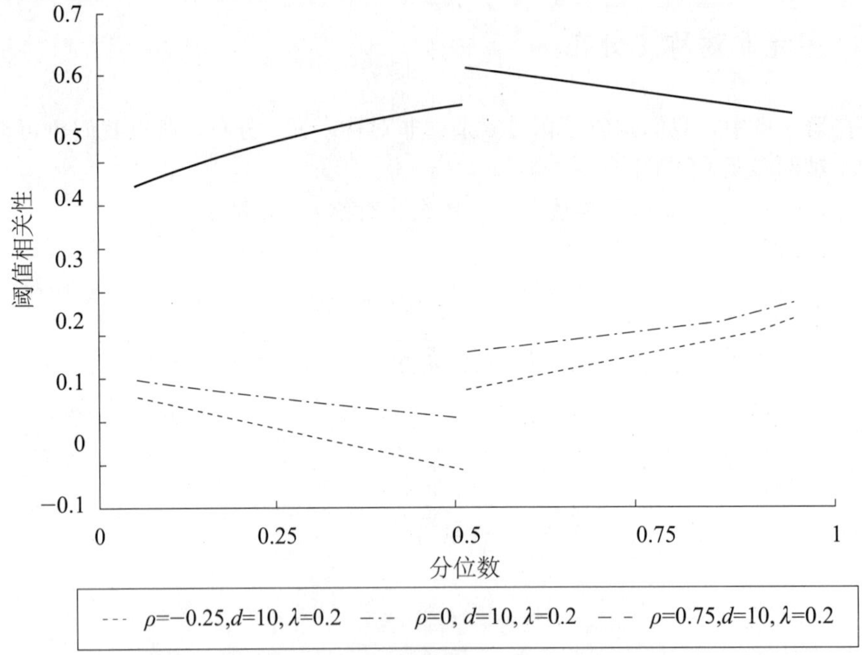

图 9.5　各种线性相关的非对称 t 分布的模拟阈值相关性图

注：根据二元非对称 t 分布，我们做了一系列模拟。图像表示当使用各种相关值时，从模拟数据得到的阈值相关性。

模拟 z 向量将会有如下均值：

$$E[z]=\dot{\mu}+\frac{d}{d-2}\lambda=0$$

其中我们使用了之前所定义的 μ。模拟冲击的方差相关性矩阵为

$$Cov(z)=\frac{d}{d-2}\dot{\Upsilon}+\frac{2d^2}{(d-2)^2(d-4)}\lambda\lambda'=\Upsilon$$

其中我们使用了之前所定义的 $\dot{\Upsilon}$。

由于非对称参数向量 λ，非对称 t 分布比对称 t 分布有更大的灵活性。但是，在大维数情况下，对于 n 个不同 λ 值的估计可能会困难。

标量 d 和向量 λ 用来描述 n 个资产的单一分布和联合分布。使用第 6 章中的非对称 t 分布建模一元分布，我们能够得到更高的灵活性。在这种情况下，每个资产 i 将会有其自己的 $d_{1,j}$ 和 $d_{2,j}$（使用第 6 章中的表示法），从而体现一元偏度和峰度。但是，我们之后需要一种将 n 个分布连接为一个整体的方法。这可以通过 copula 模型实现。

4　Copula 模型方法

多元正态分布低估了日收益的阈值相关性。多元 t 分布允许大阈值相关性，但是这只在所有资产参数 d 一致的情况下才成立。非对称 t 分布虽然更加灵活，但是同时需要很多参数估计。

理论上，我们希望有一个模型方法将我们从第 4 章到第 6 章所学的一元模型结合起

来，形成一个合适的多元分布。所谓的 copula 函数正好能够为我们提供所需要的工具。

考虑 n 个资产有不同的一元分布 $f_i(z_i)$（也称边缘分布）和累积密度函数（CDF）$u_i=F_i(z_i)$，$i=1, 2, \cdots, n$。u_i 为 n 个资产的观察值低于 z_i 的概率。我们的目标是将各个边缘分布联系到一起，得到一个有效的多元密度分布。

4.1 Sklar 公理

Sklar 公理为我们提供了所需的理论支持。它表明对于一系列多元累积密度函数，定义为 $F(z_1, \cdots, z_n)$，其边缘分布为 CDF$F_i(z_i)$，$\cdots$，$F_n(z_n)$，存在唯一的 copula 函数 $G(\cdot)$，将各个边缘分布连接到一起，形成联合分布。

$$\begin{aligned}F(z_1, \cdots, z_n) &= G(F_1(z_1), \cdots, F_n(z_n)) \\ &= G(u_1, \cdots, u_n)\end{aligned}$$

$G(u_1, \cdots, u_n)$ 函数有时被称为 copulaCDF。

Sklar 公理表明，多元概率密度函数（PDF）为

$$\begin{aligned}f(z_1,\cdots,z_n) &= \frac{\partial^n G(F_1(z_1),\cdots,F_n(z_n))}{\partial z_1 \cdots \partial z_n} \\ &= \frac{\partial^n G(u_1,\cdots,u_n)}{\partial u_1 \cdots \partial u_n} \times \prod_{i=1}^{n} f_i(z_i) \\ &= g(u_1,\cdots,u_n) \times \prod_{i=1}^{n} f_i(z_i)\end{aligned}$$

其中，copulaPDF 在最后一个方差中被定义为

$$g(u_1,\cdots,u_n) \equiv \frac{\partial^n G(u_1,\cdots,u_n)}{\partial u_1 \cdots \partial u_n}$$

现在考虑 PDF 对数

$$\ln f(z_1,\cdots,z_n) = \ln g(u_1,\cdots,u_n) + \sum_{i=1}^{n} \ln f_i(z_i)$$

该分解表明，我们可以通过一些简单的步骤来构建大型且复杂的多元密度：首先，我们使用第 4 章和第 6 章中的方法，建立和估计 n 个不同的边缘分布模型 $f_1(z_1)$，$\cdots$，$f_n(z_n)$。其次，我们决定 copulaPDF$g(u_1, \cdots, u_n)$，使用来自边缘分布中的概率输出 u_i 对其进行估计。

Sklar 公理为风险模型构建者也提供了一个很强大的框架。同时其和 GARCH 以及 DCC 模型构建相类似：DCC 相关性模型允许我们对每个资产使用不同的 GARCH 模型。相似地，copula 模型允许我们对每个资产使用不同的一元密度模型。

和整个 copula 分布模型相对应的对数似然函数，在我们的样本中，是通过对 T 个观察值求对数 PDF 的和而构建的。如下所示：

$$\ln L = \sum_{t=1}^{T} \ln g(u_{1,t},\cdots,u_{n,t}) + \sum_{t=1}^{T}\sum_{i=1}^{n} \ln f_i(z_{i,t})$$

但是，如果我们首先估计 n 边缘分布，那么 copula 似然函数就可简单地写作

$$\ln L_g = \sum_{t=1}^{T} \ln g(u_{1,t},\cdots,u_{n,t})$$

其要点是，在单一步骤中，我们只要估计在 copulaPDF 函数 $g(u_{1,t}, \cdots, u_{n,t})$ 中的参数。在这之前，我们可以估计所有的在边缘 PDF 中的参数。这使得高维模型变为可能。

例如，我们可以对于每个资产允许不同的一元非对称 t 分布，每次使用一个来估计。考虑这些特定资产分布，我们之后可以通过第二步 $g(u_{1,t}, \cdots, u_{n,t})$ 的参数估计来将它们连接到一起。

Sklar 公理是非常一般化的：它对于很多多元分布都适用。但是，这并不特别：它对函数 $G(u_1, \cdots, u_n)$ 和 $g(u_1, \cdots, u_n)$ 的形式没有要求。为了使用 copula 模型方法，我们需要对于 CDF 做一些特定的模型选择。

4.2　正态 copula

自 1959 年 Sklar 公理公布之后，研究人员开始寻求 copula 函数潜在的特定形式。介于 copulaCDF 必须把边缘 CDF 当做输入、把多元 CDF 当做输出，所以一些研究者们简单地采用已知的多元分布，反过来把它们作为输入概率 u，而不是采用冲击 z。

最方便的多元分布是标准正态分布，据此我们可以建立正态 copula 函数。在二元情况下，我们有

$$\begin{aligned} G(u_1, u_2; \rho^*) &= \Phi_{\rho^*}(\Phi^{-1}(u_1), \Phi^{-1}(u_2)) \\ &= \Phi_{\rho^*}(\Phi^{-1}(F_1(z_1)), \Phi^{-1}(F_2(z_2))) \end{aligned}$$

其中，ρ^* 是 $\Phi^{-1}(u_1)$ 和 $\Phi^{-1}(u_2)$ 之间的相关性，我们将会把它当做 copula 相关性。和前述章节一样，$\Phi^{-1}(\cdot)$ 表示一元标准正态分布 CDF 的逆。

如果两个边缘密度 F_1 和 F_2 是标准正态的，那么我们可以得到

$$\begin{aligned} G(u_1, u_2; \rho^*) &= \Phi_{\rho^*}(\Phi^{-1}(\Phi(z_1)), \Phi^{-1}(\Phi(z_2))) \\ &= \Phi_{\rho^*}(z_1, z_2) \end{aligned}$$

这是简单的二元正态分布。但如果边缘分布是非正态的，那么正态 copula 并不仅仅是正态分布。由于正态 copula 允许边缘分布为非正态的，它可以产生一系列的非正态多元分布，所以正态 copula 要比正态分布灵活性更高。

为了估计正态 copula，我们需要正态 copulaPDF。如下所示：

$$\begin{aligned} g(u_1, u_2; \rho^*) &= \frac{\phi_{\rho^*}(\Phi^{-1}(u_1), \Phi^{-1}(u_2))}{\phi(\Phi^{-1}(u_1))\,\phi(\Phi^{-1}(u_2))} \\ &= \frac{1}{\sqrt{1-\rho^{*2}}}\exp\left\{-\frac{\Phi^{-1}(u_1)^2+\Phi^{-1}(u_2)^2-2\rho^*\Phi^{-1}(u_1)\,\Phi^{-1}(u_2)}{2(1-\rho^{*2})}\right. \\ &\qquad \left. +\frac{\Phi^{-1}(u_1)^2+\Phi^{-1}(u_2)^2}{2}\right\} \end{aligned}$$

其中，$\phi_{\rho^*}(*)$ 表示二元标准正态 PDF，$\phi(*)$ 表示一元标准正态 PDF。Copula 相关性 ρ^* 可以通过最大化似然函数来估计：

$$\begin{aligned} \ln L_g &= \sum_{t=1}^{T} \ln g(u_{1,t}, u_{2,t}) \\ &= -\frac{T}{2}\ln(1-\rho^{*2}) \\ &\quad -\sum_{t=1}^{T} \frac{\Phi^{-1}(u_{1,t})^2+\Phi^{-1}(u_{2,t})^2-2\rho^*\Phi^{-1}(u_{1,t})\Phi^{-1}(u_{2,t})}{2(1-\rho^{*2})} \\ &\quad \frac{\Phi^{-1}(u_{1,t})^2+\Phi^{-1}(u_{2,t})^2}{2} \end{aligned}$$

其中，我们有 $u_{1,t}=F_1(z_{1,t})$，$u_{2,t}=F_2(z_{2,t})$。

在资产为 n 的情况下，我们有多元正态 copulaCDF 和 copulaPDF：

$$G(u_1,\cdots,u_n;\Upsilon^*)=\Phi_{\Upsilon^*}(\Phi^{-1}(u_1),\cdots,\Phi^{-1}(u_n))$$

$$g(u_1,\cdots,u_2;\Upsilon^*)=\frac{\phi_{\Upsilon^*}(\Phi^{-1}(u_1),\cdots,\Phi^{-1}(u_n))}{\prod_{i=1}^{n}\phi(\Phi^{-1}(u_i))}$$

$$=|\Upsilon^*|^{-\frac{1}{2}}\exp\left\{-\frac{1}{2}\Phi^{-1}(u)'(\Upsilon^{*-1}-I_n)\Phi^{-1}(u)\right\}$$

其中，u 向量元素为（u_1，…，u_n），I_n 为 n 维的单位矩阵，其对角线为 1，其他都为 0。在正态 copula 中，相关性矩阵 Υ^* 可以通过极大似然来估计

$$\ln L_g=\sum_{t=1}^{T}\ln g(u_{1,t},\cdots,u_{n,t})$$

$$=-\frac{1}{2}\sum_{t=1}^{T}\ln|\Upsilon^*|-\frac{1}{2}\sum_{t=1}^{T}\Phi^{-1}(u_t)'(\Upsilon^{*-1}-I_n)\Phi^{-1}(u_t)$$

如果资产数量较多，那么 Υ^* 就会有很多需要估计的参数，数值最优化将会变得困难。我们定义在 t 天资产 i 的 copula 冲击如下：

$$z_{i,t}^*=\Phi^{-1}(u_{i,t})=\Phi^{-1}(F_i(z_{i,t}))$$

对于 copula 相关性矩阵可以通过相关目标来得到：

$$\Upsilon^*=\frac{1}{T}\sum_{t=1}^{T}z_t^*z_t^{*\prime}$$

在低维情况下，它可以被用作 MLE 最优化的初始值。

再次考虑此前的二元正态 copula，我们有二元分布

$$F(z_1,z_2)=G(u_1,u_2)$$

$$=\Phi_{\rho^*}(\Phi^{-1}(u_1),\Phi^{-1}(u_2))$$

图 9.6 表示了从不同 copula 相关性 ρ^* 中得到的 u_1，u_2 之间的阈值相关性。从图像上看，正态 copula 阈值相关性和图 9.3 中的正态分布阈值相关性两者之间有些相似。

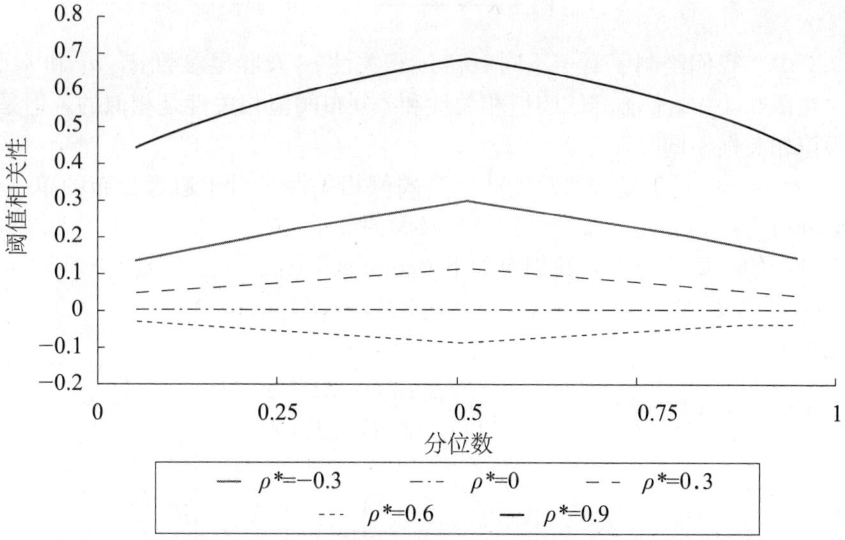

图 9.6 各种 copula 相关性的二元正态 copula 的模拟阈值相关性

注：根据二元正态 copula，我们做了一系列模拟。图像表示了当使用不同的 copula 相关性参数时，从模拟数据得到的阈值相关性。

阈值相关性是由概率 u_1，u_2 计算得到的，而不是和图 9.1 至图 9.5 中根据冲击 z_1，z_2 得到的。正态 copula 允许边缘分布 F_1 和 F_2 的灵活性，从而给我们带来了方便，但是正态分布的多元方面仍旧保持：对于极端观察值 u_1 和 u_2，阈值相关性接近于零，但是在风险管理模型中，极端移动在资产之间会有高度的相关性。

4.3 *t* copula

正态 copula 要比正态分布更加方便和灵活，但是对于很多金融风险应用，它不允许不同资产尾部分布之间的依赖。这已在图 9.6 中通过正态 copula 阈值相关性得到了解释，它在极端尾部会趋于零。

Copula 模型也可以通过 t 分布来建模。首先考虑二元的情况，二元 t copulaCDF 被定义如下：

$$G(u_1,\ u_2;\ \rho^*,\ d)=t_{(d,\rho^*)}(t^{-1}(u_1;\ d),\ t^{-1}(u_2;\ d))$$

其中，$t_{(d,\rho^*)}(*)$ 表示对称多元 t 分布，$t^{-1}(u;\ d)$ 表示对称一元 t 分布的 CDF 逆，在第 6 章中我们用 $t_{u_1}^{-1}(d)$ 表示。

相应的二元 t copula 是

$$g(u_1,\ u_2;\ \rho^*,\ d)=\frac{t(d,\ \rho^*)\ (t^{-1}(u_1;\ d),\ t^{-1}(u_2;\ d))}{f_{t(d)}(t^{-1}(u_1;\ d);\ d)\ f_{t(d)}\ (t^{-1}(u_2;\ d);\ d)}$$

$$=\frac{\Gamma\left(\frac{d+2}{2}\right)}{\sqrt{1-\rho^2}\,\Gamma\left(\frac{d}{2}\right)}\left(\frac{\Gamma\left(\frac{d}{2}\right)}{\Gamma\left(\frac{d+1}{2}\right)}\right)^2$$

$$\times\frac{\left(1+\frac{(t^{-1}(u_1;\ d))^2+\ (t^{-1}(u_2;\ d))^2-2\rho t^{-1}\ (u_1;\ d)\ t^{-1}(u_1;\ d)}{d(1-\rho^2)}\right)^{-\frac{d+2}{2}}}{\left(1+\frac{(t^{-1}(u_1;\ d))^2}{d}\right)^{-\frac{d+1}{2}}\left(1+\frac{(t^{-1}(u_2;\ d))^2}{d}\right)^{-\frac{d+1}{2}}}$$

在图 9.7 中，我们绘制了对于不同 copula 相关性 ρ^* 及胖尾参数 d，u_1 和 u_2 之间的阈值相关性。在图 9.4 中，t copula 阈值相关性和 t 分布阈值相关性是相似的，但是和图 9.6 中的正态阈值相关性不同。

t copula 在资产中对于极端移动能产生高阈值相关性。对于边缘分布的单一模型也适用，而边缘分布为得到多元分布结果带来了极大的灵活性。

在 n 个资产的一般情况下，我们有如下 t copulaCDF：

$$G(u_1,\cdots,u_n;\Upsilon^*,d)=t_{(d,\Upsilon^*)}(t^{-1}(u_1;d),\cdots,t^{-1}(u_n;d))$$

和 t copulaPDF

$$g(u_1,\cdots,u_n;\Upsilon^*,d)=\frac{t_{(d,\Upsilon^*)}(t^{-1}(u_1;d),\cdots,t^{-1}(u_n;d))}{\prod_{i=1}^n t(t^{-1}(u_i;d);d)}$$

$$=\frac{\Gamma\left(\frac{d+n}{2}\right)}{|\Upsilon^*|^{\frac{1}{2}}\Gamma\left(\frac{d}{2}\right)}\left(\frac{\Gamma\left(\frac{d}{2}\right)}{\Gamma\left(\frac{d+1}{2}\right)}\right)^n\frac{\left(1+\frac{1}{d}t^{-1}(u;d)'\Upsilon^{*-1}t^{-1}(u;d)\right)^{-\frac{d+n}{2}}}{\prod_{i=1}^n\left(1+\frac{(t^{-1}(u_i;d))^2}{d}\right)^{-\frac{d+1}{2}}}$$

d 为标量，它给了 t copula 一些限制，但同时也使它能用于很多资产。

极大似然估计能够被用于估计 t copula 中的参数 d 和 Υ^*。我们需要最大化

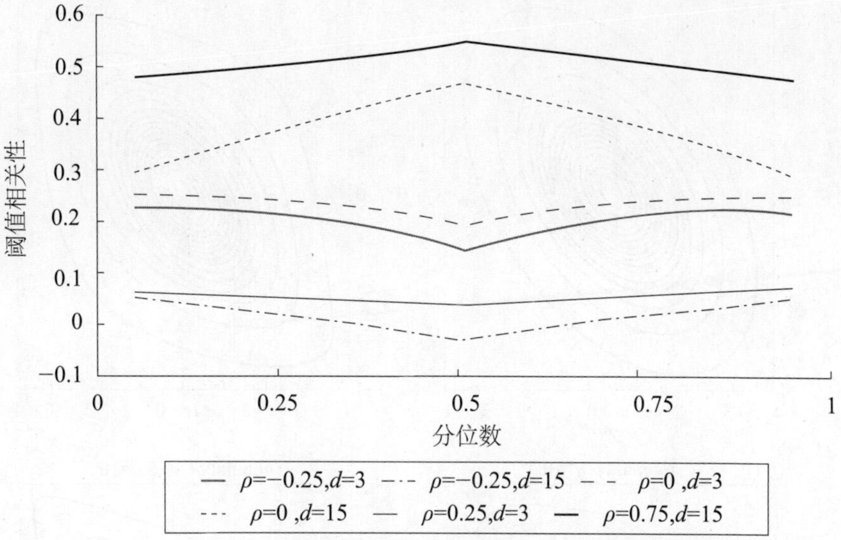

图 9.7　不同参数对称 t copula 的模拟阈值相关性

注：我们从二元对称 t copula 中进行了一系列模拟。图像表示，当使用不同的 copula 相关性和 d 参数时，从模拟数据得到的阈值相关性。

$$\ln L_g = \sum_{t=1}^{T} \ln g(u_{1,t},\cdots,u_{n,t})$$

在 t 天，对于资产 i 定义 copula 冲击如下：

$$z_{i,t}^{*}=t^{-1}(u_{i,t};\ d)\ =t^{-1}(F_i(z_{i,t});\ d)$$

在大维度中，我们需要得到 copula 相关性矩阵，可以通过下式预先得到：

$$\Upsilon^{*} = \frac{1}{T}\sum_{t=1}^{T} z_t^{*} z_t^{*\prime}$$

预估该矩阵之后，我们只需在此前最大化的 $\ln L_g$ 中搜索参数 d。

4.4　其他 copula 模型

非对称 t copula 可以根据非对称多元 t 分布得到，它和此前的对称 t copula 可以从多元 t 分布得到一样。

图 9.8 表示了二元正态 copula、对称 t copula、正值或者负值 λ 的非对称（或者偏）t copula 的等概率分布线。每条轮廓线都表示把概率值相同的 z_1 和 z_2 连接起来。在轮廓线外面，z_1 和 z_2 的极值所表示的是低水平的概率。我们采用二元分布，其为 3D 图，将之切割成一个个不同的概率水平。对于图 9.8 中的四个小图，每条对应轮廓线的概率水平是相同的。

在大维度中，可能需要对非对称参数 λ 进行限制，使其在各个资产或者资产子集之间使用相同的值。但是非对称 t 分布提供了灵活性，因为我们可以使用一元非对称 t 分布来建模边缘分布，那么在非对称 t copula 中的参数 λ 只需要体现非对称的多元性。在多元非对称 t 分布中，λ 参数向量需要体现特定资产和多元非对称。

在这里，我们只考虑了正态性和 t copula。其他形式的 copula 函数也存在。但是，当资产数量 n 很大时，只有一部分 copula 函数是可以利用的。

目前，我们假设了 copula 相关性矩阵 Υ^{*} 不随时间的变化而变化。但是，我们可以使

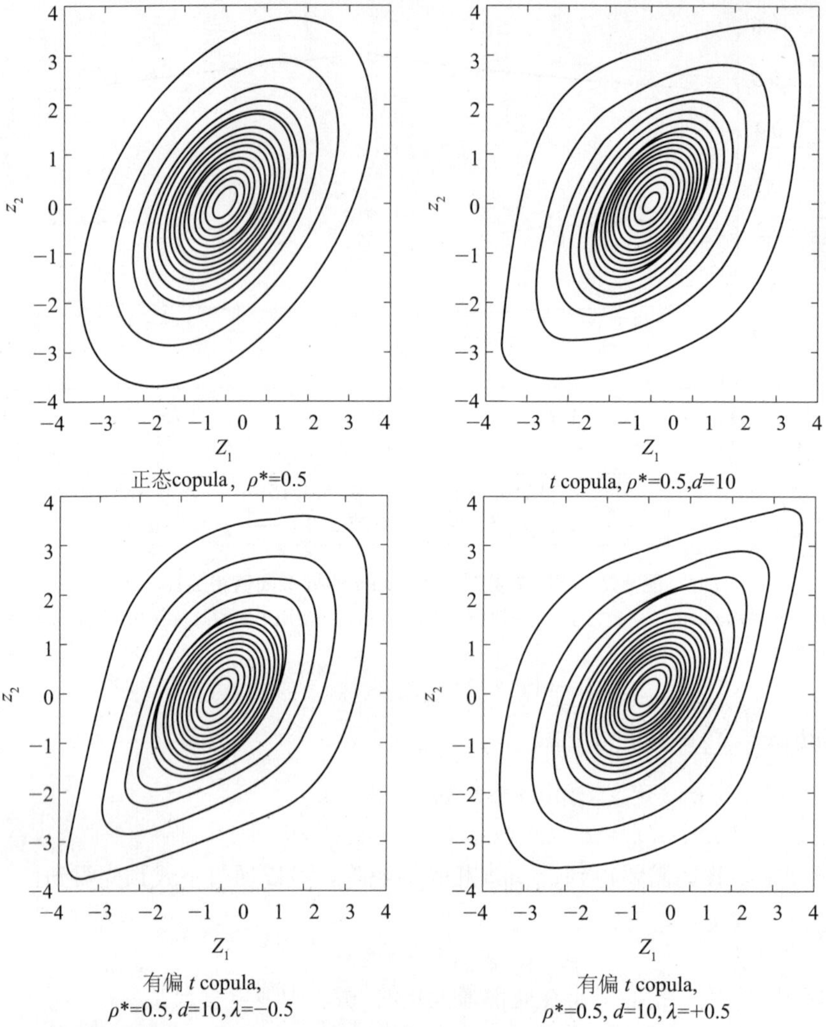

图 9.8　正态、对称 t 和非对称有偏 t copula 的轮廓概率图

注：我们对于正态、对称 t 和非对称有偏 t copula 绘制了轮廓概率图。边缘分布被假设为标准正态。在图中的每一条线都对应于一个特定的概率水平，该概率水平在四个图中是相同的。

用第 7 章中的 DCC 方法使得 copula 相关性是动态的。我们现在可以使用 copula 冲击 $z_{i,t}^*$ 作为动态 copula 相关性估计的输入数据，而不是用第 7 章中的 $z_{i,t}$。

5　使用 copula 模型的风险管理

5.1　模拟 copula *VaR* 和 *ES*

当我们想要从 copula 模型计算资产组合的 *VaR* 和 *ES* 时，我们需要依赖于蒙特卡洛模拟。蒙特卡洛模拟颠倒了模型构建中的步骤。我们已经从收益中构建了 copula 模型，如下：

第一，估计每个资产的动态波动性模型 $\sigma_{i,t}$（第 4 章和第 5 章），从观察收益 $R_{i,t}$ 中得到冲击 $z_{i,t}=r_{i,t}/\sigma_{i,t}$。

第二，对每个资产估计密度模型，从而得到每个资产的概率 $u_{i,t}=F_i(z_{i,t})$。

第三，使用 $\ln L_g = \sum_{t=1}^{T}\ln g(u_{1,t},\cdots,u_{n,t})$ 估计 copula 模型的参数。

当从 copula 模型模拟数据时，我们需要将估计模型中的步骤颠倒。得到如下算法：

第一，从 copula 模型模拟概率（$u_{1,t}$，…，$u_{n,t}$）。

第二，使用边缘分布的逆 CDFs$z_{i,t}=F_i^{-1}(u_{i,t})$，根据 copula 概率创建冲击。

第三，使用动态波动性模型，根据冲击，创建一个收益 $r_{i,t}=\sigma_{i,t}z_{i,t}$。

一旦我们从模型中模拟收益 MC 向量，我们就可以通过一个给定的资产分布，简单地计算和模拟资产组合收益。资产组合 VaR 和 ES，和其他测量都可以从第 8 章中的模拟资产组合收益中计算得到。例如，1%VaR 是所有模拟资产组合收益路径的第一个百分比。

5.2 集成风险管理

集成风险管理关注一个组织中不同商业单位的风险集合。每个商业单位可能有它自己的风险模型，但是，高级管理需要了解来自不同单位的所有风险。简而言之，高级风险管理需要一种将每个商业单位收益的边缘分布相结合的方法。

最为简单的例子（但是不切实际的）是，我们可以假设多元正态分布对于公司的所有风险都给予了一个很好的描述。如果各个单位之间的相关性为 1（也不合实际），那么我们可以得到一个简单的结果。首先考虑二元情况：

$$\begin{aligned}VaR_{t+1}^{p} &= -\sqrt{w_{1,t}^{2}\sigma_{1,t}^{2}+w_{2,t}^{2}\sigma_{2,t}^{2}+2w_{1,t}w_{2,t}\rho_{12,t}\sigma_{1,t}\sigma_{2,t}}\Phi_p^{-1}\\ &= -\sqrt{(w_{1,t}\sigma_{1,t}+w_{2,t}\sigma_{2,t})^2}\Phi_p^{-1}\\ &= (w_{1,t}VaR_{1,t+1}^{p}+w_{2,t}VaR_{2,t+1}^{p})\end{aligned}$$

其中我们假设权重都为正数。总的 VaR，在这些特定假设下，为两个单个商业单位 VaR 的加权和。

在有 n 个商业单位的情况下，我们有

$$VaR_{t+1}^{p} = \sum_{i=1}^{n} w_{i,t}VaR_{i,t+1}^{p}$$

但是这只在收益是多元正态，以及单位之间的相关性为 1 的情况下成立。

6 总结

多元风险模型需要假设收益冲击的多元分布。目前，多元正态分布是最为简单的模型，但是这在很多风险管理应用中并不允许过多依赖。在观察资产收益和可利用多元分布中，我们可以使用阈值相关性衡量极端依赖。多元对称 t 分布和非对称 t 分布给我们提供了更大的阈值相关性。但是在高维情况下，非对称 t 分布在估计方面会遇到困难。Copula 模型允许我们将一系列的边缘分布连接在一起。我们所学的正态和 t copula，在高维应用中有很高的灵活性。Copula 同时也应用于集成风险管理，其中，单个商业单位的风险模型必须连接在一起，从而提供组织风险的一个明确的整体评估。

更多资料

股票市场中阈值相关性的应用，可见 Longin and Solnik (2001)，Ang and Chen (2002)，Okimoto (2008)。

Sklar 定理可见 Sklar (1959)。多元对称和非对称 t 分布的分析可见 Demarta and McNeil (2005)，该作者也构建了 t copula 模型。Jondeau 和 Rockinger (2006) 进一步改进了 copula-GARCH 方法。

Copula 模型的整体介绍可以参考 Cherubini et al. (2004) 和 McNeil et al. (2005).

关于 copula 的风险管理应用的研究可以参考 Embrechts et al. (2003，2002)，Fischer et al. (2009) 和 Patton (2009)。

Chen 和 Fan (2006)，Kole 等 (2007) 主要讨论了关于 copula 的模型选择。使用 copula 默认相关性模型可见 Li (2000)。

动态 copula 模型的构建可见 Patton (2004，2006)，Patton and Oh (2011)，Chollete et al. (2009)，Christoffersen et al. (2011)，Christoffersen and Langlois (2011)，Creal et al. (2011)。Hafner 和 Manner (2010) 讨论了在估计中需要模拟的随机 copula 方法。

Rosenberg 和 Schuermann (2006) 给出了使用关键函数的集成风险管理的框架。Rodriguez (2007) 指出，copula 模型也适合于金融传导。

参考资料

Ang，A.，Chen，J.，2002. Asymmetric correlations of equity portfolios. J. Financ. Econ. 63，443-494.

Chen，X.，Fan，Y.，2006. Estimation and model selection of semiparametric copula-based multivariate dynamic models under copula misspecification. J. Econom. 135，125-154.

Cherubini，U.，Luciano，E.，Vecchiato，E.，2004. Copula Methods in Finance. Wiley，New York.

Chollete，L.，Heinen，A.，Valdesogo，A.，2009. Modeling international financial returns with a multivariate regime-switching copula. J. Financ. Econom. 7，437-480.

Christoffersen，P.，Errunza，V.，Jacobs，K.，Langlois，H.，2011. Is the potential for international diversification disappearing? Available from：SSRN，http：//ssrn.com/abstract=1573345.

Christoffersen，P.，Langlois，H.，2011. The joint dynamics of equity market factors. Working Paper，University of Toronto.

Creal，D.，Koopman，S.，Lucas，A.，2011. A dynamic multivariate heavy-tailed model for time-varying volatilities and correlations. J. Bus. Econ. Stat. forthcoming.

Demarta，S.，McNeil，A.，2005. The$t$ copula and related copulas. Int. Stat. Rev. 73，111-129.

Embrechts，P.，Lindskog，F.，McNeil，A.，2003. Modelling dependence with copulas and applications to risk management. In：Rachev，S. (Ed.)，Handbook of Heavy Tailed Distributions in Finance. Elsevier，Amsterdam，The Netherlands，Chapter 8，pp. 329-384.

Embrechts，P.，McNeil，A.，Straumann，D.，2002. Correlation and dependence in risk management：Properties and pitfalls. In：Dempster，M. A. H. (Ed.)，Risk Management：Value at Risk and Beyond. Cambridge University Press，pp. 176-223.

Fischer，M.，Kock，C.，Schluter，S.，Weigert，F.，2009. An empirical analysis of multivariate copula models. Quant. Finance 9，839-854.

Hafner，C. M.，Manner，H.，2010. Dynamic stochastic copula models：Estimation，inference and application. J. Appl. Econom. forthcoming.

Jondeau，R. Rockinger，M.，2006. The copula-GARCH model of conditional dependencies：An international stock market application. J. Int. Money Finance 25，827-853.

Kole, E., Koedijk, K., Verbeek, M., 2007. Selecting copulas for risk management. J. Bank. Finance 31, 2405-2423.

Li, D. X., 2000. On default correlation: A copula function approach. J. Fixed Income 9, 43-54. Longin, F., Solnik, B., 2001. Extreme correlation of international equity markets. J Finance. 56, 651-678.

McNeil, A., Frey, R., Embrechts, P., 2005. Quantitative Risk Management: Concepts, Techniques, and Tools. Princeton University Press, Princeton, NJ.

Okimoto, T. 2008. New evidence of asymmetric dependence structures in international equity markets. J. Financ. Quant. Anal. 43, 787-815.

Patton, A., 2004. On the out-of-sample importance of skewness and asymmetric dependence for asset allocation. J. Financ. Econom. 2, 130-168.

Patton, A., 2006. Modeling asymmetric exchange rate dependence. Int. Econ. Rev. 47, 527-556.

Patton, A., 2009. Copula-based models for financial time series. In: Andersen, T. G., Davis, R. A., Kreiss, J.-P., Mikosch, T. (Eds.), Handbook of Financial Time Series. Springer Verlag, Berlin.

Patton, A., Oh, D., 2011. Modelling dependence in high dimensions with factor copulas. Working paper, Duke University.

Rodriguez, J., 2007. Measuring financial contagion: A copula approach. J. Empir. Finance 14, 401-423.

Rosenberg, J., Schuermann, T., 2006. A general approach to integrated risk management with skewed, fat-tailed risks. J. Financ. Econ. 79, 569-614.

Sklar, A., 1959. Fonctions de re partition a` n dimensions et leurs marges. Publ. Inst. Stat. Univ. Paris 8, 229-231.

练习

打开网站上第 9 章的数据文件 Chapter9Data. xlsx。

1. 重复图 9.1 和图 9.2 中的阈值相关性。使用跨度为 0.01 的从 0.15 到 0.85 的阈值。

2. 从二元正态分布中模拟 10 000 个数据来重复图 9.3 中的阈值。

3. 根据 S&P500 和 10 年国债收益数据估计正态 copula 模型。假设边缘分布有 RiskMetrics 波动性，且有对称 t 冲击。估计每个资产的 d 参数。假设两个资产之间的相关性为一个常数。

4. 从练习 3 的模型中，模拟 10 000 个收益集。从该模型计算 1%VaR 和 ES。

这些练习的答案可以在所对应的网站的 Chapter9result. xlsx 这个文件夹中找到。

更多信息可以参考相应的网站：

http://www. elsevierdirect. com/companions/9780123744487

·金融风险管理（第二版） 金融学译丛·金融风险管理（第二版） 金融学译丛·金融风险管理（第二版）

第四部分

风险管理的进一步讨论

第 10 章　期权定价

1　本章概要

前面的章节用简单的线性支付对资产组合的各个资产分布——例如，股票、债券、外汇、远期、期货和商品构建了一个框架。本章的重点在于期权定价。期权从基础资产中得到价格，但是它的回报并不是基础资产价格的线性函数，所以期权价格也不是基础资产价格的线性函数。这种非线性增加了定价和风险管理的复杂性。

在这一章中，我们将会做如下几点：

⊙ 提供一些基础的定义，得到同一个基础资产买卖价格之间的无套利关系。

⊙ 简单地总结二叉树式方法的期权定价。

⊙ 在简单假设下，建立期权定价的公式。假设基础资产的日收益遵循正态分布，有常数方差。我们将把这个作为布莱克-斯科尔斯-默顿（Black-Scholes-Merton，BSM）公式。尽管 BSM 模型将会给我们提供一个很有用的基准，但是它有时会对观察到的期权错误定价。因此我们考虑以下方法。

⊙ 通过允许收益的偏度和峰度来拓展我们的正态模型。我们将会依赖于正态分布的灰色 copula 系数来得到该问题的期权定价公式。

⊙ 根据第 4 章中的 GARCH 模型，拓展我们的模型，使之有随时间变化的方差。在这里考虑了两个期权定价模型：一个允许特定方差，但是需要蒙特卡洛模拟或者其他的数值技术；另一个假设方差是动态的，但是对期权定价提供了一个封闭式的方法。

⊙ 介绍特别的隐含波动函数（IVF）方法来为期权定价。IVF 方法并不是由连贯的理论得来，但是在使用中效果很好。

在本章中，我们主要关注欧式期权的价格，而该价格只能在到期日才可以得到。美式期权我们也将会大略地讨论一下。接下来的章节我们将描述当资产组合包含期权的时候，可以使用的风险管理技术。

在本章，我们有足够的资料甚至可以完成一本书，所以不得不说该章所涉及的比较简略。我们将会简单地提供一个不同期权定价模型的概括，在本章的最后也会给出可以进一步参考的资料。

2 基本定义

欧式看涨期权给予它们的拥有者权利而非义务，在未来第 T 天以价格 X 购买一单位的基本资产。我们把 T 当做到期日，把 X 作为期权的执行价格。

我们把今天欧式期权看涨价格记为 c，今天基础资产的价格记为 S_t，期权到期日记为 $S_{t+\tilde{T}}$。

欧式看跌期权使期权所有者在之后的第 $\widetilde{T}$ 天以价格 X 卖出一单位的基础资产。我们把今天欧式期权看跌价格记为 P，欧式期权限制所有者在到期日之前进行交易。美式期权可以在到期日之前的任何时间交易。

我们记 $\widetilde{T}$ 为距离到期日的天数，该天数是以日历天数而非交易天数来计算。标准的日历有 365 天，但是只有大约 252 天的交易日。在前面章节，我们已经使用交易日作为收益和风险价值 VaR 跨度，例如说 2 周 VaR 是指 10 天 VaR。在本章中，我们需要指出，当我们计算波动性和利率时，我们使用的是 365 天每年。

支付函数是期权的定义特征。图 10.1 包含四个图。左上图表示看跌期权的支付函数，右上图表示看涨价格的支付函数，两者的执行价格都为 1 137。这些支付函数描述了基础资产的假设价格在期权到期日的价格，$S_{t+\tilde{T}}$。从数学公式上看，看跌期权的支付函数为

$$\mathrm{Max}\{S_{t+\tilde{T}}-X，0\}$$

看涨价格的支付函数为

$$\mathrm{Max}\{X-S_{t+\tilde{T}}，0\}$$

图 10.1 的左下图表示了基础资产本身的支付价格，为一条斜率为 1 的直线。右下图表示一个无风险债券在到期日的值，在到期日 $t+\widetilde{T}$ 的支付面值为 1，不管未来基础风险资产以及其他资产的价格为多少。注意线性的股票和债券支付函数与非线性的期权支付函数的区别。

我们接下来考虑欧式看跌和看涨期权价格的关系。买卖平价不依赖于任何特定的期权定价模型，表示为

$$S_t+p=c+X\exp(-r_f\widetilde{T})$$

它可以从考虑两种资产组合中得到：一个考虑基础资产和看跌期权，还有一个考虑看涨期权和等同于执行价格贴现值的现金头寸。不管到期日的执行价格 $S_{t+\tilde{T}}$ 是高于还是低于结束时的执行价格 X，两个资产组合在到期日都将会有相同的值，也就是 $\mathrm{Max}\{S_{t+\tilde{T}}，X\}$，因此它们现在必须有相同的值，否则套利机会就会存在：投资者将会买进价格低的资产组合，卖出价格高的资产组合，从而获取无风险利润。下表表示了前面所讨论的资产

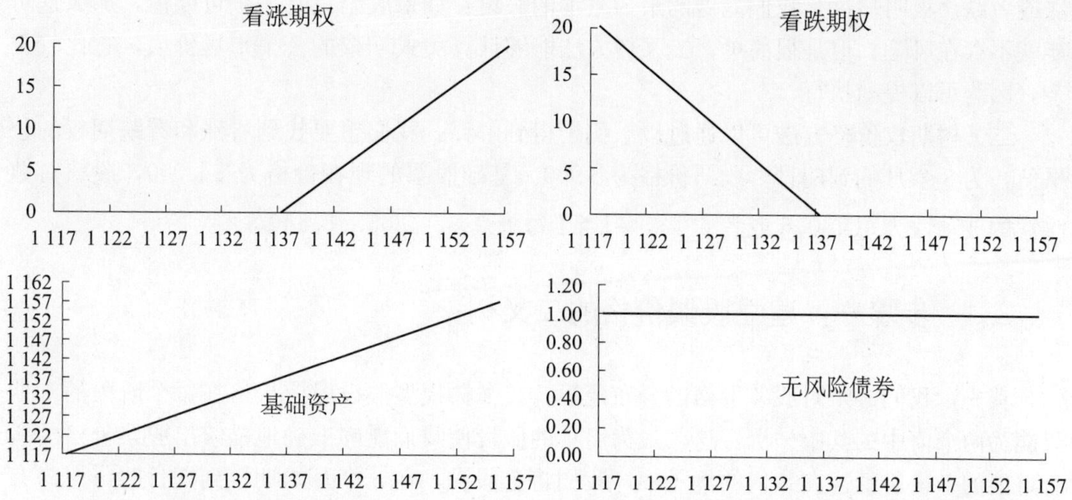

图 10.1 支付函数为基础资产在到期日值的函数：看涨期权、看跌期权、基础资产和无风险债券

注：所有图像横轴均为基础资产的未来价格。左上图绘制了看涨期权的值，右上图绘制了看跌期权的值，左下图为基础资产本身，右下图为无风险债券。

组合值：

时间 t	时间 $t+\widetilde{T}$	
资产组合 Ⅰ	如果 $S_{t+\widetilde{T}} \leqslant X$	如果 $S_{t+\widetilde{T}} > X$
S_t	$S_{t+\widetilde{T}}$	$S_{t+\widetilde{T}}$
p	$X-S_{t+\widetilde{T}}$	0
S_t+p	X	$S_{t+\widetilde{T}}$
资产组合 Ⅱ	如果 $S_{t+\widetilde{T}} \leqslant X$	如果 $S_{t+\widetilde{T}} > X$
c	0	$S_{t+\widetilde{T}}-X$
$X\exp(-r_f\widetilde{T})$	X	X
$c+X\exp(-r_f\widetilde{T})$	X	$S_{t+\widetilde{T}}$

买卖平价也会表明期权在风险管理中是如何使用的。假设一个投资者投资了一个跨度为 $\widetilde{T}$ 天、现值为 S_t 的股票。股票在期权到期日的值就为 $S_{t+\widetilde{T}}$，其在最糟情况下可能为 0。但是如果投资者拥有股票同时也有执行价格为 X 的看涨期权，那么就可以保证未来资产组合的值为 $\text{Max}\{S_{t+\widetilde{T}}，X\}$，至少为 X。下跌的股票资产组合包括所谓的保护性卖权，因此是有限的。该保护并不是免费的，购买该看涨期权需要支付目前的期权价格或者额外费用。

3 使用二叉树为期权定价

当我们想要找到期权的一个公平价值时，我们所面临的一个关键挑战就是这依赖于基础风险资产（股票）的未来价格。我们一开始对于该分布做了最为基本的假设，即：二项式分布。这意味着在很短的一段时期内，股票价格只有一个或者两个值，我们可以看成是涨或者跌。很明显这是我们能做的最为基本的假设：如果股票只有一个可能值，那么这可能就不存在风险。但是很简单，二叉树方法能够计算美式期权的公平市场价值，它比较复杂，因为可以提前执行。

二叉树期权价格方法可以通过以下例子得到解释：我们想要找到看涨和看跌期权的公平值，为 3 个月的到期日，股票价格为＄900。基础股票的现在价格为＄1 000，股票对数收益的波动性为每年 0.6 或者 60%，相当于每天 $0.6/\sqrt{365}=3.140\ 5\%$。

3.1 步骤一：建立股票价格的二叉树

首先，我们必须对股票价格的分布建模。二叉树模型假设股票价格在每个阶段的末期只能为两个值中的其中一个。这个最为简单的假设使我们能够准确地描绘出股票价格的所有可能的未来价值。在我们的例子中，我们将会假设，在 6 个月的期权到期日时，该树有两步，但是在实际中，却有 100 甚至更多的步骤。我们所使用的步骤越多，模型价格将会越准确，当然，计算的复杂度也会增加。

表 10.1 表明了在 Excel 中树是如何构造的。我们知道今天的股票价格为＄1 000，所以我们知道树的初始点。我们也知道基础股票收益的波动性（每年 0.6），所以我们知道股票价格典型移动的数量级。我们需要确保树能够准确反映至少每年 60% 的股票收益波动率。

如果期权还有 3 个月到期，我们就以两步建立树。数中的每一步都相当于 1.5 个月。在每一步中上涨和下跌的程度可以反映 $0.6\sqrt{dt}=0.6\sqrt{3/12/2}\approx 21.21\%$ 的波动率。在这个方程中，dt 表示树中一步的长度（年）。如果我们以天来衡量波动性，那么 dt 也可以用天来衡量。

表 10.1　从当前的股票价格起建立二叉树

市场变量				D
$S_t=$	1 000			1 528.47
每年 $r_f=$	0.05			
合约期限				
$X=$	900		B	
$T=$	0.25		1 236.31	
参数				
每年交易量=	0.6			
树步=	2	A		E
$dt=$	0.125	1 000.00		1 000.00
u	1.236 311 11			
$d=$	0.808 857 893			
			C	
			808.86	
				F
				654.25

注：我们使用年波动性为 60%，从今天＄1 000 价格起构建两步的二叉树。树的总到期日为 3 个月。

因为我们使用对数收益，向上移动一个标准差就相应于总收益为

$u = \exp(0.212\ 1) = 1.236\ 3$

向下移动一个标准差就相应于总收益为

$d = 1/u = \exp(-0.212\ 1) = 0.808\ 9$

使用这些向上和向下因子，从左边的＄1 000的目前价格到3个月之后的潜在价格，我们构建了树，也就是＄1 528.47（如果股票价格两次都向上移动），＄1 000（如果有一次向上移动一次向下移动），＄654.25（如果两次都向下移动）。

3.2 第二步：在到期日计算期权支付

一旦对股票价格构建了树，我们就有三个到期日的假设股票值，我们能够简单地计算假设看跌期权。到期日的期权值为支付函数值，其在期权构建中已阐述。对于看跌期权，我们有前面建立的支付函数：

$\text{Max}\{S_{t+\tilde{T}} - X,\ 0\}$

那么对于在表10.1中的树的三个最终值，我们得到

D：$Call_D = \text{Max}\{1\ 528.47 - 900,\ 0\} = 428.47$

E：$Call_E = \text{Max}\{1\ 000.00 - 900,\ 0\} = 100.00$

F：$Call_F = \text{Max}\{654.25 - 900,\ 0\} = 0$

对于看跌期权，总体上我们有支付函数

$\text{Max}\{X - S_{t+\tilde{T}},\ 0\}$

那么在这种情况下，我们有

D：$Put_D = \text{Max}\{X - S_D,\ 0\} = \text{Max}\{900 - 1\ 528.47,\ 0\} = 0$

E：$Put_E = \text{Max}\{X - S_E,\ 0\} = \text{Max}\{900 - 1\ 000,\ 0\} = 0$

F：$Put_F = \text{Max}\{X - S_F,\ 0\} = \text{Max}\{900 - 654.25,\ 0\} = 245.75$

表10.2表示在树的右边是看涨期权和看跌期权的三个终值。

看跌期权是铺灰字体，看涨期权是加黑字体。

表10.2　　到期日的假设期权支付

市场变量				D
S_t=	1 000			1 528.47
每年 r_f=	0.05			**628.47**
				0.00
合约期限				
X=	900		B	
T=	0.25		1 236.31	
参数			341.92	
每年交易量=	0.6		0.00	
树步=	2	A		E
dt=	0.125	1 000.00		1 000.00
u=	1.236 311 11	181.47		**100.00**

d=	0.808 857 893	70.92		0.00
PNP=	0.461 832 245		C	
股票是正常字体			808.86	
看涨期权是加黑字体			45.90	
看跌期权是铺灰字体			131.43	
				F
				654.25
				0.00
				245.75

注：对于基础股票（点 D、E、F）的三个可能最终值，我们计算看涨期权和看跌期权的期权值。

3.3 第三步：通过逆推得到目前期权的值

在树上，我们有两个可能的股票价格值：在 B 点为＄1 236.31，在 C 点为＄808.86。现在面临的挑战是计算期权相应于这两个股票价格的公平价值。首先考虑点 B，我们了解到，从 B 出发的股票只能移动到点 D 或者 E，且知道这两个点的股票价格。我们也知道点 D 和 E 的期权价格。我们还需要这两个点的股票价格，也就是到期日为 1.5 个月的无风险债券的收益，其和树的步骤长度相对应。政府债券的期限结构可以得到这些信息。我们假设利率期限结构每年以 5%递增。

关键点是在二叉树中，我们能够通过使用股票和期权构建一个无风险资产组合。因为其没有风险，如此的资产组合能获得完全的无风险利润，在我们的例子中是 15%每年。考虑一个看跌期权的资产组合和 Δ_B 股的股票。这意味着我们购买了一个看跌期权，并购买了 Δ_B 股的股票。我们需要找到一个 Δ_B，使得资产组合的期权和股票都是无风险的。如果在未来任何时刻的支付都一样，那么资产组合是无风险的。在我们简单的二叉树世界中，在每一步的最后只有两种未来状态：涨和跌。构建一个无风险资产组合因此不可能很简单。从点 B 开始，我们需要找到 Δ_B，那么

$$S_D \cdot \Delta_B - Call_D = S_E \cdot \Delta_B - Call_E$$

在这个情况下，有

$$1\,528.47 \cdot \Delta_B - 628.47 = 1\,000 \cdot \Delta_B - 100$$

因此有

$$\Delta_B = \frac{Call_D - Call_E}{S_D - S_E} = \frac{628.47 - 100}{528.47} = 1$$

这表明我们必须持有一个股票同时有一个短期头寸的期权，为了使资产组合是无风险的。该资产组合的值在点 D 为＄900，资产组合的值在点 B 是使用 1.5 个月的无风险利率的贴现值，为

$$900 \cdot \exp\ (-0.05 \cdot (3/12)/2) = \$894.39$$

在点 B 股票的价值为＄123 631。所以期权的价值为

$$Call_B = 1\,236.31 - 894.39 = \$341.92$$

这和表 10.3 中点 B 的加黑字体的值相对应。

表 10.3 **树的逆序图**

市场变量				
S_t=	1 000			D
每年 r_f=	0.05			1 528.47
				628.47
合约期限				0.00
X=	900			
T=	0.25		B	
			1 236.31	
参数			**341.92**	
每年交易量=	0.6		0.00	
树步=	2			
dt=	0.125	A		E
u=	1.23 631 111	1 000.00		1 000.00
d=	0.808 857 893	**181.47**		**100.00**
RNP=	0.461 832 245	70.29		0.00
股票是正常字体			C	
看涨期权是加黑字体			808.86	
看跌期权是铺灰字体			**45.90**	
			131.43	
				F
				654.25
				0.00
				245.75

注：使用无套利原则，我们计算点 B、C 和 A 的看跌和看涨期权值。

在点 C，我们有

$$1\ 000 \cdot \Delta_C - 100 = 654.25 \cdot \Delta_C - 0$$

那么

$$\Delta_C = \frac{100-0}{345.75} = 0.289\ 2$$

这意味着对于所卖的每个看跌期权，我们不得不保持大约 0.3 的股份。这反过来给出了在点 E 的资产组合值：1 000×0.289 2－100＝＄189.2。其目前值为

$$189.20 \cdot \exp\ (-0.05 \cdot (3/12)/2) = \$188.02$$

因此在点 C，我们有看跌期权值

$$Call_C = 0.289\ 2 \times 808.86 - 188.02 = \$45.90$$

在表 10.3 中，在点 C 中用加黑字体表示。

既然已经有了点 B 和点 C 的期权价格，我们可以再次构建一个无风险资产组合，从而得到点 A 的期权价格。我们得到

$$1\ 236.31 \cdot \Delta_A - 341.92 = 808.86 \cdot \Delta_A - 45.90$$

其中，

$$\Delta_A = \frac{341.92-45.90}{1\ 236.31-808.86} = 0.692\ 5$$

这给出了在点 B 的资产组合值，808.86×0.692 5－45.90＝＄514.24，以及现值

$$514.24 \cdot \exp(-0.05 \cdot (3/12)/2) = \$511.04$$

这反过来也给出了二叉看跌期权的值

$$c_{Bin} = Call_A = 0.6925 \cdot 1000 - 511.04 = \$181.47$$

这和表 10.3 的值相匹配。通过相同的计算也可以得到看涨期权。其值可以由表 10.3 中的铺灰字体得到。一旦计算得到欧式看涨期权值，那么看跌期权值也可以简单地通过使用之前的买卖平价计算得到。

3.4 风险中立值

此前，我们基于无套利原理为期权定价：我们已经构建了一个无风险资产组合，在无套利条件下，必须有完全无风险利率。从这个资产组合中，我们可以推出欧式期权价格。例如，对点 B 的看涨期权，我们使用以下公式：

$$\Delta_B = \frac{Call_D - Call_E}{S_D - S_E} = \frac{Call_D - Call_E}{S_B u - S_B d}$$

我们由上式通过以下关系可得到点 B 的看跌期权价格：

$$Call_B = S_B \Delta_B - (S_B u \Delta_B - Call_D)\exp(-r_f \cdot dt)$$

使用 Δ_B 公式，我们可以将 $Call_B$ 公式表示如下：

$$Call_B = [RNP \cdot Call_D = (1 - RNP) \cdot Call_E] \exp(-r_f \cdot dt)$$

其中所谓的上移风险中立概率被定义为

$$RNP = \frac{\exp(r_f \cdot dt) - d}{u - d}$$

其中，dt 的定义和之前一样。RNP 被视为概率，因为在 $Call_B$ 公式中，在 [*] 中的项的形式为二叉方差的期望。RNP 为风险中立概率，因为在期望中使用 RNP 时，$Call_B$ 价格为一个预期贴现值。只有风险中立的投资者能通过使用无风险利率贴现，所以在投资者都是中立的世界中，RNP 可以被认为是上移概率。

在我们的例子中，$dt = (3/12)/2 = 0.125$，$u = 1.2363$，$d = 0.8089$，所以

$$RNP = \frac{\exp(0.05 \cdot 0.125) - 0.8089}{1.2363 - 0.8089} = 0.4618$$

我们可以使用该值来检验新公式。当我们使用无套利参数时，可以得到

$$\begin{aligned} Call_B &= [RNP \cdot Call_D + (1 - RNP) \cdot Call_E] \exp(-r_f \cdot dt) \\ &= [0.4618 \cdot 628.47 + (1 - 0.4618) \cdot 100.00] \exp(-0.05 \cdot 0.125) \\ &= 341.92 \end{aligned}$$

新公式在树中任意一点都可以使用。例如在点 A，我们有

$$c_{Bin} = Call_A = [RNP \cdot Call_B + (1 - RNP) \cdot Call_C] \exp(-r_f \cdot dt)$$

它也可以被用于欧式看跌期权，在点 C，我们有看跌期权

$$Put_C = [RNP \cdot Put_E + (1 - RNP) \cdot Put_F] \exp(-rf \cdot dt)$$

注意到，当使用这些公式的时候，我们又一次需要从右向左计算。其中 Δ 为整个树的改变值，RNP 在这个树中为常数。

3.5 使用二叉树对美式期权定价

美式期权可以在到期日之前执行。这增加了灵活性，使得它们比欧式期权有更高的市

场值。幸运的是，二叉树也可以用于美式期权的定价。我们只需要在树中增加一个计算：美式和欧式期权在到期日是相等的。但是在树的任意一个中间点，我们必须比较欧式期权值（也称为连续值）和之前的所得值，然后把两者中较大者放在那个点。

考虑表 10.4，我们对美式期权定价，其执行价为 1 000，但是其他的和在表 10.1 与表 10.3 中所考虑的欧式期权一样。

表 10.4　　美式期权：检验之前每个点的计算

市场变量				
S_t=	1 000			D
每年 r_f=	0.05			1 528.47
				428.47
				0.00
合约期限				
X=	1 100			
T=	0.25		B	
			1 236.31	
参数			**196.65**	
每年交易量=	0.6		53.48	
树步=	2			
dt=	0.125	A		E
u=	1.236 311 11	1 000.00		1 000.00
d=	0.808 857 893	**90.25**		**0.00**
RNP=	0.461 832 245	180.25		100.00
股票是正常字体			C	
美式看涨期权是加黑字体			808.86	
美式看跌期权是铺灰字体			**0.00**	
			291.14	
				F
				654.25
				0.00
				445.75

注：通过检验树中每个点的提前执行，我们计算美式期权价值。

如果我们计算在点 C 的美式看跌期权，可以得到

$$\text{Max}\{1\ 100-808.86,\ 0\} = \$291.14$$

让我们先计算该点的欧式看跌值。使用以前的方法，我们有上移的风险中立概率 $RNP=0.461\ 8$，那么在点 C，欧式看跌值为

$$Put_C=[RNP \cdot Put_E+(1-RNP) \cdot Put_F]\exp(-r_f \cdot dt)=\$284.29$$

这当然比之前的＄284.29 要小。看跌期权在点 C 的提前执行是最优的，美式期权的公平市场值因此在这个点为＄291.14。该值可能影响美式看跌期权在点 A 的值，也比相应的欧式看跌期权值要低。表 10.4 表示在点 A，美式看跌值为＄180.25。

美式看跌期权的价格为＄90.25，这也为欧式看跌期权的价格。这是因为如果一个大型的现金股利迫在眉睫，那么美式看跌股票期权只能被提前执行。在我们的例子中，没有股息，所以提前执行美式看跌期权就不是最优的，它也反过来使得美式看跌期权和欧式看跌期权价格一样。

3.6 股息流、外汇和期货期权

在基础资产支付了股息流或者其他现金流的情况下，我们需要调整 RNP 公式。考虑一个基础股票指标，以利率为每年 q 支付现金。在这种情况下，我们有

$$RNP=\frac{\exp((r_f-q)\cdot dt)-d}{u-d}$$

当基础资产为外汇汇率时，那么 q 就被设为外汇的利率。如果基础资产为期货，那么 $q=r_f$，因此，对于期货期权有 $RNP=(1-d)/(u-d)$。

4 在正态分布下的期权定价

二叉树方法是非常有用的，因为它很容易得到，而且允许我们为美式以及欧式期权定价。二叉树定价的不足之处是，我们不能得到对于期权价格的一个封闭式的公式。

为了这么做，我们现在假设一个资产的日收益是独立同分布的，且为正态分布，

$$R_{t+1}=\ln(S_{t+1})-\ln(S_t)\overset{i.i.d.}{\sim}N(\mu-\frac{1}{2}\sigma^2,\sigma^2)$$

$\widetilde{T}$ 天的资产集合也将会是正态分布的，其均值和方差如下：

$$R_{t+1:t+\widetilde{T}}=\ln(S_{t+\widetilde{T}})-\ln(S_t)\sim N(\widetilde{T}(\mu-\frac{1}{2}\sigma^2),\widetilde{T}\sigma^2$$

未来资产价格当然也可以被表达为

$$S_{t+\widetilde{T}}=S_t\exp(R_{t+1:t+\widetilde{T}})$$

风险中性估价原则计算期权价格作为期望支付的贴现，其中贴现过程使用了无风险利率，期望使用了风险中性分布：

$$c=\exp(-r_f\widetilde{T})E_t^*[\mathrm{Max}\{S_{t+\widetilde{T}}-X,0\}]$$

其中，$\mathrm{Max}\{S_{t+\widetilde{T}}-X,0\}$ 和之前一样，为支付函数，r_f 为每天的无风险利率。期望 $E_t^*[*]$ 使用了风险中性分布，其中所有资产的期望收益等同于无风险利率。在这种情况下，期权价格可以表示为

$$c=\exp(-r_f\widetilde{T})\int_{-\infty}^{\infty}\mathrm{Max}\{S_t\exp(x^*)-X,0\}f(x^*)dx^*$$

$$=\exp(-r_f\widetilde{T})\int_{\ln(X/S_t)}^{\infty}S_t\exp(x^*)f(x^*)dx^*-\int_{\ln(X/S_t)}^{\infty}Xf(x^*)dx^*$$

这里 x^* 是对应于现在到期权到期日之间的基础资产回报的风险中性变量。$f(x^*)$ 表示风险中性分布，我们设其为正态分布，所以有 $x^*\sim N(\widetilde{T}(r_f-\frac{1}{2}\sigma^2),\widetilde{T}\sigma^2)$。第二个积分很容易计算，而第一个积分则需要经过几步计算。最后我们得到 BSM 看涨期权价格：

$$C_{BSM}=\exp(-r_F\widetilde{T})[S_t\exp(r_f\widetilde{T})\Phi(d)-x\Phi(d-\sigma\sqrt{\widetilde{T}})]$$

$$=S_T\Phi(d)-\exp(-r_f\widetilde{T})X\Phi(d-\sigma\sqrt{\widetilde{T}})$$

这里，$\Phi(\cdot)$ 是标准正态变量的累积密度，而且有：

$$d=\frac{(\ln n(S_t/X))+\widetilde{T}(r_f+\sigma^2/2)}{\sigma\sqrt{\widetilde{T}}}$$

布莱克、斯科尔斯和默顿在 20 世纪 70 年代初应用一个在连续时间中进行交易的模型推导了该定价公式，他们假定在无套利机会的情况下进行连续交易来推导公式。

应该强调一下，为了与本书的其余部分保持一致，波动率和无风险利率是以每天来表示的，期权到期日是以日历天来计算的，这也是市场惯例。

期权定价公式的因素有以下解释：

- $\Phi(d-\sigma\sqrt{\widetilde{T}})$ 是执行的风险中性概率。
- $X\Phi(d-\sigma\sqrt{\widetilde{T}})$ 是执行时的期望风险中性支付。
- $S_t\Phi(d)\exp(r_f\widetilde{T})$ 是通过执行期权而获得的股票的风险中性期望值。

$\Phi(d)$ 测度期权价格对基础资产价格 S_t 的变化的敏感性，并被记为期权的 Δ（德尔塔），这里 $\delta_{BSM}\equiv\frac{\partial C_{BSM}}{\partial S_t}$ 是期权对基础资产价格的一阶导数。该指数和其他敏感性测度指数将在下一章中详细讨论。应用看涨看跌平价结果和关于 C_{BSM} 的公式，我们得到看涨价格公式如下：

$$\begin{aligned}p_{BSM}&=c_{BSM}+X\exp(-r_f\widetilde{T})-S_T\\&=e^{-r_f\widetilde{T}}\left\{X[1-\Phi(d-\sigma\sqrt{\widetilde{T}})]-S_t[1-\Phi(d)]e^{r_f\widetilde{T}}\right\}\\&=e^{-r_f\widetilde{T}}X\Phi(\sigma\sqrt{\widetilde{T}}-d)-S_t\Phi(-d)\end{aligned}$$

其中最后一行来自正态分布的对称性，这表明对于任意 z 都有 $[1-\Phi(z)]=\Phi(-z)$。

在资金流例如股息归于基础资产的情况下，我们用 $S_t\exp(-q\widetilde{T})$ 替代 S_t 贴现目前资产价格来计算现金流。其中 q 为现金流在到期日之前每天的期望利率。该项调整可以适用于看跌和看涨价格公式，在两种情况下，对于 d 的公式，可以写为

$$d=\frac{\ln(S_t/X)+\widetilde{T}(r_f-q+\sigma^2/2)}{\sigma\sqrt{\widetilde{T}}}$$

作这种调整是因为在到期日期权所有者只接受基础资产，而不是归于资产的现金流。该现金流是由基础资产的所有者保管的。

我们现在想要使用布莱克-斯科尔斯期权定价模型来为基于 S&P500 指数的欧式看涨期权定价。在 2010 年 1 月 6 日，指数的价值为 1 137.14。欧式看跌期权的执行价格为 1 110，距到期日为 43 天。该 43 天的无风险利率来自短期国债日利率 0.000 682 4%（也就是 0.000 006 824），在接下来 43 天中，归于指数的股息的期望为每天 0.005 696 7%。从现在起，我们假设指数的波动性为每天 0.979 940%。因此，我们有

$S_t=1\ 137.14$

$X=1\ 110$

$\widetilde{T}=43$

$r_f=0.000\ 682\ 4\%$

$q=0.005\ 696\ 7\%$

$\sigma=0.979\ 940\%$

我们可以计算

$$d=\frac{\ln(S_t/X)+\widetilde{T}(r_f-q+\sigma^2/2)}{\sigma\sqrt{\widetilde{T}}}=0.374\ 497\text{，且 }d-\sigma\sqrt{\widetilde{T}}=0.310\ 238$$

得到

$$\Phi(d)\ =0.645\ 983,\ \Phi(d-\sigma\sqrt{\widetilde{T}})\ =0.621\ 810$$

从中我们可以计算 BSM 看跌期权价格为

$$c_{BSM}=S_t\exp(-q\widetilde{T})\Phi(d)-\exp\ (-r_f\widetilde{T})X\Phi(d-\sigma\sqrt{\widetilde{T}})=42.77$$

4.1 模型应用

这种简单的 BSM 模型表明，欧式期权价格可以写成 6 个变量的非线性方程：

$$c_{BSM}=c(S_t,\ r_f,\ X,\ \widetilde{T},\ q;\ \sigma)$$

股票价格是现有的，在成熟期的国债利率可以作为无风险利率。执行价格和到期日的时间对于任意一个期权合约都是已知的，因此只有一个参数需要估计，也就是波动性 σ。由于期权价格公式是非线性的，波动性可以从关于相同基础资产的 n 个期权的样本来估计，最小化美元定价的均方误差（MSE）：

$$MSE_{BSM}=\underset{\sigma}{\mathrm{Min}}\left\{\frac{1}{n}\sum_{i=1}^{n}\left(c_i^{mkt}-c_{BSM}(S_t,r_f,X_t,\widetilde{T}_i,q;\sigma)\right)^2\right\}$$

其中，C_i^{mkt} 表示期权 i 的观察市场价格。在本章末给出的答案所在的网站包含该线性最优化的例子。当然，我们也可以简单地插入基础资产收益的估计 σ；但是，使用观察到的期权市场价格似乎能够产生更加精确的模型价格。

使用 103 个看涨期权的样本价格，基础资产为在 2010 年 1 月 6 日的 S&P500 指数，我们估计波动性，其最小化 MSE 为 0.009 799 4 每天。这就是在数值定价例子中的波动性估计。有关该计算的进一步细节，可查看网页。

4.2 隐含波动性

从第 1 章中我们知道，日资产收益的价格遵循正态分布，这严重违反了数据。因此，我们担心基于正态分布的期权定价理论不能很好地描述实际数据。为了评估基于正态的模型，考虑隐含波动性，计算为

$$\sigma_{BSM}^{iv}=c_{BSM}^{-1}\ (S_t,\ r_f,\ X,\ \widetilde{T},\ q,\ c^{mkt})$$

其中，c^{mkt} 再次表示为期权的观察市场价格，$c_{BSM}^{-1}(*)$ 表示前面得到的 BSM 期权定价公式的逆。隐含波动性可以通过数值方差求解得到。

回到之前在 2010 年 1 月 6 日的 S&P500 看涨期权交易数据的数值模拟例子，对于真实市场价格的期权为 4 253，我们可以计算隐含波动性为

$$\sigma_{BSM}^{iv}=c_{BSM}^{-1}(S_t,\ r_f,\ X,\ \widetilde{T},\ q,\ 42.53)=0.971\ 427\%$$

其中，S_t，r_f，X，$\widetilde{T}$ 和 q 为之前例子中的变量。0.971 427%波动性估计是这样的：如果我们在 BSM 公式中使用它，那么模型价格就会有相同的市场价格；也就是

$$42.53=c_{BSM}(S_t,\ r_f,\ X,\ \widetilde{T},\ q,\ 0.971\ 427\%)$$

如果对于模型正态性的假设是正确的，那么隐含波动性应该在执行价格和到期日之间

大致恒定。但是，在隐含波动性中，实际期权价格表现出了对称形式，因此违反了基于正态性的期权定价理论。图 10.2 表示 S&P500 指数在 2010 年 1 月 6 日的看涨期权隐含波动性方差作为价值状况（S/X）的函数图。该图明显地显示了所谓的假笑。更进一步地，假笑在短期跨度上更加明显。我们接下来可以发现，假笑来源于基础分布的偏态，其在基础 BSM 模型中依赖于正态分布基本被忽略。外汇期权似乎显示出隐含波动性更加对称的形式，其指的就是微笑。微笑可以来源于基础分布的峰态，其在 BSM 模型中也被忽略。

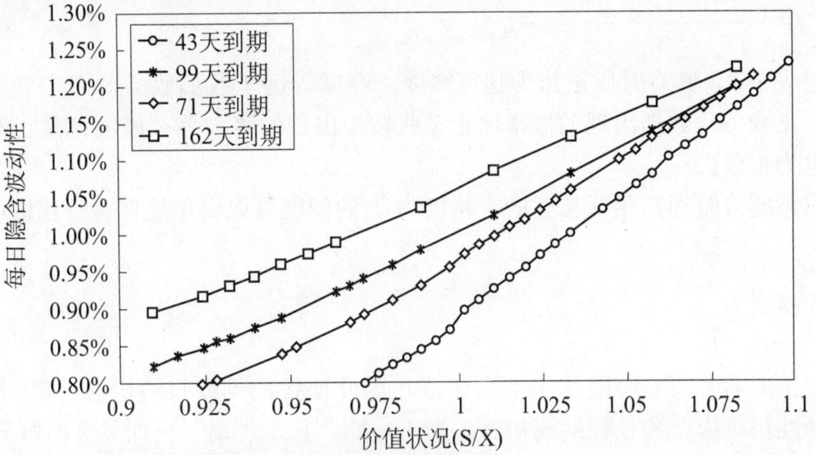

图 10.2　2010 年 1 月 6 日的 S&P500 指数期权，距到期日为 43、99、71 和 162 天的隐含 BSM 日波动性

注：我们绘制了一天的 BSM 隐含波动性和价值状况之间的关系图。每一条线对应于一个特定的到期日。

在隐含波动性中，假笑和微笑形式在 BSM 模型中构成非特定的证据。例如考虑对于所有期权使用日波动性为 1%，通过 BSM 公式来为期权定价。图 10.2 中，隐含波动性对于 $S/X\approx1$ 的实值期权，大约为 1%。但是，对于 $S/X>1$ 的实值期权，其 BSM 隐含波动性要比 1%高，这表明 BSM 模型需要一个高于 1%的波动性来拟合市场数据。这是因为期权价格在基础波动性上增加。使用波动性为 1%的 BSM 公式将会得到很低的 BSM 价格。因此，BSM 据说低估了实值看涨期权。从买卖平价公式中，我们可以得出结论：BSM 模型也低估了虚值看跌期权。

5　考虑偏度和峰度

现在我们介绍一个相对简单的模型，它能够弥补在 BSM 模型中一些明显的错误定价。我们将一天的收益定义为

$$R_{t+1}=\ln(S_{t+1})-\ln(S_t)$$

$\widetilde{T}$ 期收益为

$$R_{t+1:t+\widetilde{T}}=\ln(S_{t+\widetilde{T}})-\ln(S_t)$$

日收益的均值和方差也被定义为 $E(R_{t+1})=u-\frac{1}{2}\sigma^2$ 和 $E(R_{t+1}-u+\frac{1}{2}\sigma^2)^2=\sigma^2$。我们前面将偏度定义为 ζ_1。现在我们将一天收益的偏度定义为

$$\zeta_{11}=\frac{E(R_{t+1}-\mu+\frac{1}{2}\sigma^2)^3}{\sigma^3}$$

偏度的度分布为非对称分布。负偏度来源于大的负收益，其观察到的频率远远大于大的正收益。正如我们在第 1 章中所见，负偏度是期权指标收益的典型事实。一天收益的峰度现在被定义为

$$\zeta_{21}=\frac{E(R_{t+1}-\mu+\frac{1}{2}\sigma^2)^4}{\sigma^4}-3$$

由于减去了 3，其有时候被指为超额峰度。峰度告诉了我们收益分布中胖尾的度。如果大收益（正或负）数据出现的概率比正态收益中出现的高，那么峰度就是正数。资产收益的峰度也为正数。

假设收益随着时间是相互独立的，跨度为 $\widetilde{T}$ 的偏度可以简单地作为日偏度的函数

$$\zeta_{1\widetilde{T}}=\zeta_{11}\sqrt{\widetilde{T}}$$

相应的峰度为

$$\zeta_{2\widetilde{T}}=\zeta_{21}/\widetilde{T}$$

峰度和偏度随着收益跨度 $\widetilde{T}$ 会收敛于零，因此期权的到期日将增加。这和图 10.2 中的隐含波动性相对应，和长程期权相反，对于短期，它表现出了更加显著的假笑形式。

我们现在定义跨度为 $\widetilde{T}$ 天的标准收益为

$$w_{\widetilde{T}}=\frac{R_{t+1:t+\widetilde{T}}-\widetilde{T}(\mu-\frac{1}{2}\sigma^2)}{\sqrt{\widetilde{T}}\sigma}$$

那么

$$R_{t+:t+\widetilde{T}}=(\mu-\frac{1}{2}\sigma^2)\widetilde{T}+\sigma\sqrt{\widetilde{T}}w_{\widetilde{T}}$$

假设标准收益遵循由 Gram-Charlier 扩展得到的分布，可表示为

$$f(w_{\widetilde{T}})=\phi(w_{\widetilde{T}})-\zeta_{1\widetilde{T}}\frac{1}{3!}D^3\phi(w_{\widetilde{T}})+\zeta_{2\widetilde{T}}\frac{1}{4!}D^4\phi(w_{\widetilde{T}})$$

其中 $3!=3\times2\times1=6$，$\phi(w_{\widetilde{T}})$ 表示标准正态密度，而 D^j 是第 j 阶导数。我们有

$$D^1\phi(z)=-z\phi(z)$$
$$D^2\phi(z)=(z^2-1)\phi(z)$$
$$D^3\phi(z)=-(z^3-3z)\phi(z)$$
$$D^4\phi(z)=(z^4-6z^2+3)\phi(z)$$

Gram-Charlier 密度函数 $f(w_{\widetilde{T}})$ 是正态密度函数 $\phi(w_{\widetilde{T}})$ 的扩展，它允许非零偏度 $\zeta_{1\widetilde{T}}$ 和峰度 $\zeta_{2\widetilde{T}}$。Gram-Chalier 拓展可近似于一个广泛的密度，它有更高的非零统计量，当偏度和峰度都为零的时候，它就为标准正态密度。我们发现其与第 6 章中对于风险值的 Cornish-Fisher 扩展相似，但是是累积密度函数的反函数，而不是密度函数本身。

为了给欧式期权定价，我们将中性风险看涨期权定价公式表示为

$$c=e^{r_f\widetilde{T}}E_t^*[\mathrm{Max}\{S_{t+\widetilde{T}}-X,0\}]$$

因此，我们可以解得

$$c=e^{-r_f\widetilde{T}}\int_{\ln X/S_t}^{\infty}(S_t\exp(x^*)-X)f(x^*)dx^*$$

此前，我们依赖于 x^*，它遵循正态分布，均值为 $r_f-\frac{1}{2}\sigma^2$，方差为 σ^2 每天。但是我们定义跨度为 $\widetilde{T}$ 的标准中性风险收益为

$$w_{\widetilde{T}}^*=\frac{(x^*-(r_f-\frac{1}{2}\sigma^2)\widetilde{T})}{\sqrt{\widetilde{T}}\sigma}$$

假设其遵循 Gram-Chalier（GC）分布。

在这种情况下，看涨期权定价可以近似等于

$$\begin{aligned}c_{GC}\approx & S_t\Phi(d)-Xe^{-r_f\widetilde{T}}\Phi(d-\sqrt{\widetilde{T}}\sigma)\\ &+S_t\Phi(d)\sqrt{\widetilde{T}}\sigma[\frac{\zeta_{1\widetilde{T}}}{3!}(2\sqrt{\widetilde{T}}\sigma-d)-\frac{\zeta_{2\widetilde{T}}}{4!}(1-d^2+3d\sqrt{\widetilde{T}}\sigma-3\widetilde{T}\sigma^2)]\\ =&S_t\Phi(d)-Xe^{rf\widetilde{T}}\Phi(d-\sqrt{\widetilde{T}}\sigma)\\ &+S_t\phi(d)\sigma[\frac{\zeta_{11}}{3!}(2\sqrt{\widetilde{T}}\sigma-d)-\frac{\zeta_{21}/\sqrt{\widetilde{T}}}{4!}(1-d^2+3d\sqrt{\widetilde{T}}\sigma-3\widetilde{T}\sigma^2)]\end{aligned}$$

其中，我们将偏度替换为 $\zeta_{1\widetilde{T}}=\zeta_{11}\sqrt{\widetilde{T}}$，峰度替换为 $\zeta_{2\widetilde{T}}=\zeta_{21}/\widetilde{T}$。我们将会把这个作为 GC 期权定价模型。该近似来自将 σ^3 和 σ^4 设为零，它也使我们能够使用来自 BSM 模型的 d 的定义。使用这个近似，GC 模型就是简单的 BSM 模型加上增加项，如果既没有偏度，也没有峰度，那么该增加项就为零。GC 公式可以拓展到用于现金流 q，其方法和 BSM 公式一样。

5.1 模型应用

该 GC 模型有三个未知参数：σ、ζ_{11} 和 ζ_{21}。它们可以通过最小化均方误差估计得到：

$$MSE_{GC}=\underset{\sigma,\zeta_{11},\zeta_{21}}{\mathrm{Min}}\left\{\frac{1}{n}\sum_{i=1}^{n}(c_i^{mkt}-c_{GC}(S_t,r_f,X_i,\widetilde{T}_i;\sigma,\zeta_{11},\zeta_{21}))^2\right\}$$

我们可以通过下式从 GC 模型价格计算隐含 BSM 波动性：

$$\sigma_{GC}^{iv}=c_{BSM}^{-1}(S_t,\ r_f,\ X,\ \widetilde{T},\ c_{GC})$$

其中，c_{BSM}^{-1}（*）是相关波动性的 BSM 模型的逆。但是我们可以依赖以下近似公式来计算日隐含 BSM 波动性：

$$\sigma_{GC}^{iv}=c_{BSM}^{-1}(S_t,\ r_f,\ X,\ \widetilde{T},\ c_{GC})\approx\sigma\left[1-\frac{\zeta_{11}/\sqrt{\widetilde{T}}}{3!}d-\frac{\zeta_{21}/\widetilde{T}}{4!}(1-d^2)\right]$$

这只是波动率乘以一个增加项。如果没有偏度和峰度，其值就为 1。图 10.3 绘制了距离到期日还有 10 天的期权隐含波动性图。其中一个偏度为−3，峰度为 7，显示了假笑，另一个没有偏度但是峰度为 8，显示了微笑。

GC 期权定价框架的主要优点为允许偏态，提供了一个封闭形式的期权定价，并且最重要的是，这能够体现观察期权数据隐含波动性的对称形式。例如，允许负的偏度表明 GC 期权定价在价内看跌期权中将会比 BSM 价格更高，因此消除了 BSM 低估价内看跌期权的趋势，可见图 10.2。

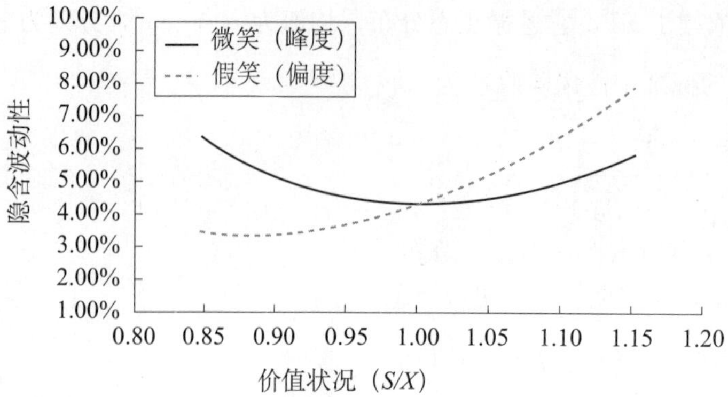

图 10.3　Gram-Charlier 模型价格的隐含 BSM 波动性

注：我们使用了 Gram-Charlier 模型绘制了期权距离到期日为 10 天的隐含 BSM 波动性。点线的偏度为－3，峰度为 7。黑线的偏度为 0，峰度为 8。

6　考虑动态波动性

虽然 GC 模型可以在给定的点及时体现隐含波动性微笑和假笑。它假设波动性随着时间变化是个常数，因此和我们之前的实证观察不一致。换句话说，GC 模型也能够体现执行价格结构，但是不能体现观察期权价格的到期日结构。在第 4 章和第 5 章中，我们发现方差随时间的变化趋势是可以预测的：高方差日之后有很大可能也是高方差日，反之亦然，我们是通过 GARCH 和其他形式的模型建模。当收益是独立的时候，$\widetilde{T}$ 天跨度的收益标准差为日波动性的$\sqrt{\widetilde{T}}$倍。但是 GARCH 模型表明，方差的期限结构并不遵循简单的平方根法则。

我们现在考虑为遵循 GARCH 过程的基础资产收益的期权定价。GARCH 期权定价模型假设基础资产的期望收益等于无风险率 r_f 加上波动性风险的额外费用 γ 和正态项。观察到的日收益等于期望收益加上一个噪声项。噪声项是正态分布的，其均值为零，方差和第 4 章一样遵循有杠杆的 GARCH(1，1) 过程。根据收益的符号，通过让过去收益包含于方差中，杠杆效应在收益分布中可以产生非对称性。该非对称性对于体现观察期权价格的偏度很重要。

特别地，我们可以将收益过程写为

$$R_{t+1}\equiv\ln(S_{t+1})-\ln(S_t)=r_f+\lambda\sigma_{t+1}-\frac{1}{2}\sigma_{t+1}^2+\sigma_{t+1}z_{t+1}$$

其中，

$$z_{t+1}\sim N(0,1),\ \sigma_{t+1}^2=\omega+\alpha(\sigma_t z_t-\theta\sigma_t)^2+\beta\sigma_t^2$$

明天收益的方差和期望值都是以所在时间 t 的信息为条件的：

$$E_t[R_{t+1}]=r_f+\lambda\sigma_{t+1}-\frac{1}{2}\sigma_{t+1}^2$$

$$V_t[R_{t+1}]=\sigma_{t+1}^2$$

对于一般的正态分布变量 $x\sim N(u,\sigma^2)$，我们有 $E[\exp(x)]=\exp(\mu+\sigma^2/2)$，因此我

们得到

$$E_t[S_{t+1}/S_t]=E_t[\exp(r_f+\lambda\sigma_{t+1}-\frac{1}{2}\sigma_{t+1}^2+\sigma_{t+1}z_{t+1})$$
$$=\exp\left(r_f+\lambda\sigma_{t+1}-\frac{1}{2}\sigma_{t+1}^2\right)E_t[\exp(\sigma_{t+1}z_{t+1})]$$
$$=\exp\left(r_f+\lambda\sigma_{t+1}-\frac{1}{2}\sigma_{t+1}^2\right)\exp\left(\frac{1}{2}\sigma_{t+1}^2\right)$$
$$=\exp(r_f+\lambda\sigma_{t+1})$$

其中我们使用了$\sigma_{t+1}z_{t+1}\sim N(0,\sigma_{t+1}^2)$。该期望收益方程强调$\lambda$作为风险波动性的价格。

我们可以使用风险中性期望来求解期权价格。

$$c=\exp(-r_f\widetilde{T})\ E_t^*[\text{Max}\{S_{t-\widetilde{T}}-X,0\}]$$

在风险中性下，我们必须有

$$E_t^*[S_{t+1}/S_t]=\exp(r_f)$$
$$V_t^*[R_{t+1}]=\sigma_{t+1}^2$$

那么风险资产的期望收益率等于无风险利率，在风险中性下的条件方差和初始过程下的一样。考虑以下过程

$$R_{t+1}\equiv\ln(S_{t+1})-\ln(S_t)=r_f-\frac{1}{2}\sigma_{t+1}^2+\sigma_{t+1}z_{t+1}^*$$

其中，

$$z_{t+1}^*\sim N(0,1),\ \sigma_{t+1}^2=\omega+\alpha(\sigma_t z_t^*-\lambda\sigma_t-\theta\sigma_t)^2+\beta\sigma_t^2$$

在这种情况下，我们可以检验条件均值等于

$$E_t^*[S_{t+1}/S_t]=E_t^*\left[\exp\left(r_f-\frac{1}{2}\sigma_{t+1}^2+\sigma_{t+1}z_{t+1}^*\right)\right]$$
$$=\exp\left(r_f-\frac{1}{2}\sigma_{t+1}^2\right)E_t^*[\exp(\sigma_{t+1}z_{t+1}^*)]$$
$$=\exp\left(r_f-\frac{1}{2}\sigma_{t+1}^2\right)\exp\left(\frac{1}{2}\sigma_{t+1}^2\right)$$
$$=\exp(r_f)$$

其满足第一个条件。此外，在风险中性下的条件方差等于

$$V_t^*[R_{t+1}]=E_t^*[\omega+\alpha(\sigma_t z_t^*-\lambda\sigma_t-\theta\sigma_t)^2+\beta\sigma_t^2]$$
$$=E_t\left[\omega+\alpha\left(R_t-r_f+\frac{1}{2}\sigma_{t+1}^2-\lambda\sigma_t-\theta\sigma_t\right)^2+\beta\sigma_t^2\right]$$
$$=E_t[\omega+\alpha(\sigma_t z_t-\theta\sigma_t)^2+\beta\sigma_t^2]$$
$$=\sigma_{t+1}^2$$

6.1 模型应用

尽管我们在风险中性下找到了一个为欧式期权定价的方法，但遗憾的是，我们没有可用的封闭形式。因此，我们不得不使用模拟来计算价格

$$c=\exp(-r_f\widetilde{T})\ E_t^*\ [\text{Max}\{S_{t+\widetilde{T}}-X,0\}]$$

模拟可以按照如下步骤进行：首先我们可以通过下式去掉参数：

$$\sigma_{t+1}^2=\omega+\alpha(\sigma_t z_t^*-\lambda\sigma_t-\theta\sigma_t)^2+\beta\sigma_t^2$$

$$=\omega+\alpha(\sigma_t z_t^*-\lambda^*\sigma_t)^2+\beta\sigma_t^2,\ \lambda^*\equiv\lambda+\theta$$

现在，对于一个给定的条件方差 σ_{t+1}^2 和参数 ω，α，β，λ^*，我们可以和第 8 章一样使用蒙特卡洛模拟来创造资产收益的未来假设路径。参数估计将在之后讨论。通过图像，我们可以阐述从 $t+1$ 到到期日 $t+\widetilde{T}$ 的假设日收益的模拟，如下

$$
\sigma_{t+1}^2 \begin{array}{l}\nearrow\\ \rightarrow\\ \searrow\end{array}
\begin{array}{cccc}
\breve{z}_{1,1}^*\rightarrow\breve{R}_{1,t+1}^*\rightarrow\breve{\sigma}_{1,t+2}^2 & \breve{z}_{1,2}^*\rightarrow\breve{R}_{1,t+2}^*\rightarrow\breve{\sigma}_{1,t+3}^2 & \cdots & \breve{z}_{1,\widetilde{T}}^*\rightarrow\breve{R}_{1,t+\widetilde{T}}^*\\
\breve{z}_{2,1}^*\rightarrow\breve{R}_{2,t+1}^*\rightarrow\breve{\sigma}_{2,t+2}^2 & \breve{z}_{2,2}^*\rightarrow\breve{R}_{2,t+2}^*\rightarrow\breve{\sigma}_{2,t+3}^2 & \cdots & \breve{z}_{2,\widetilde{T}}^*\rightarrow\breve{R}_{2,t+\widetilde{T}}^*\\
\cdots & \cdots & \cdots & \cdots\\
\cdots & \cdots & \cdots & \cdots\\
\breve{z}_{MC,1}^*\rightarrow\breve{R}_{MC,t+1}^*\rightarrow\breve{\sigma}_{MC,t+2}^2 & \breve{z}_{MC,2}^*\rightarrow\breve{R}_{MC,t+2}^*\rightarrow\breve{\sigma}_{MC,t+3}^2 & \cdots & \breve{z}_{MC,\widetilde{T}}^*\rightarrow\breve{R}_{MC,t+\widetilde{T}}^*
\end{array}
$$

其中 $\breve{z}_{i,j}^*$ 是从 $N(0，1)$ 正态分布中得到的，MC 是模拟收益路径的次数。我们需要使用风险中性过程计算在期权定价公式中的期望项 $E_t^*[*]$，因此，我们在 $t+j$ 时期，对于模拟路径 i，计算模拟风险中性收益：

$$\breve{R}_{i,t+j}^*=r_f-\frac{1}{2}\breve{\sigma}_{i,t+j}^2+\breve{\sigma}_{i,t+j}\breve{z}_{i,j}^*$$

方差更新如下：

$$\breve{\sigma}_{i,t+j+1}^2=\omega+\alpha(\breve{\sigma}_{i,t+j}\breve{z}_{i,j}^*-\lambda^*\breve{\sigma}_{i,t+j})^2+\beta\breve{\sigma}_{i,t+j}^2$$

和第 8 章一样，在第一阶段的所有模拟路径都从同一个 σ_{t+1}^2 出发，因此，对于所有的 i，我们有

$$\breve{R}_{i,t+1}^*=r_f-\frac{1}{2}\sigma_{t+1}^2+\sigma_{t+1}\breve{z}_{i,1}^*$$

$$\sigma_{i,t+2}^2=\omega+\alpha(\sigma_{t+1}\breve{z}_{i,1}^*-\lambda^*\sigma_{t+1})^2+\beta\sigma_{t+1}^2$$

一旦我们开始模拟，那么每天 5 000 次（$MC=5\ 000$）直到到期日 $\widetilde{T}$，我们可以计算到期日的假设风险中性资产价格为

$$\breve{S}_{i,t+\widetilde{T}}^*=S_t\exp\left(\sum_{j=1}^{\widetilde{T}}\breve{R}_{i,t+j}^*\right),i=1,2,\cdots,MC$$

期权价格的计算是通过平均未来假设支付到现在的贴现，如下所示：

$$
\begin{aligned}
c_{GH}&=\exp(-r_f\widetilde{T})E_t^*[\mathrm{Max}\{S_{t+\widetilde{T}}-X,0\}]\\
&\approx\exp(-r_f\widetilde{T})\frac{1}{MC}\sum_{i=1}^{MC}\mathrm{Max}\{\breve{S}_{i,t+\widetilde{T}}^*-X,0\}
\end{aligned}
$$

其中，GH 表示 GARCH。

因此，我们使用模拟来计算平均未来支付，后来也被用于估计期望值 $E_t^*[*]$。随着蒙特卡洛模拟次数变得无限大，其平均将会收敛于期望，在实际中，大约 5 000 次的模拟能够得到一个合理且精确的估计。本书相应的网站中包含了计算 GARCH 期权价格的蒙特卡洛模拟结果的电子表格。

理论上，我们当然可以通过极大似然函数估计在 GARCH 模型中关于基础资产收益的所有参数。但是为了得到期权价格更好的拟合，我们可以直接通过最小化期权价格误差。把最初方差 σ_{t+1}^2 作为一个参数来估计，我们可以通过最小化均方误差来估计关于期权的日样本的 GARCH 期权定价模型。

$$MSE_{GH}=\underset{\sigma_{t+1}^2,\omega,\alpha,\beta,\lambda^*}{\mathrm{Min}}\left\{\frac{1}{n}\sum_{i=1}^{n}(c_i^{mkt}-c_{GH}(S_t,r_f,X_i,\widetilde{T}_i;\sigma_{t+1}^2,\omega,\alpha,\beta,\lambda^*))^2\right\}$$

另外，目标函数是基于隐含波动性建立的。对于每个新参数向量进行数值优化尝试，GARCH 期权必须都通过 *MC* 模拟技术被重新定价，因此模拟应该相当消耗时间。

6.2 封闭式的 GARCH 期权定价模型

GARCH 期权定价框架的一个明显缺点就是对于期权定价，它没有提供一个封闭式的方法，期权价格必须通过模拟计算。虽然模拟技术非常简单，但是非常消耗时间，并且从期望值的模拟平均的近似计算中会产生一个额外误差项。

很幸运，如果我们可以接受特定形式的 GARCH 过程，那么封闭式的定价公式是存在的。我们将其称为定位封闭式的 GARCH 或者 CFG 模型。假设收益通过如下过程产生：

$$R_{t+1}\equiv\ln(S_{t+1})-\ln(S_t)=r_f+\lambda\sigma_{t+1}^2+\sigma_{t+1}z_{t+1}$$

其中，

$$z_{t+1}\sim N(0,1),\quad \sigma_{t+1}^2=\omega+\alpha(z_t-\theta\sigma_t)^2+\beta\sigma_t^2$$

注意到风险溢价是乘以条件方差而不是标准差，在新的方差项中的 z_t 没有通过 σ_t 标准化。该模型中方差的持续性可以为 $\theta^2+\beta$，非条件方差为 $(\omega+\alpha)/(1-\alpha\theta^2-\beta)$。

该过程在风险中性下为

$$R_{t+1}\equiv\ln(S_{t+1})-\ln(S_t)=r_f-\frac{1}{2}\sigma_{t+1}^2+\sigma_{t+1}z_{t+1}^*$$

其中，

$$z_{t+1}\sim N(0,1),\quad \sigma_{t+1}^2=\omega+\alpha(z_t^*-\theta\sigma_t^*)^2+\beta\sigma_t^2$$

在无风险测度下风险资产有无风险率，我们再次检查

$$\begin{aligned}E_t^*[S_{t+1}/S_t]&=E_t^*\left[\exp\left(r_f-\frac{1}{2}\sigma_{t+1}^2+\sigma_{t+1}z_{t+1}^*\right)\right]\\&=\exp\left(r_f-\frac{1}{2}\sigma_{t+1}^2\right)E_t^*[\exp(\sigma_{t+1}z_{t+1}^*)]\\&=\exp\left(r_f-\frac{1}{2}\sigma_{t+1}^2\right)\exp\left(\frac{1}{2}\sigma_{t+1}^2\right)\\&=\exp(r_f)\end{aligned}$$

方差可以同以前一样验证。

在这种对于收益的特殊 GARCH 过程下，欧式期权价格可以被计算为

$$c_{CFG}=e^{-r_f\widetilde{T}}E_t^*\left[\text{Max}(S_{t+\widetilde{T}}-X,0)\right]=S_tP_1-Xe^{-r_f\widetilde{T}}P_2$$

其中，对于 P_1 和 P_2 的公式在附录中可见。期权定价公式的结构和 BSM 模型一致。在 BSM 模型中，P_2 为风险中性概率，P_1 为期权德尔塔。

7 隐含波动性方程（IVF）模型

目前本章所研究的期权定价模型来自关于经济的基础资产动态性的假设。接下来对于欧式期权的定价，我们考虑完全静态，但是这给出了对于观察期权价格很好的拟合效果，因此我们在这里提出了一个基础的讨论。该方法背后的思想为隐含波动性微笑随着时间变化非常缓慢。如果我们因此估计了今天微笑的函数形式，那么该函数形式在近期的期权定

价中也可以应用。

前面提到的隐含波动性微笑和假笑表明期权定价可能可以通过以下 4 步方法很好地体现：

1. 对于所有观察的期权价格，在给定的日子计算隐含 BSM 波动性：

$$\sigma_i^{iv}=c_{BSM}^{-1}\ (S_t,\ r_f,\ X_i,\ \widetilde{T}_i,\ c_i^{mkt})，对于\ i=1,\ 2,\ \cdots,\ n$$

2. 隐含波动性对于价值状况和到期日的二阶多项式的回归。也就是使用最小二乘法来估计回归项中的参数 a。

$$\sigma_t^{iv}=a_0+a_1(S_t/X_t)+a_2(S_t/X_i)^2+a_3(\widetilde{T}_i/365)$$
$$+a_4(\widetilde{T}_i/365)^2+a_5(S_t/X_i)(\widetilde{T}_i/365)+e_i$$

其中，e_i 为误差项，我们对于到期日以年为单位而不是以日。该调整使得不同的 a 参数有大致相同的数量级。这可以使得隐含波动性在表面上为价值状况和到期日的函数。当然其他函数形式也可以使用。

3. 计算来自回归的隐含波动性的拟合值：

$$\hat{\sigma}^{iv}(S_t/X_i,\ \widetilde{T}_i;\ \hat{a}=\hat{a}_0+\hat{a}_1(S_t/X_i)+\hat{a}_2(S_t/X_i)^2$$
$$+\hat{a}_3(\widetilde{T}_i/365)+\hat{a}_4(\widetilde{T}_i/365)^2+\hat{a}_5(S_t/X_i)(\widetilde{T}_i/365)$$

4. 使用拟合波动性和 BSM 期权价格公式计算模型期权价格，如下

$$c_{IVF}=c(S_t,\ r_f,\ X_t,\ \widetilde{T}_i;\ \mathrm{Max}(\hat{\sigma}^{iv}(S/X_i,\ \widetilde{T}_i/365;\ \hat{a}),\ 0.000\,1))$$

其中，Max(·) 函数确保在期权价格公式中使用的波动性是正数。

期权价格方法仅仅需要一系列的简单计算，因此这很容易实施。

虽然该 4 步线性估计是标准的，但如果使用接下来的改进后的估计方法，我们可以得到更好的期权价格。我们可以使用数值最优化技巧通过最小化均方误差来求解 $a=\{a_0,\ a_1,\ a_2,\ a_3,\ a_4,\ a_5\}$：

$$MSE_{MIVF}=\underset{a}{\mathrm{Min}}\left\{\frac{1}{n}\sum_{i=1}^{n}(c_t^{mkt}-c(S_t,r_f,X_i,\widetilde{T}_t;\mathrm{Max}(\sigma^{iv}(S/X_1,\widetilde{T}_1/365;a),0.01)))^2\right\}$$

该方法的缺点是需要数值方法而不是最小二乘法来求解参数。我们将该方法定为调整后的隐含波动性函数（MIVF）方法。

8 总结

本章研究了一些关于欧式期权定价的主要模型。首先，我们介绍了期权定价简单但是强大的二叉树方法。然后我们讨论了著名的 BSM 模型。BSM 模型的主要假设是：基础资产收益动态性可以通过常数方差的正态分布体现。虽然 BSM 模型提供了重要的衍生证券定价，但是观察到的资产收益明显违背了基础假设。因此，接下来我们考虑 BSM 模型的一般形式，其来自在正态分布附近 Gram-Charlier（GC）的拓展。GC 分布允许偏度和峰度，因此其比正态分布提供了一个更加正确的关于观察收益的描述。但是 GC 模型仍然假设波动性随着时间变化是一个常数，这在之前章节中被认为脱离现实。其次，我们给出了两类 GARCH 期权定价模型。第一个类型允许的方差范围很广，但是由于没有封闭形式的公式存在，所以期权价格必须通过蒙特卡洛模拟或者其他的数值方法计算得到。第二个类型依赖于特定的 GARCH，但是在收益方面，对于期权价格，提供了一个封闭形式的公

式。最后，我们介绍了特定的隐含波动性函数方法，其本质是由隐含波动性微笑的二阶多项式组成。

附录：CFG 期权定价公式

封闭形式的 GARCH（CFG）公式的概率 P_1 和 P_2 来自求解条件矩母函数。时刻 t 对数资产价格作为时刻 $t+\widetilde{T}$ 的条件矩母函数为

$$f_{t,t+\widetilde{T}}(\varphi)=E_t[\exp(\varphi\ln(S_{t+\widetilde{T}}))]=E_t[S_{t+\widetilde{T}}^{\varphi}]$$

在 CFG 模型中，该函数采用了一个线性对数形式（忽略 $f(\varphi)$ 的时间下标）

$$f(\varphi)=S_t^{\varphi}\cdot\exp(A(t,t+\widetilde{T},\varphi)+B(t,t+\widetilde{T},\varphi)\sigma_{t+1}^2)$$

其中，

$$\begin{aligned}A(t,\ t+\widetilde{T},\ \varphi)\ =&A(t+1;\ t+\widetilde{T},\ \varphi)+\varphi r_f\\&+B(t+1;\ t+\widetilde{T},\ \varphi)\omega-\frac{1}{2}\ln(1-2\alpha B(t+1;\ t+\widetilde{T},\ \varphi))\end{aligned}$$

和

$$B\ (r,\ t+\widetilde{T},\ \varphi)\ =\varphi(\lambda+\theta)-\frac{1}{2}\theta^2+\beta B(t+1;\ t+\widetilde{T},\ \varphi)\ +\frac{\frac{1}{2}(\varphi-\theta)^2}{1-2\alpha B(t+1;\ t+\widetilde{T},\ \varphi)}$$

这些函数可以通过终端条件，从到期日开始以逆序的方式向前求解。

$$A(t+\widetilde{T};\ t+\widetilde{T},\ \varphi)\ =0,\ B(t+\widetilde{T};\ t+\widetilde{T},\ \varphi)=0$$

由概率理论中的一般结果建立了如下特征函数 $f(i\varphi)$ 和概率密度函数 $p(x)$ 之间的关系：

$$\int_A^{\infty}p(x)dx=\frac{1}{2}+\frac{1}{\pi}\int_0^{\infty}\mathrm{Re}\left[\frac{\exp(-i\varphi A)f(i\varphi)}{i\varphi}\right]d\varphi$$

其中，Re(·）函数采用真实值。

使用这些结果，我们可以计算条件期望支付为：

$$\begin{aligned}E_t\ [\mathrm{Max}(S_{t+\widetilde{T}}-X,\ 0)]\ &=E_t[\mathrm{Max}(\exp(\ln(S_{t+\widetilde{T}}))-X,\ 0]\\&=\int_{\ln(X)}^{\infty}\exp(x)p(x)dx-X\int_{\ln(X)}^{\infty}p(x)dx\\&=f(1)\left(\frac{1}{2}+\frac{1}{\pi}\int_0^{\infty}\mathrm{Re}\left[\frac{X^{-i\varphi}f(i\varphi+1)}{i\varphi f(1)}\right]\right)d\varphi\\&\quad-X\left(\frac{1}{2}+\frac{1}{\pi}\int_0^{\infty}\mathrm{Re}\left[\frac{X^{-i\varphi}f(i\varphi)}{i\varphi}\right]d\varphi\right)\end{aligned}$$

为了给看涨期权定价，我们使用风险中性分布得到

$$\begin{aligned}c_{CFG}&=e^{-r_f\widetilde{T}}E_t^*\ [\mathrm{Max}(S_{t+\widetilde{T}}-X,\ 0)]\\&=S_t\left(\frac{1}{2}+\frac{1}{\pi}\int_0^{\infty}\mathrm{Re}\left[\frac{X^{-i\varphi}f^*(i\varphi+1)}{i\varphi f^*(1)}\right]d\varphi-Xe^{-r_f\widetilde{T}}\frac{1}{2}+\frac{1}{\pi}\int_0^{\infty}\mathrm{Re}\left[\frac{X^{-i\varphi}f^*(i\varphi)}{i\varphi}\right]d\varphi\right)\\&\equiv S_tP_1-Xe^{-r\widetilde{T}}P_2\end{aligned}$$

其中，$f^*(1)=E_t^*[S_{t+\widetilde{T}}]=e^{r_f\widetilde{T}}S_t$。在风险中性分布下，$\lambda$ 被设为 $-\frac{1}{2}$，θ 用 θ^* 代替。最终，我们前面的积分需通过数值积分求解。

更多资源

为了保持和前面章节的一致性，该章关注离散时间的期权定价。有很多关于期权方面的出色书籍。该章中提到的二叉树模型可见 Hull（2011），它也证明了当树中的步数趋于无穷时，二叉树收敛于 BSM 模型。

BSM 模型的典型文章有 Black and Scholes（1973），Merton（1973）。本章中关于离散时间的求导可以参考 Rubenstein（1976）和 Brennan（1979）。Merton（1976）研究了连续时间扩散模型，它允许收益分布的峰度有跳跃。对于 Merton（1976）模型的拓展，可参考 Andersen and Andreasen（2000）。

对于近期关于期权的实证研究，可见 Bates（2003），Garcia et al.（2010）和 Christoffersen et al.（2010a）。

GC 模型可以参考 Backus et al.（1997）。Duan（1995）介绍了一般 GARCH 期权定价的概况。Duan 和 Simonato（1998）讨论了对于 GARCH 模型的蒙特卡洛模拟方法。Duan 等（1999）包含了 GARCH 模型价格的解析近似。Ritchken 和 Trevor（1999）介绍了在计算 GARCH 期权定价上的三叉树方法。

Duan（1999）和 Christoffersen 等（2010b）考虑了 GARCH 期权定价模型的拓展，其允许收益条件非正态分布。封闭形式 GARCH 期权定价模型可以参考 Heston 和 Nandi（2000），Christoffersen 等（2006）对该模型进行的拓展。

Christoffersen 和 Jacobs（2004a）比较了对于期权定价的各种 GARCH 方差的实证表现，发现在本章中所用的包含杠杆效应的简单方差，相比于 BSM 模型效果更好。

Hsieh 和 Ritchken（2005）比较了 GARCH（GH）和封闭形式的 GARCH（CFG）模型，发现 GH 模型在样本期权估价中表现得最好。对于期权估价，Christoffersen 等（2008）和 Christoffersen 等（2010a）使用了第 4 章中所描述的 GARCH 成分模型。

在新方法中，有跳跃的 GARCH 期权估价模型可以参考 Christoffersen et al.（2011）和 Ornthanalai（2011）。

Hull 和 White（1987），Heston（1993）得到方差随着时间变化的连续时间期权定价模型。Bakshi 等（1997）一文中包含了 Heston 模型和其他一般模型的实证比较，发现允许方差随着时间变化在拟合期权价格时是关键因素。Lewis（2000）讨论了方差随时间变化的期权定价模型的应用。

Dumas 等（1998）描述了 IVF 模型，Christoffersen 和 Jacobs（2004b）检验了修正后的 IVF 模型（MIVF），作者发现，MIVF 在实证中相比简单的 BSM 模型，表现得非常好。Berkowitz（2010）对 MIVF 提供了理论依据。Bams 等（2009）讨论了在期权模型标度上的目标函数。

参考文献

Andersen，L.，Andreasen，J.，2000. Jump-diffusion processes：Volatility smile fitting and numer ical methods for option pricing. Rev. Derivatives Res. 4，231-262.

Backus，D.，Foresi，S.，Li，K.，Wu，L.，1997. Accounting for Biases in Black-Scholes. Manuscript，The Stern School at New York University.

Bakshi，G.，Cao，C.，Chen，Z.，1997. Empirical performance of alternative option pricing models. J. Finance 52，2003-2050.

Bams，D.，Lehnert，T.，Wolff，C.，2009. Loss functions in option valuation：A framework for selection. Manag. Sci. 55，853-862.

Bates，D.，2003. Empirical option pricing：A retrospection. J. Econom. 116，387-404.

Berkowitz，J.，2010. On justifications for the ad hoc Black-Scholes method of option pricing. Stud. Nonlinear Dyn. Econom. 14 (1)，Article 4.

Black，F.，Scholes，M.，1973. The pricing of options and corporate liabilities. J. Polit. Econ. 81，637-659.

Brennan, M., 1979. The pricing of contingent claims in discrete time models. J. Finance 34, 53-68.

Christoffersen, P., Dorion, C., Jacobs, K., Wang, Y., 2010a. Volatility components: Affine restrictions and non-normal innovations. J. Bus. Econ. Stat. 28, 483-502.

Christoffersen, P., Elkamhi, R., Feunou, B., Jacobs, K., 2010b. Option valuation with conditional heteroskedasticity and non-normality. Rev. Financ. Stud. 23, 2139-2183.

Christoffersen, P., Heston, S., Jacobs, K., 2006. Option valuation with conditional skewness. J. Econom. 131, 253-284.

Christoffersen, P., Jacobs, K., 2004a. Which GARCH model for option valuation? Manag. Sci. 50, 1204-1221.

Christoffersen, P., Jacobs, K., 2004b. The importance of the loss function in option valuation. J. Financ. Econ. 72, 291-318.

Christoffersen, P., Jacobs, K., Ornthanalai, C., 2010. GARCH option valuation, theory and evidence. In: Duan, J.-C., Gentle, J., Hardle, W. (Eds.), Handbook of Computational Finance, forthcoming. Springer, New York, NY.

Christoffersen, P., Jacobs, K., Ornthanalai, C., 2011. Exploring time-varying jump intensities: Evidence from S&P 500 returns and options. Available from: SSRN, http://ssrn.com/abstract=1101733.

Christoffersen, P., Jacobs, K., Ornthanalai, C., Wang, Y., 2008. Option valuation with long-run and short-run volatility components. J. Financ. Econ. 90, 272-297.

Duan, J., 1995. The GARCH option pricing model. Math. Finance 5, 13-32. Duan, J., 1999. Conditionally Fat-Tailed Distributions and the Volatility Smile in Options. Manuscript, Hong Kong University of Science and Technology.

Duan, J., Gauthier, G., Simonato, J.-G., 1999. An analytical approximation for the GARCH option pricing model. J. Comput. Finance 2, 75-116.

Duan, J., Simonato, J.-G., 1998. Empirical martingale simulation for asset prices. Manag. Sci. 44, 1218-1233.

Dumas, B., Fleming, J., Whaley, R., 1998. Implied volatility functions: Empirical tests. J. Finance 53, 2059-2106.

Garcia, R., Ghysels, E., Renault, E., 2010. The econometrics of option pricing. In: Ait-Sahalia, Y., Hansen, L. P. (Eds.), Handbook of Financial Econometrics. Elsevier, North Holland, pp. 479-552.

Heston, S., 1993. A closed-form solution for options with stochastic volatility, with applications to bond and currency options. Rev. Financ. Stud. 6, 327-343.

Heston, S., Nandi, S., 2000. A closed-form GARCH option pricing model. Rev. Financ. Stud. 13, 585-626.

Hsieh, K., Ritchken, P., 2005. An empirical comparison of GARCH option pricing models. Rev. Derivatives Res. 8, 129-150.

Hull, J., 2011. Options, Futures and Other Derivatives, eighth ed. Prentice-Hall, Upper Saddle River, NJ.

Hull, J., White, A., 1987. The pricing of options on assets with stochastic volatilities. J. Finance 42, 281-300.

Lewis, A., 2000. Option Valuation under Stochastic Volatility. Finance Press, Newport Beach, California.

Merton, R., 1973. Theory of rational option pricing. Bell J. Econ. Manag. Sci. 4, 141-183.

Merton, R., 1976. Option pricing when underlying stock returns are discontinuous. J. Financ. Econ. 3, 125-144.

Ornthanalai, C., 2011. A new class of asset pricing models with Levy processes: Theory and applications. Available from: SSRN, http://ssrn.com/abstract=1267432.

Ritchken, P., Trevor, R., 1999. Pricing options under generalized GARCH and stochastic volatility processes. J. Finance 54, 377-402.

Rubenstein, M., 1976. The valuation of uncertain income streams and the pricing of options. Bell J. Econ. Manag. Sci. 7, 407-425.

练习

打开网站上第 10 章的数据文件 Chapter10Data. xlsx 文件。该文件包含了 2010 年 1 月 6 日 S&P500 的欧式看涨期权。

1. 每天的标准差为 0.01，计算每个期权的 BSM 价格。使用求解器，求解初始值为 0.01 时最小化均方价格误差的波动性，并在接下来的练习中使用 BSM 价格和对应的最优波动性。

2. 画出价格误差的 BSM 和在不同到期日的价值状况（S/X）的散点图（真实价格低于模型价格）。

3. 对于每个期权计算隐含 BSM 波动性（标准差）。你可以使用 Excel 求解器来求解。绘制隐含波动性和价值状况之间的散点图。

4. 拟合 Cram-Charlier 期权数据。估计只有偏度的模型。使用非线性测试均方（NLS）。

5. 建立隐含波动性对常数、价值状况、到期日除以 365、变量的平方以及它们的交叉产品的回归方程。从每个期权的回归计算拟合 BSM 的波动性。对于每个期权使用波动性的拟合值计算特定的 IVF 价格。

6. 通过 NLS 重新进行 IVF 估计，以最小化均方价格误差（MSE），称之为 MIVF。使用 IVF 回归系数作为初始值。

7. 从 IVF 和 MIVF 模型计算均方价格误差的平方根，并和标准 BSM 模型与 Gram-Chalier 模型的 MSE 的平方根比较。绘制 MIFV 模型的价格误差和价值状况之间的散点图，将之和练习 2 中的图相比较。

这些练习的答案可以在所对应的网站的 Chapter10Results. xlsx 这个文件夹中找到。

更多信息可以参考相应的网站：

http://www.elsevierdirect.com/companions/9780123744487

第 11 章　期权风险管理

1　本章概要

在前面的章节中，我们系统地阐述了期权定价的各类模型。在本章中，我们将注意力转移到将衍生证券纳入资产组合风险模型，该模型已在前面章节中阐述。和前面一样，非线性支付函数在期权定价上是主要特性，在本章中，它也推动了风险管理的研究。在资产组合收益分布上，非线性函数为非对称的，即使收益在基础资产方面遵循一个对称分布。掌握该对称性是本章的一个主要特性。

本章的结构如下：

⊙ 我们定义了期权的 delta，它对非线性期权价格提供了线性近似。然后从前面各章节中的各类模型中总结 delta 公式。

⊙ 我们对于资产组合风险管理建立基于 delta 的方法。该方法的思想是线性化期权收益，使之能够适应之前的风险模型。该方法的缺点是，其忽略了期权支付的非对称性。

⊙ 我们定义期权的 gamma，它给出了期权价格的二阶近似作为基础资产价格的函数。

⊙ 我们使用期权的 gamma 来构建资产组合收益分布的二次模型。我们讨论了二次模型的两个应用：一个依赖于第 6 章中的 Cornish-Fisher 近似，另一个依赖于第 8 章中的蒙特卡洛模拟方法。

⊙ 我们使用完全估值方法来衡量期权风险，它依赖于第 8 章中一个精确但是计算复杂的蒙特卡洛模拟方法。

⊙ 我们对于所有的方法都通过简单的例子来阐述。我们之后讨论了在对数值例子使用线性和二次近似方面的一些主要缺点。反过来，这些缺点促进了完全估值模型的使用。

2 期权的 delta

期权的 delta 被定义为期权价格关于基础资产价格 S_t 的偏导。对于看跌和看涨期权，我们定义

$$\delta^c \equiv \frac{\partial c}{\partial S_t}$$

$$\delta^p \equiv \frac{\partial p}{\partial S_t}$$

注意 delta 不能在市场观察到，但是是基于假设的期权价格模型。

图 11.1 解释了偏导数的切线含义。对于一般基础资产价格 S 的期权价格大致为

$$c(S) \approx c(S_t) + \delta(S - S_t)$$

其中，S_t 是基础资产的当前价格。在图 11.1 中，S_t 等于 100。

期权的 delta（在这种情况下是看涨期权）可以看作对非线性期权价格提供线性近似，其中当资产价格接近于目前价格时，这种近似效果较好，但是随着价格偏离现实价格，这种近似就渐渐变得糟糕，正如图 11.1 所阐述的。对于风险管理者来说，对于较大基础价格改变的真实期权价格的 delta 近似没有被清晰设定。风险管理都是关于较大价格的改变，因此，我们将会考虑更加精确的近似。

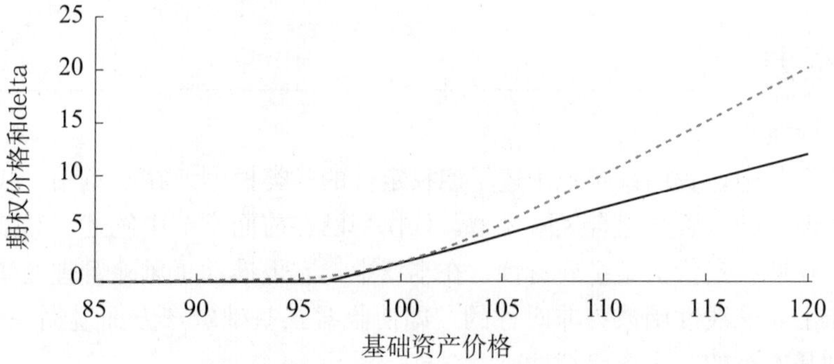

图 11.1 看涨期权价格和 delta 近似

注：上图绘制了看涨期权价格（点线）和期权的 delta 近似（黑线）关于基础资产价格的图像。执行价格为 100，delta 是在资产价格为 100 时计算得到的。

2.1 布莱克-斯科尔斯-默顿模型

前面章节中，对于欧式看涨期权价格的期权定价（BSM）公式为

$$c_{BSM} = S_t\Phi(d) - \exp(-r_f\widetilde{T})X\Phi(d - \sigma\sqrt{\widetilde{T}})$$

其中，$\Phi(\cdot)$ 是标准正态变量的累积分布，

$$d = \frac{\ln(S_t/X) + \widetilde{T}(r_f + \sigma^2/2)}{\sigma\sqrt{\widetilde{T}}}$$

使用基础的微积分，我们得到期权价格关于基础资产价格 S_t 的偏导，如下所示：

$$\frac{\partial c_{BSM}}{\partial S_t} \equiv \delta^c_{BSM} = \Phi(d)$$

我们将它称为期权的 delta，对于 S_t 的微小改变，看涨期权价格将会随着 $\Phi(d)$ 的改变而改变。$\Phi(\cdot)$ 为正态累积密度函数，介于 0 到 1 之间，我们有

$$0<\delta^c_{BSM}<1$$

那么在 BSM 模型中的看涨期权价格也会随着基础资产价格向相同的方向改变，但是其改变要低于基础资产价格的改变。

对于欧式看跌期权，我们有买卖平价，如下

$$S_t + p = c + X\exp(-r_f\widetilde{T})$$

或者

$$p = c + X\exp(-r_f\widetilde{T}) - S_t$$

那么我们可以得到

$$\frac{\partial p_{BSM}}{\partial S_t} \equiv \delta^p_{BSM} = \frac{\partial c_{BSM}}{\partial S_t} - 1 = \Phi(d) - 1$$

注意到我们有

$$-1 < \delta^p_{BSM} < 0$$

那么 BSM 基础资产的看跌期权价格将会向相反方向移动，期权价格的改变要低于基础资产价格的改变。

基础资产的股息或利息以每天的利率支付为 q 的利率支付，delta 如下：

$$\delta^c_{BSM} = \exp(-q\widetilde{T})\Phi(d)$$

$$\delta^p_{BSM} = \exp(-q\widetilde{T})(\Phi(d) - 1)$$

其中，

$$d=\frac{\ln(S_t/X)+\widetilde{T}(r_f-q+\sigma^2/2)}{\sigma\sqrt{\widetilde{T}}}$$

BSM 模型的欧式看涨或者看跌期权的 delta 可见图 11.2，其中 $X=100$，S_t 从 75 变到 125。当期权接近于平值时，也就是，$S_t\approx X$，delta 的改变量最大。当资产组合包含大量平值期权时，依赖于一个固定的初始 delta 的风险管理模型可能容易误导人。

图 11.3 表示不同执行价格的三个看涨期权的 delta（分别为 $X=80$、100、120）和到期日 $\widetilde{T}$ 之间的关系，横坐标 $\widetilde{T}$ 的范围是从 1 到 365。该图中资产价格 S_t 为 100。

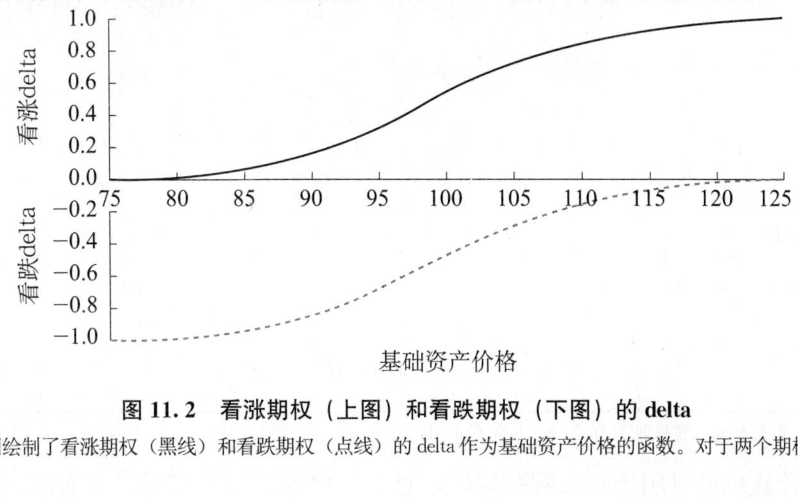

图 11.2　看涨期权（上图）和看跌期权（下图）的 delta

注：上图绘制了看涨期权（黑线）和看跌期权（点线）的 delta 作为基础资产价格的函数。对于两个期权，执行价格均为 100。

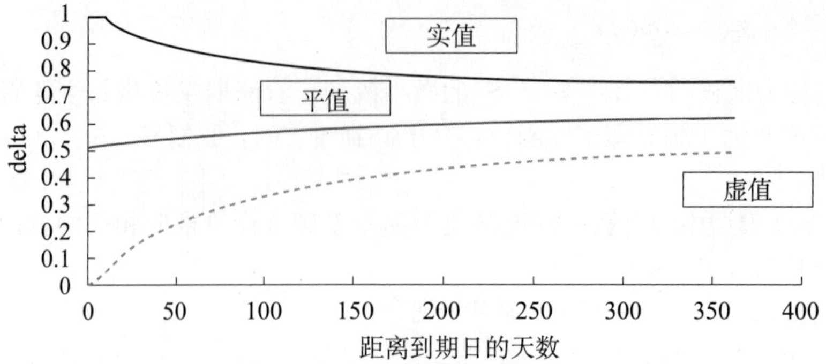

图 11.3　三个看涨期权的 delta

注：我们绘制了不同执行价格下三个看跌期权的 delta。从右移到左，每个期权的到期日从一年渐渐地减到一天。

当到期日越来越临近（图中表现为从右到左）时，delta 有分歧：delta 从实值状态的看涨期权增加到 1，从虚值状态降低到 0，从平值状态收敛于 0.5。距到期日较近的实值状态看涨期权几乎确定支付 S_t-X，这就是价格的移动和资产价格 S_t 是同步的，它的 delta 接近于 1。距到期日较短的虚值状态期权几乎确定支付为 0，那么它的价格几乎是常数，它的 delta 几乎接近于 0。

2.2　二叉树模型

期权 delta 也可以使用二叉树计算。这对于美式看跌期权尤其重要，对于美式看跌期权来说，越早执行可能是最优的。表 11.1 表明了第 10 章中表 10.4 的二叉树例子。加黑字体再次表明美式看跌期权在每个点的价格。铺灰字体表明了期权 delta。

点 A 的 delta（目前）通过二叉树能够很简单地计算得到：

$$\delta_{Bin}=\frac{Put_B-Put_C}{S_B-S_C}$$

表 11.1　　美式看跌期权的 delta

市场变量				
$S_t=$	1 000			D
每年 $r_f=$	0.05			1 528.47
合约期限				0.00
$X=$	1 100			
$T=$	0.25		B	
			1 236.31	
参数			**−0.19**	
每年交易量=	0.6		53.48	
树步=	2			
$dt=$	0.125	A		E
$u=$	1.236 311 11	1 000.00		1 000.00
$d=$	0.808 857 893	**−0.56**		
RNP=	0.461 832 245	180.25		100.00
股票是正常字体			C	
美式看跌 delta 是加黑字体			808.86	
美式看跌价格是铺灰字体			**−1.00**	
			291.14	
				F
				654.25
				445.75

注：加黑字体表示美式看跌期权在点 A、B 和 C 的 delta。

相似的公式也可以用于欧式看跌期权，对于各种类型的看涨期权也适用。在第 10 章中，delta已经被用于确定我们所购买的用于某个期权降价避险的基础资产的单位个数。在树中的每个点，delta的改变表明了期权头寸为了保持无风险要求的动态避险。

2.3 Gram-Charlier 模型

由于delta是期权定价模型关于基础资产价格的偏导数，基本上是依赖于模型的。前面的delta来自BSM模型，但是不同的期权定价模型使用不同的delta公式。在前面的章节中，我们发现BSM模型有时错误地定价交易期权的现象较为严重。因此，我们想要考虑使用更加正确的期权定价模型来计算期权delta。

在Gram-Charlier期权定价模型中，我们有

$$c_{GC} \approx S_t\Phi(d) - Xe^{-r\widetilde{T}}\Phi(d-\sqrt{\widetilde{T}}\sigma) \\ +S_t\Phi(d)\sigma\left[\frac{\zeta_{11}}{3!}(2\sqrt{\widetilde{T}}\sigma-d)-\frac{\zeta_{21}\sqrt{\widetilde{T}}}{4!}(1-d^2+3d\sqrt{\widetilde{T}}\sigma-3\widetilde{T}\sigma^2)\right]$$

在这种情况下，关于资产价格的偏导为

$$\delta_{GC} = \frac{\partial c_{GC}}{\partial S_t} = \Phi(d) - \frac{\zeta_{11}\sqrt{\widetilde{T}}}{3!}\phi(d)(1-d^2+3\sigma\sqrt{\widetilde{T}}d-2\sigma^2\widetilde{T}) \\ +\frac{\zeta_{21}/\widetilde{T}}{4!}\phi(d)[3d(1-2\sigma^2\widetilde{T})+4d^2\sigma\sqrt{\widetilde{T}}-d^3-4\sigma\sqrt{\widetilde{T}}+3\sigma^3\widetilde{T}^{3/2}]$$

当偏度 ζ_{11} 和超额峰度 ζ_{21} 都为零的时候，上式就为 $\Phi(d)$ 的BSMdelta。此外，我们可以很容易地从下式计算看跌期权delta：

$$\delta_{GC}^{p} \equiv \frac{\partial p_{GC}}{\partial S_t} = \frac{\partial c_{GC}}{\partial S_t} - 1$$

2.4 GARCH 期权定价模型

从一般GARCH期权定价模型中计算delta，我们很快就会面临期权价格在封闭形式下不可得到的问题，但是可以通过模拟得到。一般情况下，我们有

$$c_{GH} = \exp(-r_f\widetilde{T})E_t^*[\mathrm{Max}\{S_{t+\widetilde{T}}-X, 0\}]$$

通过模拟，我们计算如下：

$$c_{GH} \approx \exp(-r_f\widetilde{T})\frac{1}{MC}\sum_{i=1}^{MC}\mathrm{Max}\{\hat{S}_{i,t+\widetilde{T}}^{*}-X, 0\}$$

其中，$\check{S}_{i,t+\widetilde{T}}^{*}$ 为对于蒙特卡洛模拟路径 i、距离到期日为 $t+\widetilde{T}$ 的假设GARCH资产价格，其模拟是在风险中性分布下进行的。

GARCH期权价格关于基础资产价格的偏导为

$$\delta_{GH} = \exp(-r_f\widetilde{T})E_t^*\left[\frac{S_{t+\widetilde{T}}}{S_t}\mathbf{1}(S_{t+\widetilde{T}} \geq X)\right]$$

其中，如果不等式成立，函数 $\mathbf{1}(\cdot)$ 值为1，否则就为零。

GARCHdelta也必须通过模拟得到：

$$\delta_{GH} \approx \exp(-r_f\widetilde{T})\frac{1}{MC}\sum_{i=1}^{MC}\frac{\check{S}_{i,t+\widetilde{T}}^{*}}{S_t}\mathbf{1}(\check{S}_{i,t+\widetilde{T}}^{*} \geq X)$$

其中，$\breve{S}^*_{i,t+\tilde{T}}$为未来模拟中性风险资产价格。欧式看跌期权的 delta 也可以从买卖平价公式中得到。

在封闭形式的 GARCH 过程的特定情况下，我们得到欧式看涨期权价格公式：

$$c_{CFG}=S_tP_1-Xe^{-r_f\tilde{T}}P_2$$

看涨期权的 delta 为

$$\delta^c_{CFG}=P_1$$

P_1 的公式可以参考上一章中的附录。

3 应用 delta 的资产组合风险

根据我们的期权定价公式得到的 delta 公式，我们能够使前面章节给出的资产组合分布模型中包含期权的资产组合。

考虑由一只股票的一个看涨期权所构成的资产组合。期权资产组合美元值（或者美元收益）的改变量 $DV_{PF,t+1}$就是期权值的改变量：

$$DV_{PF,t+1}\equiv c_{t+1}-c_t$$

根据期权的 delta，对于基础资产价格的小额改变，我们有

$$\delta\approx\frac{c_{t+1}-c_t}{S_{t+1}-S_t}$$

定义基础股票的几何收益为

$$r_{t+1}=\frac{S_{t+1}-S_t}{S_t}\approx\ln(S_{t+1}/S_t)=R_{t+1}$$

结合前面的三个公式，我们得到期权资产组合值的改变为

$$DV_{PF,\,t+1}\approx\delta(S_{t+1}-S_t)\approx\delta S_tR_{t+1}$$

该公式的要点是，如果依赖期权价格公式的 delta 近似，那么我们可以将期权的美元值改变量作为基础资产未来收益 R_{i+1} 的 S_t 倍。

由一只股票的一个期权所构成的资产组合和 δ 股的股票资产组合相对应。相似地，我们可以将基础资产的持有物作为基础资产每 1%股的 delta。股票价格对于股票价格的导数为 1，因此，持有 1 股相当于 $\delta=1$，持有 100 股相当于 $\delta=100$。

同样地，10 个相同看涨期权的空头就相当于 $\delta=-10\delta^c$，其中 δ^c 为每个看涨期权的 delta。看涨期权的空头 delta 为负，由于看跌期权本身的 delta 为负，那么看跌期权的空头 delta 就为正。

基于 delta 模型的资产组合方差为

$$\sigma^2_{DV,t+1}\approx\delta^2S_t^2\sigma^2_{t+1}$$

其中，σ^2_{i+1}为基础股票收益的条件方差。

假设条件正态性，在该情况下，美元的风险值为

$$\$VaR^p_{t+1}=-\sigma_{DV,t+1}\Phi_p^{-1}\approx-abs(\delta)S_t\sigma_{t+1}\Phi_p^{-1}$$

其中，绝对值 $abs(*)$ 为资产组合方差改变量 $\sigma^2_{DV,t+1}$的平方根。由于 $DV_{PF,t+1}$是以美元为单位，我们可以直接计算美元 VaR，而不是前面章节中的百分比 VaR。百分比 VaR 可以通过美元 VaR 直接除以目前资产组合值立刻得到。

在相同的基础资产下，如果持有资产组合的几个期权，我们可以简单地增加delta。对于相同基础资产的资产组合期权的 delta 仅仅是单个 delta 的加权和，如下

$$\delta=\sum_{j}m_{j}\delta_{j}$$

其中，权重 m_j 等于特定期权合约 j 的数量。特定类型期权的空寸对应于负的 m_j。

对于由 n 个基础资产的期权所组成的资产组合，我们有

$$DV_{PF,t+1}\approx\sum_{i=1}^{n}\delta_{i}S_{i,t}R_{i,t+1}$$

在这个基于 delta 的模型中，在资产组合值中，其美元改变量的方差为

$$\sigma_{DV,t+1}^{2}\approx\sum_{i=1}^{n}\sum_{j=1}^{n}abs(\delta_{i})abs(\delta_{j})S_{i,t}S_{j,t}\sigma_{ij,t+1}$$

在条件正态下，资产组合的美元 VaR 为

$$\$VaR_{t+1}^{p}=-\sigma_{DV,t+1}\Phi_{p}^{-1}$$

因此，在这种情况下，我们可以使用第 4 章和第 7 章中没有经过改进的高斯风险管理理论。通过使用 delta，期权价格的线性组合和正态性的假设，使得 VaR 的计算和其他风险估计变得很简单。

如果和 GARCH 模型中一样，我们允许标准差 $\sigma_{i,t+1}$ 随着时间变化而变化，那么期权 delta 可以从 GARCH 模型中计算得到。如果跨度大于一天，GARCH 收益就不再是正态的，在这种情况下，收益分布必须被模拟。我们之后将会讨论基于模拟的方法来选择风险管理。当波动性被假设为常数，收益被假设为正态分布时，我们可以计算跨度为 K 的美元 VaR：

$$\$VaR_{t+1:t+K}^{p}=-\sigma_{DV}\sqrt{K}\Phi_{p}^{-1}$$

其中，σ_{DV} 为日资产组合波动性，K 为风险管理在交易日的跨度。

4 期权 gamma

通过 delta 方法线性化期权价格，不能足够正确地描述来自期权的风险。当基础资产价格在短时间内有很大的提高时，看涨期权价格也会上升，其涨幅要大于所建议的 delta 近似。图 11.1 体现了该点。如果今天基础价格为＄100，并且上升到＄115，那么非线性期权价格的增加要远远大于 delta 近似的线性增加。当然，风险管理者所关心的是资产价格的大幅变动，因此 delta 近似的这个缺点也是一个很严重的问题。对于该问题的可能解决方法是对期权价格使用二次近似而不是线性近似。二次近似试图调节线性 delta 近似的部分误差。

希腊字母 gamma（γ）被用于表示 δ 关于基础资产价格的改变率，也就是

$$\gamma\equiv\frac{\partial\delta}{\partial S_{t}}=\frac{\partial^{2}c}{\partial S_{t}^{2}}$$

图 11.4 表示看跌期权价格作为基础资产价格的函数。

Gamma 近似和模型期权价格可同时得到。模型期权价格的近似为二阶泰勒展开式：

$$c(S)\approx c(S_{t})+\delta(S-S_{t})+\frac{1}{2}\gamma(S-S_{t})^{2}$$

对于资金流以利率 q 支付以及依赖于 BSM 模型的基于基础资产的欧式看涨或者看跌

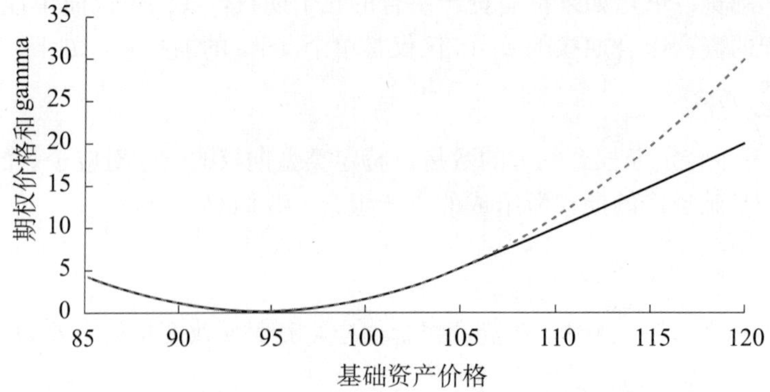

图 11.4　看涨期权价格（黑线）和 gamma 近似（点线）

注：上图为看涨期权价格和 gamma 近似与基础资产价格之间的关系。执行价格为 100，计算 delta 时，资产价格也为 100。

期权，gamma 可以通过以下公式得到：

$$\gamma^c=\gamma^p=\frac{\phi(d)\exp(-q\widetilde{T})}{S_t\sigma\sqrt{\widetilde{T}}}$$

其中，

$$d=\frac{\ln(S_t/X)+\widetilde{T}(r_f-q+\sigma^2/2)}{\sigma\sqrt{\widetilde{T}}}$$

其中，$\phi(\cdot)$ 和前面一样为标准正态变量的概率密度函数：

$$\phi(d)\equiv\frac{1}{\sqrt{2\pi}}\exp(-d^2/2)$$

图 11.5 表示对于期权的 gamma，使用和图 11.2 一样的参数得到的 BSM 模型。

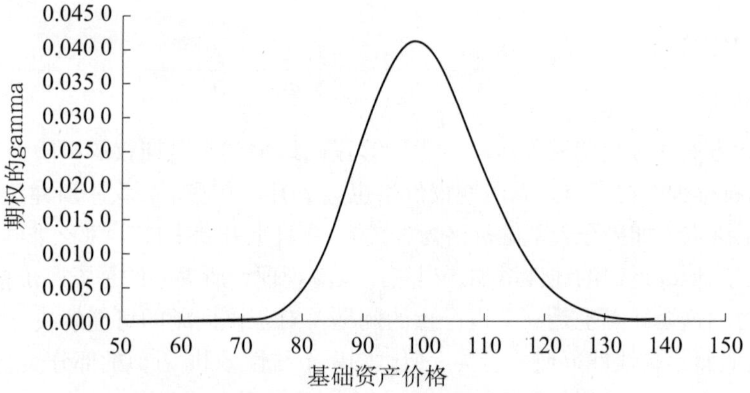

图 11.5　期权的 gamma

注：该图表示了期权的 gamma，其执行价格为 100，横坐标为基础资产的价格。

当期权近似于平价期权的时候，gamma 是相当大的，当期权为深度虚值，或者深度实值的时候，gamma 就相对较小。这是因为当期权接近于平价期权时，非线性性就很高。深度实值的看涨期权价格几乎和基础资产价格的变化是一样的，因为期权几乎是被执行的。深度虚值期权几乎不可能被执行，因此，它们几乎没有价值，更不用说对于基础资产价格的改变。

反过来，这些表明，对于欧式期权来说，忽略 gamma 对于平价期权非常关键。对于这些期权，基于线性 delta 的模型是高度错误的。

最后，我们注意到 gamma 也可以通过计算二叉树得到。表 11.2 表示表 11.1 中美式看跌期权的 gamma。

在树中，对 gamma 所用的公式，可以简单地写为

$$\gamma_{Bin}=\frac{\delta_B-\delta_C}{0.5[(S_D-S_E)+(S_E-S_F)]}=\frac{\delta_B-\delta_C}{0.5(S_D-S_F)}$$

因此，它基于从点 B 到点 C 的 delta 的改变量和股票价格从点 B 到点 C 的平均改变量之比。

表 11.2　　美式看跌期权的 gamma

市场变量				
$S_t=$	1 000			D
每年 $r_f=$	0.05			1 528.47
合约期限				0.00
$X=$	1 100			
$T=$	0.25		B	
			1 236.31	
参数			**−0.19**	
每年交易量=	0.6		53.48	
树步=	2			
$dt=$	0.125	A		E
$u=$	1.236 311 11	1 000.00		1 000.00
$d=$	0.808 857 893	**−0.56**		
RNP=	0.461 832 245	180.25		100.00
股票是正常字体		*0.001 855*	C	
美式看跌 delta 是加黑字体			808.86	
美式看跌价格是铺灰字体			**−1.00**	
美式看跌 gamma 是斜体字			291.14	
				F
				654.25
				445.75

注：斜体字表示在点 A 的美式看跌期权使用点 B 和点 C 的 delta 所计算的 gamma。

5　使用 gamma 的资产组合风险

在前面基于 delta 的模型中，当考虑一个基于基础资产的期权构成的资产组合时，我们有

$$DV_{PF,t+1}\approx\delta S_tR_{t+1}$$

其中，δ 表示在资产组合中，对于所有单个期权的 delta 的加权之和。

当使用 gamma 的二阶导数的时候，我们依赖于二次近似

$$DV_{PE,t+1}\approx\delta S_tR_{t+1}+\frac{1}{2}\gamma S_t^2R_{t+1}^2$$

其中，资产组合 δ，γ 的计算如下：

$$\delta=\sum_j m_j\delta_j$$

$$\gamma=\sum_j m_j\gamma_j$$

其中，m_j 表示资产组合中合约 j 的个数。

5.1 Cornish-Fisher 近似

如果我们假设基础资产收益 R_{t+1} 服从正态分布，其均值为 0，有常数方差 σ^2，并且依赖于之前的二次近似，那么资产组合期权值改变量的分布的前三个统计量可以表示为

$$\mu_{DV}\approx\frac{1}{2}\gamma S_t^2\sigma^2$$

$$\sigma_{DV}^2\approx\delta^2 S_t^2\sigma^2+\frac{1}{2}\gamma^2 S_t^4\sigma^4$$

$$\zeta_{1,DV}\approx\frac{\frac{9}{2}\delta^2\gamma S_t^4\sigma^4+\frac{15}{8}\gamma^3 S_t^6\sigma^6-3(\delta^2 S_t^2\sigma^2+\frac{3}{4}\gamma^2 S_t^4\sigma^4)\mu_{DV}+2\mu_{DV}^3}{\sigma_{DV}^3}$$

例如，我们可以得到如下期望值：

$$\mu_{DV}\equiv E[DV_{PF,t+1}]\approx E[\delta S_t R_{t+1}]+E\left[\frac{1}{2}\gamma S_t^2 R_{t+1}^2\right]$$

$$=\delta S_t\cdot 0+\frac{1}{2}\gamma S_t^2\sigma^2=\frac{1}{2}\gamma S_t^2\sigma^2$$

跨度为 K 的统计量可以通过将 σ 乘以 $\sqrt{K}$ 得到。

因为现在资产组合值的改变依赖于单个收益的平方根，资产组合的收益就不再为正态分布，即使基础资产收益是正态分布的。特别地，我们注意到即使基础资产均值为 0，资产组合的均值也不再为 0。更重要的是，方差公式变了，偏度不再为 0，即使基础资产没有偏度。期权非对称性的支出本身导致了资产组合分布的非对称性。线性正态模型没有很好地体现该偏度，但是这里考虑的二次模型体现了偏度。通过这种方法，二次模型相比线性模型有一个明显的改善。

$$\$VaR_{t+1}^p=-\mu_{DV}-(\Phi_p^{-1}+\frac{1}{6}((\Phi_p^{-1})^2-1)\zeta_{1,DV})\sigma_{DV}$$

遗憾的是，包含很多资产的期权资产组合统计量的解析公式是非常烦琐的，并且它们依赖于不切实际的正态分布假设和常数方差。因此，我们现在考虑一个更加一般但是基于模拟的方法，它是基于第 8 章中的蒙特卡洛方法。之后，我们将会用数值例子来解释 Corish-Fisher 二次 VaR。

5.2 基于模拟的 gamma 近似

再次考虑一个简单的案例，其资产组合仅由一种基础资产的期权组成，我们关注 K 天的 \$$VaR$。我们有

$$DV_{PF,t+K} \approx \delta S_t R_{t+1:t+K} + \frac{1}{2}\gamma S_t^2 R_{t+1:t+K}^2$$

对于基础资产收益的物理分布，使用假设模型，我们可以模拟 *MC* 假设，基于基础资产的 *K* 天的收益为

$$\{\hat{R}_h^K\}_{h=1}^{MC}$$

计算资产组合值的假设变化为

$$\widehat{DV}_{PF,h}^K \approx \delta S_t \hat{R}_h^K + \frac{1}{2}\gamma S_t^2 (\hat{R}_h^K)^2$$

从中我们可以计算风险值为

$$\$VaR_{t+1:t+K}^p = -Percentile\ \{\{\widehat{DV}_{PF,h}^K\}_{h=1}^{MC}, 100p\}$$

对于 n 个基础资产的期权，我们有

$$DV_{PF,t+K} \approx \sum_{i=1}^n \delta_i S_{i,t} R_{i,t+1:t+K} + \sum_{i=1}^n \frac{1}{2}\gamma_i S_{i,t}^2 R_{i,t+1:t+K}^2$$

其中，δ_i 和 γ_i 为资产组合关于第 i 个收益的 delta 和 gamma 的集合。

此外，如果允许依赖于几个基础资产的衍生品，那么我们可以得到

$$DV_{PF,t+K} \approx \sum_{i=1}^n \delta_i S_{i,t} R_{i,t+1:t+K} + \sum_{i=1}^n \sum_{j=1}^n \frac{1}{2}\gamma_{ij} S_{i,t} S_{j,t} R_{i,t+1:t+K} R_{j,t+1:t+K}$$

其中包括所谓的交叉 gamma（γ_{ij}）。例如，对于看涨期权，我们有

$$\gamma_{ij} \equiv \frac{\partial^2 c}{\partial S_i \partial S_j}，对于\ i \neq j$$

有多项不确定性的期权使得交叉 gamma 相关。例如，东京股票指数的美元价值期权就是这样的期权。

我们从联合分布中模拟基础收益的向量

$$\{\hat{R}_{i,h}^K\}_{h=1}^{MC}，对于\ i=1, 2, \cdots, n$$

通过计算不同资产的和得到 $\widehat{DV}$：

$$\widehat{DV}_{PF,h}^K \approx \sum_{i=1}^n \delta_i S_{i,t} \hat{R}_{i,h}^K + \sum_{i=1}^n \sum_{j=1}^n \frac{1}{2}\gamma_{ij} S_{i,t} S_{j,t} \hat{R}_{i,h}^K \hat{R}_{j,h}^K$$

该方法的一个巨大好处就是：我们集合某个特定资产的所有期权构成该资产 delta 的 gamma。因此，如果资产组合由上千种不同类型的期权合约构成，但是只有 100 种不同的基础资产，那么近似资产组合分布的维度就仅仅为 100。

正如这些公式所表示的，在原则上，我们可以模拟任一跨度的未来资产收益的分布，计算对于那一跨度的资产组合风险值。但是，对于 delta 和 delta-gamma 方法的一个主要问题是，如果我们计算跨度大于一天的 *VaR*，那么 delta 和 gamma 可能对于期权持仓量的风险并不可靠，因为它们被假设为常数，不随着时间的改变而变化，但是在现实中却并不如此。因此，我们接下来考虑一个方法的运算量，但是其不受来自 delta 和 gamma 近似期权的问题影响。

6 使用完全估值法的资产组合风险

对于非线性问题的线性近似和二次近似，在一些情况下，会导致对于期权风险的误

导。特别地，如果资产组合包含了不同执行价格的期权，那么该问题就可能出现。之后，我们将会给出该类问题的一个明确例子。

在这样的一个复杂的资产组合中，我们可能不得不通过完全估值法来计算风险。完全估值法是由模拟未来假设基础资产价格和使用期权价格模型计算相应的未来假设期权价格所组成。对于每个假设未来资产价格，每个记述该资产的期权必须被标价。虽然完全估值法很准确，但遗憾的是计算复杂。在原则上，完全估值法可以通过第 10 章中的任何一个期权定价模型进行。

6.1 单一基础资产

首先考虑一个简单案例，其中我们的头寸由一个看涨期权的空头头寸所构成。跨度为 K 的美元收益可以写为

$$DV_{PF,t+K}=-1\cdot(c(S_{t+K},\ r_f,\ X,\ \widetilde{T}-\tau;\ \sigma)-c^{mkt})$$

其中，c^{mkt} 是当前市场价格。

τ 为以日历天数计算的风险跨度，因为期权到期日 $\widetilde{T}$ 也是以日历天数衡量的。交易日的风险管理的跨度被记为 K。例如，如果我们有两周的 $\$VaR$ 跨度，那么 K 就为 10，τ 就为 14。

我们可以考虑完全估值法，因为假设我们已经到了风险管理跨度日期，而且想要给所有资产组合的期权定价。由于不知道 K 天之后的基础资产的价格，我们对于一系列基础资产的假设未来价格估计期权价格。假设基础资产收益的一个特定分布，并且使用第 8 章中所讨论的蒙特卡洛方法，我们可以计算基础资产的未来假设收益：

$$\{\hat{R}_h^K\}_{h=1}^{MC}$$

并计算未来假设资产价格

$$\{\hat{S}_h^K=S_T\exp\ (\hat{R}_h^K)\}_{h=1}^{MC}$$

我们现在可以计算资产组合值的假设改变量为

$$\widehat{DV}_{PF,h}^K=-1\cdot(c(\hat{S}_h^K,\ r_f,\ X,\ \widetilde{T}-\tau;\ q;\ \sigma)-c^{mkt})\text{，对于 } h=1,\ 2,\ \cdots,\ MC$$

现在 $\$VaR$ 可以通过下式得到：

$$\$VaR_{t+1:t+K}^p=-Percentile\{\{\widehat{DV}_{PF,h}^K\}_{h=1}^{MC},\ 100p\}$$

因此，我们将资产组合值的改变量以 $\{\widehat{DV}_{PF,h}^K\}_{h=1}^{MC}$ 进行升序分类，$\$VaR_{t+1:t+K}^p$ 表示有 $p\%$ 的观察值比 $\$VaR_{t+1:t+K}^p$ 要小。

6.2 一般情况

更一般地，再次考虑线性资产的资产组合，例如股票。我们有

$$DV_{PF,t+K}=\sum_{i=1}^n\widetilde{w}_i(S_{i,t+K}-S_{i,t})$$

其中，w_i 为资产 i 所持有的单位数。

例如，如果我们增加看涨期权到资产组合，将会得到

$$DV_{PF,t+K}=\sum_{i=1}^{n}\widetilde{w}_i(S_{i,t+K}-S_{i,t})$$

$$+\sum_{i=1}^{n}\sum_{j}m_{ij}(c(S_{i,t+K},r_f,X_{i,j},\widetilde{T}_{i,j}-\tau,q_{i,j};\sigma_i)-c_{i,j}^{mkt})$$

其中，$m_{i,j}$为j类期权在基础资产i上的期权数量。

从完全估值法得到的风险值也可以从模拟中计算得到。使用收益分布模型，我们可以模拟未来收益，因此未来资产价格为

$\{\hat{S}_{i,h}^{K}\}_{h=1}^{MC}$，对于 $i=1$，2，…，n

计算资产组合值的假设改变量为

$$\widehat{DV}_{PF,h}^{K}=\sum_{i=1}^{n}\widetilde{w}_i(\hat{S}_{i,h}-S_{i,t})$$

$$+\sum_{i=1}^{n}\sum_{j}m_{i,j}(c(\hat{S}_{i,h}^{K},r_f,X_{ij},\widetilde{T}_{ij}-\tau;q_{ij};\sigma_i)-c_{i,j}^{mkt})$$

从这些模拟值的改变量，我们可以计算美元风险值如下：

$$\$VaR_{t+1:t+K}^{p}=-Percentile\ \{\{\widehat{DV}_{PF,h}^{K}\}_{h=1}^{MC},\ 100p\}$$

完全估值法的一个优点是概念简单，因此它不依赖于对期权价格的近似。但是，它要求的计算量很大，因为所有每个期权合约的未来假设价格在每次模拟未来基础资产价格时都必须计算。考虑到计算速度，因此有时我们需要在精确但是速度慢的完全估值法和近似但是计算快的方法之间进行选择。

7 一个简单的例子

为了理解期权风险管理的三种方法，考虑以下例子。在 2010 年 1 月 6 日，我们想要计算在 S&P500 看涨期权上空头头寸所构成的资产组合的 10 天 $\$VaR$。期权距离到期日还有 43 个日历日，其执行价格为＄1 135。期权价格为＄26.54，基础指数为＄1 137.14。每天的预期股息流为 0.005 697%。为了简化，我们假设标准差为常数 1.5%每日历日（对于期权价格和 delta 计算），或者也相当于 $0.015\times\sqrt{365/252}=0.0181$ 每交易日（在交易日计算 VaR）。我们将会使用 BSM 模型来计算 δ 和 γ，也计算完全估值法的期权价格。因此，我们有

$S_t=1\,137.14$

$X=1\,135$

$\widetilde{T}=43$

$r_f=0.000\,682\%$

$q=0.005\,697\%$

$\sigma=1.5\%$ 每日历日

从中我们可以计算日历日期权的 delta 和 gamma 如下：

$$d=\frac{\ln(S_t/X)+\widetilde{T}(r_f-f-q+\sigma^2/2)}{\sigma\sqrt{\widetilde{T}}}=0.046\,411$$

$$\delta=\exp(-q\widetilde{T})\Phi(d)=0.517\,240$$

$$\gamma=\frac{\phi(d)e^{-q\widetilde{T}}}{S_t\sigma\sqrt{\widetilde{T}}}=0.003\,554$$

对于资产组合，其为空头头寸期权，因此我们有

$$m\cdot\delta=-1\cdot 0.517\,240$$

$$m\cdot\gamma=-1\cdot 0.003\,554$$

其中，−1 为空头头寸。

在基于 delta 的模型中，美元 VaR 为

$$\begin{aligned}\$VaR_{t+1:t+10}^{0.01}&=abs(\delta)S_t\sigma\sqrt{10}\Phi_{0.01}^{-1}\\&\approx-abs(-1\cdot 0.517\,240)\cdot 1\,137.14\cdot 0.018\,1\cdot\sqrt{10}\cdot(-2.33)\\&\approx\$77.92\end{aligned}$$

其中我们使用了交易日的波动性。

使用二次模型并依赖于对于资产组合美元收益分布的 Cornish-Fisher 近似，我们计算对于资产组合值 K 天改变量的前三个统计量，假设基础收益遵循 $N(0, K\sigma^2)$ 分布。设 $K=10$，我们得到

$$\mu_{DV}\approx\frac{1}{2}S_t^2\gamma K\sigma^2=-7.488\,792$$

$$\sigma_{DV}^2\approx S_t^2\delta^2K\sigma^2+\frac{1}{2}S_t^4\gamma^2K^2\sigma^4=1\,239.587\,604$$

$$\zeta_{1,DV}\approx\frac{\frac{9}{2}S_t^4\delta^2\gamma K^2\sigma^4+\frac{15}{8}S_t^6\gamma^3K^3\sigma^6-3(S_t^2\delta^2K\sigma^2+\frac{3}{4}S_t^4\gamma^2K^2\sigma^4)\mu_{DV}+2\mu_{DV}^3}{\sigma_{DV}^3}$$

$$=-1.237\,724$$

其中，既然 K 被表示为交易日，我们就使用交易日的波动性。那么美元 VaR 为

$$\$VaR_{t+1:t+10}^{0.01}=-\mu_{DV}-(\Phi_p^{-1}+\frac{1}{6}((\Phi_p^{-1})^2-1)\zeta_{1,DV})\sigma_{DV}=\$121.44$$

这要比线性模型中的 VaR 更高。负偏度来自期权 γ 并通过 $\zeta_{1,DV}$ 体现，相比线性 VaR，其增加了二次 VaR，线性 VaR 假设偏度为 0。

使用模拟二次模型，我们得到 5 000 个 10 交易日收益，$\hat{R}_h$（$h=1, 2, \cdots, 5\,000$）的标准差为 $0.018\,1\times\sqrt{10}$。使用之前计算的 δ 和 γ，我们得到

$$\begin{aligned}\$VaR_{t+1:t+10}^{0.01}&=-Percentile\ \{\{\delta S_t\hat{R}_h+\frac{1}{2}\gamma S_t^2\cdot\hat{R}_h^2\}_{h=1}^{MC}, 1\}\\&=-Percentile\{\{(-1\cdot 0.517\,240)\cdot 1\,137.14\cdot\hat{R}_h\\&\quad+\frac{1}{2}(-1\cdot 0.003\,554)\cdot(1\,137.14)^2\cdot\hat{R}_h^2\}_{h=1}^{MC}, 1\}\\&\approx\$126.06\end{aligned}$$

由于该期权有相对高的 γ，二次 VaR 要比线性 VaR 高 50%。

最后，我们可以使用完全估值法来找到最精确的 VaR。使用模拟资产收益 $\hat{R}_h$ 来计算假设的未来股票价格 $\hat{S}$。我们通过下式计算模拟期权资产组合值的改变量：

$\widehat{DV}_{PF,h}=-1\cdot(c(\hat{S}_h, r_f, X, \widetilde{T}-14, q; \sigma)-35.10)$，对于 $h=1, 2, \cdots, 5\,000$

其中，14 为以 10 交易日为风险跨度的日历日的天数。那么我们计算完全估值 VaR 为

$$\$ VaR_{t+1:t+10}^{0.01} = -Percentile\{\{\widehat{DV}_{PF,h}\}_{h=1}^{MC}, 1\}$$
$$\approx \$ 144.83$$

在这个例子中，完全估值 VaR 要比二次 VaR 略高。二次 VaR 因此在这个简单期权的资产组合中提供了一个很好的近似。

为了进一步得到三个 VaR 的不同，我们绘制了在三个模型下，假设未来 10 天资产组合美元收益的完整分布。图 11.6 表示正态分布，其均值为 0，方差为 $\delta^2 S_t^2 10\sigma^2 = 1\ 121.91$。

图 11.7 表示使用 5 000 次模拟资产组合收益二次模型的直方图。

最后，图 11.8 表示 5 000 次模拟完全估值美元收益的直方图。注意到基于 delta 方法和其他两种方法之间明显的不同。线性模型假设正态分布，没有偏度。二次模型允许来自期权的 gamma 的偏度。资产组合美元收益分布有负的偏度，为－1.29。

最后，完全估值法分布的偏度更大，为－1.42。偏度的不同来自分布的非对称性，现在则直接由期权收益模拟得到，而不是期权 gamma 的近似。

对于本节所有计算的进一步细节可以在相应网站上找到。

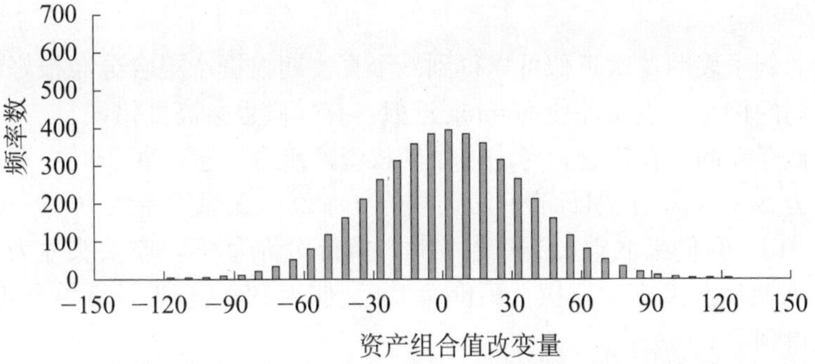

图 11.6　使用 delta 模型的资产组合值改变量的直方图

注：该图表示对于单个看涨期权的简单资产组合，使用基于 delta 模型的 5 000 次蒙特卡洛模拟，并绘制其结果分布图。

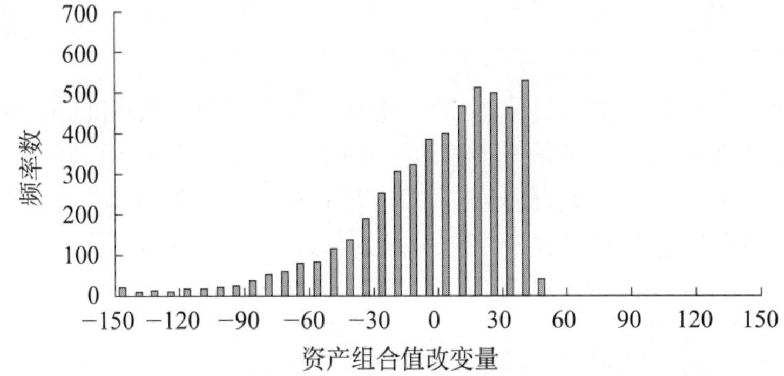

图 11.7　使用基于 gamma 模型的资产组合值改变量的直方图

注：该图表示对于单个看涨期权的简单资产组合，使用基于 gamma 模型的 5 000 次蒙特卡洛模拟，并绘制其结果分布图。

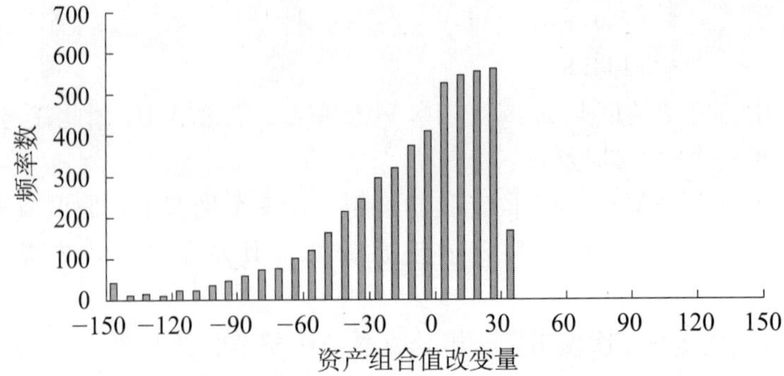

图 11.8　使用完全估值法的资产组合值改变量的直方图

注：该图表示对于单个看涨期权的简单资产组合，使用基于完全估值法模型的 5 000 次蒙特卡洛模拟，并绘制其结果分布图。

8　Delta 和 gamma 方法的缺点

尽管之前的例子表明二次近似可以得到一个真实期权资产组合分布很好的近似，但现在，我们有不同的例子，表明即使 gamma 近似，有时候也会高度错误。

为解释近似存在的潜在问题，考虑一个期权资产组合，包含对于同一资产三种类型的期权，其价格为 $S_t=100$，到期日的日历天数为 $\widetilde{T}=28$。无风险率为 0.02/365，波动性为每个日历日 0.015。我们采取空头头寸为 1 时，执行卖价为 95，空头头寸为 1.5 时，执行买价为 95，多头头寸为 2.5 时，执行买价为 105。使用 BSM 模型计算单个期权的 delta 和 gamma，我们得到

期权类型	看跌期权	看涨期权	看涨期权
执行价，X_g	95	95	105
期权价	1.169 8	6.315 5	1.380 6
delta，δ_j	−0.240 3	0.759 7	0.289 2
gamma，γ_j	0.039 19	0.039 19	0.043 07
头寸，m_j	−1	−1.5	2.5

现在我们关注评估 5 个交易日或者 7 个日历日资产组合 delta 和 gamma 近似的正确性。我们将会关注计算对于基础资产价格 S_{t+5} 的不同未来值，资产组合的完全支付，而不是计算 VaR。我们将今天资产组合的值作为 VPF_t，将假设未来值作为 $VPF_{t+5}(S_{t+5})$。

我们首先计算资产组合值如下：

$$VPF_t = -1 \cdot 1.1698 - 1.5 \cdot 6.3155 + 2.5 \cdot 1.3806$$
$$= -7.1916$$

资产组合 delta 近似于

$$\delta = -1 \cdot (-0.2403) - 1.5 \cdot 0.7597 + 2.5 \cdot 0.2892$$
$$= -0.1761$$

现在，在 5 个交易日中，资产组合值 delta 的近似可以简单计算如下：

$$VPF_{t+5}(S_{t+5}) \approx VPF_t + \delta(S_{t+5} - S_t) = -7.1916 - 0.1761(S_{t+5} - 100)$$

资产组合的 gamma 为

$$\gamma = -1 \cdot 0.039\,19 - 1.5 \cdot 0.039\,19 + 2.5 \cdot 0.043\,07$$
$$= 0.009\,689\,8$$

在接下来 5 个交易日中，对于资产组合值的 gamma 近似为

$$VPF_{t+5}(S_{t+5}) = VPF_t + \delta(S_{t+5} - S_t) + \frac{1}{2}\gamma(S_{t+5} - S_t)^2$$
$$= -7.191\,6 - 0.176\,1 \cdot (S_{t+5} - 100) + 0.004\,845 \cdot (S_{t+5} - 100)^2$$

最后，根据完全值法，我们必须计算未来假设资产组合值如下：

$$VPF_{t+5}(S_{t+5}) = -1 \cdot p_{BSM}\ (S_{t+5},\ r_f = 0.02/365,\ X = 95,\ \widetilde{T} = 28-7;\ \sigma = 0.015)$$
$$-1.5 \cdot c_{BSM}\ (S_{t+5},\ r_f = 0.02/365,\ X = 95,\ \widetilde{T} = 28-7;\ \sigma = 0.015)$$
$$+2.5 \cdot c_{BSM}\ (S_{t+5},\ r_f = 0.02/365,\ X = 105,\ \widetilde{T} = 28-7;\ \sigma = 0.015)$$

其中，我们缩减到到期日的 7 个日历日，使之和风险管理跨度中的 5 个交易日相对应。

假设未来基础股票价格从 85 变化到 115，图 11.9 表示了三种期权的资产组合值。资产组合的精确值近似于一个三阶多项式。非线性性的产生是由于有两个执行价格。两个近似在执行价格大幅上升时，近似效果都比较差。当股票价格下降时，基于 gamma 模型的近似要比基于 Delta 近似模型的效果更差。对于该节进一步的计算可以参考相应的网站。

从这三个期权例子中得到的重要结论如下：不同执行价格和在不同执行价格下对于基础资产价格的不同暴露，会得到更高阶的非线性性，它不能通过简单线性或者二次近似得到。在现实生活中，对于由上千种合约组成的期权资产组合，除了使用完全估值法外，可能没有其他方法了。

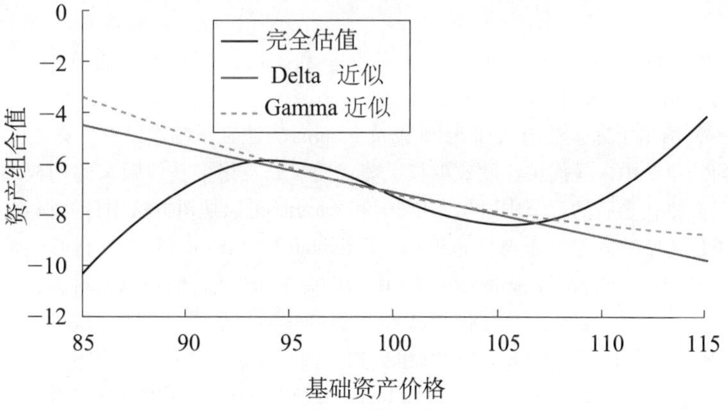

图 11.9　对于期权资产组合的未来资产组合值

注：上图表示了使用 gamma、delta 近似和完全估值法得到的三种期权资产组合在未来 5 天中的资产组合值，横坐标为基础资产的未来价格。

9　总结

本章介绍了将期权融入风险管理模型中的三种方法。

第一，delta 模型是由对期权的非线性性进行完全的线性近似。该近似的本质是使用

我们之前章节中的方法。当计算期权的资产组合权重时，我们仅需要使用期权的 delta。

第二，我们考虑二次的、基于 gamma 的方法，企图体现期权的非线性性，同时也将期权收益映入基础资产收益。一般来说，我们不得不依赖于模拟并通过 gamma 方法来计算资产组合分布，但是我们只模拟基础收益，不模拟期权价格。

第三种方法为完全估值法。它避免了对期权价格的近似，但是其需要很大的计算量。我们模拟基础资产的收益，并且使用期权价格模型来对每个未来假设的基础资产价格估计资产组合中的每个期权。

在考虑了单个空头看涨期权的资产组合的一个简单例子中，我们得出相对大的 gamma 将会如何导致基于 delta 的 VaR 同 gamma 以及完全估值 VaR 不同。

在另一个例子中，资产组合中有三种期权，并且执行价格不同，在 delta 方法中执行价格有很大的变化，我们得出 gamma 和 delta 方法在关于期权资产组合的未来支付是如何让人误解的。

本章的主要观点是：对于重要的资产组合期权和跨度大于几天的风险管理跨度，完全估值法可能是唯一可靠的选择。

更多资料

Hull (2011) 详细地介绍了 delta、gamma 和其他风险度量。Backus 等 (1997) 给出了 Gram-Charlier 模型中的 delta 公式。Duan (1995) 提供了 GARCH 期权定价模型中的 delta 公式。Garcia 和 Renault (1998) 进一步讨论了 GARCH 期权定价模型的 delta 计算。Heston 和 Nandi (2000) 提供了封闭形式的 GARCH 期权定价模型。

在期权资产组合中，Alexander 等 (2006)，Sorwar 和 Dowd (2010)，Simonato (2011) 也研究了风险管理。

Britten-Jones 和 Schaefer (1999) 中包含了介绍 delta 和 gamma 近似缺点的样本资产组合，同时也包含了假设正态性的 gamma 方法的 VaR 公式分析。

Pritsker (1997) 给出了完全估值法和 delta 以及 gamma 方法在正确性以及计算速度方面的比较。

在本章和之前的章节中，我们关注欧式期权。美式期权以及很多其他国家的期权的定价可以通过使用二叉树进行，我们将在之后的章节中给出。Delta 和 gamma 可以从树方法中计算得到。Hull (2011) 系统地介绍了二叉树作为常数方差的正态分布近似。Ritchken 和 Trevor (1999) 在 GARCH 中，用时间变化的三叉树定价美式期权。Duan 和 Simonato (2001) 在 GARCH 下，使用马尔科夫链模拟方法定价美式期权。Longstaff 和 Schwartz (2001) 为定价美式和某些特异期权建立了简单的最小二乘蒙特卡洛方法。Stentoft (2008)，Weber 和 Prokopczuk (2011) 也提到了在 GARCH 框架下，评价美式期权的方法。

Derman (1999)，Derman 和 Kani (1994)，Rubinstein (1994) 提出了二叉树，和之前章节的 IVF 方法一样，允许隐含波动性微笑。

无论依赖于 delta、gamma 还是完全估值法，我们都需要期权定价模型来评估期权头寸的风险。因为所有的模型都是近似的，它们引入了一个额外的风险，即模型风险。模型风险很多方面的分析可见 Gibson (2000)。

参考文献

Alexander, S., Coleman, T., Li, Y., 2006. Minimizing CVaR and VaR for a portfolio of derivatives. J. Bank. Finance 30, 583-605.

Backus, D., Foresi, S., Li, K., Wu, L., 1997. Accounting for biases in Black-Scholes. Manuscript, The Stern School at NYU.

Britten-Jones, M., Schaefer, S., 1999. Non-linear value at risk. Eur. Finance Rev. 2, 161-187.

Derman, E., 1999. Regimes of volatility. Risk April, 12, 55-59.

Derman, E., Kani, I., 1994. The volatility smile and its implied tree. In: Quantitative Strategies Research Note. Goldman Sachs. Duan, J., 1995. The GARCH option pricing model. Math. Finance 5, 13-32.

Duan, J., Simonato, J., 2001. American option pricing under GARCH by a Markov chain approximation. J. Econ. Dyn. Control 25, 1689-1718.

Garcia, R., Renault, E., 1998. A note on hedging in ARCH and stochastic volatility option pricing models. Math. Finance 8, 153-161.

Gibson, R., 2000. Model Risk: Concepts, Calibration and Pricing. Risk Books, London.

Heston, S., Nandi, S., 2000. A closed-form GARCH option pricing model. Rev. Financ. Stud. 13, 585-626.

Hull, J., 2011. Options, Futures and Other Derivatives, eighth ed. Prentice-Hall, Upper Saddle River, NJ.

Longstaff, F., Schwartz, E., 2001. Valuing American options by simulation: A simple least squares approach. Rev. Financ. Stud. 14, 113-147.

Pritsker, M., 1997. Evaluating value at risk methodologies: Accuracy versus computational time. J. Financ. Serv. Res. 12, 201-241.

Ritchken, P., Trevor, R., 1999. Pricing options under generalized GARCH and stochastic volatility processes. J. Finance 54, 377-402.

Rubinstein, M., 1994. Implied binomial trees. J. Finance 49, 771-818.

Simonato, J.-G., 2011. The performance of Johnson distributions for computing value at risk and expected shortfall. Available from: SSRN, http://ssrn.com/abstract=1706409.

Sorwar, G., Dowd, K., 2010. Estimating financial risk measures for options. J. Bank. Finance 34, 1982-1992.

Stentoft, L., 2008. American option pricing using GARCH models and the normal inverse Gaussian distribution. J. Financ. Econom. 6, 540-582.

Weber, M., Prokopczuk, M., 2011. American option valuation: Implied calibration of GARCH pricing models. J. Futures Mark. forthcoming.

练习

打开网站上第 11 章的数据文件 Chapter11Data. xlsx。该文件包含 2010 年 1 月 6 日 S&P500 指数的欧式看涨期权。

1. 假设期权价格每日历日的波动性为 0.015，收益波动性为每交易日 $0.015\sqrt{365/252}=0.0181$。计算某期权空头头寸的 delta 和 gamma。对于样本中的每个期权进行该计算。对于每个期权计算基于 delta 的资产组合方差，以及计算每个期权 10 交易日的 1%的基于 delta 的美元 *VaR*。

2. 假设在每个期权合约中，资产组合由空头头寸组成。使用基于 delta 和基于 gamma 的模型，计算 10 天 1%的美元 *VaR*。假设正态分布的方差和练习 1 一样。对 10 交易日收益进行 5 000 次的模拟。比较模拟二次 *VaR* 和使用 Cornish-Fisher 拓展公式的 *VaR*。

3. 假设某期权合约的空头头寸距到期日 43 天，执行价格为 1 135。使用之前的 5 000 随机正态数，计算根据基于 delta 和基于 gamma 或者完全估值法的 10 天资产组合值的改变量。从三种方法中，使用模拟数据，计算 10 天 1%美元 *VaR*。使用模拟数据，对这三种方法得到的资产组合值的改变量绘制分布直方图。同时也计算 Cornish-Fisher*VaR*。

4. 再次绘制图 11.9。

这些练习的答案可以在所对应的网站的 Chapter10Results. xlsx 这个文件夹中找到。

更多信息可以参考相应的网站：

http://www.elsevierdirect.com/companions/9780123744487

第 12 章　信用风险管理

1　本章概要

信用风险可以被定义为由于交易者对所承诺的部分或者全部义务违约而产生的损失风险。信用风险可以有几种形式。对于银行信用风险主要来自它的借贷活动。那些为债务人提供短期信贷的非银行企业也同样面临信用风险。但是信用风险不仅仅对银行而且对于其他的信贷提供者都很重要。在特定情况下，它对于投资者也非常重要。

拥有公司债券或者劣质股票的投资组合的投资者们需要掌握投资组合中资产的违约概率。违约风险是信用风险中的一个关键元素。本章也将介绍资产组合非正态性的原因。

信用风险也可以来自对手在衍生品交易中的违约。图 12.1 解释了衍生品合约的对手风险暴露。横坐标表示在没有对手违约风险的情况下，假设衍生品合约的值。衍生品的值的符号取决于在衍生品合约下资产的值。纵坐标表示我们对对应衍生品的违约的暴露程度。当衍生品合约的值为正数的时候，对手风险就会出现。如果对手违约，我们可能损失衍生品的全部值，因此在图 12.1 中暴露的斜率在大于 0 的部分应该为 1。当衍生品合约的值为负数时，对手违约对于我们没有影响，不管怎样我们都会保持相同的量。在这个案例中，对手风险为零。

从图 12.1 中可以明显地看出，对手违约风险的结构和期权类似。不像第 10 章和第 11 章，图 12.1 在纵坐标上有风险，而不是在收入上有风险。因此，对手违约风险可以被看做卖出一个看涨期权。图 12.1 忽略了衍生品头寸的部分值在对手违约的情况下可能回收。接下来我们可能考虑部分回收。

本章结构如下：

⊙ 第二节提供了公司违约的典型案例。

⊙ 第三节提供了理解公司债务和公司违约的股权值的影响模型。违约风险对于公司债务（公司债券）的定价有很重要的影响，但是违约风险也能影响期权价格。该模型能够帮助我们理解哪个因素将会导致公司违约风险。

⊙ 第四节根据第三节的单个公司模型建立了一个违约风险的资产组合模型。该模型及其拓展提供了一个计算信用风险值的框架。

⊙ 第五节讨论了信用风险中进一步的问题，包括回收率，通过评级来度量信用质量，通过信用违约互换合同来度量违约风险。

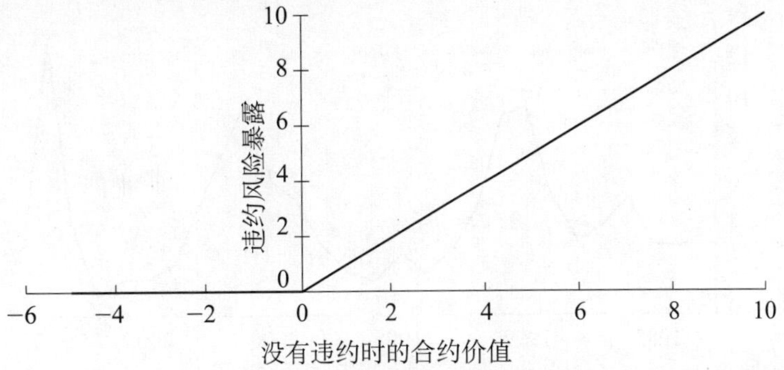

图 12.1　对手违约风险暴露

注：上图表示了对手违约风险和合约在没有违约情况下的值之间的关系。违约风险只有在合约值为正数的情况下才存在。

2　公司违约历史概述

信用评级机构，例如穆迪和标准普尔公司拥有公司违约的数据库。在穆迪的定义中，公司违约是由三种事件引起：(1) 错过或者延迟支付本金和利息，(2) 破产申请，(3) 困境交易，其中，旧债务由借款者负有更少义务的新债务替代。

表 12.1 表示了近期一些大的违约。从标准尺寸而言，2008 年 9 月雷曼违约最为突出，同时也关注行业集中的大型违约。当然，在衍生品交易中，金融服务公司的违约也是对手违约的一个重要部分。

图 12.2 表示穆迪公司编制的以一年期跨度从 1983 年到 2010 年的全球违约率。该图只包含了被穆迪认为是低信用风险的公司。高信用等级公司（被认为投资级）的违约率当然比较低。

表 12.1　　**穆迪评估的最大违约**

公司	违约量（百万美元）	年份	行业	国家
雷曼兄弟	120 483	2008	金融	美国
世通	33 608	2002	电信/媒体	美国
GMAC LLC	29 821	2008	金融	美国
Kaupthing Bank Hf	20 063	2008	金融	冰岛
Washington Mutual，Inc.	19 346	2008	金融	美国
Glitnir Banki Hf	18 773	2008	金融	冰岛

续前表

公司	违约量（百万美元）	年份	行业	国家
NTL Communications	16 429	2002	电信/媒体	英国
Adelphia Communications	16 256	2002	电信/媒体	美国
安然	13 852	2001	能源	美国
Tribune Economy	12 674	2008	电信/媒体	美国

注：该图表示了在 1920 年到 2008 年期间，穆迪评估的公司最大违约。该数据来自 Moody's（2011）。

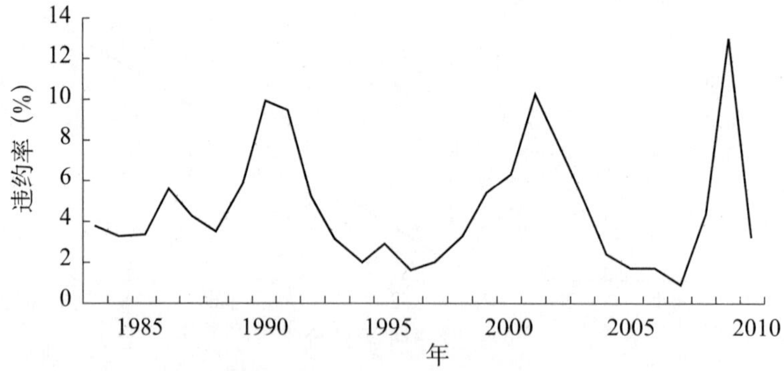

图 12.2　对于投机级公司的每年平均公司违约率，1983—2010 年

注：该图表示穆迪提供的对于投机级公司的年度平均公司违约率。该数据来自 Moody's（2011）。

图 12.2 表示违约率随着时间的变化不是一个常数——其实它被看作一个看似高度一致的变量。违约率的变化范围在低违约率期间和高违约率期间变化，例如 2007—2009 年金融危机期间。

根据穆迪的数据，在 1920 年到 2010 年期间，投机级公司的平均违约率为每年 2.78%。而对于投资级公司平均则为每年 0.15%。

图 12.3 表示了跨度从 1 年到 20 年的投资级、投机级以及所有公司的累计违约率。

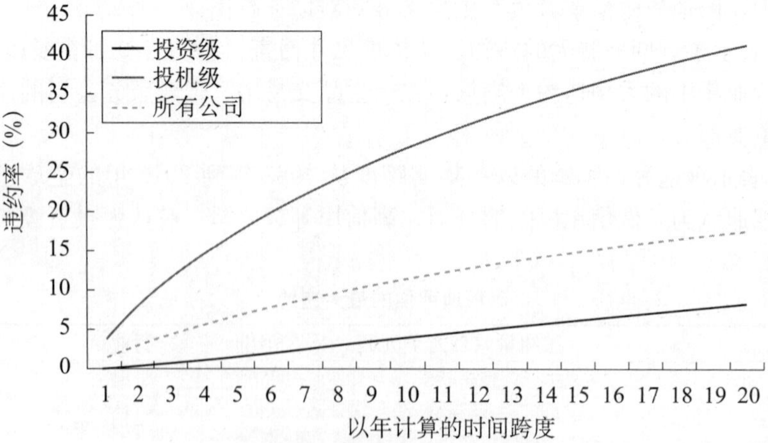

图 12.3　全球累计平均违约率

注：该图表示了投资级、投机级以及所有公司的全球累计平均违约率。该违约率是根据 1920—2010 年的数据计算得到的。数据来自 Moody's（2010）。

例如，对于所有公司，5 年累计违约率为 7.2%，这意味着在未来 5 年期间，该公司有 7.2%的概率发生违约事件。在 20 年期间，一个投资级的公司可能有 8.4%的概率发生违约，但是投机级的公司则有 41.4%的概率发生违约。在未来 20 年中，所有公司发生违约的概率为 18%。累计违约率是使用 1920—2010 年的数据计算得到的。

3 公司违约建模

本节将介绍公司违约的默顿模型，该模型提供了一个很重要的方法来研究当违约概率很重要时，股票和债券的值。该模型也帮助我们理解，哪个因素影响了违约概率。

考虑这样的情况：我们遭受一个特定的公司违约。该风险可能源于我们拥有该公司的股票，或者我们借给该公司现金，或者该公司在衍生品交易过程中是我们的对手。我们想要使用一个公司的观察股票价格来评估公司违约的可能性。

假设所考虑的某公司资产负债表是一个非常简单的形式。该公司的融资是由债务、股本或者所有到期日为 $t+T$ 的债务所组成。债务的面值为 D，并且是固定的。公司未来资产值 A_{t+T} 是不确定的。

3.1 股票是公司的一个看涨期权资产

在时间 $t+T$，当公司的债务到期时，如果 $A_{t+T}>D$，那么公司仍然运行，但是如果 $A_{t+T}<D$，那么公司的债务持有者将会宣布公司破产，公司也将会进入违约期。公司股票持有者为公司的剩余权利人，因此，对于股票持有者，公司是非常有价值的。当债务到期时，有

$$E_{t+T}=\text{Max}\{A_{t+T}-D, 0\}$$

正如我们在第 10 章中所见，这就是一个在 $t+T$ 天、执行价格为 D 的看涨期权的支付函数。

图 12.4 表示当债务的面值 D 为 \$50 时，公司股票值 E_{t+T} 为债务在到期日资产值 A_{t+T} 的函数。

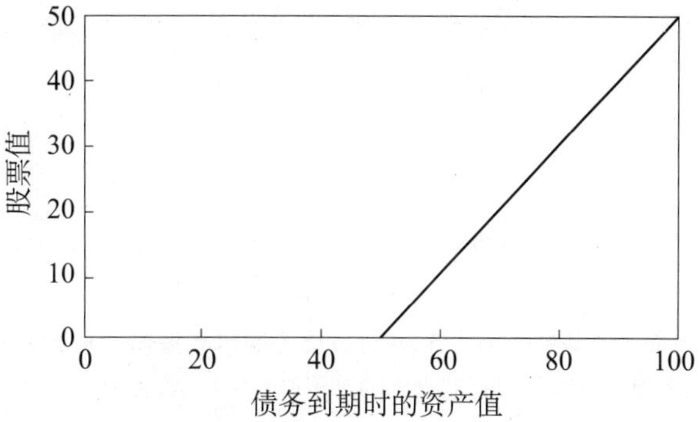

图 12.4 当债务面值为 \$50 时，股票值作为资产值的函数

注：该图表示了公司股票值作为债务到期日的资产值的函数。当面值为 \$50 时，该公司的债务开始凸显。

因此，一个公司的股票持有者可以被认为持有公司看涨期权资产。值得注意的是，在第 10 章中所提到的股票期权情况下，股票价格是一个风险变量。在当前的违约模型中，公司资产值是一个风险变量，但是风险股票值可以看做风险资产值的期权。

第 10 章中的 BSM 公式可以被用于在默顿模型中评估公司的股票。假设资产波动性 σ_A 和无风险率 r_f 为常数，对数资产值为正态分布，那么我们得到股票的当前值为

$$E_t = A_t\Phi(d) - D\exp(-r_f T)\Phi(d - \sigma_A\sqrt{T})$$

其中，

$$d = \frac{\ln(A_t/D) + (r_f + \sigma_A^2/2)T}{\sigma_A\sqrt{T}}$$

无风险利率为 r_f，不是基于公司债务的利率，而是基于无风险债务，它可以从政府债券的价格中得到。

从第 10 章和第 11 章可以得到，拥有长期期权的投资者有长期波动性。因此，默顿模型认为股票持有者有长期资产波动性。当期权为平价期权时，也就是，当资产值接近于债务面值的时候，期权值相当大。在这种情况下，如果管理者持有资产，他或者她能够增加资产的波动性（例如采用风险更大的项目），从而增加股票的期权值。从目前来看，债务持有者其实并不会采用这一行动。

3.2 公司债务为看跌卖出期权

会计人员认为资产值必须和债务以及任何一点的期权总和一致，因此我们有

$$\begin{aligned} A_{t+T} &= D_{t+T} + E_{t+T} \\ &= D_{t+T} + \text{Max}\{A_{t+T} - D, 0\} \end{aligned}$$

其中我们已经使用了之前所描述的股票的期权支付。我们用 D_{t+T} 表示债务在时间 $t+T$ 的市场值。求解公司债务的值，我们得到

$$D_{t+T} = A_{t+T} - \text{Max}\{A_{t+T} - D, 0\}$$

图 12.5 表示当债务 D 的面值为 \$50 时，债务持有者的支付作为资产值 A_{t+T} 的函数。

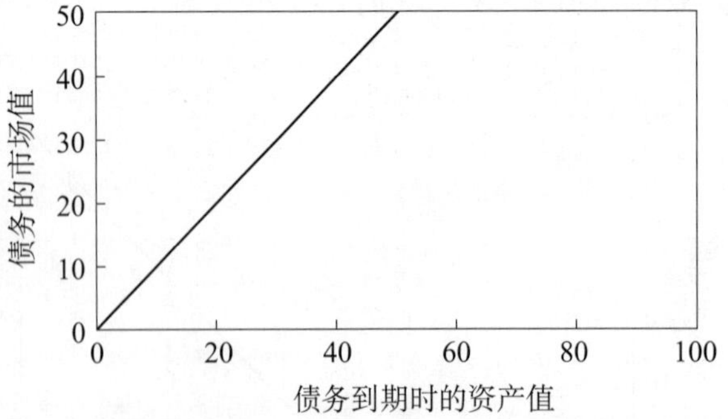

图 12.5 当债务的面值为 \$50 时，债务的市场值作为资产值的函数

注：上图绘制了公司债务的市场值作为债务到期时的资产值的函数。当面值为 \$50 时，公司债务就凸显。

比较图 12.5 和第 10 章中的期权支付函数，我们可以得到债务持有者似乎卖出了看跌期权，虽然价外期权支付在纵坐标中从 0 提高到了 \$50，在该例子中和债务的面值相对应。

图 12.5 表明，我们可以将债务持有者的支付表示为

$$D_{t+T}=A_{t+T}-\mathrm{Max}\{A_{t+T}-D,\ 0\}$$
$$=D-\mathrm{Max}\{D-A_{t+T},\ 0\}$$

该公式表明了公司债务持有者可以被看做面值为 D 的长期无风险债券以及执行价格为 D 的公司资产值的短期看跌期权 A_{t+T}。因此，我们可以使用模型来衡量公司负债；例如，公司债券。

使用第 10 章中的看跌期权公式，面值为 D 的公司债务的现值为

$$D_t=e^{-r_fT}D-[e^{-r_fT}D\Phi(\sigma_A\sqrt{T}-d)-A_t\Phi(-d)]$$
$$=e^{-r_fT}D\Phi(d-\sigma_A\sqrt{T})-A_t\Phi(-d)$$

其中，d 被定义为

$$d=\frac{\ln(A_t/D)+(r_f+\sigma_A^2/2)T}{\sigma_A\sqrt{T}}$$

债务持有者为短期看跌期权，因此有短期资产波动性。如果管理者采取措施增加公司资产的波动性，那么债务持有者就会受到影响，因为看涨期权变得更加有价值。

3.3 模型应用

在第 10 章的 BSM 模型的应用中，股票收益波动性需要被估计。为了应用默顿模型，我们需要 σ_A 和 A_t 的值，它们不能够直接观察得到。在实际中，如果公司的股票是上市的，那么我们观察股数以及股票价格，因此我们可以观察到 E_t：

$$E_t=S_tN_S$$

其中，N_S 为股数，从之前的期权关系中，我们了解到 E_t 与 σ_A 和 A_t 是相关的。

$$E_t=A_t\Phi(d)-D\exp(-r_fT)\Phi(d-\sigma_A\sqrt{T})$$

该公式给出了两个未知量。我们需要另一个公式。之前对于 E_t 的公式表示了股票价格的动态性，它可以被用于得到以下期权和资产波动性之间的关系：

$$\sigma E_t=\Phi(d)\sigma_AA_t$$

其中和第 10 章、第 11 章一样，σ 为股票价格波动性。股票价格波动性可以从历史收益中估计，或者从股票期权价格中得到。因此，对于两个未知量 σ_A 和 A_t，我们得到两个方程。两个方程是非线性的，所以必须通过数值方法求解，例如，Excel 中的求解器。

默顿模型的一个关键特性是，即使不观察资产值，只要股票价格是可得到的，我们就可以使用它来为公司债务定价。

3.4 违约的风险中性概率

在默顿模型中，违约的风险中性概率在第 10 章中和看跌期权概率相对应。也就是

$$\Pr(A_{t+T}<D)=1-\Phi(d-\sigma_A\sqrt{T})=\Phi(\sigma_A\sqrt{T}-d)$$

违约概率来自资产值的风险中性分布（其中资产以无风险率 r_f 增长），所以它可能和真实的（未观察到的）物理分布不同。物理违约分布可以通过该模型得到，但是需要公司资产的物理增长率估计。

违约风险有时也通过到违约的距离来衡量，它被定义为

$$dd=d-\sigma_A\sqrt{T}=\frac{\ln(A_t/D)+(r_f-\sigma_A^2/2)T}{\sigma_A\sqrt{T}}$$

对于 dd 的解释是，资产值对于公司违约会产生的偏离标准差的数量。正如所预期的，随着资产值的增加，到违约的距离就增大，该距离随着债务面值和资产波动性的增加而减小。违约概率为

$$\Pr(A_{t+T}<D)=\Phi(-dd)$$

违约概率因此随着资产波动性而增加。

4 资产组合的信用风险

默顿模型在公司违约和债务定价方面给出了强有力的理论支持，它使得我们能够将债务值与期权价格和波动性联系在一起，并在上市公司中能够被观察或者估计。尽管我们能够从默顿模型中学到很多，但还是有很多方面我们需要继续了解。

- 第一，我们关注了解信用风险的资产组合应用。违约是一个高度非线性的事件，并且违约在各个公司之间是相关的，因此信用风险可能对多样化利益有所限制。
- 第二，某些信用衍生品，例如债务抵押债券，依赖于违约的相关性，因此，我们需要建立模型。
- 第三，对于民营企业，我们可能没有使用默顿模型的信息。
- 第四，即使我们有需要的信息，对于有很多贷款的资产组合，对于每笔贷款的默顿模型应用可能会遇到问题。

为了简化，我们将会假设一个简单的因子模型，其和第 7 章中所讨论的市场指数模型相似。我们也会假设正态分布，但是对于风险管理，正态分布的使用是值得商榷的。

我们将会假设多元版本的默顿模型，其中公司 i 的资产值是对数正态分布

$$\ln(A_{i,t+T})=\ln A_{i,t}+r_fT-\frac{1}{2}\sigma_{A,i}^2T+\sigma_{A,i}\sqrt{T}z_{i,t+T}$$

其中，$z_{i,t+T}$是标准正态变量。和之前一样，对于公司 i 的违约概率为

$$\Pr(A_{i,t+T}<D_i)=\Pr(\ln(A_{i,t+T})<\ln(D_i))=\Phi(-dd_i)$$

其中，

$$dd_i=\frac{\ln(A_{i,t}/D_i)+(r_f-\sigma_{A,i}^2/2)T}{\sigma_{A,i}\sqrt{T}}$$

我们将会进一步假设违约的非条件概率，对于任何一笔贷款都为 PD。这表明对于所有公司来说，违约的距离为

$$\Pr(A_{i,t+T}<D_i)=PD\Leftrightarrow dd_i=-\Phi^{-1}(PD)$$

当资产冲击值 z_i 小于$-dd_i$，或者小于 $\Phi^{-1}(PD)$ 时，公司违约。

我们假设利息的跨度 T 为一年，那么 $T=1$，因此 T 在本节中就不考虑在公式之内。为了简化标记，接下来我们也省略时间下标 t。

4.1 因子结构

公司之间资产值的关系对于衡量资产组合的信用风险非常重要。假设任何公司 i 和公

司 j 之间的关系为 ρ，它和 i，j 的选取没有关系。这种等相关性的假设表明了 n 个资产值的因子结构。我们有

$$z_i=\sqrt{\rho}F+\sqrt{1-\rho}\tilde{z}_i$$

其中公共因子（非观察）F 和特质 $\tilde{z}_i$ 是独立的标准正态变量。$z_i s$ 相互之间是相关的，且相关系数为 ρ，因为它们都和公共因子 F 相关，相关系数为 ρ。

使用因子结构，我们可以求解 $\tilde{z}_i$ 关于 z_i 和 F 的方程：

$$\tilde{z}_i=\frac{z_i-\sqrt{\rho}F}{\sqrt{1-\rho}}$$

从这里，我们可知，当 $z_i<\Phi^{-1}(PD)$，或者当 z_i 小于

$$\frac{\Phi^{-1}(PD)\ -\sqrt{\rho}F}{\sqrt{1-\rho}}$$

时，该公司违约。

在公共因子 F 条件下，公司 i 违约的概率为

$$\Pr\left[\text{公司 } i \text{ 违约} \mid F\right]=\Phi\left(\frac{\Phi^{-1}(PD)\ -\sqrt{\rho}F}{\sqrt{1-\rho}}\right)$$

由于我们假设该概率对于所有公司都是相同的。

4.2 资产组合的损失率分布

定义当公司 i 违约时的大致损失为 L_i。假设所有的贷款大小是一样的，那么相对的贷款大小就不存在了，我们可以简单地假设

$$L_i=\begin{cases}1,\text{ 当公司 } i \text{ 违约}\\0,\text{ 其他}\end{cases}$$

在接下来的模型中，将会包括贷款的平均大小。

信贷资产组合的损失率被定义为个体损失的平均：

$$L=\frac{1}{n}\sum_{i=1}^{n}L_i$$

L 是介于 0 和 1 之间的值。

因子结构假设基于条件 F 的所有变量 L_i 之间是相互独立的，这可导出资产组合的损失率分布。当假设公司的个数 n 是无限的时候，我们就可以导出精确分布。因此，只有在很多相对小贷款的资产组合中，分布才可能是正确的。

随着贷款的数量趋于无穷，我们可以得到损失率 L 的有限 CDF：

$$F_L(x;\ PD,\ \rho)=\Pr\left[L<x\right]=\Phi\left(\frac{\sqrt{1-\rho}\Phi^{-1}(x)-\Phi^{-1}(PD)}{\sqrt{\rho}}\right)$$

其中，$\Phi^{-1}(\cdot)$ 为 CDF 的标准正态逆。因此，资产组合损失分布在正态分布下可能相似，但是，$\Phi^{-1}(x)$ 使得分布高度非正态。该分布有时被认为是 Vasicek 分布，它是由 Oldrich Vasicek 推导出来的。

资产损失率相应的 PDF 为：

$$f_L(x;\ PD,\ \rho) = \sqrt{\frac{1-\rho}{\rho}}\exp\left(-\frac{1}{2\rho}\left(\sqrt{1-\rho}\Phi^{-1}(x)-\Phi^{-1}(PD)\right)^2+\frac{1}{2}\left(\Phi^{-1}(x)^2\right)\right)$$

分布的均值为 PD，方差为

$$\sigma_L^2=\Phi_\rho(\Phi^{-1}(PD),\ \Phi^{-1}(PD))-PD^2$$

其中，$\Phi_\rho(\cdot)$ 是联合正态分布的 CDF。

图 12.6 表示当 $\rho=0.1$，$PD=0.02$ 时，贷款损失率的 PDF。

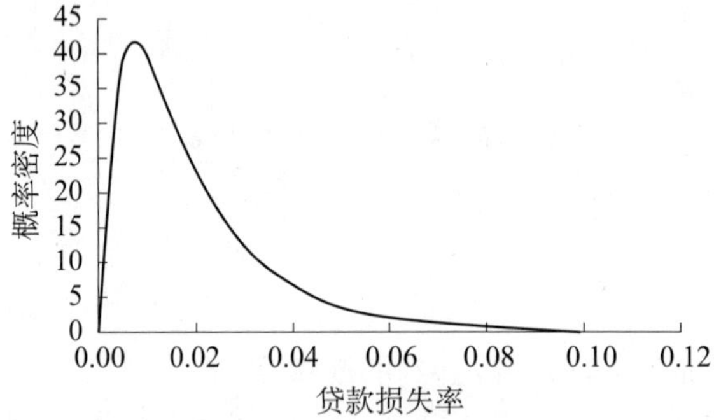

图 12.6　$\rho=0.1$，$PD=0.02$ 时的资产组合的损失率分布

注：我们绘制了当违约概率为 0.02、资产值的相关性为 0.1 时，资产组合损失率的概率密度函数。

图 12.6 清晰地解释了信贷资产组合损失率分布的非正态性。损失分布有很大的正偏度，风险厌恶者并不爱好。在之前的章节中，在收益分布中，投资者不喜欢负偏度，同样地，在损失分布中，他们不喜欢正偏度。

在图 12.6 中的信贷资产组合分布不仅对于信用风险评估很重要，而且也可以被用于评估有多个基础资产的信贷衍生品，例如债务抵押债券，该债券直到近期的金融危机才流行起来。

4.3　资产组合损失率的风险值（Value-at-Risk）

资产组合损失率的 VaR 可以通过计算之前被定义为 F_L 的资产组合损失率的 CDF 的逆得到。因为我们现在建模损失，而不是收益，我们正在寻找一个概率为（$1-p$）的损失 VaR，其和概率为 p 的收益 VaR 相对应。

我们需要在下式中求解 VaR^{1-p}：

$$\Phi\left(\frac{\sqrt{1-\rho}\Phi^{-1}(VaR^{1-p}-\Phi^{-1}(PD)}{\sqrt{\rho}}\right)=1-p$$

可以得出如下的 VaR 公式：

$$VaR^{1-p}=\Phi\left(\frac{\sqrt{\rho}\Phi^{-1}(1-p)+\Phi^{-1}(PD)}{\sqrt{1-\rho}}\right)$$

图 12.7 表示对于各种 PD 值，$VaR_{0.99}$ 作为 ρ 的函数。从 L_i 和 L 的定义中可知，贷款损失率可以几乎为 1，那么在这个模型中，VaR 被限制为 0 到 1。

图 12.7 表示 PD 概率越大，VaR 就越高，资产值相关性对于 VaR 的影响就越大。一般来说，相关性增加表明多样性的损失，其对于 VaR 的增加也一样，但是当 PD 的值低的时候，相关性就高，那么相关性的增加事实上会减小 VaR。相关性对于分布的影响是非

线性的。

4.4　度调整

模型可能看上去是有约束的，因为我们假设 n 个资产是等大小的。但是只要资产组合不是只由几个大贷款所构成，即使当贷款的大小是不一样的，也有可能损失率的极限分布是相同的。

极限分布，假设 n 是无穷的，但是在任何现实生活中，只要 n 是有限的，它都只是一个近似。基于所谓的度调整，我们可能从有限样本得到极限分布。对于 VaR 的度调整也可得到。

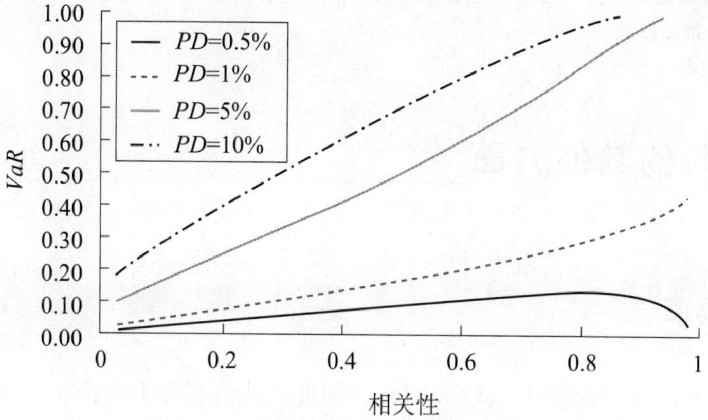

图 12.7　在不同违约概率下，损失率 VaR 作为相关性的函数

注：我们绘制了在四个不同非条件违约概率水平下，资产组合损失率 VaR 和资产值的相关性之间的图像。

对于之前的一个特定模型，VaR 的度调整为

$$GA(1-p)=\frac{1}{2}\left[\frac{\sqrt{\frac{1-\rho}{\rho}}\Phi^{-1}(1-p)-\Phi^{-1}(VaR^{1-p})}{\phi(\Phi^{-1}(VaR^{1-p}))}VaR^{1-p}(1-VaR^{1-p})\right.$$
$$\left.+2VaR^{1-p}-1\right]$$

度调整的 VaR 可以计算如下：

$$GAVaR^{1-p}=VaR^{1-p}+\frac{1}{n}GA(1-p)$$

其中，

$$VaR^{1-p}=\Phi\left(\frac{\sqrt{\rho}\Phi^{-1}(1-p)+\Phi^{-1}(PD)}{\sqrt{1-\rho}}\right)$$

随着 n 趋于无穷，度调整项 $\frac{1}{n}GA(1-p)$ 趋于 0。

图 12.8 表示的度调整 $GA(1-p)$ 和图 12.7 中的 VaR 相对应。

从图 12.8 可知，度调整为正数。如果我们使用 VaR，假设有无限多的贷款，那么我们将会低估真实的 VaR。图 12.8 表示当 p 最小时，度调整达到最大值。该图也表示当违约概率 PD 最大的时候，调整达到最大值。

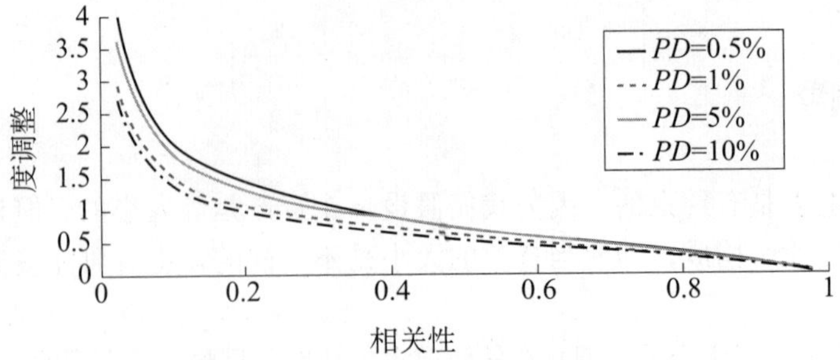

图 12.8 VaR 损失率的度调整作为相关性的函数

注：该图表示度调整 GA 为资产值相关性之间的函数。其有 4 个不同的非条件违约概率。VaR 损失率的覆盖范围为 99%。GA 没有除以 n。

5 信用风险的其他方面

5.1 回收率

在违约情况下，部分面值由债权人回收。因此，当评估信用风险时，对于期望回收率的估计非常重要。穆迪通过违约日之后 30 天的债务市场价格来定义回收率。回收率为过去违约市场价格和债务面值之间的比值。

图 12.9 表示了投资级、投机级和所有违约的平均（发行人加权）回收率。该图构建了高级无担保债券。投机级公司两年回收率为 36.8%。该数值表示在两年内违约的投机级的平均回收率。图 12.9 中的违约使用了 1982—2010 年的数据。

图 12.9 表示高级无担保债务的平均回收率为大约 40%。有时使用违约时的损失（LGD），而不是（RR）。它们之间通过一个简单的关系式相联系：$LGD=1-RR$。

如果能够假设贷款之间的违约比例为常数，那么我们可以计算关于回收率的信贷资产组合 \$$VaR$：

$$\$VaR^{1-p}=DV_{PF}\cdot LGD\cdot VaR^{1-p}$$
$$=DV_{PF}\cdot(1-RR)\cdot VaR^{1-p}$$

其中，RR 表示回收率，DV_{PF} 表示资产组合的美元价值，VaR^{1-p} 表示资产组合损失率的 VaR。度调整美元 VaR 可以通过下式简单计算：

$$\$GAVaR^{1-p}=DV_{PF}\cdot(1-RR)\cdot GAVaR^{1-p}$$

图 12.2 表示违约率随着时间的变化而变化。它在我们资产信用风险静态因子模型中没有体现，但是其可以通过随时间变化的因子 F 体现。

我们可以怀疑回收率随着时间变化是否和违约率之间有相关关系。图 12.10 表示两者之间是负相关的。违约率越高，则回收率就越低。

随机回收与它和违约之间的关系呈现了信用风险的另一个特性，其在我们的简单模型中还未得到体现。在更加复杂的模型中，VaR 可以通过我们在第 8 章中所用的蒙特卡洛模型计算得到。

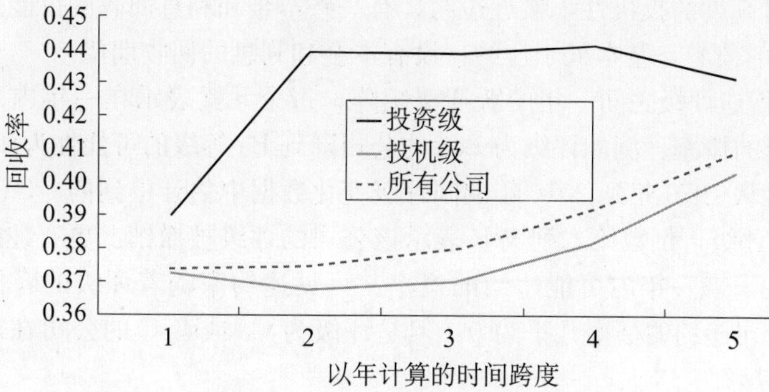

图 12.9　高级无担保债券的平均回收率

注：该图表示投资级、投机级和所有公司对于高级无担保债券的平均回收率。计算了 1～5 年内公司的回收率。该比率是由 1982—2010 年的穆迪数据估计得到。

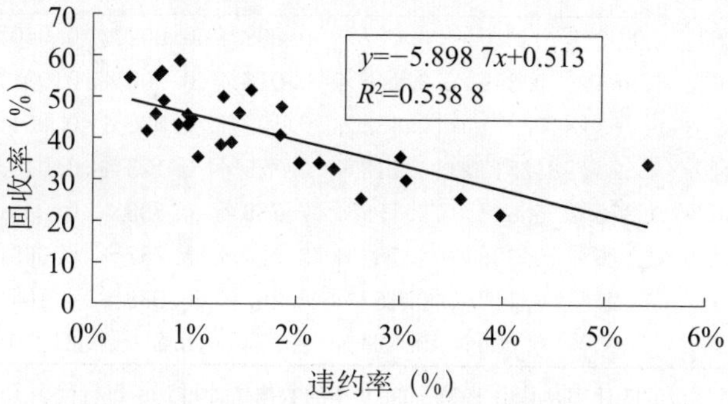

图 12.10　1982—2010 年每年的回收率和违约率

注：我们绘制了从 1982 年到 2010 年穆迪评估的所有债券每年平均回收率和平均违约率之间的散点图。直线为回收率对违约率的最佳线性拟合。

5.2　信用质量动态性

一个公司的信用质量在最终违约之前会下降。因为质量越差，违约概率就越大，所以了解信用质量的变化很重要。

量化信用质量的一种方法就是使用各机构，例如 S&P 和穆迪等提供的信贷评估。以下所列为穆迪对于长期债务从高到低的信用质量等级。

投资级

Aaa：最高信用质量，最低信用风险。

Aa：高信用质量，低信用风险。

A：中高等级信用质量，较低信用风险。

Baa：中等信用风险，中等级，可能拥有特定的投机特征。

投机级

Ba：可能具有投机元素，遭受实质信用风险。

B：考虑投机，遭受高信用风险。

Caa：地位低下，遭受高信用风险。

Ca：可能具有高度的投机性，接近违约，有一些本金和利息回收的可能。

C：评级最低的债券，基本处于违约，没有本金和利息的回收期望。

表 12.2 表示穆迪评级之间一年的跃迁率矩阵，每个元素表示在一年内某公司从横向评级转到纵向评级的概率。例如评级为 Baa 的公司降到 Ba 等级的可能性为 4.112%。

该跃迁矩阵是从 1970 年到 2010 年期间评级变化数据中估计得到的。Ca _ C 类别结合了 Ca 和 C 之间的评级，倒数第二列 WR 表示该公司的评级被撤销。更有趣的是，最右边一列表示某公司在未来一年内可能违约的概率。可见违约率随着评级的降低是单调递增的。Aaa 等级的公司违约的概率几乎为 0，但是评级为 Ca 或者 C 的公司在未来一年内违约的概率为 35.451%。

表 12.2　　1970—2010 年各评级之间平均一年的跃迁率

等级（从……到……）	Aaa	Aa	A	Baa	Ba	B	Caa	Ca _ C	WR	违约率
Aaa	87.395%	8.626%	0.602%	0.010%	0.027%	0.002%	0.002%	0.000%	3.336%	0.000%
Aa	0.971%	85.616%	7.966%	0.359%	0.045%	0.018%	0.008%	0.001%	4.996%	0.020%
A	0.062%	2.689%	86.763%	5.271%	0.488%	0.109%	0.032%	0.004%	4.528%	0.054%
Baa	0.043%	0.184%	4.525%	84.517%	4.112%	0.775%	0.173%	0.019%	5.475%	0.176%
Ba	0.008%	0.056%	0.370%	5.644%	75.759%	7.239%	0.533%	0.080%	9.208%	1.104%
B	0.010%	0.034%	0.126%	0.338%	4.762%	73.524%	5.767%	0.665%	10.544%	4.230%
Caa	0.000%	0.021%	0.021%	0.142%	0.463%	8.263%	60.088%	4.104%	12.176%	14.721%
Ca _ C	0.000%	0.000%	0.000%	0.000%	0.324%	2.374%	8.880%	36.270%	16.701%	35.451%

注：上表表示穆迪信贷评级的跃迁率，其由 1970—2010 年的数据估计得到。每行代表上一年的评级，每列代表这一年的评级。WR 表示违约率。数据来自 Moody's（2010）。

对于所有的评级类别，最高概率是保持该类别不发生跃迁的概率。因此评级随着时间的变化保持一致。级别低的公司保持级别的能力就越低。

跃迁评级矩阵可以用蒙特卡洛模拟来产生信用风险资产组合的评级分布。这反过来可以和基于评级的债权价格一起计算资产组合的信贷 *VaR*。信用风险管理的 J. P. 摩根 CreditMetrics 系统就是基于该方法。

在第四节构建的信用风险资产组合模型也可以用于由于信用质量的恶化而导致的债务值的下降。

5.3　信用违约互换

正如之前所讨论的，公司债务（例如债券）的价格受到公司发行债务的违约概率影响。但是从默顿模型中可见，公司债券价格也受无风险利率影响。而且，在现实中，公司债券流动性往往较差，所以非流动性和非流动性风险需要溢价。因此，已有公司债券价格没有给出违约风险的清晰观点。幸运的是，允许投资者直接交易违约风险的信贷违约互换（CDS）等衍生品交易已出现。CDS 合约提供了一个违约概率的市场观点和市场价格。

在 CDS 合约中，受违约保护的买方每季支付固定的现金给违约保护的卖方。作为回报，在基础公司违约时，保护卖方将会支付给保护买方的金额等于基础公司债券票面价值减去回收额。

CDS合约常常用利差或者溢价来报价。200个基点的溢价或者利差意味着，当新CDS合约进入的时候，保护买方每年不得不支付保护卖方2%的基础债务面值。虽然支付是每个季度进行一次，但利差是以每年计算的。

CDS合约由于其允许保护买方对冲违约风险，因此变得非常流行。它们当然也允许投资者承担违约风险投机，以及对公司股票和债券价格之间的相对错误定价进行套利。

随着股票市场的发展，CDS指标合约也得到了发展。它们允许投资者使用一个流动性指标合约而不是很多非流动性公司特定合约来进行一篮子违约风险交易。

图12.11表示对于两个最显著的指标——CDX NA（北美）和iTraxxEU（欧洲），时间序列的CDS溢价。CDX NA和iTraxxEU指标都包含125个基础公司。

在图12.11中的数据是对于5年CDS合约，利差是从2007年3月20日到2007年9月30日所观察到的日利差。该图也明显地体现了经济危机带来的影响。和CDO不同，CDS中的交易在金融危机中仍然很活跃，CDS合约已经成为了一个管理信用风险暴露的重要工具。

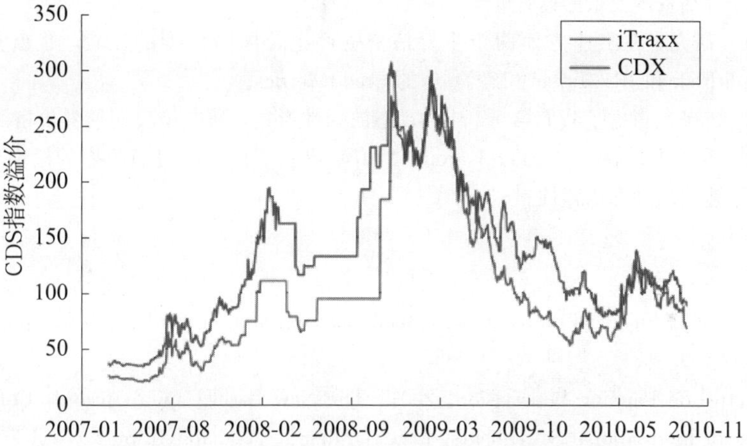

图12.11　CDS指标溢价：CDX北美和iTraxx欧洲

注：该图表示了CDX北美和iTraxx欧洲指标的日CDS溢价。该序列记录了从2007年3月20日到2010年9月30日的数据。

6　总结

信用风险是银行的基本利益，但这也是面临违约风险或者持有公司债券或劣质股票资产组合的投资者们的利益。

本章提供了一些公司违约和回收率的重要典型事例。我们也基于默顿模型，为了了解违约，建立了理论框架。默顿模型研究一个公司在孤立状态下的情况，但是可以推广到使用Vasicek的因子模型结构的公司资产组合。因子模型可以用于计算信贷资产组合中的VaR。本章也简单地讨论了信贷违约互换，它是和违约风险紧密联系的金融工具。

更多资料

本章只给出了关于信用风险分析的几个基本思想和模型。Hull（2008）详细分析了银行中的信用风险管理。信用风险模型的全面叙述可见 Lando（2004）。

在第三节中 Merton（1974）建立了单一公司模型。在第四节中 Vasicek（2002）建立了因子模型。本章中的违约和回收率数据来自 Moody's（2009，2011）。

很多研究者拓展了默顿模型。Lando（2004）的第 2 章提供了一个整体概况，其包含 Mason 和 Bhattacharya（1981），Zhou（2001），它们两者允许资产值可跳跃。Hull 等（2004）表明默顿模型可以拓展，使之在股市波动性中允许假笑，可见第 10 章。

本章没有包含 Altman（1968）所谓的 Z 评分，Altman 在判别分析中，使用金融比例，提供了违约预测重要的经验方法。

在第四节中的静态和正态单因子资产组合信用风险模型，也可通过几种方法拓展。Gagliardini 和 Gourieroux（2011a，b）研究了其他一些，例如额外因子、非正态性和动态因子等来体现违约的动态特性。Gordy（2003），Gordy 和 Lutkebohmert（2007），Gourieroux 和 Monfort（2010）研究了度调整。Gourieroux 等（2000）一文中度调整是基于 *VaR* 的敏感性分析。

Gordy（2003）从监管的角度研究了信贷分析模型。Basel Committee on Banking Supervision（2001，2003）包含了基于评估资本要求的监管框架。

Gordy（2000）研究了在工业方面两个主要信贷资产组合风险模型的比较，也就是 Credit Suisse（1997）中的 CreditRisk 和 JP Morgan（1997）中的 CreditMetrics。

Jacobs 和 Li（2008）考虑了我们第 4 章中的动态波动性形式，研究了公司债券价格。资产相关性和违约之间的经验关系可见 Lopez（2004）。Karoui（2007）建立了包含随机回收率的模型。Christoffersen 等（2009）研究了违约的动态依赖性。

参考文献

Altman，E.，1968. Financial ratios：Discriminant analysis，and the prediction of corporate bankruptcy. J. Finance 23，589-609.

Basel Committee on Banking Supervision，2001. The New Basel Capital Accord，Consultative Document of the Bank for International Settlements，Part 2：Pillar 1. Available from：www. bis. org. Basel Committee on Banking Supervision，2003. The New Basel Capital Accord，Consultative Document of the Bank for International Settlements，Part 3：The Second Pillar. Available from：www. bis. org.

Christoffersen，P.，Ericsson，J.，Jacobs，K.，Jin，X.，2009. Exploring Dynamic Default Dependence. Available from：SSRN，http：//ssrn. com/abstract＝1400427.

Credit Suisse，1997. CreditRisk＋：A Credit Risk Management Framework，Credit Risk Finan cial Products. Available from：www. csfb. com.

Gagliardini，P.，Gourieroux，C.，2011a. Granularity Theory with Application to Finance and Insurance. Manuscript，University of Toronto.

Gagliardini，P.，Gourieroux，C.，2011b. Granularity Adjustment for Risk Measures：Systematic vs. Unsystematic Risk. Manuscript，University of Toronto.

Gordy，M.，2000. A comparative anatomy of credit risk models. J. Bank. Finance 24，119-149.

Gordy，M.，2003. A risk-factor model foundation for ratings-based bank capital rules. J. Financ. Intermed. 12，199-232.

Gordy，M.，Lutkebohmert，E.，2007. Granularity Adjustment for Basel Ⅱ. Deutsche Bundesbank Discussion Paper.

Gourieroux，C.，Laurent，J.，Scaillet，O.，2000. Sensitivity analysis of values at risk. J. Empir. Finance 7，225-245.

Gourieroux，C.，Monfort，A.，2010. Granularity in a qualitative factor model. J. Credit Risk 5，Winter 2009/10，pp. 29-65.

Hull，J.，2008. Risk Management and Financial Institutions，second ed. Prentice Hall，Upper Saddle River，New Jersey.

Hull，J.，Nelken，I.，White，A.，2004. Merton's model，credit risk and volatility skews. J. Credit Risk 1，1-27.

Jacobs，K.，Li，X.，2008. Modeling the dynamics of credit spreads with stochastic volatility. Manag. Sci. 54，1176-1188.

Karoui，L.，2007. Modeling defaultable securities with recovery risk. Available from：SSRN，http：//ssrn. com/abstract=896026.

Lando，D.，2004. Credit Risk Modeling. Princeton University Press，Princeton，New Jersey. Lopez，J.，2004. The empirical relationship between average asset correlation，firm probability of default and asset size. J. Financ. Intermed. 13，265-283.

Mason，S.，Bhattacharya，S.，1981. Risky debt，jump processes，and safety covenants. J. Financ. Econ. 9，281-307.

Merton，R.，1974. On the pricing of corporate debt：The risk structure of interest rates. J. Finance 29，449-470.

Moody's，2009. Corporate Default and Recovery Rates，1920-2008. Special Comment，Moody's. Available from：www. moodys. com.

Moody's，2011. Corporate Default and Recovery Rates，1920-2010，Special Comment，Moody's. Available from：www. moodys. com.

Morgan，J. P.，1997. CreditMetrics，Technical Document. Available from：http：//www. msci. com/resources/technical documentation/CMTD1. pdf.

Vasicek，O.，2002. Loan portfolio value. Risk December，pp. 160-162.

Zhou，C.，2001. The term structure of credit spreads with jump risk. J. Bank. Finance 25 (11)，2015-2040.

练习

打开网站上第 12 章的数据文件 Chapter12Data. xlsx。

1. 使用第 3 章中 AR(1) 模型来建模图 12.2 中的违约率，关于违约率的一致性，AR(1) 所揭示的是什么？是否能够对违约率进行适当的拟合？AR(1) 模型关于 R^2 的拟合函数是什么？

2. 考虑一个资产值为＄100 的公司，债务面值为＄80。政府债务对数收益为 3%。如果公司债务将在两年内到期，资产波动性每年为 80%，那么股票和债务目前的市场值为多少？

3. 假设公司有 100 000 股流通股，股票的交易额为＄8，且股票价格波动率为每年 50%。公司有＄500 000 的债务，其在 6 个月内将到期。无风险率为 3%。求解资产值和公司资产的波动性。违约距离和违约概率为多少？债务的市场值为多少？

4. 假设资产组合由 100 个小贷款组成。平均每年违约率为 3%，公司基础贷款的资产相关性为 5%。回收率为 40%。计算资产组合的＄*VaR*，＄*GAVaR*。

5. 重新绘制图 12.6。当相关性变化的时候，损失率分布如何变化？

这些练习的答案可以在所对应的网站的 Chapter12Results. xlsx 这个文件夹中找到。

更多信息可以参考相应的网站：

http：//www. elsevierdirect. com/companions/9780123744487

第 13 章　事后检验和压力测试

1　本章概要

前 12 章包含了构建风险管理模型的各种方法。同时我们还考虑了几种诊断方法。例如，在第 1 章中，我们关注收益的相关性，从而得到常数均值的假设。在第 4 章和第 5 章中，我们关注平方收益与时间变化方差之比的自相关函数，从而评价我们对于动态方差的建模是否合理。我们也使用方差回归模型来评价 GARCH 模型的预测表现。在第 6 章中，我们用 QQ 图来研究标准收益的假设分布是否体现了样本中的极端观察值。我们也关注各种风险模型对于极端事件的表现，例如 1987 年的股票市场崩盘。在第 9 章中，我们研究阈值相关性。最后，在第 10 章中，我们从隐含波动性微笑和假笑解释了期权定价模型的错误设定。

本章目标为根据模型考虑事前风险评估预测，并将它们和事后实现的资产组合收益相比。风险评估预测可以采取以下形式：风险值（VaR）、期望损失（ES）、整个收益分布的形状或者分布左边尾部的形状。我们希望能够对任一利率的风险评估进行后期验证。本章的后验过程可以看作集成风险模型的最后诊断，从而对之前章节的各种诊断进行补充。在后验之后，我们还将在本章结尾增加一个压力测试部分。本章的内容如下所示：

⊙ 从六大商业银行的实际 VaR 简略地看一些实际 VaR 的表现形式。在这些实际 VaR 中，对于 VaR 的一系列违规，激发了我们对此的进一步考虑。

⊙ 我们建立 VaR 的后验测试步骤。首先，对于 VaR 违规的平均概率进行非条件测试。其次，我们测试 VaR 违规的独立性。最后，我们在精确 VaR 条件覆盖率中，将非条件测试和独立测试相结合。

⊙ 我们考虑使用解释变量来对 VaR 进行后验测试。该步骤将基于回归框架进行。

⊙ 建立预期损失评估的后验测试过程。

⊙ 我们将关注点扩展到收益分布的整个形状。分布预测也可以进行后验测试过程。风险管理者一般主要关注分布左边尾部的预测，因此，我们将修改分布测试，使之主要关注分布左侧的后验测试过程。

⊙ 我们定义压力测试，给出了其实施的主要调查方法。在此基础上，我们主要关注于压力测试的过程。

在介绍 VaR 后验测试过程和其他风险测量具体技巧之前，我们应先关注一下实际生活中 VaR 的表现。图 13.1 表明了美国六大商业银行在 1998 年 1 月到 2001 年 3 月期间，VaR 的超过数（通过收益标准方差测量）。当已实现资产组合收益低于 VaR 时，两者之间的差就在图中显现了。当收益好的时候，就为零。在整个期间，用资产组合的标准差除以两者之差。收益为日收益，VaR 对应的覆盖率为 1%。为了更加精确，我们绘制了如下时间序列：

$$\text{Min}\{R_{PF,t+1}-(-VaR_{t+1}^{01}),\ 0\}\ /\sigma_{PE,t+1}$$

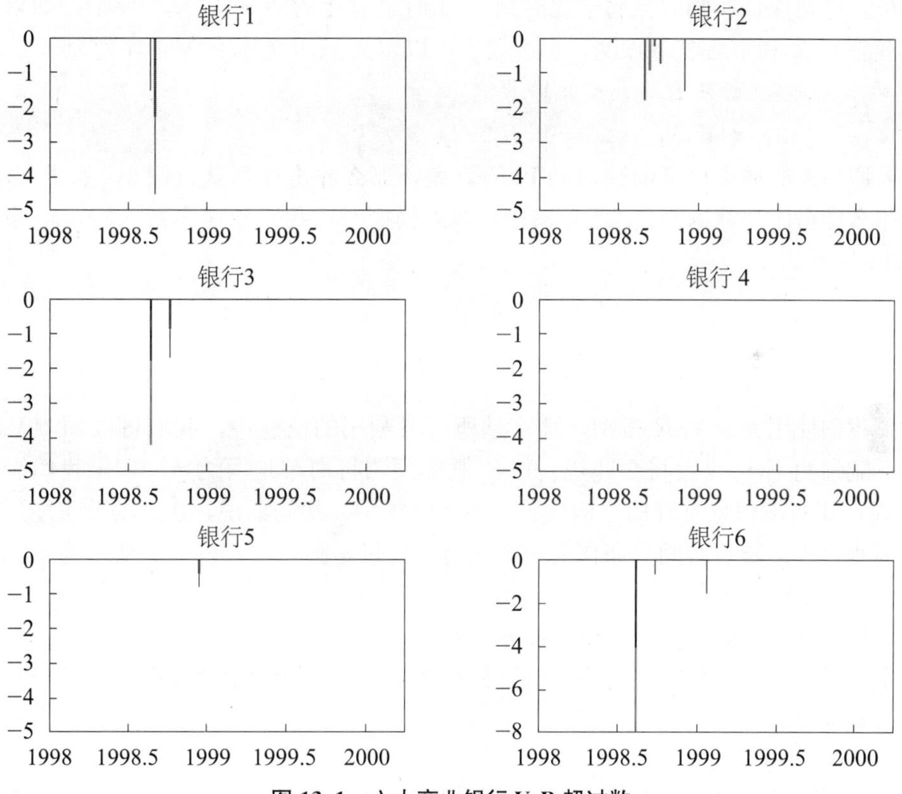

图 13.1　六大商业银行 VaR 超过数

注：该图表明 VaR 超过数主要发生在损失大于 VaR 的日子中，每个图都对应于一个美国商业银行。该图来自 Berkowitz and O'Brien (2002)。

第四个银行没有违规，一般情况下，银行违规数比期望值要小。因此银行的平均汇报 VaR 要高于其真实 VaR。这可能由于银行蓄意想要提高警惕，或者 VaR 的系统偏差。另一个原因，可能由于收益包含了与交易不相关的利润，在没有增加资产组合风险的情况下，增加了平均收益。

更重要的是，要注意一系列的 VaR 违规。对于银行 1、2、3、5 和 6 其违规主要在一段小的时间范围内，常常是在相邻的日子中。VaR 违规的聚集可能是由于风险模型错误设定。这些银行很可能主要依赖于历史模拟等技巧，当市场波动性大时，在更新 VaR 方面非常慢。该问题已经在第 2 章关于 1987 年股票市场崩盘中讨论过。

VaR 违规往往集聚于银行，很多违规似乎和俄罗斯违约以及 1998 年秋的长期资本管理公司援助相关。银行之间的违约集聚从监管角度来看非常重要，因为其具有引起整个国家银行危机的可能性。

这些在商业银行 VaR 中的错误设定，促使我们考虑一系列后验风险管理模型的统计技术。

2　后验 VaR

VaR_{t+1}^p 评估保证实际收益将会比时刻 $t+1$ 时百分比为 p 的 VaR_{t+1}^p 要小。如果我们观察过去事前 VaR 和事后收益预测，那么我们可以定义 VaR 违规的冲击序列为

$$I_{t+1}=\begin{cases}1，如果\ R_{PF,t+1}<-VaR_{t+1}^p\\0，如果\ R_{PF,t+1}\geqslant -VaR_{t+1}^p\end{cases}$$

如果那一天的损失比事前预测的 VaR 要大，那么冲击序列就返回 1。如果 VaR 没有违规，那么冲击序列就返回 0。当后验测试风险模型时，我们构建序列 $\{I_{t+1}\}_{t=1}^T$ 来表明违规的发生时间。

2.1　零假设

如果我们使用完全 VaR 模型，那么从所有可利用的信息中，我们可以预测 VaR，但是我们不能预测 VaR 是否将会违规。VaR 概率预测将简单地写为 p。如果我们能够预测 VaR 违规，那么该信息可以用于构建更好的风险模型。换句话说，违规的冲击序列应该完全不可预测，因此随着时间分布作为一个伯努利变量是独立的，以 p 的概率为 1，以 $1-p$ 的概率为 0，我们表示为

$$H_0：I_{t+1}\sim \text{i. i. d. Bernoulli}\ (p)$$

如果 p 为 1/2，那么独立同分布的伯努利分布描绘了掷硬币时正面向上的分布。伯努利分布函数为

$$f(I_{t+1};p)=(1-p)^{1-I_{t+1}}p^{I_{t+1}}$$

当后验测试风险模型时，p 不能为 1/2，但是根据 VaR 的覆盖率可知，是 0.01 或者 0.05。从精确设定的风险模型中，冲击序列应该和随机掷硬币的序列相似，其得到正面的概率依赖于 VaR 覆盖率为 1%或者 5%。

2.2　非条件覆盖测试

我们首先想要验证对于特定风险模型的违规分数 π 和假定分数 p 之间是完全不同的。我们把这叫做非条件覆盖率假设。为了验证该假设，我们将独立同分布的伯努利（π）冲

击序列的可能性表示为

$$L(\pi)=\prod_{t=1}^{T}(1-\pi)^{1-I_{t+1}}\pi^{I_{t+1}}=(1-\pi)^{T_0}\pi^{T_1}$$

其中，T_0 和 T_1 为样本 0 和 1 的次数。我们可以简单地从 $\hat{\pi}=T_1/T$ 估计 π；也就是序列中观察到的违规分数。将极大似然估计加入似然函数，得到最优可能性为

$$L(\hat{\pi})=(1-T_1/T)^{T_0}(T_1/T)^{T_1}$$

在非条件覆盖率零假设下，$\pi=p$，其中 p 为已知的 VaR 覆盖率，我们得到似然性为

$$L(p)=\prod_{t=1}^{T}(1-p)^{1-I_{t+1}}p^{I_{t+1}}=(1-p)^{T_0}p^{T_1}$$

我们可以通过似然比检验检查非条件覆盖率假设

$$LR_{uc}=-2\ln\left[L(p)/L(\hat{\pi})\right]$$

如果 LR_{uc} 越大，那么零假设为真的概率就越大。选择显著性水平为 10%，那么对于 χ_1^2 分布，得到阈值为 2.705 5。如果 LR_{uc} 检验值大于 2.705 5，那么以显著性水平为 10% 拒绝 VaR 模型。我们也可以通过计算检验统计量 P 值来判断。P 值的定义为：在零假设为真的条件下，样本比起我们所得到的要更加不符合零假设的概率。在这样的情况下，P 值的计算如下：

$$\text{P 值}=1-F_{\chi_1^2}(LR_{uc})$$

其中，$F_{\chi_1^2}$（•）表示 χ^2 变量自由度为 1 的累积概率分布。如果 P 值低于所设定的显著水平，那么我们拒绝零假设。例如，如果我们得到验证值为 3.5，那么相应的 P 值为

$$\text{P 值}=1-F_{\chi_1^2}(3.5)=1-0.938\,6=0.061\,4$$

如果我们的显著性水平为 10%，那么我们将拒绝零假设，但是如果我们的显著性水平为 5%，那么我们将不拒绝零假设。

显著性水平的选择归结为两类错误所造成成本的评估：我们可以拒绝正确模型（第一类错误）或者我们没有拒绝错误模型（第二类错误）。随着显著性水平增加，表明第一类错误更大，但是第二类错误更小，反之亦然。在一般研究中，显著性水平一般为 1%、5%、10%。在风险管理中，第二类错误可能代价很大，因此选择 10% 的显著性水平较为合适。

在通常情况下，我们没有大量可用的观察数据来进行后验测试过程，当然也没有大量违约数据 T_1，其包含很多有用信息。因此，相比 χ^2 分布，依赖于蒙特卡洛模拟 P 值更好。对于一个特定值的检验，模拟 P 值可以通过随机产生 999 个独立同分布的伯努利（p）变量计算得到，其中样本的大小和实际样本的大小一样。介于这些人工样本，我们可以计算 999 个模拟检验统计量，记为 $\{\widetilde{LR}_{uc}(i)\}_{i=1}^{999}$。模拟 P 值可计算为模拟 LR_{uc} 中大于实际观察到的 LR_{uc} 检验值的那个部分。我们可以表示为

$$\text{P 值}=\frac{1}{1\,000}\left\{1+\sum_{i=1}^{999}\mathbf{1}(\widetilde{LR}_{uc}(i)>LR_{uc})\right\}$$

其中，如果括号中不等式成立，**1**（•）为 1，否则为 0。

为了首先计算测验，我们需要有实际 VaR 违约发生的样本，也就是，在冲击序列中需要有元素。例如，如果我们在检验计算之前，丢弃一些 0 或者 1 的违约的模拟样本，那么条件测试使得我们观测到至少两个违约。

2.3 独立测试

假设样本中所有的 VaR 违约或者冲击是在同一个时刻发生，其表现为图 13.1。那么你是否会因精确平均（或者非条件）覆盖率 VaR 而高兴呢？答案当然是否定的。例如，如果 5%VaR 给予精确的 5%的违规，但是所有这些违规都是在 3 周内发生的，那么破产的风险将会比违约随机发生于各个时段的大很多。因此我们很可能拒绝 VaR 模型，其表明违约在时间上是聚集。在第 2 章中如果基础资产组合收益有聚集方差，那么由历史模拟方法构建的 VaR 也很容易发生该聚集。聚集方差在资产收益中很常见，我们在第 4 章中也已做过研究。

如果 VaR 违约是聚集的，风险投资者基本上可以预测：如果今天有违约，那么明天有大约 $p*100\%$的可能性违约。这显然不令人满意，在这样的条件下，风险管理者可以增加 VaR，降低违约的条件概率，使之为承诺的 p。

我们的任务是建立一个检验可能拒绝聚集违规的 VaR。为此，假设冲击序列随着时间是相互依赖的，那么它可以被描述为一阶马尔科夫序列，转移概率矩阵为

$$\Pi_1 = \begin{bmatrix} 1-\pi_{01} & \pi_{01} \\ 1-\pi_{11} & \pi_{11} \end{bmatrix}$$

这些跃迁概率简单地表明如果今天不发生违约（也就是 $I_t=0$），那么明天发生违约（也就是 $I_{t+1}=1$）的概率为 π_{01}。给定今天违约，则明天违规的概率可以被定义为

$$\pi_{11}=\Pr(I_{t+1}=1 \mid I_t=1)$$

相似地，给定今天不违约，明天违约的概率可以被定义为

$$\pi_{01} = \Pr(I_{t+1} = 1 \mid I_t = 0)$$

一阶马尔科夫特性为：只有今天的产出会影响明天的产出，也就是精确的过去冲击并不重要，只有在 I_t 时的值才重要，由于只有两个可能产出值（0 和 1），概率 π_{01} 和 π_{11} 描述了整个过程。在非违约之后的非违约概率为 $1-\pi_{01}$，违约之后的非违约概率为 $1-\pi_{11}$。

如果我们研究 T 个观察样本，那么我们可以将一阶马尔科夫过程的似然函数表示为

$$L(\Pi_1) = (1-\pi_{01})^{T_{00}}\pi_{01}^{T_{01}}(1-\pi_{11})^{T_{10}}\pi_{11}^{T_{11}}$$

其中 T_{ij}（i，$j=0$，1）为 i 的 j 个观测值。对 π_{01} 和 π_{02} 取一阶导数，并设这些导函数为零，求解得到最大估计值为

$$\hat{\pi}_{01}=\frac{T_{01}}{T_{00}+T_{01}}$$

$$\hat{\pi}_{11}=\frac{T_{11}}{T_{10}+T_{11}}$$

然后根据概率之和为 1 的特征，我们得到

$$\hat{\pi}_{00}=1-\hat{\pi}_{01}$$

$$\hat{\pi}_{10}=1-\hat{\pi}_{11}$$

代入可得到转移矩阵的概率估计为

$$\hat{\Pi}_1 \equiv \begin{bmatrix} \hat{\pi}_{00} & \hat{\pi}_{01} \\ \hat{\pi}_{10} & \hat{\pi}_{11} \end{bmatrix} = \begin{bmatrix} 1-\hat{\pi}_{01} & \hat{\pi}_{01} \\ 1-\hat{\pi}_{11} & \hat{\pi}_{11} \end{bmatrix} = \begin{bmatrix} \dfrac{T_{00}}{T_{00}+T_{01}} & \dfrac{T_{01}}{T_{00}+T_{01}} \\ \dfrac{T_{10}}{T_{10}+T_{11}} & \dfrac{T_{11}}{T_{10}+T_{11}} \end{bmatrix}$$

接受对于冲击序列的依赖，是与接受 π_{01} 和 π_{11} 不同相对应的。一般来说，我们会担心正依赖，其等同于在违规 π_{11} 之后的违规概率要大于在非违规 π_{01} 的违规概率。另一方面，如果该冲击随着时间是相互独立的，那么明天的违规概率和今天是否违规是不相关的，于是我们就有 $\pi_{01}=\pi_{11}=\pi$。因此在相互独立下，转移矩阵就为

$$\hat{\Pi}=\begin{bmatrix}1-\hat{\pi} & \hat{\pi}\\ 1-\hat{\pi} & \hat{\pi}\end{bmatrix}$$

我们可以通过似然比测试来测试独立性假设 $\pi_{01}=\pi_{11}$。

$$LR_{ind}=-2\ln[L(\hat{\Pi})/L(\hat{\Pi}_1)]\sim\chi_1^2$$

其中，$L(\hat{\Pi})$ 是在 LR_{uc} 测试的备择选择下的概率。

在大样本中，LR_{ind} 测试的统计分布也是自由度为 1 的 χ^2 分布。但是和之前一样，我们可以使用模拟来计算 P 值。我们再次产生 999 个独立同分布的伯努利人工数据，并计算这些数据的统计量，发现模拟测试值的比重大于实际测试值。

在实际中，当使用 LR_{ind} 测试时，我们可能遇到 $T_{11}=0$ 的情况。在这样的情况下，我们只计算似然函数

$$L(\hat{\Pi}_1)=(1-\hat{\pi}_{01})^{T_{00}}\hat{\pi}_{01}^{T_{01}}$$

2.4　条件覆盖测试

最终，我们关心在 *VaR* 违规是独立的、违规的平均值是正确的情况下的测试。使用条件覆盖测试，我们可以测试联合独立的正确覆盖率：

$$LR_{cc}=-2\ln[L(p)/L(\hat{\Pi}_1)]\sim\chi_2^2$$

其和测试 $\pi_{01}=\pi_{11}=p$ 是相对应的。

在 LR_{cc} 测试中采用的似然函数来自 LR_{uc} 测试中的零假设，并将其和来自 LR_{ind} 测试中备择假设的似然函数相结合。因此

$$\begin{aligned}LR_{cc}&=-2\ln[L(p)/L(\hat{\Pi}_1)]\\&=-2\ln[\{L(p)/L(\hat{\Pi})\}\{L(\hat{\pi})/L(\hat{\Pi}_1)\}]\\&=-2\ln[L(p)/L(\hat{\Pi})]-2\ln[L(\hat{\Pi})/L(\hat{\Pi}_1)]\\&=LR_{uc}+LR_{ind}\end{aligned}$$

那么条件覆盖的联合测试可以通过将两个非条件覆盖和独立的单个测试相加计算得到。和之前一样，P 值的计算可以通过模拟得到。

2.5　高阶依赖性的测试

在第 1 章中，我们使用自相关函数（ACF）来评估收益和平方收益随着时间的依赖程度。我们当然也可以通过 ACF 来评估在 *VaR* 冲击序列中的依赖性。绘制冲击序列的自相关函数和它们的滞后阶数之间的关系图，可以看出风险模型是否发生自相关冲击。

和第 3 章一样，自相关性的显著性检验可以使用 Ljung-Box 统计来测试。其检验对于滞后为 1 到 m 的自相关性都为 0，通过如下表达式进行：

$$LB(m)=T(T+2)\sum_{\tau=1}^{m}\frac{\hat{\rho}_\tau^2}{T-\tau}\sim\chi_m^2$$

其中，$\hat{\rho}_\tau$ 为滞后阶数为 τ 的 VaR 冲击序列的自相关性。自由度为 m 的卡方分布可以表示为 χ^2_m。当 $LB(m)$ 的检验值要比在卡方分布中自由度为 m 的临界值大的时候，我们拒绝滞后阶数从 1 到 m 时，冲击序列的自相关系数都为 0 的原假设。

3 增加信息集

前面的测试都比较容易进行。但是因为我们只使用了过去 VaR 违约的信息，可能在检测错定风险模型方面没有很大的说服力。为了增加测验力度，我们考虑使用过去市场变量，例如利率利差或波动性。基本原理就是使用能够解释违约什么时候发生的信息来测试模型。增加信息集的好处不仅在于增加了检测力度，而且帮助我们理解风险模型在哪个领域中可能被错定。这种理解在进一步改进风险模型中有着关键作用。

如果我们定义在时间 t，风险管理者可以使用的变量向量为 X_t，那么正确风险模型的零假设可以写为

$$H_0: \Pr(I_{t+1}=1 \mid X_t)=p \Leftrightarrow E[I_{t+1} \mid X_t]=p$$

左边的式子表明，在 $t+1$ 天发生 VaR 违约的条件概率依赖于在时间 t 观察到的所有变量，它也等同于预期 VaR 覆盖率 p。这个假设和 VaR 违约的条件概率等于 p 是一样的。这是由于 I_{t+1} 只能取两个值：0 和 1。因此我们可以将条件期望表示为如下表达式：

$$E[I_{t+1} \mid X_t]=1 \cdot \Pr(I_{t+1}=1 \mid X_t)+0 \cdot \Pr(I_{t+1}=0 \mid X_t)=\Pr(I_{t+1}=1 \mid X_t)$$

考虑关于条件期望的零假设可以使我们考虑基于回归的方法，因为回归在本质上是条件均值方程。

3.1 回归方法

考虑冲击序列关于已知向量 X_t 的回归。在简单的线性回归中，我们有

$$I_{t+1}=b_0+b'_1X_t+e_{t+1}$$

其中，假设误差项 e_{t+1} 和回归项 X_t 之间是相互独立的。

假设 $E[I_{t+1} \mid X_t]=p$ 等同于

$$E[b_0+b'_1X_t+e_{t+1} \mid X_t]=p$$

由于 X_t 是已知的，取期望可以得到

$$b_0+b'_1X_t=p$$

上式只有在 $b_0=p$ 和 b_1 为零向量的时候才成立。因此，在这种线性回归框架中，正确风险模型的原假设应该为

$$H_0: b_0=p, b_1=0$$

可以使用标准 F 检验（可见计量经济学教科书，在第 3 章末尾提到过）。和前面描述的一样，检验 P 值可以使用模拟样本计算。

当然，为什么解释变量应该进入线性模式的条件期望中，并没有特别的理由。但是，非线性函数形式也可以被测试。

4 预期损失的后验测试

在第 2 章中，我们认为作为风险估计，风险值有一个确定的缺点，我们定义预期损失（ES）为：

$$ES_{t+1}^{p}=-E_t[R_{PF,t+1}/R_{PF,t+1}<-VaR_{t+1}^{p}]$$

作为一个可行变量，现在我们考虑如何对 ES 风险测量进行后验测试。

再次考虑向量 X_t，其为风险投资者获得的信息，可能能帮助解释潜在的资产组合损失超出风险模型解释的那部分损失。ES 风险测量表明当我们违约 VaR 的时候，违约的期望值和 ES_{t+1}^{p} 将会等同。因此，我们可以从 VaR 违约那一天的期望损失来检验向量 X_t 是否有能力解释偏离的损失 $-R_{PF,t+1}$，从而进行 ES 评估。可用如下表达式表示：

$$-R_{PF,t+1}-ES_{t+1}^{p}=b_0+b'_1X_t+e_{t+1}\text{，对于 } t+1\text{，这里 } R_{PF,t+1}<-VaR_{t+1}^{p}$$

其中，$t+1$ 表示的是 VaR 违约的日子，而那些没有违约的就简单地从样本中移除了。误差项 e_{t+1} 再次假设为独立于回归项 X_t。

为了检验零假设，ES 预测的风险模型最佳地使用了所有可用的信息（$b_1=0$），并且是无偏的（$b_0=0$），我们可以联合检测 $b_0=b_1=0$。

我们发现，在回归项左边表示了违约的大小。但是对于后验测试，我们只能使用在尾部的信息。ES 测量没有显示任何关于剩余分布的特定特性，因此我们只使用损失大于 VaR 的观察值。

5 全部分布的后验测试

不像风险值和预期损失关注来自收益分布的特定风险评估，本小节我们关注风险模型的整个收益分布的后期检验，它可以增加拒绝差的风险模型的概率。但是，我们再次改变了兴趣目标：例如，如果 VaR 从历史模拟中为已知的，那么我们不能测试其分布。

考虑一个风险模型，在每天结束时产生一个累积分布来预测下一天的收益，称为 $F_t(\cdot)$。那么，在每天的最后，在观察实际资产组合收益之后，我们可以计算观察收益低于实际收益的概率。我们将会用如下表达式表示该转移概率：

$$\widetilde{p}_{t+1}\equiv F_t(R_{PF,t+1})$$

如果使用正确的模型来预测收益分布，那么我们应该不能预测风险模型低于实际收益的概率。换句话说，可观察概率 $\widetilde{p}_{t+1}$ 的时间序列随着时间独立分布，并且服从(0，1)均匀分布。因此，我们考虑以下零假设的假设检验：

$$H_0：\widetilde{p}_{t+1}\sim \text{i. i. d. 均匀（0，1）}$$

均匀（0，1）分布函数在区间 0 到 1 之间是水平线段，其他区间取值为 0。由于变量 $\widetilde{p}_{t+1}$ 为概率，因此它的取值只能是 0 到 1 之间。我们可以通过简单的直方图来判断它的分布是否为均匀分布。如果直方图看似水平，那么就为均匀分布。如果结果偏离直方图中的水平线，那么我们可以断定风险模型的分布是错误的。

例如，如果实际资产组合收益数据遵从胖尾 t 分布，但是风险管理者使用了正态分布模型，那么有太多的 $\widetilde{p}_{t+1}$ 是接近于 0 和 1 的，很多在 0.5 左右，其余取值的则很少。这也说明观察到的收益数据要比正态分布的数据有更多的值位于 0 和尾部。图 13.2 为 $\widetilde{p}_{t+1}$ 序列的直方图，其中 $F_t(R_{PF,t+1})$ 服从均值为 0，方差为 $\frac{d}{(d-2)}$ 的正态分布，但是它本该服从 $d=6$ 的学生 t 分布。因此，我们使用了正确的方差和均值来预测收益，但是我们密度预测的形状却是错误的。

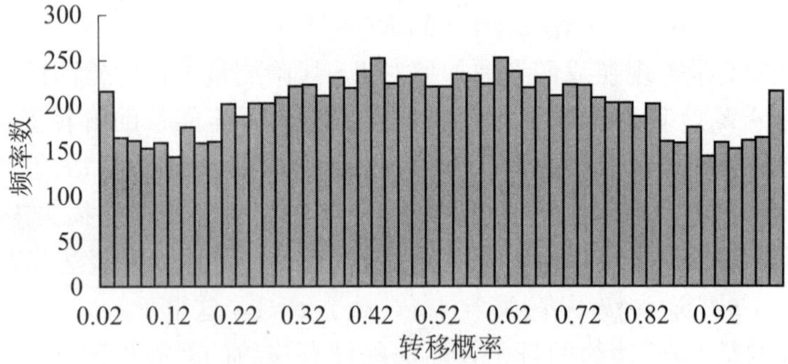

图 13.2 转移概率的直方图

注：我们绘制了当收益服从 $d=6$ 的独立学生 t 分布时，转移概率的直方图，但是它们的预测却服从独立的正态分布。

通过直方图来预测，显然不是一个合理的统计测试，它没有测试 $\widetilde{p}_{t+1}$ 的时间方差。如果我们想要使用 t 天的信息来预测 $\widetilde{p}_{t+1}$，那么 $\widetilde{p}_{t+1}$ 不应该为独立分布，并且，条件分布预测 $F_t(R_{PF,t+1})$ 也不准确。这里我们需要考虑合理的统计测试。

遗憾的是，由于我们之前限制了均匀分布，测试独立同分布的均匀分布假设有点麻烦。因此，我们使用累积分布的逆函数 Φ^{-1}，将独立均匀 $\widetilde{p}_{t+1}$ 分布转化为独立标准正态变量 $\widetilde{z}_{t+1}$。如下所示：

$$H_0: \widetilde{p}_{t+1} \sim \text{i.i.d. 均匀 } (0, 1) \Leftrightarrow$$

$$H_0: \widetilde{z}_{t+1} = \Phi^{-1}(\widetilde{p}_{t+1} = \Phi^{-1}(F_t\ (R_{PF,t+1}))\ \sim \text{i.i.d. } N(0, 1)$$

现在我们只需要测试变量是否符合标准正态分布，这很容易实施。

我们再次通过一个指定的模型来测试零假设。例如，再次假设，某变量 X_t 能帮助预测 $\widetilde{z}_{t+1}$。那么我们可以假设备择假设为

$$\widetilde{z}_{t+1} = b_0 + b'_1 X_t + \sigma z_{t+1}，\text{其中，} z_{t+1} \sim \text{i.i.d. } N\ (0, 1)$$

那么在备择假设下，$\widetilde{z}_{t+1}$ 的 T 个样本观察值的对数可能性为

$$\ln L(b_0, b_1, \sigma^2) = -\frac{T}{2}\ln(2\pi) - \frac{T}{2}\ln(\sigma^2) - \sum_{t=1}^{T}\left(\frac{(\widetilde{z}_{t+1} - b_0 - b'_1 X_t)^2}{2\sigma^2}\right)$$

它依赖于最初观察。

参数 $\hat{b}_0$，$\hat{b}_1$，$\hat{\sigma}^2$ 可以通过极大似然，或者在这个简单案例中，也可以通过线性回归得到。那么我们可以写出正确风险模型分布的似然比测试，如下

$$LR = -2(\ln L(0, 0, 1) - \ln L(\hat{b}_0, \hat{b}_1, \hat{\sigma}^2)) \sim \chi^2_{nb+2}$$

其中 χ^2 分布的自由度在向量 b_1 中，依赖于参数的个数 nb。如果我们不知道如何选择 X_t，那么 $\widetilde{z}_{t+1}$ 本身的滞后阶数将会是一个明确的选择。

5.1 左尾分布的后验测试

在风险管理中，我们所关注的常常是尾部分布的预测。如果像之前一样，检测整个分

布，可能会使我们拒绝那些尾部分布较好，但是其余分布不规律的模型。因此，我们需要构建一个测试能使我们直接评估风险模型分布的尾部，最大的损失就是体现在尾部。

考虑将关注点集中于 VaR_{t+1}^{p} 分布的左边尾部，也就是 $p\%$ 的最大损失部分。

如果我们想要测试最大的 10% 损失的 $\tilde{p}_{t+1}$ 观察概率服从均匀分布，那么我们可以构建如下重置后的 $\tilde{p}_{t+1}$ 变量：

$$\tilde{p}_{t+1}^{*}=\begin{cases}10\tilde{p}_{t+1},\text{如果 } \tilde{p}_{t+1}<0.10\\ \text{其他未定义}\end{cases}$$

那么我们可以将零假设“风险模型提供了正确的尾部分布”表示为：

$$H_0:\tilde{p}_{t+1}^{*}\sim \text{i. i. d. 均匀 }(0,1)$$

或者

$$H_0:\tilde{Z}_{t+1}^{*}=\Phi^{-1}(\tilde{p}_{t+1}^{*})\sim \text{i. i. d. } N(0,1)$$

图 13.3 表示 10% 最小收益的 $\tilde{p}_{t+1}^{*}$ 的直方图。数据再次服从 $d=6$ 的学生 t 分布，但是密度预测模型假设为正态分布。我们只是简单地将图 13.2 中最左边的前 10% 的直方图放大。水平直方的系统偏差还是很明显。

为了做正式的统计测试，我们再次构建一个备择假设，对于 $t+1$，有

$$\tilde{z}_{t+1}^{*}=b_0+b'_1X_t+\sigma z_{t+1}\text{，其中，}z_{t+1}\sim \text{i. i. d. } N(0,1)$$

那么 $R_{RF,t+1}<-VaR_{t+1}^{p}$。我们可以计算似然比测试为

$$LR=-2(\ln L(0,0,1)-\ln L(\hat{b}_0,\hat{b}_1,\hat{\sigma}^2))\sim\chi_{nb+2}^{2}$$

其中，nb 为参数向量 b_1 的长度。

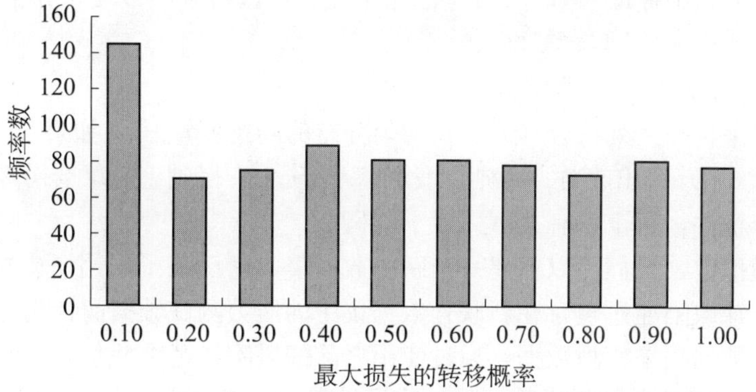

图 13.3 前 10% 的最大损失的转移矩阵的直方图

注：我们绘制了当收益服从 $d=6$ 的 t 分布时，前 10% 最大损失转移概率的直方图，但是其被预测服从独立正态分布。

6 压力测试

由于管理大资产组合的实际约束，风险管理者常常使用相对较短的数据样本。如果历史数据不能足够反映未来潜在风险，那么这将是一个严重的问题。例如，可用数据可能缺少极端事件，比如较少发生的股票市场崩盘。

为了弥补数据的不足，人工产生主要因素的极端事件来驱动总收益回报（可见第 7 章

中的暴露图）以及从风险模型中评估产生结果是非常重要的。这就是压力测试，因为我们在估计模型时，通过使用不同于实际的数据来压迫模型。

一开始的时候，压力测试的想法可能有些模糊或者特别。两个关键问题似乎就是：(1) 我们如何从压力事件来解释模型的产出？(2) 在一开始，我们如何创建该事件？接下来，我们将会一一处理这两个问题。

6.1 分布和连续压力测试相结合

标准压力测试相当于定义一系列的事件，使用当前的权重运用于风险模型，如果事件导致了极端损失，那么资产组合管理者可能决定重新平衡投资组合。注意到其和基于预期过高的 VaR 或者期望损失的投资组合之间是如何区别的。VaR 和 ES 的适当概率陈述如下：什么损失将会导致使得我们在 1%的时间里（VaR）损失很多？或者当我们超过 VaR 时的期望损失（ES）是什么？标准压力测试不能提供资产组合管理者关于事件发生的概率，因此对于资产组合的重新平衡决定就不清楚。资产组合管理者可能对于概率极低的极端事件反应过度，而对于概率较高的较极端事件的反应就不那么明显。除非对每个事件给予发生概率，否则资产组合管理者对于如何应对将会存在问题。

另一方面，一旦赋予事件概率，压力测试就会变得非常有用。为了更明确地说明，考虑只有一个压力事件的简单例子，其被定义为收益因子向量的概率分布 $f_{stress}(\cdot)$。我们根据风险模型模拟风险收益因子向量，记为 $f(\cdot)$，我们也从事件分布 $f_{stress}(\cdot)$ 来模拟。如果我们从事件发生分布中提取一事件，并给予概率 α，可以得到如下联合分布：

$$f_{comb}(\cdot)=\begin{cases} f(\cdot)\text{，具有概率（}1-\alpha\text{）} \\ f_{stress}(\cdot)\text{，具有概率 }\alpha \end{cases}$$

联合分布的数据来自一系列符合（0，1）均匀分布的随机变量 U_i。如果 U_i 比 α 要小，那么我们可以从 $f_{stress}(\cdot)$ 得出收益；否则，我们将从 $f(\cdot)$ 得到。从联合分布中可以很容易地归纳得到多个事件，每个都有其事先赋予的概率。

从联合分布的模拟中，我们可以创建一个新的数据集，它反映了可用历史数据以及我们认为是它的缺陷。该缺陷通过包含在新联合数据集中的压力测试数据而得到修正。

一旦我们从联合数据集来模拟数据，通过使用之前的风险模型，我们可以计算联合数据的 VaR 或者 ES 风险评估。如果风险评估被认为过高，那么资产组合可以重新分配。通过重新考虑压力事件的程度以及它们发生的概率来重新分配资产组合。

分配概率 α 使得风险管理者通过联合概率分布 $f_{comb}(\cdot)$ 能够对 VaR 系统进行后验测试。这些测试都可以通过 $f_{comb}(\cdot)$ 数据用于测试风险模型。如果风险模型在联合数据中有很多 VaR 违规，或者如果 VaR 违规以群体的形式出现，那么风险管理者需要重新考虑风险模型。最终，风险管理者需要使用联合数据来指定和估计风险模型。

6.2 事件选择

做压力测试之后，风险管理者的主要挑战就是创造一系列的相关情景。情景将会随着总资产类型以及应用收益因子的变化而变化。因此，情景的精确选择将会随着特定情形的不同而不同，但是一般而言，需要考虑特定类型的情景。风险管理者需要做以下事情：

● 模拟数据要比历史数据更可能发生冲击。如，可用数据库可能包含了几个高方差的天数，但是最近的历史期间非常地平缓，那么高方差的日子在压力事件中就很容易发生。

● 模拟冲击可能发生，但是却没有发生。我们所用的样本数据可能没有包含股票市场的崩盘，但是这却以一定的概率发生。

● 模拟冲击所反映的目前统计模式可能会失效的概率。我们可用的数据可能包含相对低的方差一致性，但是长程样本表明，方差是高度一致的。忽略方差的潜在一致性，可能会导致未来大损失的集群的出现。

● 模拟冲击反映了可能发生的结构崩溃。该类别的主要例子为 1997 年夏天固定泰铢汇率的突然浮动。

即使我们有一系列的情景类型，指定一个特定情景仍然是困难的。但是历史悠久而丰富的金融危机可能可以作为灵感的来源。例子可包含政治事件或者自然灾害所引发的危机集。例如，1995 年神户地震所导致的日经危机，以及 1979 年政治剧变所引发的原油危机。其他危机，例如 1997 年泰铢浮动，和之前提到的随后的衰退可能是压力的顶峰，例如，随着时间的持续导致了国际竞争力的丧失。

市场危机的影响也是非常不同的。它们可能使得市场得到简单的修正，正如在 1987 年 10 月股票市场崩盘之后的情况，或者它们有更长期的影响，例如 20 世纪 30 年代的大萧条。图 13.4 描绘了在过去 100 年中，道琼斯工业平均指数最大的 15 次下跌。

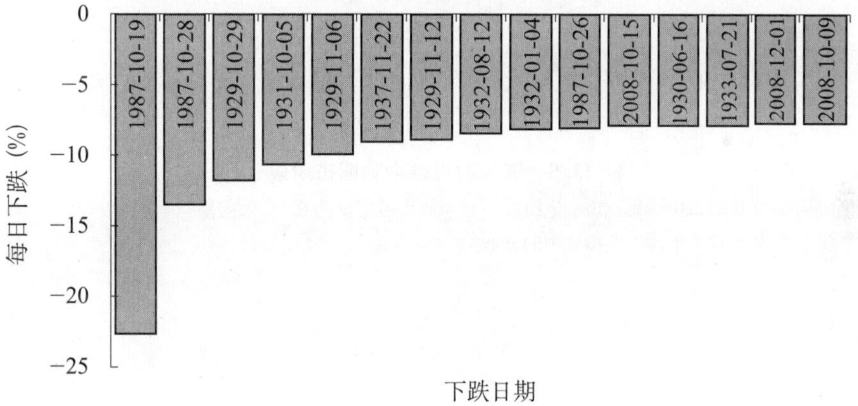

图 13.4　道琼斯工业平均指数最大的 15 次下跌

注：我们绘制了道琼斯工业平均指数在 1915—2010 年期间最大的 15 次下跌。

图 13.4 清楚地表示了在 1987 年 10 月 19 日的下跌是最大的，甚至在历史尺度上也是最大的。第二大下跌是在一周之后的 10 月 28 日，从历史角度看，也是一次巨大的下滑：它是前十最大日下跌之一。图中对于 2008—2009 年的经济危机表示为 3 个前 15 最大日下跌。但是它们三个都没有进入前 10 个最大日下跌。1929 年 10—11 月的大萧条，在前十个最大日下跌中占据了 4 个，其中有三个位于前 5。这种市场巨大下滑的集群在历史上是相当惊人的。这明显地表明极端市场下滑并不是随机发生的，可由极端高的市场波动性驱使。因此，正如我们在第 4 和 5 章中所做的，仔细地构建动态波动性模型是非常关键的。

6.3 风险期限结构的压力测试

图 13.5 表示的 9 个市场长期下跌的时期——熊市——其定义为至少下降 30%，并且持续至少 50 天。图 13.5 表示，在 1987 年市场崩盘之后的熊市，和之前的时期相比较，相对比较缓和。在近期金融危机之间的 2008—2009 年的熊市，下跌大约 50%。

图 13.5 表明压力测试事件应该包括两项快速修正，例如 1987 年以及在 2008—2009 年之间的长期下降。

在第 8 章所提出的关于构建风险期限结构的滤波历史模拟法（或者引导）也可以被用于风险期限结构的压力测试。通过模型，从压力事件中，我们可以提供一条历史冲击的路径，而不是随机冲击。例如，压力事件可以为从 2008 年 9 月到 2009 年 3 月的一系列日常冲击。该模拟的产出将会引出压力市场事件将会如何影响资产组合的考虑。

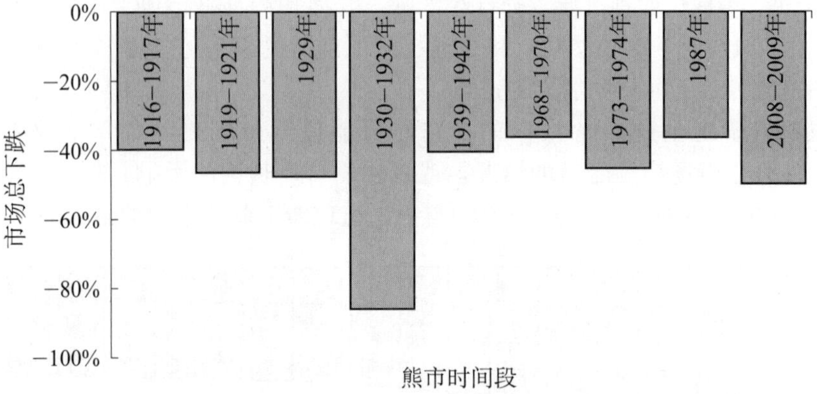

图 13.5 道琼斯指数中的熊市阶段

注：我们绘制了在 9 个熊市中的累积市场下滑，该 9 个熊市被定义为在 50 天内累积下滑至少 30%的市场。我们使用从 1915 年到 2010 年道琼斯平均工业指数中的日数据。

7 总结

风险模型的后验测试可以被看做模型构建过程中的最后一步，因此呈现在本书的最后。正如在实际商业银行风险模型中所见的，*VaR* 违规的聚类对于机构的财务健康有很严重的威胁。因此，在本章中，我们构建了后验测试过程，能够发现该聚类情况。后验测试工具被用于各类风险评估，包括 *VaR*、期望损失（*ES*）、整个收益密度以及密度分布的左尾部分。

风险评估提供的信息越多，我们就会有更大的概率来拒绝错误的风险模型。遗憾的是，较为流行的 *VaR* 风险评估不能传递很多关于总资产风险的信息。它告诉我们收益阈值只有一定概率会超过阈值，但是它没有给出我们预期违规的程度。缺少关于 *VaR* 的信息，使得进行后验测试变得更加困难。我们所有可以测试的是，*VaR* 违规是随机分布的，并且和承诺覆盖率成比例。因此，纯粹地从后验测试角度来看，其他风险评估，例如 *ES* 和分布的形状都是首选。

后验测试应该通过压力测试实施，对此我们给出了该种做法的框架。标准压力测试过程没有指定事件将会发生的概率。不能指定特定的概率使得压力测试事件的理解变得非常困难。因此，我们对于极端事件的较大 *VaR* 的反应就不明确，除非我们给出事件发生的概率。当然，尽管很难指出极端事件的概率，但是这么做能够使风险管理者构建一个伪数据集，将实际数据和压力事件联系起来。这个联合数据集可以被用于后验测试模型。压力测试和后验测试过程应相互结合。

更多资料

在图 13.1 中的 6 个 *VaR* 超过数的商业银行来自 Berkowitz and O'Brien (2002)。也可见 Berkowitz et al. (2011)，O'Brien and Berkowitz (2006)。Deng 等 (2008)，Perignon 和 Smith (2010) 根据一系列国际商业银行，给出了 *VaR* 的实际数据。

Christoffersen (1998) 一文给出了非条件覆盖率、独立性和条件覆盖率的 *VaR* 后验测试法。Kupiec (1995) 和 Hendricks (1996) 关注非条件测试。Christoffersen 和 Diebold (2000) 提出了基于回归的方法。Christoffersen 和 Pelletier (2004)，Candelon 等 (2011) 基于持续 *VaR* 冲击构建了测试。Campbell (2007) 调查了可用后验过程。

Christoffersen 和 Pelletier (2004) 讨论了实施蒙特卡洛模拟 P 值的详细过程，其最初来自 Dufour (2006)。

Christoffersen 等 (2001)，Giacomini 和 Komunjer (2005)，Perignon 和 Smith (2008) 构建了比较不同 *VaR* 模型的方法。Andreou 和 Ghysels (2006) 为了金融风险管理，考虑由收益过程来测试结构断裂。后验测试过程的一般观点可见 Lopez (1999)，Kerkhof and Melenberg (2004)。Lopez and Saidenberg (2000) 关注信用风险管理。Zumbach (2006) 考虑了不同的跨度。

Engle 和 Manganelli (2004)，Escanciano 和 Olmo (2010，2011)，Gaglianone 等 (2011) 表明了分位数回归方法，考虑了参数估计误差。

后验测试预期损失的风险估计过程可见 McNeil and Frey (2000)，Angelidis and Degiannakis (2007)。

Diebold 等 (1998) 给出了评估密度预测质量的可视化工具。Crnkovic 和 Drachman (1996)，Berkowitz (2001)，Bontemps 和 Meddahi (2005) 建立了正式的统计密度估计测试。此外，Berkowitz (2001) 建议关注密度左尾的后验测试。同时也可见 Tay Wallis (2007) 和 Corradi and Swanson (2006)。

后验测试的整体框架可见 Berkowitz (2000)。同时也可见 Kupiec (1998)，Longin (2000)，Alexander and Sheedy (2008)。Rebonato (2010) 采用贝叶斯方法，并且用整本书来讨论压力测试。

1998 年 5 月，国际货币基金组织出版的《世界经济展望》讨论了过去 1/4 个世纪的金融危机。Kindleberger 和 Aliber (2000) 给出了更长的历史时期的事件。

参考文献

Alexander, C., Sheedy, E., 2008. Developing a stress testing framework based on market risk models. J. Bank. Finance 32, 2220-2236.

Andreou, E., Ghysels, E., 2006. Monitoring distortions in financial markets. J. Econom. 135, 77-124.

Angelidis, T., Degiannakis, S. A., 2007. Backtesting VaR models: An expected shortfall approach. http://ssrn.com/paper=898473.

Berkowitz, J., 2000. A coherent framework for stress testing. J. Risk Winter 2, 1-11.

Berkowitz, J., 2001. Testing density forecasts, applications to risk management. J. Bus. Econ. Stat. 19, 465-474.

Berkowitz, J., Christoffersen, P., Pelletier, D., 2011. Evaluating value-at-risk models with desk-level data. Manag. Sci. forthcoming.

Berkowitz, J., O'Brien, J., 2002. How accurate are the value-at-risk models at commercial banks? J. Finance 57, 1093-1112.

Bontemps, C., Meddahi, N., 2005. Testing normality: A GMM approach. J. Econom. 124, 149-186.

Campbell, S., 2007. A review of backtesting and backtesting procedures. J. Risk 9, Winter, 1-17.

Candelon, B., Colletaz, G., Hurlin, C., Tokpavi, S., 2011. Backtesting value-at-risk: A GMM duration-based test. J. Financ. Econom. 9, 314-343.

Christoffersen, P., 1998. Evaluating interval forecasts. Int. Econ. Rev. 39, 841-862.

Christoffersen, P., Diebold, F., 2000. How relevant is volatility forecasting for financial risk management? Rev. Econ. Stat. 82, 12-22.

Christoffersen, P., Hahn, J., Inoue, A., 2001. Testing and comparing value-at-risk measures. J. Empir. Finance 8, 325-342.

Christoffersen, P., Pelletier, D., 2004. Backtesting portfolio risk measures: A duration-based approach. J. Financ. Econom. 2, 84-108.

Corradi, V., Swanson, N., 2006. Predictive density evaluation. In: Elliot, G., Gringer, C., Timmermann, A. (Eds.), Handbook of Economic Forecasting. Elsevier, North Holland, vol. 1. pp. 197-284.

Crnkovic, C., Drachman, J., 1996. Quality control. Risk September 9, 138-143.

Deng, Z, Perignon, C., Wang, Z., 2008. Do banks overstate their value-at-risk? J. Bank. Finance 32, 783-794.

Diebold, F. X., Gunther, T., Tay, A., 1998. Evaluating density forecasts, with applications to financial risk management. Int. Econ. Rev. 39, 863-883.

Dufour, J.-M., 2006. Monte Carlo tests with nuisance parameters: A general approach to finite sample inference and non-standard asymptotics. J. Econom. 133, 443-477.

Engle, R., Manganelli, S., 2004. CAViaR: Conditional value at risk by quantile regression. J. Bus. Econ. Stat. 22, 367-381.

Escanciano, J., Olmo, J., 2010. Backtesting parametric value-at-risk with estimation risk. J. Bus. Econ. Stat. 28, 36-51.

Escanciano, J., Olmo, J., 2011. Robust backtesting tests for value-at-risk models. J. Financ. Econom. 9, 132-161.

Gaglianone, W., Lima, L., Linton, O., 2011. Evaluating value-at-risk models via quantile regres-sion. J. Bus. Econ. Stat. 29, 150-160.

Giacomini, R., Komunjer, I., 2005. Evaluation and combination of conditional quantile forecasts. J. Bus. Econ. Stat. 23, 416-431.

Hendricks, D., 1996. Evaluation of value-at-risk models using historical data. Econ. Policy Rev., Federal Reserve Bank of New York 2, 39-69.

International Monetary Fund, 1998. World Economic Outlook, May. IMF, Washington, DC. Available from: www. IMF. org.

Kerkhof, J., Melenberg, B., 2004. Backtesting for risk-based regulatory capital. J. Bank. Finance 28, 1845-1865.

Kindleberger, C., Aliber, R., 2000. Manias, Panics and Crashes: A History of Financial Crisis. John Wiley and Sons, New York.

Kupiec, P., 1995. Techniques for verifying the accuracy of risk measurement models. J. Derivatives 3, 73-84.

Kupiec, P., 1998. Stress testing in a value at risk framework. J. Derivatives 6, 7-24.

Longin, F. M., 2000. From value at risk to stress testing: The extreme value approach. J. Bank. Finance 24, 1097-1130.

Lopez, J., 1999. Regulatory evaluation of value-at-risk models. J. Risk 1, 37-64.

Lopez, J., Saidenberg, M., 2000. Evaluating credit risk models. J. Bank. Finance 24, 151-165.

McNeil, A., Frey, R., 2000. Estimation of tail-related risk measures for heteroskedastic financial time series: An extreme value approach. J. Empir. Finance 7, 271-300.

O'Brien, J., Berkowitz, J., 2006. Bank trading revenues, VaR and market risk. In: Stulz, R., Carey, M. (Eds.), The Risks of Financial Institutions. University of Chicago Press for NBER, Chicago, Illinois, pp. 59-102.

Perignon, C., Smith, D., 2008. A new approach to comparing VaR estimation methods. J. Derivatives 15, 54-66.

Perignon, C., Smith, D., 2010. The level and quality of value-at-risk disclosure by commercial banks. J. Bank. Finance 34, 362-377.

Rebonato, R., 2010. Coherent Stress Testing: A Bayesian Approach to the Analysis of Financial Stress. John Wiley and Sons, Chichester, West Sussex, UK.

Tay, A., Wallis, K., 2007. Density forecasting: A survey. In: Clements, M., Hendry, D. (Eds.), A Companion to Economic Forecasting, Blackwell Publishing Malden, MA, pp. 45-68.

Zumbach, G., 2006. Backtesting risk methodologies from one day to one year. J. Risk 11, 55-91.

练习

打开网站上第 13 章的数据文件 Chapter13Data. xlsx。

1. 使用 RiskMetrics 方法计算 S&P500 的收益日方法。

2. 使用 RiskMetrics 和历史模拟，用 500 个观察值计算每天的 1%、5%、跨度为 1 天的风险值。

3. 对于 1%和 5%的风险值，计算 RiskMetrics 和历史模拟模型的冲击序列指标。如果收益是低于 *VaR* 的，那么冲击序列的值为 1，否则为 0。

4. 从 RiskMetrics 和历史模拟模型计算冲击序列的 LR_{uc} 测试。(Excel 提示：使用 CHIINV 方程。) 使用 10%的显著水平，我们是否会拒绝 *VaR* 模型?

5. 使用在练习 1 中计算的 RiskMetrics 方法，计算均匀转移变量。绘制均匀变量的直方图。看是否水平?

6. 使用累积密度函数的反函数，将均匀变量转化为正态变量。绘制正态变量的直方图。其均值、方差、偏度、峰度变量是否呈现正态分布?

7. 提取均匀变量中小于等于 0.1 的值。将每个都乘以 10。绘制该新均匀变量的直方图。是否看起来水平? 为什么是这样?

8. 使用正态分布的 CDF 逆函数，将新的均匀变量转化为正态变量。绘制正态变量的直方图，计算均值、方差、偏度和峰度。变量是否为正态分布?

这些练习的答案可以在所对应的网站的 Chapter13Results. xlsx 这个文件夹中找到。

更多信息可以参考相应的网站：

http: //www. elsevierdirect. com/companions/9780123744487

译后记

从一般意义上来说，风险是指未来结果的不确定性，因而金融风险就是企业未来收益的不确定性或波动性，它直接与金融市场的波动性相关。自从金融市场产生以来，金融风险就如影随形地伴随而生了。人们对金融风险重要性的认识也在一次又一次危机爆发和平复之后得到不断的加深。远的如17世纪的荷兰郁金香泡沫危机、18世纪的南海金融危机、20世纪20年代末的全球金融危机等，近的如欧洲货币危机、墨西哥金融危机、东南亚金融危机、美国次贷危机等，还有很多规模小但爆发频度高的金融风险和金融危机，每一次危机爆发都对一国乃至全球经济和社会造成了巨大的动荡和难以估量的损失。

因而，很久以前，金融风险管理就成为了金融管理中的核心内容。在众多金融理论工作者和金融实务工作者的共同努力下，金融风险管理逐渐从一门个人的经验学问发展成为一门严谨的科学技术学科，并在金融风险管理实务中发挥了重要的作用。金融风险管理也成了经济、管理、金融以及其他相关学科高年级本科生、硕士生乃至博士生的一门必修的基础性课程。

从20世纪70年代以来，学者们发表了大量关于金融风险管理方面的学术论文，发展了多种金融风险管理的模型、技术和理论，使得金融风险管理成为了一门完整、严密的科学体系。从20世纪90年代后期至今，已经出版了大量关于金融风险管理方面的专著和教材，这些专著和教材从不同角度、在不同层次上阐述了金融风险管理的理论、方法和模型。在这些专著和教材中，彼得·F·克里斯托弗森的这本《金融风险管理（第二版）》无疑是颇有特色的一本。

《金融风险管理（第二版）》不是如一般教材那样以金融部门、金融产品或者风险类型来结构篇章，而是从金融风险管理的模型和技术角度来谋篇布局。全书共分为层层递进的四个部分：第一部分介绍一些金融风险管理的基础理论和知识；第二部分讨论了单变量风险模型；第三部分则阐述了多变量风险模型；第四部分介绍了风险管理方面的一些深入话题。

该书至少有下面这样几个方面的突出特色：首先，该书从内容上来说自成体系，紧紧扣住金融风险管理技术和模型的主线，对于金融风险管理的其他方面内容就只好忍痛割爱了；其次，该书从行文和表达上深入浅出，将金融风险管理的技术和模型讲得很深入、很透彻，这对于那些想深入学习的读者来说，可以获得足够的相关知识，而对于只想简单了解的读者来说，略过那些较深的技术性内容，也可以几乎毫无障碍地学到需要的知识；最后，该书还很好地将理论和实践结合了起来，该书在每一章的结尾都有基于 Excel 的实证练习，让读者可以在练习的过程中更好地掌握相应的理论和模型知识。

作为金融系的师生，我们在翻译本书的过程中，也同样获益匪浅，让我们对金融风险管理技术和模型有了更深的认识，相信读者们也一定会有同样的感受。本书适用的读者范围比较广，不仅适用于金融、经济、管理等专业高年级本科生、硕士生甚至博士生教学和参考，也适用于 MBA 学生的相关课程，而对于金融业及相关行业的实务工作者，本书也不失为一本有较高价值的参考书。

本书在翻译过程中，也得到了很多人的帮助。首先要感谢原书作者，为我们提供了这样一本精彩的翻译底本。还要感谢倪晶晶硕士、单丽翡硕士、陆星忠硕士、郭建邦硕士、周小洲硕士以及颜梦雅硕士等，他们承担了部分章节的初译工作，并参与了我们的讨论。最后，要特别感谢中国人民大学出版社的编辑们，他们为本译本的面世付出了很多幕后辛劳。

金永红　章　琦　罗　丹

2015 年 6 月

经济科学译丛						
序号	书名	作者	Author	单价	出版年份	ISBN
1	经济数学(第三版)	迈克尔·霍伊等	Michael Hoy	88.00	2015	978-7-300-21674-4
2	发展经济学(第九版)	A.P.瑟尔沃	A.P. Thirlwall	69.80	2015	978-7-300-21193-0
3	宏观经济学(第五版)	斯蒂芬·D·威廉森	Stephen D. Williamson	69.00	2015	978-7-300-21169-5
4	资源经济学(第三版)	约翰·C·伯格斯特罗姆等	John C. Bergstrom	58.00	2015	978-7-300-20742-1
5	应用中级宏观经济学	凯文·D·胡佛	Kevin D. Hoover	78.00	2015	978-7-300-21000-1
6	计量经济学导论:现代观点(第五版)	杰弗里·M·伍德里奇	Jeffrey M. Wooldridge	99.00	2015	978-7-300-20815-2
7	现代时间序列分析导论(第二版)	约根·沃特斯等	Jürgen Wolters	39.80	2015	978-7-300-20625-7
8	空间计量经济学——从横截面数据到空间面板	J·保罗·埃尔霍斯特	J. Paul Elhorst	32.00	2015	978-7-300-21024-7
9	国际经济学原理	肯尼思·A·赖纳特	Kenneth A. Reinert	58.00	2015	978-7-300-20830-5
10	经济写作(第二版)	迪尔德丽·N·麦克洛斯基	Deirdre N. McCloskey	39.80	2015	978-7-300-20914-2
11	计量经济学方法与应用(第五版)	巴蒂·H·巴尔塔基	Badi H·Baltagi	58.00	2015	978-7-300-20584-7
12	战略经济学(第五版)	戴维·贝赞可等	David Besanko	78.00	2015	978-7-300-20679-0
13	博弈论导论	史蒂文·泰迪里斯	Steven Tadelis	58.00	2015	978-7-300-19993-1
14	社会问题经济学(第二十版)	安塞尔·M·夏普等	Ansel M. Sharp	49.00	2015	978-7-300-20279-2
15	博弈论:矛盾冲突分析	罗杰·B·迈尔森	Roger B. Myerson	58.00	2015	978-7-300-20212-9
16	时间序列分析	詹姆斯·D·汉密尔顿	James D. Hamilton	118.00	2015	978-7-300-20213-6
17	经济问题与政策(第五版)	杰奎琳·默里·布鲁克斯	Jacqueline Murray Brux	58.00	2014	978-7-300-17799-1
18	微观经济理论	安德鲁·马斯-克莱尔等	Andreu Mas-Collel	148.00	2014	978-7-300-19986-3
19	产业组织:理论与实践(第四版)	唐·E·瓦尔德曼等	Don E. Waldman	75.00	2014	978-7-300-19722-7
20	公司金融理论	让·梯若尔	Jean Tirole	128.00	2014	978-7-300-20178-8
21	经济学精要(第三版)	R·格伦·哈伯德等	R. Glenn Hubbard	85.00	2014	978-7-300-19362-5
22	公共部门经济学	理查德·W·特里西	Richard W. Tresch	49.00	2014	978-7-300-18442-5
23	计量经济学原理(第六版)	彼得·肯尼迪	Peter Kennedy	69.80	2014	978-7-300-19342-7
24	统计学:在经济中的应用	玛格丽特·刘易斯	Margaret Lewis	45.00	2014	978-7-300-19082-2
25	产业组织:现代理论与实践(第四版)	林恩·佩波尔等	Lynne Pepall	88.00	2014	978-7-300-19166-9
26	计量经济学导论(第三版)	詹姆斯·H·斯托克等	James H. Stock	69.00	2014	978-7-300-18467-8
27	发展经济学导论(第四版)	秋山裕	秋山裕	39.80	2014	978-7-300-19127-0
28	中级微观经济学(第六版)	杰弗里·M·佩罗夫	Jeffrey M. Perloff	89.00	2014	978-7-300-18441-8
29	平狄克《微观经济学》(第八版)学习指导	乔纳森·汉密尔顿等	Jonathan Hamilton	32.00	2014	978-7-300-18970-3
30	微观银行经济学(第二版)	哈维尔·弗雷克斯等	Xavier Freixas	48.00	2014	978-7-300-18940-6
31	施米托夫论出口贸易——国际贸易法律与实务(第11版)	克利夫·M·施米托夫等	Clive M. Schmitthoff	168.00	2014	978-7-300-18425-8
32	曼昆版《宏观经济学》习题集	南希·A·加纳科波罗斯等	Nancy A. Jianakoplos	32.00	2013	978-7-300-18245-2
33	微观经济学思维	玛莎·L·奥尔尼	Martha L. Olney	29.80	2013	978-7-300-17280-4
34	宏观经济学思维	玛莎·L·奥尔尼	Martha L. Olney	39.80	2013	978-7-300-17279-8
35	计量经济学原理与实践	达摩达尔·N·古扎拉蒂	Damodar N. Gujarati	49.80	2013	978-7-300-18169-1
36	现代战略分析案例集	罗伯特·M·格兰特	Robert M. Grant	48.00	2013	978-7-300-16038-2
37	高级国际贸易:理论与实证	罗伯特·C·芬斯特拉	Robert C. Feenstra	59.00	2013	978-7-300-17157-9
38	经济学简史——处理沉闷科学的巧妙方法(第二版)	E·雷·坎特伯里	E. Ray Canterbery	58.00	2013	978-7-300-17571-3
39	微观经济学(第八版)	罗伯特·S·平狄克等	Robert S. Pindyck	79.00	2013	978-7-300-17133-3
40	克鲁格曼《微观经济学(第二版)》学习手册	伊丽莎白·索耶·凯利	Elizabeth Sawyer Kelly	58.00	2013	978-7-300-17002-2
41	克鲁格曼《宏观经济学(第二版)》学习手册	伊丽莎白·索耶·凯利	Elizabeth Sawyer Kelly	36.00	2013	978-7-300-17024-4
42	管理经济学(第四版)	方博亮等	Ivan Png	80.00	2013	978-7-300-17000-8
43	微观经济学原理(第五版)	巴德、帕金	Bade,Parkin	65.00	2013	978-7-300-16930-9
44	宏观经济学原理(第五版)	巴德、帕金	Bade,Parkin	63.00	2013	978-7-300-16929-3

经济科学译丛

序号	书名	作者	Author	单价	出版年份	ISBN
45	环境经济学	彼得·伯克等	Peter Berck	55.00	2013	978-7-300-16538-7
46	高级微观经济理论	杰弗里·杰里	Geoffrey A. Jehle	69.00	2012	978-7-300-16613-1
47	多恩布什《宏观经济学(第十版)》学习指导	鲁迪格·多恩布什等	Rudiger Dornbusch	29.00	2012	978-7-300-16030-6
48	高级宏观经济学导论:增长与经济周期(第二版)	彼得·伯奇·索伦森等	Peter Birch Sørensen	95.00	2012	978-7-300-15871-6
49	宏观经济学:政策与实践	弗雷德里克·S·米什金	Frederic S. Mishkin	69.00	2012	978-7-300-16443-4
50	宏观经济学(第二版)	保罗·克鲁格曼	Paul Krugman	45.00	2012	978-7-300-15029-1
51	微观经济学(第二版)	保罗·克鲁格曼	Paul Krugman	69.80	2012	978-7-300-14835-9
52	微观经济学(第十一版)	埃德温·曼斯费尔德	Edwin Mansfield	88.00	2012	978-7-300-15050-5
53	《计量经济学基础》(第五版)学生习题解答手册	达摩达尔·N·古扎拉蒂等	Damodar N. Gujarati	23.00	2012	978-7-300-15091-8
54	国际宏观经济学	罗伯特·C·芬斯特拉等	Feenstra, Taylor	64.00	2011	978-7-300-14795-6
55	卫生经济学(第六版)	舍曼·富兰德等	Sherman Folland	79.00	2011	978-7-300-14645-4
56	宏观经济学(第七版)	安德鲁·B·亚伯等	Andrew B. Abel	78.00	2011	978-7-300-14223-4
57	现代劳动经济学:理论与公共政策(第十版)	罗纳德·G·伊兰伯格等	Ronald G. Ehrenberg	69.00	2011	978-7-300-14482-5
58	宏观经济学(第七版)	N·格里高利·曼昆	N. Gregory Mankiw	65.00	2011	978-7-300-14018-6
59	环境与自然资源经济学(第八版)	汤姆·蒂坦伯格等	Tom Tietenberg	69.00	2011	978-7-300-14810-0
60	宏观经济学:理论与政策(第九版)	理查德·T·弗罗恩	Richard T. Froyen	55.00	2011	978-7-300-14108-4
61	经济学原理(第四版)	威廉·博伊斯等	William Boyes	59.00	2011	978-7-300-13518-2
62	计量经济学基础(第五版)(上下册)	达摩达尔·N·古扎拉蒂	Damodar N. Gujarati	99.00	2011	978-7-300-13693-6
63	计量经济分析(第六版)(上下册)	威廉·H·格林	William H. Greene	128.00	2011	978-7-300-12779-8
64	国际经济学:理论与政策(第八版)(上册国际贸易部分)	保罗·R·克鲁格曼等	Paul R. Krugman	36.00	2011	978-7-300-13102-3
65	国际经济学:理论与政策(第八版)(下册国际金融部分)	保罗·R·克鲁格曼等	Paul R. Krugman	49.00	2011	978-7-300-13101-6
66	国际贸易	罗伯特·C·芬斯特拉等	Robert C. Feenstra	49.00	2011	978-7-300-13704-9
67	经济增长(第二版)	戴维·N·韦尔	David N. Weil	63.00	2011	978-7-300-12778-1
68	投资科学	戴维·G·卢恩伯格	David G. Luenberger	58.00	2011	978-7-300-14747-5
69	宏观经济学(第十版)	鲁迪格·多恩布什等	Rudiger Dornbusch	60.00	2010	978-7-300-11528-3
70	宏观经济学(第三版)	斯蒂芬·D·威廉森	Stephen D. Williamson	65.00	2010	978-7-300-11133-9
71	计量经济学导论(第四版)	杰弗里·M·伍德里奇	Jeffrey M. Wooldridge	95.00	2010	978-7-300-12319-6
72	货币金融学(第九版)	弗雷德里克·S·米什金等	Frederic S. Mishkin	79.00	2010	978-7-300-12926-6
73	金融学(第二版)	兹维·博迪等	Zvi Bodie	59.00	2010	978-7-300-11134-6
74	国际经济学(第三版)	W·查尔斯·索耶等	W. Charles Sawyer	58.00	2010	978-7-300-12150-5
75	博弈论	朱·弗登博格等	Drew Fudenberg	68.00	2010	978-7-300-11785-0
76	投资学精要(第七版)(上下册)	兹维·博迪等	Zvi Bodie	99.00	2010	978-7-300-12417-9
77	财政学(第八版)	哈维·S·罗森等	Harvey S. Rosen	63.00	2009	978-7-300-11092-9

经济科学译库

序号	书名	作者	Author	单价	出版年份	ISBN
1	克鲁格曼经济学原理(第二版)	保罗·克鲁格曼等	Paul Krugman	65.00	2013	978-7-300-17409-9
2	国际经济学(第13版)	罗比特·J·凯伯等	Robert J. Carbaugh	68.00	2013	978-7-300-16931-6
3	货币政策:目标、机构、策略和工具	彼得·博芬格	Peter Bofinger	55.00	2013	978-7-300-17166-1
4	MBA 微观经济学(第二版)	理查德·B·麦肯齐等	Richard B. McKenzie	55.00	2013	978-7-300-17003-9
5	激励理论:动机与信息经济学	唐纳德·E·坎贝尔	Donald E. Campbell	69.80	2013	978-7-300-17025-1
6	微观经济学:价格理论观点(第八版)	斯蒂文·E·兰德斯博格	Steven E. Landsburg	78.00	2013	978-7-300-15885-3
7	经济数学与金融数学	迈克尔·哈里森等	Michael Harrison	65.00	2012	978-7-300-16689-6
8	策略博弈(第三版)	阿维纳什·迪克西特等	Avinash Dixit	72.00	2012	978-7-300-16033-7
9	高级宏观经济学基础	本·J·海德拉等	Ben J. Heijdra	78.00	2012	978-7-300-14836-6

经济科学译库						
序号	书名	作者	Author	单价	出版年份	ISBN
10	行为经济学	尼克·威尔金森	Nick Wilkinson	58.00	2012	978-7-300-16150-1
11	金融风险管理师考试手册(第六版)	菲利普·乔瑞	Philippe Jorion	168.00	2012	978-7-300-14837-3
12	服务经济学	简·欧文·詹森	Jan Owen Jansson	42.00	2012	978-7-300-15886-0
13	统计学:在经济和管理中的应用(第八版)	杰拉德·凯勒	Gerald Keller	98.00	2012	978-7-300-16609-4
14	面板数据分析(第二版)	萧政	Cheng Hsiao	45.00	2012	978-7-300-16708-4
15	中级微观经济学:理论与应用(第10版)	沃尔特·尼科尔森等	Walter Nicholson	85.00	2012	978-7-300-16400-7
16	经济学中的数学	卡尔·P·西蒙等	Carl P. Simon	65.00	2012	978-7-300-16449-6
17	社会网络分析:方法与应用	斯坦利·沃瑟曼等	Stanley Wasserman	78.00	2012	978-7-300-15030-7
18	用Stata学计量经济学	克里斯托弗·F·鲍姆	Christopher F. Baum	65.00	2012	978-7-300-16293-5
19	美国经济史(第10版)	加里·沃尔顿等	Gary M. Walton	78.00	2011	978-7-300-14529-7
20	增长经济学	菲利普·阿格因	Philippe Aghion	58.00	2011	978-7-300-14208-1
21	经济地理学:区域和国家一体化	皮埃尔-菲利普·库姆斯等	Pierre-Philippe Combes	42.00	2011	978-7-300-13702-5
22	社会与经济网络	马修·O·杰克逊	Matthew O. Jackson	58.00	2011	978-7-300-13707-0
23	环境经济学	查尔斯·D·科尔斯塔德	Charles D. Kolstad	53.00	2011	978-7-300-13173-3
24	空间经济学——城市、区域与国际贸易	保罗·克鲁格曼等	Paul Krugman	42.00	2011	978-7-300-13037-8
25	国际贸易理论:对偶和一般均衡方法	阿维纳什·迪克西特等	Avinash Dixit	45.00	2011	978-7-300-13098-9
26	契约经济学:理论和应用	埃里克·布鲁索等	Eric Brousseau	68.00	2011	978-7-300-13223-5
27	反垄断与管制经济学(第四版)	W·基普·维斯库斯等	W. Kip Viscusi	89.00	2010	978-7-300-12615-9
28	拍卖理论	维佳·克里斯纳等	Vijay Krishna	42.00	2010	978-7-300-12664-7
29	计量经济学指南(第五版)	皮特·肯尼迪	Peter Kennedy	65.00	2010	978-7-300-12333-2
30	管理者宏观经济学	迈克尔·K·伊万斯等	Michael K. Evans	68.00	2010	978-7-300-12262-5
31	利息与价格——货币政策理论基础	迈克尔·伍德福德	Michael Woodford	68.00	2010	978-7-300-11661-7
32	理解资本主义:竞争、统制与变革(第三版)	塞缪尔·鲍尔斯等	Samuel Bowles	66.00	2010	978-7-300-11596-2
33	递归宏观经济理论(第二版)	萨金特等	Thomas J. Sargent	79.00	2010	978-7-300-11595-5
34	剑桥美国经济史(第一卷):殖民地时期	斯坦利·L·恩格尔曼等	Stanley L. Engerman	48.00	2008	978-7-300-08254-7
35	剑桥美国经济史(第二卷):漫长的19世纪	斯坦利·L·恩格尔曼等	Stanley L. Engerman	88.00	2008	978-7-300-09394-9
36	剑桥美国经济史(第三卷):20世纪	斯坦利·L·恩格尔曼等	Stanley L. Engerman	98.00	2008	978-7-300-09395-6
37	横截面与面板数据的经济计量分析	J.M.伍德里奇	Jeffrey M. Wooldridge	68.00	2007	978-7-300-08090-1

金融学译丛						
序号	书名	作者	Author	单价	出版年份	ISBN
1	金融风险管理(第二版)	彼得·F·克里斯托弗森	Peter F. Christoffersen	46.00	2015	978-7-300-21210-4
2	风险管理与保险原理(第十二版)	乔治·E·瑞达等	George E. Rejda	95.00	2015	978-7-300-21486-3
3	个人理财(第五版)	杰夫·马杜拉	Jeff Madura	69.00	2015	978-7-300-20583-0
4	企业价值评估	罗伯特·A·G·蒙克斯等	Robert A. G. Monks	58.00	2015	978-7-300-20582-3
5	基于Excel的金融学原理(第二版)	西蒙·本尼卡	Simon Benninga	79.00	2014	978-7-300-18899-7
6	金融工程学原理(第二版)	萨利赫·N·内夫特奇	Salih N. Neftci	88.00	2014	978-7-300-19348-9
7	投资学导论(第十版)	赫伯特·B·梅奥	Herbert B. Mayo	69.00	2014	978-7-300-18971-0
8	国际金融市场导论(第六版)	斯蒂芬·瓦尔德斯等	Stephen Valdez	59.80	2014	978-7-300-18896-6
9	金融数学:金融工程引论(第二版)	马雷克·凯宾斯基等	Marek Capinski	42.00	2014	978-7-300-17650-5
10	财务管理(第二版)	雷蒙德·布鲁克斯	Raymond Brooks	69.00	2014	978-7-300-19085-3
11	期货与期权市场导论(第七版)	约翰·C·赫尔	John C. Hull	69.00	2014	978-7-300-18994-2
12	固定收益证券手册(第七版)	弗兰克·J·法博齐	Frank J. Fabozzi	188.00	2014	978-7-300-17001-5

金融学译丛

序号	书名	作者	Author	单价	出版年份	ISBN
13	国际金融:理论与实务	皮特·塞尔居	Piet Sercu	88.00	2014	978-7-300-18413-5
14	金融市场与金融机构(第7版)	弗雷德里克·S·米什金 斯坦利·G·埃金斯	Frederic S. Mishkin Stanley G. Eakins	79.00	2013	978-7-300-18129-5
15	货币、银行和金融体系	R·格伦·哈伯德等	R. Glenn Hubbard	75.00	2013	978-7-300-17856-1
16	并购创造价值(第二版)	萨德·苏达斯纳	Sudi Sudarsanam	89.00	2013	978-7-300-17473-0
17	个人理财——理财技能培养方法(第三版)	杰克·R·卡普尔等	Jack R. Kapoor	66.00	2013	978-7-300-16687-2
18	国际财务管理	吉尔特·贝克特	Geert Bekaert	95.00	2012	978-7-300-16031-3
19	金融理论与公司政策(第四版)	托马斯·科普兰等	Thomas Copeland	69.00	2012	978-7-300-15822-8
20	应用公司财务(第三版)	阿斯沃思·达摩达兰	Aswath Damodaran	88.00	2012	978-7-300-16034-4
21	资本市场:机构与工具(第四版)	弗兰克·J·法博齐	Frank J. Fabozzi	85.00	2011	978-7-300-13828-2
22	衍生品市场(第二版)	罗伯特·L·麦克唐纳	Robert L. McDonald	98.00	2011	978-7-300-13130-6
23	债券市场:分析与策略(第七版)	弗兰克·J·法博齐	Frank J. Fabozzi	89.00	2011	978-7-300-13081-1
24	跨国金融原理(第三版)	迈克尔·H·莫菲特等	Michael H. Moffett	78.00	2011	978-7-300-12781-1
25	风险管理与保险原理(第十版)	乔治·E·瑞达	George E. Rejda	95.00	2010	978-7-300-12739-2
26	兼并、收购和公司重组(第四版)	帕特里克·A·高根	Patrick A. Gaughan	69.00	2010	978-7-300-12465-0
27	个人理财(第四版)	阿瑟·J·基翁	Athur J. Keown	79.00	2010	978-7-300-11787-4
28	统计与金融	戴维·鲁珀特	David Ruppert	48.00	2010	978-7-300-11547-4
29	国际投资(第六版)	布鲁诺·索尔尼克等	Bruno Solnik	62.00	2010	978-7-300-11289-3
30	财务报表分析(第三版)	马丁·弗里德森	Martin Fridson	35.00	2010	978-7-300-11290-9

Elements of Financial Risk Management, 2e
By Peter F. Christoffersen
ISBN: 9780123744487

关于图书封面，〈温馨提示您〉原作者名字需要用英文（Peter Christoffersen）体现。音译的汉字名字可按贵社需求摆放。

图书在版编目（CIP）数据

金融风险管理：第 2 版/克里斯托弗森著；金永红，章琦，罗丹译. —北京：中国人民大学出版社，2015.8
（金融学译丛）
ISBN 978-7-300-21210-4

Ⅰ.①金… Ⅱ.①克… ②金… ③章… ④罗… Ⅲ.①金融风险-风险管理 Ⅳ.①F830.0

中国版本图书馆 CIP 数据核字（2015）第 092055 号

金融学译丛
金融风险管理（第二版）
彼得·F·克里斯托弗森　著
金永红　章　琦　罗　丹　译
Jinrong Fengxian Guanli

出版发行	中国人民大学出版社		
社　　址	北京中关村大街 31 号	**邮政编码**	100080
电　　话	010－62511242（总编室）		010－62511770（质管部）
	010－82501766（邮购部）		010－62514148（门市部）
	010－62515195（发行公司）		010－62515275（盗版举报）
网　　址	http://www.crup.com.cn		
经　　销	新华书店		
印　　刷	北京七色印务有限公司		
规　　格	185 mm×260 mm　16 开本	**版　　次**	2015 年 8 月第 1 版
印　　张	16.25 插页 1	**印　　次**	2020 年 7 月第 2 次印刷
字　　数	379 000	**定　　价**	46.00 元